이승만연구원 학술총서 3

이승만 연구의 흐름과 쟁점

오영섭 김광동
양동안 김승욱
최상오 남정옥
김용직 이주영

연세대학교 대학출판문화원

간행사

연세대학교 이승만연구원은 대한민국임시정부 대통령과 대한민국 건국 대통령을 지낸 우남 이승만 박사에 관한 연구를 위해 2010년 11월 연세대학교의 학칙에 따라 설립된 교책(校策) 연구기관입니다. 이승만연구원은 1997년 3월 설립된 연세대학교 국제학대학원 부설 현대한국학연구소(이하 현학연)가 수행하고 있던 기능 가운데 이승만 대통령 관련 사업을 분리하고 이를 발전적으로 계승하기 위해 설립되었습니다. '현학연'으로부터 이승만연구원이 분리되어 마침내 2012년 10월 '이승만연구원 학술총서 3'이 발간되기까지의 과정을 이 자리를 빌어 소상히 밝히고자 합니다.

중앙일보사의 지원 하에 1994년 5월부터 종로구 이화동 이화장(梨花莊) 내에 우남사료연구소(雩南史料研究所)를 설립하여 대한민국 건국대통령 이승만 박사의 문서를 정리·연구하는 작업을 해오던 한림대 유영익(柳永益) 교수는 1997년 3월 현대한국학연구소를 출범시키며 창립 소장으로 부임하였습니다. 이후 '현학연'은 우남사료연구소를 계승하여 '이승만문서' 정리사업을 담당하여 왔으며, 나아가서 국제학대학원 부설 연구소로서 '한국학의 국제화' 사업도 수행하여 왔습니다.

출범 당시 현학연은 여러 기증자들의 헌신적 기여로 연구소 운영에 필요한 기본적인 요소인 사료·공간·자금을 모두 확보할 수 있었습니다. 이승만 대통령의 양자인 이인수(李仁秀) 박사는 자신이 이화장에 소장하고 있던 방대한 분량의 사료를 "이승만 문서를 정리·편찬·출판하고 이승만 대통령을 올바르게 연구해 달라"는 요청과 함께 연세대에 기증하였습니다. 최송옥(崔松玉) 여사는 자신이 소유하며 거처하던 종로구 부암동 199번지 소재 저택 우남관을 "이승만 박사의 업적을 기리는 연구를 위해 사용해 줄 것"을 조건으로 연세대에 기증하였습니다. 동시에 삼성그룹의 이건희(李健熙) 회장은 중앙일보사의 홍석현(洪錫炫) 회장을 통해 이승만 연구기금을 현학연에 출연하였습니다.

현학연은 이 기금을 바탕으로 '이승만 연구사업'과 함께 '한국학의 국제화 사업'을 수행하여 한국에서 최초로 대통령 문서를 정리·편찬·연구하는 특화된 연구소로 인정받으며 발전을 거듭할 수 있었습니다. 하지만 최근 경제적 여건의 변화로 기금의 이자 수입이 급격히 줄어들면서 주어진 예산으로 두 가지 사업을 동시에 추진하는 과제에 큰 곤란을 겪어 왔습니다.

이와 같은 사정으로 인해 '이승만 연구사업'이 침체에 빠지자, 이승만 문서 및 건물을 기증한 분들이 현학연의 기능 가운데 '이승만 연구기능'을 분리하여 보다 지명도가 높은 독립된 교책연구원으로 개편하는 방안을 연세대학교에 건의하였습니다. 학교 본부 또한 교내의 또 다른 전직 대통령 관련 연구기구인 '김대중도서관'과의 형평성은 물론 대한민국 전 현직 대통령의 통치와 관련된 연구를 수행하기 위해 설치된 '국가관리연구원' 그리고 사료관리 문제에 전문성이 있는 '학술정보원' 등과의 업무협조를 고려하여 '이승만연구원'을 교책연구원으로 분리 및 독립시키는 방안이 적절하다는 판단을 하게 되었습니다.

이에 따라 학교 본부는 이 문제를 '현학연'이 소속되어 있는 국제학대학원과 협의하여 기증받은 문서와 우남관 그리고 연구기금을 '현학연'으로부터 분리하여 '이승만연구원'에 소속시켜 보다 체계적이고 장기적인 차원에서 '이승만 연구사업'이 추진될 수 있도록 제도적인 정비가 필요하다는 동의를 얻을 수 있었습니다. 그리하여 2010년 11월 이승만연구원이 설치되어 제가 초대 원장으로 임명되었고, 2012년 9월에 다시 임기를 시작하게 되었습니다. 2011년 봄 학기부터 본격적인 활동에 들어간 이승만

연구원은 상당 기간 방치된 우남관의 시설을 개선함과 동시에 제한된 인력과 자금으로 새로운 연구원 체제를 정착시키는 이중의 노력을 기울여 왔습니다.

이 책은 이러한 변화의 어려움 속에서 이승만연구원이 연세대학교의 교책연구원으로서 기획한 첫 학술사업의 결과물입니다. 최근 우후죽순처럼 등장하는 이승만과 대한민국의 건국과 발전에 관한 학계의 논의 흐름을 중간단계에서 점검하는 작업이 이루어져야 앞으로 필요한 연구의 방향과 과제가 무엇인지 알 수 있다는 판단 하에, 2011년 9월 30일 이승만연구원은 '이승만 연구의 흐름과 쟁점'이라는 주제로 하루 종일 세미나를 개최하였습니다.

이 책은 이 세미나에서 발표된 원고를 다듬은 결과입니다. 여기에 실린 원고 외에도 원광대 이주천 교수가 "3·15 부정선거, 4·19 학생의거, 그리고 이승만의 선택"이라는 논문을 세미나에서 발표하였으나 아쉽게도 책으로 출판하지 못하였습니다. 귀중한 원고를 준비해 주신 여러분께 진심으로 감사의 말씀을 드립니다. 또한 편집과 출판의 번거로운 과정을 도맡아 수고해 준 오영섭 박사께도 감사의 말씀을 드립니다. 앞으로 이승만에 관한 연구가 이 책의 출판을 계기로 새로운 방향을 잡고 또한 새로운 자료의 발굴과 해석에 힘입어 더욱 풍성해지기를 기대합니다.

주지하듯이 이승만 대통령은 평생을 독립운동과 건국운동에 헌신한 인물입니다. 그는 일제 강점기에 민족독립과 신 국가건설을 목표로 이국땅에서 불철주야 고심을 거듭했습니다. 해방 후에는 유력한 민족지도자로서 공산세력에 맞서 자유민주주의를 한반도 남쪽에 확고히 정착시키는데 성공하였으며, 대한민국 건국 후에는 6·25전쟁으로 인한 국가적 위기를 극복해 냈을 뿐더러, 미국과 상호방위조약을 체결하여 신생 한국의 생존권을 확보했습니다. 따라서 이승만 대통령은 자유민주주의와 시장경제를 기초로 하는 대한민국이 오늘날과 같은 발전과 번영을 구가하는데 가장 결정적인 역할을 했다고 평가하지 않을 수 없습니다.

이승만 대통령의 생애와 활동, 그리고 그가 건국한 대한민국을 어떻게 평가하느냐 하는 문제는 현재 한국 지성계의 중요 쟁점 중 하나입니다. 이승만 대통령의 걸출한 업적과 우리 근현대사에서 차지하는 남다른 위상에도 불구하고 현재 한국 지성계의 일부에서는 이승만 대통령이 잘못한 부분만을 침소봉대하여 폄하 내지는 과소평가하고 있는 것이 현실입니다. 이와 같은 현상이 벌어지는 까닭은 여러 가지 맥락에서 접근이 가능하겠으나 무엇보다 중요한 이유는 이승만 대통령에 대한 객관적이면서도 신뢰할 만한 사료들이 충분히 공개되지 못했기 때문이라고 생각합니다. 이에 이승만연구원은 이화장에서 인수받은 방대한 분량의 이승만 자료를 정리하여 관련 분야 연구자들에게 제공함으로써 이승만 대통령에 관한 연구의 수준을 비약적으로 제고시키고자 합니다.

역사가 바로서야 나라가 바로설 수 있습니다. 현재는 물론 미래를 올바로 개척하기 위해서는 과거에 대한 왜곡되고 편향된 인식을 바로잡아야 합니다. 올바른 역사란 현실 정치상황에 따라 평가가 급변하는 작위적인 접근에 의해 이루어지는 것이 아니라, 정확한 사료에 기초한 객관적 연구를 통해 정립되는 일입니다. 이러한 인식 아래 우리 연구원은 건국대통령 이승만 박사에 대한 자료를 최대한 공개하여 근거 없는 편견을 바로잡고 공은 공대로 또 과는 과대로 객관적인 평가가 이루어질 수 있도록 기여함은 물론, 우리 국민들이 대한민국 건국을 포함한 스스로의 역사에 대해 자부심을 가질 수 있도록 공헌하고자 합니다. 여러분의 응원과 관심을 부탁드립니다. 감사합니다.

2012년 9월 13일

연 세 대 학 교

이승만연구원장 원장 류 석 춘

차 례

대한민국임시정부 초기 위임통치 청원논쟁

오 영 섭*

〈목 차〉

Ⅰ. 머리말

3·1운동으로 분출된 한국인의 독립의지가 확산되어 가던 1919년 3~4월 사이에 국내외 각지에 임시정부가 수립·선포되었다. 3월 17일에 노령에서 대한국민의회가 성립을 선포한 이래, 4월 11일 상해에서 대한민국임시정부가 수립되고, 4월 23일 국내에서 한성정부가 선포되었다. 이외에 전단이나 신문 등을 통해 수립 사실이 알려진 정부들도 여럿 있었다. 이중에서 한국독립운동사에 뚜렷한 족적을 남긴 임시정부는 중국 상

---

* 연세대학교 이승만연구원 연구교수

이 글은 연세대학교 이승만연구원 제1회 우남학술회의(2011.9.30)에서 발표된 다음, 수정·증보 작업을 거쳐 『한국독립운동사연구』 제41집(독립기념관 한국독립운동사연구소, 2012.4)에 수록된 것이다.

해에 수립된 대한민국임시정부(이하 임정)이다.[1)]

임정은 국가 구성의 3대 요소인 영토·주권·국민을 갖추지 못한 상태에서 이국땅 상해의 프랑스령 조계지에 수립된 망명정부였다. 임정은 출범 초부터 구성원들의 노선차이, 지역파쟁, 세대차이, 방만한 조직 등으로 인해 통일성·단합성·효율성을 기하기 어려운 실정이었다. 그럼에도 임정은 한국 역사상 최초로 민주공화제를 본격적으로 표방한 민주정부였을 뿐 아니라 국내외 각지에 산재한 여러 독립운동단체들의 지도단체라는 상징성을 지니고 있었다. 따라서 임정은 한민족의 독립운동을 대표하고 총괄하는 막중한 위치에 있었다고 말할 수 있다.[2)]

임정 초기에 임정내 독립운동세력들은 상호간에 노선투쟁과 패권경쟁을 벌였다. 이들은 외교투쟁·실력양성을 앞세우는 완진론과 무장투쟁·의열투쟁을 중시하는 급진론으로 갈라진 독립방략의 차이, 기호파·서북파·북도파로 나뉘어 대립한 지역적 파쟁, 재정곤란을 타개하기 위한 독립자금 확보경쟁 등 여러 문제를 둘러싸고 협력적·적대적 경쟁관계를 보였다.[3)] 조선시대 당쟁과 흡사한 임정 초기 독립운동세력들의 대립양태는 거시적으로 근대적 정당운동의 서막이라는 긍정적 측면을 지니고 있지만, 미시적으로 한국독립운동의 역량과 발전을 저해한 부정적 측면을 내포하고 있음도 부인할 수 없는 사실이다.

임정 초기에 독립운동진영의 노선투쟁과 패권경쟁 과정에서 돌출된 대표적 사건은 이승만(1875~1965)이 국제연맹에 한국의 위임통치(mandate; mandatory rule)를 맡아주도록 주선해 달라고 윌슨 미대통령에게 청원

---

1) 대한민국임시정부에 대해서는, 한국근현대사학회 편, 『대한민국임시정부 수립 80주년 기념논문집』, 상·하, 국가보훈처, 1999 참조.

2) 오영섭, 「이승만의 대한민국임시정부 통치구상」, 『한국민족운동사연구』 61, 2009.

3) 『한국민족운동사료: 중국편』, 대한민국 국회도서관, 1976, 350-364쪽.

한 문제이다.[4] 당시 독립전쟁론을 주창한 임정내 이동휘세력, 하와이와 원동의 박용만세력, 북경·만주·노령 지역의 일부 독립단체들은 이승만이 미국정부에 한국의 위임통치를 청원했다고 거세게 비판했다.[5] 이들은 위임통치 청원행위가 한국인의 독립정신을 크게 훼손한 것이며, 구미 열강의 침략의도를 간파하지 못하고 과도하게 친미적 태도를 보인 것이라고 하였다. 특히 신채호는 "이승만은 나라를 일본에 팔아먹은 이완용보다 더한 매국역적이다"며 이승만을 강력 비판했다. 위임통치청원에 대한 비판적 반응은 이승만이 정력적으로 추진한 외교독립활동의 성과를 전혀 무시하고, 임시정부의 내분과 혼란의 모든 책임을 이승만에게 돌림과 동시에, "이승만이 미국에 위임통치를 청원한 사실 말고 독립운동계에 특별히 공헌한 것이 있느냐"는 가혹한 비판으로 이어졌다.[6]

그러나 이승만의 위임통치청원은 1910년대 말경 한국실정과 국제정세를 다각도록 고려한 '현실적인 차선책'이라는 사실을 중시해야 한다. 주지하듯이 이승만은 3·1운동 직전인 1919년 2월 25일 병상에서 위임통치 청원서에 서명하여 3월 3일 윌슨(Woodrow Wilson) 대통령에게 제출했

4) 임정 초기 위임통치청원론에 대한 연구로는, 양영석, 「위임통치청원(1919)에 관한 고찰 — 그 비판과 반론」, 『한국학보』 49, 1987, 102-122쪽; 정병준, 『우남 이승만 연구』, 역사비평사, 2005, 124-130, 146-160쪽; 방선주, 「이승만과 위임통치안」, 『재미한인의 독립운동』, 한림대 아시아문화연구소, 1989, 189-227쪽; 고정휴, 「독립운동기 이승만의 외교노선과 제국주의」, 『역사비평』 31, 1995 겨울호, 139-144쪽; 長田彰文, 『日本の朝鮮統治と國際關係 — 朝鮮獨立運動とアメカ』, 동경: 平凡社, 2005 (나가타 아키후미 저, 박환무 역, 『일본의 조선통치와 국제관계』, 일조각, 2008, 150-158, 167-185쪽); 손세일, 「국제연맹의 위임통치청원」, 『이승만과 김구』 1-3, 나남, 2008, 389-428쪽; 홍용표, 「이승만의 대외인식과 임시정부 초기 독립외교」, 『대한민국임시정부의 현대사적 성찰』, 나남, 2010, 397-427쪽 참조.

5) 양영석, 「위임통치청원(1919)에 관한 고찰」, 110-114쪽.

6) 笑公, 「李承晩君에게 一言을 與하노라」, 『독립신문』, 1925년 3월 31일.

다. 여기에는 한국의 즉각적 독립이 불가능한 상황을 감안하여 "장래 완전한 독립을 보장한다는 분명한 전제 조건 하에 한국을 일정 기간 동안 국제연맹의 위임통치 아래 두어달라"는 내용이 들어있었다. 아울러 위임통치 기간 동안 한국은 중립적 지위를 누리며 내치와 통상의 자유를 통해 실력을 배양함으로써 자주독립의 기반을 확고히 닦자고 하는 그 나름의 독특한 단계적·점진적인 독립구상이 담겨있었다. 이런 점에서 위임통치청원론은 이승만의 외교독립운동의 정수에 해당하며, 근대기에 한국인들이 구사한 외교구국방략의 완결판이라고 평할 수 있다.

이 논문에서 필자는 "위임통치청원은 이완용의 매국행위와는 완전히 다른 것으로서 한국의 독립을 위한 하나의 방안이었고 우국충정의 소산물이었다"[7]는 선학의 긍정적 시각을 발전적으로 계승하여 위임통치 청원 문제를 깊이 분석해 보려 한다. 이를 위해 먼저 이승만과 김규식(1881~1950)이 위임통치청원서를 작성·제출한 경위를 알아보고, 이승만·정한경(1890~1985) 청원서와 새로 발굴한 김규식 청원서의 내용을 비교 검토한 다음, 이승만·정한경 청원서와 김규식 청원서에 담긴 궁극적인 독립구상을 파헤쳐 보려 한다. 마지막으로 위임통치청원에 대한 반이승만세력의 비판과 친이승만세력의 반박을 살펴보려 한다.

이상의 논의를 통해 이승만의 위임통치청원서가 이승만·정한경의 단독 작품이 아니라 안창호를 비롯한 여러 인사들의 합작품이며, 신한청년당 대표로 파리에서 활동한 김규식도 이승만·정한경 청원서와 거의 동일한 내용의 청원서를 윌슨 대통령에게 제출한 사실을 논급하려 한다. 이로써 국제연맹 출범기에 각기 미국과 프랑스에서 외교독립운동을 펼친 온건성향의 유력한 한국인들이 위임통치청원을 독립방략의 일단으로서 공유한 사실을 강조하려 한다. 나아가 이승만의 위임통치청원이 "사실상

---

7) 방선주, 「이승만과 위임통치안」, 226쪽.

주체적 독립운동 부정론이었다"거나 "한국인들에게는 독립운동 무용론, 외세의존적 허무주의에 가까운 것이었다"는 학계 일각의 비판론을 논박하려 한다.[8] 마지막으로 임정 초기의 위임통치 청원논쟁은 임정과 이승만에 대한 반임정·반이승만세력의 사상공격의 일환으로 시작되어 격화일로를 걷게 되었음을 밝힘과 동시에, 그 청원서의 내용과 성격이 제대로 검토되거나 알려지지 못한 상태에서 수시로 독립운동계의 패권다툼의 소재로 활용되었음을 겸하여 설명하려 한다.

Ⅱ. 위임통치청원서의 작성·제출 경위 및 그 관련자들

1918년 11월 11일 독일의 패전으로 제1차 세계대전이 끝나자 전후문제 처리를 위해 이듬해 1월 18일부터 프랑스 수도 파리에서 강화회의(Paris Peace Conference)가 열리게 되었다. 미국대통령 윌슨이 주창한 14개조의 평화조건 중에서 제5조의 민족자결주의에 고무된 한인들은 국제사회에 독립청원을 위한 준비에 들어갔다. 이들은 강화회의에서 국제연맹의 창설과 패전국의 식민지 독립문제가 논의되는 것을 한국독립운동에 최대한 유리하게 활용하고 싶어했다.[9] 이런 분위기 속에서 미주의 대한인국민회, 상해의 신한청년당, 러시아 연해주의 대한국민의회, 국내의 혁식유림계가 파리강화회의에 대표를 파견하려 하였다.

파리강화회의 주도국들과 그 대표들에게 전달·제출하기 위해 파리강화회의의 대표파견에 관여한 단체나 유명 인사들은 수많은 문건을 만들어냈다. 이들이 작성·제작한 문건은 서한·청원서·메모·팜프렛 등 다양하

8) 정병준, 『우남 이승만 연구』, 129-130쪽.

9) 홍선표, 「1920년대 유럽에서의 독립운동」, 『한국독립운동사연구』 27, 2006, 423-424쪽.

다. 여기에는 일제의 강압적 한국통치를 규탄하고 한국과 한국민의 억울한 실정을 호소함으로써 독립을 되찾으려 했던 독립지사들의 염원이 담겨있다. 그런데 당시 생산된 문건들 가운데 오늘날까지도 논란거리로 남아있는 것은 1919년 2~4월에 작성된 위임통치청원서이다.

이제까지 파리강화회의와 윌슨대통령에게 제출한 위임통치청원서로는 1919년 2월 25일자 이승만·정한경의 청원서만이 알려져 왔다. 그런데 이승만만이 아니라 신한청년당 대표로 파리에서 활동한 김규식도 이승만·정한경의 청원서와 거의 동일한 내용의 문건을 강화회의에 보낸 사실이 있다. 그런데 이승만·정한경의 청원서는 이승만에 적대적인 박용만파가 미국 신문에 보도된 청원서의 골자를 미주와 원동 각지에 전보로 널리 퍼트림으로써 세상에 알려져 논란이 되었던 반면, 김규식의 청원서는 근자에 이르러 영문 청원서의 일부 구절만이 소개되었을[10] 뿐 영문 청원서의 전문(全文)이나 국한문 청원서는 전혀 공개된 적이 없었다.[11] 이제 상호간에 연락이 없던 상태에서 약 40일간의 시차를 두고 각기 미국과 파리에서 위임통치청원서가 작성·발송된 경위와 그 관련자들에 대해 알아보려 한다.

먼저 이승만·정한경 청원서의 작성·발송 경위 및 그 관련자들을 알아보겠다. 1918년 11월 25일 대한인국민회(총회장 안창호)는 이승만·민찬호·정한경 3인을 파리강화회의 및 소약국동맹회 한인대표로 택정하되,

---

10) 나가타 아키후미 저, 박환무 역, 『일본의 조선통치와 국제관계』, 173-174쪽.

11) 독립기념관에 소장된 국한문 청원서 「한국위원이 講和會에 제출한 13개조」(1919.4.3)는 한국독립운동사연구소 李明花 책임연구위원의 厚意로, 그리고 미 국회도서관에 소장된 Wilson Papers, Microfilm, Reel No.339에 들어있는 3쪽 분량의 영문 청원서 "To The International Peace Conference"(1919.4.5)는 일본 상지대 법학부의 나가타 아키후미 교수의 厚意로 입수했다. 지면을 빌어 두 분께 깊이 감사드린다.

파리대표로는 정한경을 보내기로 하였다.[12] 이승만은 12월 3일 국민회 중앙총회 임시회의에서 지지자들의 후원성 항의와 윌슨과의 친분이 고려되어 파리대표로 추가 선정되었다.[13] 이어 이승만·정헨리(정한경)·민찬호 3인의 서명이 들어있는 1918년 11월 25일자 청원서, 즉 이승만·정한경이 작성한 1919년 2월 25일자 위임통치청원서의 모본에 해당하는 청원서가 12월 미상일에 윌슨대통령에게 보내졌다. 이승만이 하와이에 머물다가 1919년 1월 15일에야 샌프란시스코항에 당도한 사실을 감안하면,[14] 1918년 11월 25일자 청원서는 정한경이 작성한 것으로 보인다.[15]

뉴욕주재 일본총영사로부터 파리행 여권발급을 거부당한 이승만과 정한경은 1919년 1월 중순부터 뉴욕과 워싱턴을 오가며 미국정부로부터 여권을 얻고자 노력했다.[16] 이들은 2월 2일에 필라델피아에서 서재필을 만나 일본의 방해와 미국의 무관심으로 파리행이 어렵게 되었음을 논하며 대책을 숙의했다.[17] 이때 이승만은 "파리행은 무모한 일이니 그만두고 영문잡지를 간행하자"는 서재필의 제안을 뿌리치고 강화회의 대표 임무를 완수하겠다고 다짐했다.[18] 그는 정한경에게 신문과 잡지에 한국사정과 한국민의 희망이 담긴 글을 기고하라고 권하는 한편, 머지않아 파리에서 귀국할 윌슨대통령을 직접 만나 한국독립을 청원해 보겠다고 하였다.[19] 사실상 이때부터 윌슨대통령을 대상으로 하는 이승만의 위임통

12) 『신한민보』, 1918년 11월 28일자, 「호외」.

13) 『신한민보』, 1919년 1월 16일자, 「논설」.

14) Syngman Rhee, *Log Book of S. R.*, 1919년 1월 6-16일.

15) 방선주, 「이승만과 위임통치안」, 209쪽. 윌슨대통령에게 보낸 1918년 11월 25일자 청원서에는 이승만·정한경·민찬호 3인의 서명이 들어 있는데, 이승만의 서명은 친필 서명이 아니라 제3자가 서명한 것이다.

16) 손세일, 「국제연맹의 위임통치 청원」, 396-397쪽.

17) *Log Book of S. R.*, 1919년 2월 1-3일.

18) *Log Book of S. R.*, 1919년 2월 5일.

치 청원운동이 구체화되고 있었다.

2월 5일 이승만은 정한경으로 하여금 국민회 중앙총회장 안창호에게 경과보고를 하도록 하였다. 정한경은 미국정부가 여권 발급을 거절하여 대표단의 파리행이 사실상 비관적인 상태에 놓여 있다면서 선택 가능한 3가지 대안을 제시했다. 첫째 캐나다를 경유해 조용히 프랑스로 들어가거나, 둘째, 파리행이 좌절될 경우에 친한파 미국인 헐버트(Homer B. Hulbert)에게 파리강화회의에 한국문제를 대신 제출하게 하거나, 셋째, 이상의 방책들이 어려우면 2월 중순에 돌아오는 윌슨대통령을 만나 한국 사정을 직접 호소하거나 하자는 것이었다. 이에 대해 안창호는 제3책이 써 볼만 하다는 회신을 보내왔다.[20] 8일에 이승만은 워싱턴요양원에 입원하여 피부병 치료를 받으며 3주간을 보냈는데,[21] 이때 정한경과 연명으로 문제의 1919년 2월 25일자 위임통치청원서를 작성하여 윌슨대통령과 파리강화회의에 보냈다.

위임통치청원서 작성·서명 전후에 이승만은 윌슨대통령을 대상으로 한국독립을 호소했다. 2월 11일에 윌슨과의 면담을 요청했으나 25일 튜멀티(Joseph P. Tumulty) 비서실장으로부터 대통령이 공무로 여유가 없다는 회신을 받았다. 23일에 윌슨에게 편지와 첨부 문건을 보냈으나 윌슨은 이를 국무성에 넘겨 처리하게 하였다.[22] 또 25~26일 양일간 레인(Franklin K. Lane) 내무장관에게 지원을 요청했지만, 미국정부의 기본 방침은 한국대표가 파리강화회의에 참석하는 것은 적절치 않다는 회신을

19) 이승만, 「旅行記大略」, 姜德相 편, 『현대사자료25:조선(1)』, 동경: みすず書房, 1965, 443-446쪽.

20) 『신한민보』, 1919년 3월 13일자, 「호외」.

21) 『신한민보』, 1919년 3월 29일자, 「논설」.

22) 유영익·오영섭 등편, *The Syngman Rhee Correspondence in English, 1904~1948*, Vol. 2, 연세대 현대한국학연구소, 2009, pp. 204-206.

받았다.[23] 28일에 튜멀티에게 "한국민도 윌슨대통령이 주창한 민족자결주의의 혜택을 받을 권리가 있으니, 파리행을 위한 특별 허가증을 발급하여 강화회의에 참석할 수 있도록 해주고, 1882년 조미수호통상조약에 따라 미대통령이 거중조정(居中調停, good offices)을 해줄 것을 요청했다. 또한 3월 3일 윌슨과의 면담을 요청하는 서한에서 이승만은 다시금 1882년 조미조약에 의거하여 한국의 독립을 지켜줄 것을 역설했다.[24]

줄기찬 파리행 외교활동이 성과를 거두지 못하자 이승만은 다음 단계로서 위임통치청원서를 직접 윌슨대통령에게 제출했다. 3월 3일 문제의 청원서가 동봉된 편지를 튜멀티 비서실장에게 보내 "150만 해외한인을 대표하는 국민회의 대표인 자신에게 대통령을 면담하고 동봉한 청원서를 수납하지 않으려면 전달할 수 있게 해달라"고 요청했다. 또한 "한국민에게 약소국의 지원자로 알려진 윌슨을 만나는 것은 민족자결주의에 고무된 한국민을 기쁘게 하는 것이라고 전제하고, 1882년 조미조약의 거중조정 조항에 따라 한국을 도와달라"고 하였다.[25] 마지막으로 편지 말미에 동봉한 청원서를 수납하지 않으려면 국무부로 보내지 말고 자신에게 바로 돌려달라고 적었다. 이는 이승만이 위임통치청원서를 미국정부가 아니라 윌슨 개인에게 직접 제출하려 했음을 보여주는 것이다. 이에 대해 튜멀티는 윌슨이 파리행 준비에 바빠서 이승만을 접견할 수 없다는 회신을 보내왔다.[26]

---

23) *Log Book of S. R.*, 1919년 2월 25-26일.

24) *The Syngman Rhee Correspondence in English, 1904~1948*, Vol. 1, pp. 72-73.

25) *The Syngman Rhee Correspondence in English, 1904~1948*, Vol. 1, p. 74.

26) *The Syngman Rhee Correspondence in English, 1904~1948*, Vol. 2, p. 207.

1919년 1월 중순부터 두 달 이상 이승만과 정한경은 미국정부와 윌슨 대통령을 상대로 파리행 여권 취득활동과 한국독립 호소활동을 벌였으나 여의치 못했다. 그러자 그들은 급기야 운동방식을 바꾸어 3월 16일 워싱턴에서 기자회견을 자청하고 자신들이 윌슨대통령에 보낸 「한국위임통치청원서」를 각 신문에 보도케 하였다. 또 바야흐로 한반도에서 전개되고 있는 독립만세시위에 가혹행위가 없도록 미국과 영국정부가 일본에 압력을 가해줄 것을 요구했다.[27)]

이승만·정한경의 요청에 따라 『뉴욕 타임즈』는 3월 17일자로 "대한인국민회는 윌슨과 파리강화회의에 대해 한국이 완전한 자치능력을 갖췄다고 판단될 때까지 국제연맹이 한국을 위임통치해 주기 바란다는 내용이 담긴 청원서를 제출했다"고 보도했다.[28)] 『엘파소 헤럴드』는 3월 17일자 신문에 『뉴욕 타임즈』의 기사를 그대로 인용하여 일제의 3·1운동 탄압기사를 실었다. 아울러 3월 17일자 하와이 영자신문 *The Pacific Commercial Advertiser*(『태평양상업신문』)는 본토에서 날아온 전보를 근거로 이승만이 위임통치청원을 했다는 기사를 게재했다.

또한 정한경은 친일성향의 스펜서(Spencer) 선교사가 3월 20일자 『뉴욕 타임즈』에 "한국은 자치능력이 없어 일본의 통치를 받아야 한다"는 내용의 기고문을 게재하자 그 다음날 같은 신문에 스펜서의 주장을 논박하며 "한국 모든 계층의 인민들은 한마음으로 파리강화회의와 서방 언론

---

27) *The New York Times*, 1919년 3월 17일자, "Koreans Petition Wilson."

28) *New York American*, 1919년 3월 17일자, "Koreans Petition Wilson." "President Wilson has been asked by the Korean National Association to initiate action at the Peace Conference looking to independence for Korea, with the country to be guided by a mandatory until such time as the League of the Nations shall decide that it is fit for full self-government."

에 대해 국제연맹의 위임통치를 호소하고 있다"고 하였다.[29] 이어 『아시아』 잡지 5월호에 「금일의 한국—일본 식민정책에 대한 어떤 한국인의 견해」라는 글을 발표했다. 여기서 그는 한국민을 공정하게 대하고 있다는 일본의 주장이 진실한 것임을 입증하려면, 일본은 한국에 ①완전독립, ② 자치, ③ 최소한의 참정권 등 3가지 중에서 하나를 허용해야만 한다고 주장했다.[30]

정한경이 내세운 자치론이나 참정권 허용 요구는 기본적으로 미국의 고문정치나 후견정치를 상정한 상태에서 일본으로부터 자치나 참정권을 얻는 것이었다. 그렇기 때문에 3·1운동 후 고희준·민원식 등이 각기 제기한 일본의 시혜조치만을 바라는 단순한 자치론과는 다소 성격이 다르다. 고희준·민원식 등의 자치론은 한일 양민족의 융합을 통해 세계적 생존경쟁에서 살아남으려는 방법을 강구하는 가운데 나온 것으로서 장래 한국 민족국가의 완전독립을 상정하지 않은 친일적 자치론이었다.[31] 이에 반해 정한경의 자치론은 자치를 통해 영세중립국 체제와 유사한 정치체제를 운영하면서 미래 어느 시점에 한국의 완전독립을 구상하고 있었다.

그러면 1919년 2월 25일자 이승만·정한경의 위임통치청원서가 작성·발송되는 과정에 관련된 인사들을 알아보겠다. 기왕에는 정한경·민찬호가 1918년 11월 25일에 작성한 청원서를 병상의 이승만이 자구만 약간 수정한 다음 여기에 위임통치청원 문구를 삽입하여 제출했다고 알려져

29) *The New York Times*, 1919년 3월 21일자.

30) Henry Chung, "Korea Today－A Korean View of Japan's Colonial Policies," *ASIA*, Vol. 19, No. 5, 1919.5, p. 467; 방선주, 「이승만과 위임통치안」, 222쪽, 각주 27)에서 재인용.

31) 이태훈, 『일제하 친일정치운동 연구』, 연세대 사학과 박사학위논문, 2010, 제3장 참조.

왔다.[32] 따라서 두 사람만이 청원서 작성에 관계했다는 것이다. 그러나 이 청원서의 작성·발송 과정에는 이승만·정한경 외에도 여러 사람들이 관여했다. 1921년 봄–여름경 위임통치 청원문제가 독립운동계의 논란거리로 떠오르자 정한경은 자신을 비판하는 현순에게 반박서한을 보낸 적이 있다. 여기에는 기왕의 이해를 다소 보완·수정해주는 중요한 내용들이 담겨있었다.

> 한 장은 1918년 11월 25일에 윌슨대통령에게 보냈고, 한 장은 동년 12월 10일에 합중국 상원의원에게 보낼 때에, 나는 한국과 중국에 있는 유력한 친우들과 여러 만국공법(萬國公法) 율사들의 의향을 참작하여 가장 편리한 것을 따라 윌슨대통령께 보낸 것이라. 각하(현순 : 필자)가 기억하는 바와 같이 이는 독립운동이 발생하기 이전의 일이라. 그때에 미주나 유럽에 있는 모든 사람들은 한인들이 일인의 관할을 만족하게 여기는 줄로 생각하여 독립이라는 말은 입에도 올리지 못하는 줄로 알고 있었다.
>
> (그때) 모든 권고를 받는 가운데 중국정부의 정치고문으로 있는 젠크씨는 우리가 먼저 미국대통령에게 한국이 현금 일인의 관할에서 벗어나서 불원간 완전독립을 확실히 담보함으로 국제연맹회 위임 하에 두기를 청원하라고 권고하였다. 이는 그때에 미국대통령이 국제연맹회를 제일 중요하게 생각하기 때문이었다. 이러한 권고를 미국의 유명한 이들과 중국과 한국의 여러 친우들에게 받았고, 또 나는 그때에 국민회 회장 안창호씨에게 편지를 하였소이다.
>
> 각하와 내가 일체로 국민회 대표원이 된 고로 하와이 지회까지 포함된바 우리가 무슨 일을 시작하기 전에 두령 되는 주임자와 의론하는 것이 마땅하겠기에 내가 어떻게 할 것과 미국 친우들의 의향이 포함된 회답을 받은 중 안창호 씨가 행정위원회를 소집하여 이 사건을 결정 처리한지라. 국민회 임원회에서 내가 어떻게 할 것을 작정하였으니 곧 한국이 일본의 관할

32) 방선주, 「이승만과 위임통치안」, 219쪽.

에서 벗어나서 불원간 완전독립을 확실히 담보함으로 국제연맹회 위임통치 하에 두기를 청원하라는 공함이 온지라. 나는 즉시 가서 청원서를 준비하였으니 기록된 일자와 같이 이는 독립운동이 개시되기 전이라.[33)]

위 사료를 통해 1) 중국정부의 정치고문을 지낸 미국인 젠크(Jeremich W. Jenks)[34)]가 1918년 12월 중순경부터 정한경에게 한국이 일본 통치에서 벗어나 완전독립을 확실히 담보하는 조건으로 국제연맹에 위임통치를 청원하라고 권고했으며,[35)] 2) 정한경이 위임통치청원서의 초본을 작성할 때에 미국의 유력인사, 한중 양국의 유력한 친우들, 그리고 국제법 전문가들로부터 권고를 받았으며, 3) 위임통치청원서를 작성·발송하기 전에 미국 친우들과 파리강화회의 대표단 책임자인 국민회 중앙총회장 안창호의 의향을 타진했고, 4) 안창호는 국민회 중앙총회 '행정위원회'를 소집하여 위임통치 청원문제를 논의·승인한 후 승낙서를 정한경에게 공문으로 보냈으며, 5) 이상의 과정과 절차를 모두 끝마친 후 국제법 전문가인 이

33) 『우남이승만문서: 동문편』 8, 「뎡한경씨의 편지」(1921.5.28), 연세대 현대한국학연구소, 1998, 317쪽.

34) 젠크(1856~1929)는 미국 미시간대 졸업 후 독일로 유학하여 1885년에 Halle 대학에서 박사학위를 받았다. 귀국 후 법학을 공부하고, 1891년부터 코넬대학과 뉴욕대학의 교수를 지냈다. 그는 경제문제의 정치적 측면에 관심이 많았으며, 미국 여러 정부의 위원회에 참여하여 통화, 노동, 이민 문제 등에 관한 많은 보고서를 작성했다. 그는 멕시코, 니카라과, 독일, 중국 정부의 재정정책 문제를 자문했으며, 1904년에 북경을 방문했다. 저서로는 *The Trust Problem* (1900), *Principles of Politics* (1909), *The Immigration Problem* (1911) 등을 남겼다.

35) 1919년 초 미국에는 아르메니아 신탁통치를 미국이 수락할 것인가를 두고 논의가 분분했기 때문에(프란크 볼드윈, 「윌슨, 민족자결주의, 3·1운동」, 『3·1운동50주년기념논문집』, 동아일보사, 1969, 520쪽) 이승만·정한경 등이 미국의 국제법 대가들과 한국의 위임통치문제를 논의했을 가능성은 충분하다.

승만의 최종 검토·수정작업을 거쳐 양인이 서명했음을 알 수 있다.

위임통치청원서가 작성되는 과정에서 이승만은 결정적으로 중요한 역할을 수행했다. 위임통치청원 비판운동이 일어나자 이승만은 여러 차례 "마지막 청원서를 보낼 때에 서명만 했다"고 하였다.[36] 그러나 이는 자신에 대한 비난을 피하기 위한 보신책으로 보이며, "1918년 11월 정한경·민찬호의 청원서에 약간의 자구 수정만 하고 이승만이 자신의 위임통치청원 구절을 삽입했다"는 해석[37]이 타당해 보인다. 이승만은 정한경이 젠크를 비롯한 국제법 전문가들의 권고와 자문을 받아 작성한 초안을 다듬고 수정한 다음, 자신의 지론을 가미하여 위임통치청원서를 최종 완결지었던 것이다.[38] 위임통치청원서의 핵심 구절이 이승만의 박사학위논문에 나타난 외교독립론의 정수에 속하는 것으로 보아 그러한 추정이 가능하다.

위에서 살펴본 정한경의 주장과 이승만의 역할을 음미해 보면, 위임통치청원서의 작성과 발송 과정에는 젠크·이승만 및 익명의 국제법 전문가들, 이승만·정한경의 미국·중국·한국인 친우들, 국민회 중앙총회장 안창호와 그 임원들이 두루 관련되었음을 알 수 있다. 그런데 위 인용문에 나오는 "위임통치청원서 발송을 허가한 안창호의 공문을 자신이 갖고 있다"는 정한경의 누차에 걸친 공개적 주장에 대해,[39] 안창호는 말할 것도 없고 안창호에 우호적인 국민회·『독립신문』·『신한민보』 등이 한 번

---

36) 『독립신문』, 1921년 2월 26일자, 「대통령담」; 유영익·송병기·이명래·오영섭 편, 『이승만 동문 서한집』 상, 이승만 → 신규식(1921.7.6), 이승만 → 장붕(1921.7.16), 연세대 출판부, 2009, 45, 145, 170쪽.

37) 방선주, 「이승만과 위임통치안」, 219쪽.

38) 현순은 「華盛頓外交實記」 제4장에서 "정한경이…어떤 미국인을 보고 대한사정을 말하여 그의 권고로 소위 위임통치청원서를 작성하여 이승만과 같이 서명하여 미국정부에 제출했다"고 하였다.

39) 『한국독립운동사 자료2』, 국사편찬위원회, 1973, 정한경 → 이광수(1921.6.13), 250쪽.

도 이를 정식으로 논박한 적은 없었다. 이를 보면, 이승만·정한경의 위임통치청원서 작성·발송 과정에 미주 독립운동계의 양대 산맥인 이승만계와 안창호계가 모두 관여했다는 결론이 나온다.

다음으로 김규식 청원서의 작성·발송 경위 및 그 관련자들을 알아보겠다. 미국의 윌슨대통령은 파리강화회의에 중국대표의 참석을 권유하기 위해 크레인(Charles R. Crane)을 특사로 파견했다. 1918년 중하순경 상해에 도착한 크레인은 각국 외교인사들이 베푼 만찬회에서 파리강화회의의 성격과 방향에 대해 설명했다. 이 자리에 있던 여운형은 크레인을 만나 한국대표의 참가와 독립가능성을 문의했다. 긍정적인 답변을 들은 여운형은 자신과 뜻을 같이하는 동지들과 파리에 대표를 파견하기로 합의하고 11월 28일 신한청년당을 조직했다.[40]

신한청년당 대표 여운형은 파리강화회의와 윌슨 대통령에게 독립청원서를 제출하기로 하였다. 이에 영문으로 작성된 1918년 11월 28일자의 독립청원서를 작성하여 친한파 미국인 선교사 피치(George A. Fitch) 박사의 수정을 받아 완성한 다음, 크레인 특사에게 주어 윌슨대통령에게 전하게 했다. 이 청원서는 미국의 역할 찬양, 일제의 한국탄압 비판, 한국의 정치적·경제적인 곤란상 등을 차례로 언급했다.[41] 이어 여운형은 청년당원들과 논의하여 파리강화회의에 한국대표를 파견하기로 하고, 미국로녹대학 영문과 출신으로 영어에 능한 김규식을 대표로 선정했다.[42]

신한청년당이 파견한 강화회의 대사 김규식은 1919년 2월 1일 상해를 떠나 3월 13일 파리에 도착했다. 그는 파리 시내 샤토당가 38번지 저택에 '강화회의 한국민대표단'(1919/4/13 이후 대한민국 주파리위원부)을 설치하고 본격적인 외교활동에 들어갔다. 그는 서두에 '1919년 4월 파리'란 문

---

40) 김희곤, 『중국관내 한국독립운동단체연구』, 지식산업사, 1995, 76-77쪽.

41) 국사편찬위원회 편, 『한국독립운동사』 3, 탐구당, 1967, 304-309쪽.

42) 이기형, 『몽양 여운형』, 실천문학사, 1984, 288쪽.

구가 들어간 다수의 독립운동 관련 서한과 문건을 제작하여 5월경에 끌레망소 강화회의의장, 윌슨대통령, 로이드 조지 영국수상 및 각국 대표단에 연이어 전달했다. 이들 문건들 중에는 영어와 불어로 인쇄된 「독립공고서」가 가장 유명하다.[43)]

김규식의 파리에서의 외교독립활동은 이관용·황기환·김탕·조소앙·여운홍 등이 1919년 5월 초 이후에 파리에 속속 당도함에 따라 활기를 띠게 되었다. 그러나 3월 중순부터 4월경까지 김규식은 혼자서 외국인들의 도움을 받아가며 주파리위원부의 모든 문서를 작성하고 사무를 관장해야만 했다. 당시에 김규식이 이승만본과 거의 동일한 위임통치청원서를 작성하여 파리강화회의에 제출한 배경으로는 크게 두 가지를 고려할 수 있다. 하나는 김규식의 파리 도착 2주일 후인 3월 27일 '만국연합통신사' 전보를 통해 구미 각 신문에 이승만의 위임통치청원 사실이 보도되었는데,[44)] 김규식이 이 기사에 크게 영향을 받았을 가능성이 있다.

다른 하나는 헐버트를 비롯한 외국인들의 도움을 받았을 가능성이다. 그는 3월 17일 파리에 도착한 고종황제 외교특사 헐버트박사를 만나 많은 지원을 받았다. 그런데 헐버트는 을사늑약에 극력 반대한 고종황제가 『런던 트리뷴』지 기자인 스토리(Douglas Story)에게 의뢰하여 북경 주재 영국공사에게 전달한 1906년 1월 29일자 국서에서 5개년간 열강에 한국외교를 공동 보호해줄 것을 요청한 사실을 잘 알고 있었다.[45)] 당시 고종의 국서 원문은 1907년 1월 16일자 『대한매일신보』에 전문이 그대로 보

43) 이우진, 「임정의 파리강화회의 외교」, 『한불외교사』, 평민사, 1987, 136-137쪽.

44) 『우남이승만문서: 동문편』 8, 「성토문」(1921.5), 295쪽.

45) 김기석 편, 『고종황제의 주권수호 외교』, 한국교육사고, 1994, 32쪽; 서영희, 『대한제국 정치사 연구』, 서울대 출판부, 2003, 233쪽. "皇帝게셔는 世界各 大國이 韓國 外交을 同爲保護홈을 願ᄒᆞ시고 限은 以五年 確定."

도되어 세간에 널리 알려졌을 정도였다.[46] 이는 한국 최고지도자가 최초로 열강에 한국 외교권의 공동 위임통치를 요청한 것으로서 이승만·김규식 등의 위임통치청원보다 시기적으로 앞서는 것이다. 아울러 헐버트가 김규식에게 한국을 위임통치 아래에 두어달라고 청원하도록 하는데 일정한 영향을 미쳤을 것이다. 또 김규식은 중국인 교수 겸 사회운동가로서 파리주재 중국공사관 서기관으로 부임하여 활동 중인 이유인(Li Yu-Ying), 파리강화회의 중국대표 왕정연(王正延)·이경증(李硬曾) 등의 도움을 받아 파리위원부의 초기 정착에 힘썼다.[47]

이런 사실들로 미루어 김규식은 구미 신문에 보도된 이승만의 위임통치청원 기사나, 혹은 미국인 헐버트박사와 중국인 이유인·왕정연·이경증 등의 측면 지원에 의지하여 위임통치청원서를 작성한 것으로 파악된다. 이때 김규식이 상황변화에 따라 큰 논란거리가 될 수 있는 위임통치청원서를 작성할 때에 상해의 신한청년당 지도부와 긴밀한 협의를 거쳤는가에 대해서는 자료 부족으로 알 수 없다. 다만 5월 이후 상해에서 파리로 건너와 파리위원부에 합류한 조소앙·여운홍 등의 독립운동가들은 김규식이 위임통치청원서를 작성한 사실을 알았거나 아니면 국한문 청원서나 영문 청원서의 부본을 보았을 가능성이 충분하다고 판단된다.

Ⅲ. 위임통치청원서의 내용과 독립화 방안

1. 이승만·정한경본과 김규식본의 내용 비교

이승만·정한경의 위임통치청원서와 김규식의 위임통치청원서는 형식

46) 『대한매일신보』, 1907년 1월 16일.

47) 홍선표, 「1920년대 유럽에서의 독립운동」, 424-431쪽.

과 내용면에서 다음과 같은 동이점과 특징이 있다.

먼저 형식면을 살펴보면, 첫째, 이승만·정한경의 1919년 2월 25일자 위임통치청원서는 영문으로 작성된 반면, 김규식의 위임통치청원서는 1919년 4월 3일자 국한문본과 파리강화회의에 제출한 4월 5일자 영문본 등 2점이 남아있다. 이때 김규식본에서 결정적으로 중요한 제13조가 국한문본과 영문본의 내용이 다소 다른 것은 청원서 접수자나 독자를 의식한 때문으로 보인다. 둘째, 전자가 2쪽의 단일한 서한 형식의 문건인 반면, 후자는 국한문본의 경우 1쪽짜리 문건이며, 영문본의 경우 13쪽 분량의 「해방을 바라는 한국인들의 요구사항이 수록된 비망록」이란 문건 앞에 붙어있는 3쪽의 요약본이다. 본문의 분량은 전자가 후자보다 30% 정도 많은 편이며, 청원서의 논리적 일관성이나 정합성은 후자가 전자에 비해 떨어지지만, 위임통치청원의 주요 내용은 거의 동일한 편이다.

다음 내용면을 살펴보면, 첫째, 양자의 위임통치청원서는 전자가 윌슨대통령을 대상으로 작성된 반면, 후자는 윌슨대통령을 비롯한 강화회의 참석 대표들을 대상으로 쓰여졌다. 이로 인해 전자에는 후자에 없는 미국의 인도주의, 기독교 찬양논리, 일제의 기독교 탄압의 비인도주의, 민족자결주의에 대한 기대, 한국 독립이 미국의 국가이익에 부합한다는 논리 등이 포함되어 있다. 둘째, 양자의 청원서는 공히 일본의 국제조약 위반과 불법적 한국병탄 정책을 비판하고, 한국의 자주성과 독립의지를 강조하고, 극동과 세계에서의 한국의 전략적 가치를 논급하고, 마지막으로 위임통치를 요청한 점에서 동일하다.

이승만·정한경의 위임통치청원서 내용을 먼저 살펴보면 다음과 같다.[48] 이 청원서는 이승만·정한경·민찬호 3인이 작성하여 윌슨대통령에게 보낸 1918년 11월의 청원서에 비해 일부 구절이 약간 다르다.[49] 두

48) 논문 말미의 〈자료1〉 참조.

청원서는 모두 일본의 한국 보호국화정책과 강제 병탄행위는 부당하며, 일본의 한국통치는 모든 면에서 한국인에게 최악이었고, 따라서 한국문제의 공정한 해결을 희망한다고 호소했다. 그러므로 그 내용만을 가지고 말한다면 양자의 청원서는 별다른 차이가 없다고 말할 수 있다. 다만 1919년 2월의 청원서에는 "분명한 독립을 전제로 한국을 당분간 새로 창설되는 국제연맹의 위임통치 아래에 두어 달라"는 한 단락의 새로운 내용이 들어가 있다. 1919년 2월의 청원서는 총 9개 단락으로 되어 있는데, 이중 제1~2단락은 서두이며, 나머지 7개 단락이 청원서 본문이다.

제3~5단락은 일본의 대한침략정책을 정치·경제·문화 침략 순으로 비판했다. 정치면에서 러일전쟁 당시 한국은 일본과 「한일의정서」를 체결하여 영토보전을 약속받고 일본을 후원했는데 전쟁 승리 후 일본은 조약을 파기하고 한국을 보호국으로 삼았다. 경제면에서 일본은 한국의 자원을 개발함에 있어 일본인의 이익을 극대화하고, 일본 기업과 상인에 대해 특혜를 부여하며, 일본인을 대거 이주시킴으로써 한국인의 산업 노예화와 경제적 몰락을 초래하였다. 문화면에서 일본은 한국의 역사·문화

---

49) 예컨대 1918년 11월 25일자 청원서와 1919년 2월 25일자 청원서의 일부 단락을 비교해 보면, 전자에는 "(상략) **Japan took Korea,** after the Russo-Japanese war, in violation of her treaty obligations to Korea. **As your Excellency undoubtedly know,** Korea formed an alliance (중략) **Taking Korea as a prize of war was an act of betrayal on the part of Japan.** (하략)"으로 되어 있는 반면, 후자에는 "(상략) **Japan established her protectorate over Korea,** after the Russo-Japanese war, in direct violation of her treaty obligations to Korea. **It is a matter of diplomatic record** that Korea formed an alliance (중략) **Taking Korea as a prize of war was a breach of covenant and of faith on the part of Japan.** (하략)"라고 되어 있다. 이를 보면, 후자의 청원서가 일본의 국제법 위반을 다소 강조하고 있음을 알 수 있다. 홍용표, 「이승만의 대외인식과 임시정부 초기 독립외교」, 414-415쪽.

서적을 불태우고, 신문·잡지를 폐간하고, 일본어를 공용어로 삼고, 한국의 역사·언어·지리 교육을 금압하고, 일본인 교사에게 한국 학교를 감독케 하고, 일장기와 천황 신패에 대해 경례를 강요하고, 구미 유학을 금지하고, 공공집회를 감시하고, 기독교를 금지하며 신도(神道)를 강요하고, 기독교 예배를 감시하고, 이른바 105인사건에 잘 드러난 것처럼 기독교를 혹독히 탄압했다.

제6~7단락은 한국민의 독립의지를 표명하며 거중조정을 당부하는 한편, 일본으로부터 해방을 위한 위임통치를 요청했다. 한국민은 자치정부를 수립하고 정치적 독립을 이루려는 강한 열망을 품고 있다. 피지배 민족의 운명이 논의되는 파리강화회의에서 민족자결의 원칙을 강조하는 윌슨대통령은 한국이 독립하도록 거중조정을 해줘야 한다. 한국민은 "장래에 완전한 독립을 보장한다는 전제 하에" 한국을 국제연맹의 위임통치하에 두기를 원하고 있다. 이렇게 되면 한국은 국제적인 중립적 통상지대로 변할 것이며, 동양의 평화를 유지하는 완충국으로 남을 것이다. 주지하듯이 이 구절은 이승만의 독립운동의 성과나 성격 문제를 둘러싸고 뜨거운 논쟁과 비판을 불러일으켰을 뿐 아니라 두고두고 이승만의 정치적 권위를 크게 훼손한 아킬레스건이 되었다.[50]

---

50) 정한경이 미국 신문기자들에게 말한 위임통치청원 구절도 위임통치청원서와 동일한 내용을 담고 있다. *The New York Times*, 1919년 3월 21일자, "Korea's Appeal." "Korea's appeal to the Peace Conference and to the enlightened public opinion of the West is to have Korea internationalized under the mandate of League of Nations with the guarantee of complete independence in the future. The accomplishment of this will convert the Korean Peninsula into a zone of neutral commerce to the benefit of all nations. It will also create a butter state in the Far East witch will help prevent aggrandizements by any single power and maintain peace in the Orient. This national reconstruction would elimi-

제8~9단락은 한국이 독립을 획득할 자격이 있음을 강조하며 정의와 인도에 입각한 미국의 독립 지원을 호소했다. 한국은 연합국의 일원이 아니기 때문에 국제연맹의 고려대상은 아니지만, 수천 명의 의용군이 러시아전선에 참여했고, 수많은 재미동포들이 민주주의를 위해 인명과 자금을 제공했으며, 한반도에서 미국의 공업·상업·종교의 이익을 고려해야 한다. 그리고 한국민은 1882년의 조미수호통상조약을 폐기한 적이 없고, 지금까지 여일한 대미우호의식을 지니고 있다. 따라서 미국은 한국민의 민족자결 열망을 도울 의무가 있으며, 미국의 국가이익 관철을 위해서라도 극동에서 일본의 침략을 저지해야 한다. 나아가 1,500만 한국민의 노예화는 세계민주주의를 해칠 것이므로 미국은 한국민에게 천부인권의 권리를 회복해 주고 자기 정부를 선택할 수 있는 조치를 취해 주어야 한다.

다음, 김규식의 위임통치청원서 내용을 살펴보면 다음과 같다.[51] 이 청원서는 영문본의 경우 서두 부분을 제외하면 12개 조항이며, 국한문본의 경우 서두 없이 13개 조항으로 되어 있다. 이때 영문본 제1~3조항은 국한문본 제1~4조항에 해당한다. 따라서 국한문본과 영문본은 체제나 세부 내용 면에서 크게 차이가 없으며, 마지막 위임통치 관련 구절만이 약간 다르다.

제1~3조항은 일본이 국제조약을 어기고 불법적으로 한국을 보호국으로 삼은 사실, 그리고 미국과 한국과의 긴밀한 관계를 언급했다. 일본은 병자수호조약(1876)·천진조약(1885)·시모노세키조약(1895)·한일의정서(1904) 등을 통해 한국독립을 보장했고, 한국독립과 극동평화의 대의를 내세워 1894년 청일전쟁과 1904년 러일전쟁을 일으켰다. 미국도 1882년

---

nate the dangers which Japan faced when no international guarantee effectually maintained Korea's freedom."

51) 논문 말미의 〈자료2〉 및 〈자료3〉 참조.

조미수호통상조약을 통해 한국의 보전을 약속했다. 그러나 1905년 일본은 불법적 수단으로 을사늑약 체결을 강요했는데, 한국은 결코 이를 서명한 적이 없으며, 고종황제가 미국에 이를 호소함으로써 그 조약은 파기되었다.

제4~5조항은 한국민의 독립의지와 한국의 문화적 유구성을 논하였다. 한국은 일본통치에 결코 복종한 적이 없으며, 한국은 독자적인 언어와 문화를 유지해온 당당한 독립국이다.

제6~9조항은 극동에서 한국의 전략적 중요성과 일본의 침략정책을 방관할 경우 초래될 위험성을 논하였다. 한국문제는 극동문제의 관건이므로 한국을 발칸반도와 같이 방치해서는 안된다. 한국은 구미 열강의 아시아 점령지와는 경우가 달라 일본은 한국에 대해 하등의 권리가 없다. 일본의 한국병탄을 방치하면 일본이 아시아를 삼킬 것이며, 만약 일본이 경제적·상업적으로 아시아를 차지하게 되면 전세계의 이해관계에 크게 불리하게 작용할 것이다.

제10~12조항은 일본의 한국말살정책과 이에 대한 한국민의 대응을 논하고 국제연맹의 위임통치를 요청하였다. 현재 일본은 무단정치를 통해 한국의 문화와 민족을 말살하는 정책을 강행하고 있지만, 3·1운동으로 드러난 것처럼 한국민은 일제에 대항하여 강한 독립의지를 나타내고 있다. 한국민은 고유의 민족감정을 지닌 민족으로서 일정 부분 자유가 주어진다고 하더라도 일본과는 평화롭게 살 수 없으며, 일본이 감독국의 일원이 아니라는 조건 아래 일정기간 한국을 국제적 감독에 맡겨달라.

이상에서 살펴본 이승만·정한경의 위임통치청원서와 김규식의 위임통치청원서에서 핵심 부분은 위임통치를 요청한 구절이다. 양자의 위임통치청원의 내용을 도표로 처리해 보면 다음과 같다.

〈이승만·정한경본과 김규식본의 위임통치청원 구절 비교〉

이승만·정한경본	김규식본
저희들은 자유를 사랑하는 1,500만 한국인의 이름으로 각하께서 여기에 동봉한 청원서를 평화회의에 제출하여 주시옵고, 또 이 회의에 모인 연합국 열강이 장래에 한국의 완전한 독립을 보장한다는 조건 하에 현재와 같은 일본의 통치로부터 한국을 해방시켜 국제연맹의 위임통치 아래에 두는 조치를 취할 수 있도록 하는 저희들의 자유 염원을 평화회의 석상에서 지지하여 주시기를 간절히 청하는 바입니다. 이것이 이루어 질 수 있다면 한반도는 모든 나라에 이익을 제공할 중립적 통상지역으로 변할 것입니다. 아울러 이러한 조치는 극동에 새로운 하나의 완충국을 탄생시킴으로써 동양에 있어서 어떤 특정 국가의 확장을 방지하고 평화를 유지하는데 도움이 될 것입니다.	(국한문 청원서) 列强 諸邦이 如 其吾韓國에 同意를 與하야 永久 中立을 得케 할지면 我 韓人은 欣覩히 願함이니 單히 日本이 其間에서 優越權을 行使함만 不願함이라. (영문 청원서) 고유의 강한 민족적 감정을 지니고 있기 때문에 한국인들은 일제가 한국을 강점한 이래 날이 갈수록 냉혹한 증오심을 키워가고 있습니다. 비록 일정 부분의 자유가 허용되었다고 하더라도 한국인들은 결단코 일본과 같은 이민족 지배 하에서 평화롭게 살 수가 없습니다. 일본이 감독국(a supervisory group)의 일원이 아니라는 조건 아래, 스스로를 일정한 보호 기간 동안 한국을 국제적 감독(international supervision for a probationary period)에 맡길 것을 바랍니다.

양자의 위임통치청원 대목을 비교해 보면, 전자가 국제연맹이 출범하는 민감한 시기에 국제법적 내지 국제정치적 지식을 최대한 활용하여 한국독립에 필요한 면밀한 안전장치를 마련한 가운데 위임통치를 요청하고 있는데 반해, 후자는 국제법이나 국제정세에 대한 면밀한 고려장치가 다소 부족한 단순한 형태의 위임통치를 구상하고 있었음을 알 수 있다. 그럼에도 불구하고 양자는 모두 일본이 국제연맹의 위임통치 감독국이 아니라는 전제 하에 한국이 국제연맹의 위임통치 아래에서 영세중립국의 지위를 누리고, 일정 보호기간 이후에 위임통치국의 통제에서 벗어나 완전한 독립을 이룩하는 단계로 나간다고 하는 발전 과정을 상정하고 있다는 점에서 동일한 논리구조를 갖고 있다고 평할 수 있다.

2. 위임통치청원서에 담긴 단계적·점진적 독립 구상

이승만과 정한경은 자신들의 위임통치청원이 반대파로부터 거센 비판을 받자 여러 번 다음과 같이 응대했다. "위임통치청원은 제1차 대전 종전 후 세계여론이 한국문제에 대해 아무 관심도 나타내지 않는 상황에서 일시적인 외교적 방책으로 시도해 본 것에 지나지 않는다,"[52] "위임통치청원은 3·1운동 이전에 발생한 일이기 때문에 3·1운동과 같은 완전독립 추구운동과 별다른 관련이 없다."[53]

그러나 이승만과 정한경은 3·1운동 발발 소식을 접한 지 1주일 후에도 위임통치청원을 계속했고 직접 기자회견을 자청하여 그 청원서를 언론에 배포한 사실이 있다.[54] 또한 김규식은 3·1운동이 발발한 지 한 달도 더 지난 4월 초순에 위임통치청원서를 만들어 5월 상순 이후에 파리강화회의에 제출했다.[55] 이런 사실들에 비추어 위임통치 청원운동이 일시적 방책이라거나 3·1운동 이전 활동에 불과한 것이라는 파리강화회의 한국대표들의 주장은 설득력이 떨어진다.

그러면 국제정세와 미국상황에 밝은 이승만·정한경·김규식 등이 비판받을 소지가 있는 위임통치청원을 3·1운동 발발 후에도 계속 제기하고, 심지어 정한경처럼 일본에게 한국에 대한 자치권이나 참정권을 허용하라

---

52) 『독립신문』, 1921년 2월 26일자, 「대통령담」.

53) 『한국독립운동사 자료2』, 정한경 → 안창호(1921.6.13), 249쪽.

54) "300만 명의 독립단이 예수교도·천도교도와 함께 들고 일어났다"는 현순의 3·1운동 통보전보를, 정한경은 3월 9일 밤 안창호로부터, 이승만은 3월 10일 각기 서재필과 정한경으로부터 들었다. *Log Book of S. R.*, 1919년 3월 10일; *The Syngman Rhee Correspondence in English, 1904~1948*, Vol. 2, p. 213.

55) 김규식이 작성한 1919년 4월부의 문건들은 대부분 1919년 5월 상순~중순경에 발송되었다.

고 주장한 이유는 무엇일까? 이에 관해서 살펴보면, 첫째로, 이승만 등은 당시의 국제정세가 한국독립에 불리하게 작용하는 것을 주목했을 것이다. 일본은 파리강화회의 승전국으로서 자국의 지분을 요구하고 있고, 미국은 러시아 혁명세력을 견제하고자 국제연맹에 일본을 끌어들이려 애쓰고 있었다. 이런 상황에서 한국이 국제열강의 도움으로 독립을 찾는 것은 어려운 문제라고 판단했을 것이다.

둘째로, 그들은 당분간 한국민 스스로의 힘으로 독립을 쟁취하는 것은 불가능하다고 보았다. 이승만과 정한경이 참가한 1919년 4월의 제1차 한인대회에서 "한국 독립 후 적어도 10년 동안은 일반 국민의 교육 정도를 참작하여 그들의 참정권 행사에 제약을 가한다"는 결의안이 채택된 사실이 있다. 이로 미루어 그 시점에서 이승만 등은 한국민의 자력에 의한 독립회복과 자치능력에 대해 다소 회의적이었다.[56] 이승만 등은 이런 이유들을 고려해 3·1운동 발발 후에도 독립운동의 일환으로서 위임통치청원을 계속했던 것이다.

이승만·정한경·김규식 등이 위임통치청원서를 작성·제출한 배경에는 한국상황과 시대배경에 대한 냉철한 인식과 굳건한 신념이 자리 잡고 있었다. 이들 3인은 모두 개신교 신자로서 미국의 고등학문과 정치사상을 이수하고 온건한 방식의 독립노선을 지지하고 있었다. 따라서 이들이 위임통치청원서를 작성·제출한 사상적 배경과 동기가 크게 다르지 않다고 판단된다. 이제 그들의 사상적 배경과 동기를 잘 알 수 있는 이승만의 경우를 중심으로 살펴보면 아래와 같다.

첫째, 개화기 이래 이승만은 민중계몽운동에 종사한 서구지향적 개혁운동가였다. 그는 미국식 민주주의, 기독교사상, 서양 근대문명 등을 한국사회에 이식하여 한국을 미국형 선진국가로 만들려는 근대적 계몽사상

56) 고정휴, 「독립운동기 이승만의 외교노선과 제국주의」, 143-144쪽.

을 품고 있었다. 그런데 그는 정치제도개혁을 추진함에 있어 일정 기간 동안 인민의 정치참여에 제한을 두어야 한다고 주장했을 정도로 엘리트 의식이 강했다. 이런 배경에서 그는 한국민이 자력으로 독립을 달성하는 것은 당분간 힘들다고 생각하게 되었고, 약소국가에 가장 시혜적인 나라라고 알려진 미국의 지원을 받아서라도 국가독립의 기초를 마련해야 한다는 자체 판단에 따라 위임통치청원서를 작성하게 되었다.

둘째, 이승만은 "독립 능력을 갖춘 나라에 대해서만 독립을 승인해 준다"는 미국의 건국 이래 신국가 승인 원칙을 잘 알고 있었다. 이 사실들을 그는 자신의 박사논문에서 여러 번 거론했다. 예컨대, 1837년 텍사스 독립 승인 때에 멕시코가 반발하자 미국정부는 "당사자가 실제로 독립을 선언할 능력을 갖춘 것으로 충분하다"고 하였다. 이에 1840년 영국과 프랑스도 미국의 독립인정 예에 따라 텍사스 독립을 승인했다.[57] 또 헝가리 독립을 승인하라는 요구가 거세던 1849년에 미국은 독립 능력이 있는 경우에만 헝가리의 독립을 승인하겠다는 원칙을 재확인했다.[58] 또 남미공화국들의 독립문제에 대해서도 미국은 "신정부에 대한 승인 여부는 첫째 독립국가로서 존속할 능력이 있는가의 여부, 둘째 해당 정부가 외국에 대한 의무를 이행할 수 있는가의 여부에 달렸다"고 하였다.[59]

셋째, 이승만은 미국이 중국에서 문호개방정책을 통해 유럽 열강을 견제한 것처럼 한국에서도 같은 방식으로 일본의 영향력을 저지해주기를 바랐다. 이승만은 1905년 헤이(John Hay) 미 국무장관을 면담한 자리에서 문호개방정책을 언급하며 한국에서도 중국에서와 같은 정책을 택해달라고 부탁한 적이 있다.[60] 그런데 헤이의 문호개방정책은 중국에서 평등

57) 이승만 저, 정인섭 역, 『이승만의 전시중립론』, 나남출판, 2000, 101-102쪽.
58) 『이승만의 전시중립론』, 103쪽.
59) 『이승만의 전시중립론』, 100-101쪽.
60) Robert T. Oliver, *Syngman Rhee: The Man Behind the Myth*, New York:

한 통상권과 중국의 영토보존을 촉구하는 것으로서 유럽 열강에 의한 중국 분할의 위기를 해소하고 이를 통해 극동에서 세력경쟁에 뒤진 자국의 입장을 만회하기 위한 것이었다. 따라서 이승만은 한반도에 대한 열강의 침투와 일본 영향력 강화로 한국의 국권 보존이 위태로운 상황에서 국제법에 의거한 균세외교와 '중립적 교역'에 의한 자유통상의 확대를 통해 독립을 유지하려고 하는 구상을 품고 있었던 것으로 파악된다.[61]

넷째, 1910년대 이승만은 하와이에서 발간한 『태평양잡지』를 통해 자신의 외교독립론의 핵심논리를 전파하고 있었다. 『태평양잡지』에 실린 논설들에서 그는 아일랜드의 자치운동, 미국의 필리핀 통치, 인도의 평화적 독립운동, 발칸반도 소국들의 독립운동에 큰 관심을 보였다. 이를 통해 아일랜드·필리핀·인도·발칸 소국들이 열강으로부터 식민통치를 받는 기간에 자치운동을 통해 힘을 길러 독립을 획득했음을 주목하고, 자신이 목도한 역사적 경험을 한국문제에 그대로 적용하려 하였다. 특히 필리핀에 자치정부를 세워주고 영세중립국으로 만들자는 미국 존스 하원의원의 주장은 한국문제에 그대로 적용할 만한 의미 있는 것이라고 보았다.[62]

이승만이 피식민국가의 자치문제나 영세중립화문제에 각별한 관심을 나타난 것은 즉각적 독립 가능성이 희박한 한국의 현실상황에서 내정의 자치권을 일제로부터 환수한 다음, 내부적으로 점차 독립을 위한 힘을 비축해나가는 한편, 외부적으로 강대국들로부터 영세중립국의 자격을 획득하는 것을 최종적인 독립운동 방안으로 삼았기 때문이다. 이로 인해 이승만은 비판자들로부터 영세중립론을 구상했다거나 영국·미국·터어키 등의 식민지 지배를 미화했다는 비난을 사게 되었다.[63] 하여튼 대규모

Dodd Mead and Company, 1955, pp. 82-83.

61) 정병준, 『우남 이승만 연구』, 125-126쪽; 홍용표, 「이승만의 대외인식과 임시정부 초기 독립외교」, 403쪽.

62) 『태평양잡지』, 1914년 4월호, 「필립빈독립」, 66-67쪽.

독립전쟁을 감당하기 어려운 한국의 현실적 여건과 미일간 우호관계가 유지되고 있던 1910년대 국제정세를 고려한 이승만의 자치운동과 영세중립화운동은 현실적 차선책으로서의 위임통치청원을 제기하게 되는 사상적 배경이 되었다.[64]

다섯째, 이승만은 위임통치청원이 전시중립국의 지위에 준하는 효과를 낳을 것이라는 점을 적극적으로 고려했을 것이다. 국제연맹 규약 제22조에 따르면, 국제연맹에 의해 위임통치를 받는 지역은 일체의 군사시설, 즉, 요새나 육군 및 해군기지를 세울 수 없었다. 뿐만 아니라 거주민의 징집도 금지되어 있었으며, 대신 그 지역에 대해 문호개방을 적용하도록 되어 있었다.[65] 이를 보면 윌슨대통령이 구상한 위임통치제도는 전시중립론과 같이 통상의 자유를 원리로 하는 제도였다. 국제법 학계가 국제연맹의 위임통치제도를 중립화 효과를 가져올 수 있는 제도로 간주하는 이유가 바로 여기에 있었다.[66] 미국과 유럽 간의 전시중립정책과 중립통상 문제로 박사학위를 취득한 국제법 대가 이승만이 이 부분을 간과했을 리가 만무하다. 이승만은 한반도를 문호개방 지역으로 만들어 일본의 식민통치에서 벗어나게 하려는 구상을 품고 있었던 것이다.

이상과 같은 정세인식과 현실인식의 바탕 위에서 이승만·정한경·김규

---

63) 정두옥, 「재미한족독립운동실기」, 『한국학연구』 3, 인하대 한국학연구소, 1991, 65-66쪽.

64) 이승만의 『태평양잡지』 발행과 거기에 담긴 독립구상에 대해서는, 오영섭, 「하와이에서 이승만의 언론활동」, 오영섭·홍선표 외, 『이승만과 하와이 한인사회』, 연세대 출판부, 2012, 제4장 제1절 참조.

65) 立作太郎, 『國際聯盟 規約』, 國際聯盟會, 1932, 332-338쪽.

66) *Encyclopedia of Public International Law,* "Neutrality Trading," Amsterdam: North-Holland, 1981, pp. 546-550; 최정수, 「이승만의 『미국의 영향하에 성립된 중립론』과 외교독립론」, 『이승만의 정치사상과 현실인식』, 연세대 출판부, 2011, 132쪽.

식 등은 1910년대 말경의 국제정세와 국내사정을 최대한 참작하여 위임통치청원을 통해 단계적·점진적인 독립방안을 강구했다. 정한경은 1919년 3월 14일자 『뉴욕 상업보』 기자와 가진 회견에서 "현금 한인들이 원하는 것은 국제연맹회에서 한국을 관할하되 민주정치를 쓰는 미국이 한국정치를 고문하여 차츰 한국독립의 기초를 굳건히 하고자 함이라"고 하였다.[67] 이것은 국제연맹의 위임통치위원회가 미국을 한국의 위임통치국으로 지정하면, 미국의 위임통치 하에서 한국은 정치와 경제를 착실히 발전시켜 독립의 기초를 닦고, 다음 단계에서 완전독립을 달성한다고 하는 현실적인 독립방안이었다. 또한 한국이 영세중립국이 된다는 전제 하에 일정 기간 감독국의 통치를 인정한 김규식의 위임통치청원서도 미래 어느 시점에 독립을 전제한 것이기 때문에 이승만·정한경의 위임통치청원논리와 동일한 논리구조를 갖고 있다고 할 수 있다.

이승만·정한경·김규식은 즉각적인 완전독립이라고 하는 최선책이 불가능한 상황에서 불가피하게 단계적이며 점진적인 '현실적 차선책'을 모색하기에 이르렀다. 그들은 민족자결주의가 거론되고 국제연맹이 창설되는 국제정세를 최대한 활용하여 한국을 일제의 지배로부터 구하기 위해 윌슨대통령과 파리강화회의에 위임통치를 청원하게 되었다. 이때 그들은 한국에 대한 위임통치국으로서 미국을 고려하고 있었다. 앞서 살펴본 것처럼, 정한경은 "미국이 한국정치를 고문하여 차츰 한국독립의 기초를 굳건히 하자"고 하였다. 1919년 4월과 1921년 2월에 이승만은 자신이 위임통치를 청원할 때에 "미국의 위임통치를 받고자 했다"고 토로했다.[68] 그리고 윌슨대통령에게 영문 청원서를 전달한 것으로 보아 김규식은 윌슨대통령에게 기대를 걸고 미국을 위임통치국으로 고려했던 것으로 보인

67) 『신한민보』, 1919년 3월 22일자, 「한국대표자의 청원을 거절」.

68) 『이승만 동문 서한집』 상, 이승만→현순(1919.4.27), 170쪽; 『독립신문』, 1921년 2월 26일자, 「대통령담」.

다. 이처럼 이승만 등이 미국을 한국의 위임통치국으로 상정한 것은 개화기 이래 한국인들이 품고 있던 호의적 대미인식,[69] 즉, 미국은 물산이 풍부하고, 인의도덕을 중시하고, 영토욕이 없고, 기독교를 숭상하는 세계 지도국이라는 친미적 대미인식의 연장선상에서 이루어진 것이다.

위에서 살펴본 바와 같이 미국의 위임통치 하에서 한국의 발전과 독립을 단계적·점진적으로 달성하려는 독립구상이 가장 분명하고도 정치하게 드러난 것은 이승만·정한경의 위임통치청원 구절이다. 이승만·정한경의 위임통치청원서의 핵심 구절을 인용해 보면 아래와 같다.

> 저희들은 자유를 사랑하는 1,500만 한국인의 이름으로 각하께서 여기에 동봉한 청원서를 평화회의에 제출하여 주시옵고, 또 이 회의에 모인 연합국 열강이 장래에 한국의 완전한 독립을 분명히 보장한다는 조건 하에(with the definite guarantee of complete independence in the future) 현재와 같은 일본의 통치로부터 한국을 해방시켜 국제연맹의 위임통치 아래에 두는(under the mandatory of the League of Nations) 조치를 취할 수 있도록 하는 저희들의 자유 염원을 평화회의 석상에서 지지하여 주시기를 간절히 청하는 바입니다. 이것이 이루어 질 수 있다면 한반도는 모든 나라에 이익을 제공할 중립적 통상지역(a zone of neutral commerce)으로 변할 것입니다. 아울러 이러한 조치는 극동에 하나의 완충국(a butter state)을 탄생시킴으로써 동양에 있어서 어떤 특정 국가의 확장을 방지하고 평화를 유지하는데 도움이 될 것입니다.[70]

상기 위임통치청원 구절의 주지는 "장래 한국의 완전 독립을 보장한다는 전제 하에" 한국을 일본의 통치로부터 해방시켜 국제연맹의 위임통치

69) 유영익, 「개화기의 대미인식」, 『한국인의 대미인식』, 민음사, 1994, 55-130쪽.

70) 〈부록1〉의 이승만·정한경의 1919년 2월 25일자 위임통치청원서 참조.

에 두어달라는 것이다. 이때 일본 통치 하에서 국제연맹의 감독을 받게 해달라는 것이 아니라 미국 통치 하에서 국제연맹의 감독을 받게 해달라는 것이다. 만약 이러한 조치가 취해진다면, 한국은 극동에서 새로운 완충국으로 등장하여 세계 각국의 자유통상에 크게 기여하는 나라가 될 것이며, 동양에 있어서 특정 국가의 제국주의적 팽창을 저지하는 평화선의 역할을 수행할 것이라는 것이 이승만의 주장이었다.

그런데 이제까지는 이승만·정한경의 위임통치청원서에서 위임통치를 요청한 구절만을 떼내어 이승만 등을 비판하곤 하였다. 그러나 이 청원서에 실린 이승만 등의 궁극적인 메시지는 미국의 위임통치 하에서 일정기간 한반도에 중립화를 유지한다는 것이었다. 이승만은 미국이 한반도의 위임통치를 맡아 행함으로써 한반도가 중립적 상업지대나 완충국이 되기를 바랐던 것이다. 이때 '중립적 상업지대'란 용어는 이승만이 프린스턴대학에서 국제법 분야로 받은 박사논문("미국의 영향 하에 성립된 전시중립론")의 핵심개념인 '중립교역'·'중립무역'·'중립교역의 자유'와 동일한 의미를 지니는 개념이다. 이는 한반도에서 세력균형('均勢')을 이루자는 것에 다름 아니며, 동시에 한반도 중립화를 달성하자는 것이다.

위임통치청원서에 담긴 이승만의 중립화론은 1880년대 전반 유길준-김옥균부터 시작하여 1890년대를 거쳐 1900년대 초반까지 고종황제를 비롯한 대한제국 집권층이 국권수호방략으로 주목한 한국중립화정책의 전통에 기초하고 있다. 이를테면 이승만은 조선-대한제국의 중립화방안을 충실히 계승하여 가장 완결된 형태로 발전시킨 다음, 이를 1910년대 후반 국제연맹이 출범하는 국제정세 변동에 맞추어 위임통치청원서에 담아냈다는 점에서 한국외교사에서 큰 의미가 있다.

대한제국기에 옥중에서 집필한 『독립정신』에서 이승만은 대한제국 집권층의 한반도 중립화운동을 강하게 비판했다. 그는 "항구적 태평을 누리는 영세중립국이 속국이나 보호국보다는 좋지만, 그러나 자유 활동하는 힘이 없어서 남과 부강을 겨루지는 못한다"는 생각에서 영세중립국을 반대했다. 또 그는 자주국권 확립을 위해 노력하지 않고 중립화를 통해 정권유지만을 도모하는 집권층을 질타하기도 하였다.[71] 이를 보면 이승만에게 한반도 중립화는 경제적 부강을 가져오지 못하는 절름발이 영세화에 불과하며, 따라서 그것은 결국 완전한 자주독립국에 도달하기 위한 중간단계로서의 의미만을 지니고 있을 뿐이었다.

『독립정신』 집필 당시에 이승만은 만국공법적 국제질서에 능동적으로 대체하면서 세계 각국과 자유통상을 통해 국가를 부요하게 만들어야 한다고 강하게 주장했다.[72] 이처럼 자유통상을 통한 국부의 확대는 완전독립의 중단단계로서 한국중립화문제를 고려할 때에 영세중립국의 문제점을 보완할 수 있는 주요 논거로 채용되었다. 이를테면 이승만은 한국이 당분간 미국의 위임통치가 작동하는 중립적인 완충지대와 통상지대로 남아 세계 각국과 자유통상을 통해 국부를 증진시켜 독립의 기초를 닦자고 함으로써 자신이 지적한 영세중립국의 약점을 보완하려 했던 것이다.

이승만·정한경·김규식의 위임통치청원론은 국제여건이 한국독립에 불리하게 돌아가기 때문에 불가피하게 제기할 수밖에 없었던 궁여지책이 아니라 미국의 전시중립론과 국제법에 대한 정통한 지식을 바탕에 두고 적극적으로 현실적 차선책을 강구하는 가운데 정립한 외교구국방안이라는 점을 주목할 필요가 있다. 윌슨대통령이 위임통치제도를 만들 때에 그 근본의도는 통상의 자유를 원리로 하는 세계적인 통상망을 구축하는 것이었다. 이때 최대의 장애물 중의 하나는 바로 열강간의 끊임없는 영토쟁탈전을 야기시키고 있는 식민지문제였다. 바로 여기서 윌슨대통령은 식민지 해방을 위한 논리, 즉 민족자결주의(self-determinaion)를 제창하

71) 이승만, 『독립정신』, 정동출판사, 1993, 47-48쪽.

72) 이승만, 『독립정신』, 248-251쪽.

게 되었는데, 이러한 윌슨대통령의 민족자결주의 제창을 가장 적절히 반영한 것이 이승만의 위임통치청원서였다.[73)]

요컨대 이승만·정한경·김규식 등은 한국이 비교적 은혜로운 기독교 민주주의국가인 미국의 위임통치 하에서 일시적 내지 잠정적 중립화를 달성하고, 중립국 체제의 자치적인 정치환경에서 내치의 자유를 누리며 정치적 권리와 미국식 민주주의를 학습·신장시키고, 만국과의 자유통상을 통해 국부를 증대시켜 정치와 경제의 실력을 굳건히 다지고, 그리고 마지막 단계로서 미일전쟁의 발발과 같은 국제정세의 변화를 능동적으로 활용하여 완전독립을 달성한다고 하는 원대하면서도 점진적·단계적인 독립구상을 위임통치청원서에 그대로 담아냈던 것이다. 이런 점에서 이승만의 위임통치청원서에 나타난 외교독립구상은 단순히 미국일변도의 사대외교론이나 외교제일주의라기보다는 실력양성론적인 외교독립론에 가까운 것이라고 하겠다.[74)]

Ⅳ. 위임통치청원을 둘러싼 독립운동세력 간의 갈등양상

이승만·정한경의 위임통치청원은 1910년대 말의 국제정세와 한국실정을 감안한 차선적 독립방안 가운데 하나였다. 그런 만큼 거기에는 조국

---

73) 최정수, 「이승만의 『미국의 영향 하에 성립된 중립론』과 외교독립론」, 133-134쪽.

74) 이승만은 "한국의 독립운동은 한국인의 피가 아니고서는 성공할 수 없다. 이것이 독립정신이다"라는 입장을 지니고 있었다. 『이승만 동문 서한집』 상, 이승만 → 백순(1922.4.28), 40-41쪽. 이를 보면 이승만은 위임통치가 실시되는 기간 동안의 자치상태 내지 중립화 상태에서 최대한 실력을 길러 미일전쟁 발발과 같은 국제정세 변동을 적극 이용하여 독립을 달성해야 한다고 보았던 셈이다.

독립을 위해 불철주야 뛰어다닌 이승만 등의 애국정신이 그대로 담겨있다. 그런데 그들의 청원서에서 위임통치를 요청한 구절의 바로 윗부분 독립보장("장래 한국에 대한 완전한 독립을 보장한다는 전제 하에") 구절과 그 아랫부분 중립화구상('중립적 통상지대와 완충국') 구절을 제쳐두고 단순히 국제연맹에 한국의 위임통치를 요청한 구절만을 떼어 강조하게 되면, 이승만 등은 그야말로 나라를 팔아먹은 이완용같은 역적이 되고 만다. 이로 인해 그 작성 동기나 내용의 애국적 성격에도 불구하고, 위임통치 청원문제는 상황 변화에 따라 언제든지 비판대상이나 논란거리로 부상할 위험을 안고 있었다.

이승만이 임정 대통령으로 재직할 때 벌어진 위임통치 청원논쟁은 위임통치청원론의 성격과 타당성 여부에 대한 진지한 검토논쟁이라기보다는 적대적 경쟁세력을 타도하기 위한 사상투쟁과 패권경쟁의 이중적 성격을 띠고 있다. 위임통치청원 반대자들은 임정이 내부파쟁과 노선차이로 인해 최고 독립운동기관으로서의 기능과 위상을 상실한 점을 비판했고, 임시대통령 이승만이 상해에 부임하지 않고 미국에 계속 머물며 대통령 호칭 논란과 공채금-애국금 논쟁 등을 비롯한 여러 문제를 둘러싸고 임정과 대립을 거듭하며 임정을 난맥상을 방치한 것을 문제시했다. 그렇기 때문에 위임통치 청원논쟁은 위임통치청원 반대운동에서 그치지 않고 반임정·반이승만 운동을 지향하는 노선투쟁과 정권투쟁 양상으로 번져나가기 마련이었다.

3·1운동 이후 이승만 등의 위임통치청원을 가장 먼저 비판한 것은 박용만세력이며, 꺼져가던 위임통치 청원논쟁에 다시 불을 지펴 1921년 봄~여름경 독립운동계의 최대 이슈로 만든 것도 박용만세력이다. 물론 상해임정내 이동휘세력과 안창호세력, 하와이와 원동에 포진한 박용만세력의 반이승만·반임정 구호에 동조한 노령·만주·북경의 무장투쟁-의열투쟁 계열의 독립운동가들, 김규식·현순 등 구미위원부에서 활동하며 이승

만과 대립한 인사들도 위임통치청원을 비판했다. 그러나 어디까지나 위임통치청원 비판운동의 주역은 박용만세력이었다. 한마디로 말해 위임통치 청원논쟁은 하와이에서 이승만과 노선갈등 및 패권경쟁을 벌인 박용만(1881~1928)과 그 지지자들이 이승만에게 결정적 타격을 가하기 위해 본격적으로 제기한 것이다.[75]

박용만세력이 주도한 위임통치청원 비판운동은 표면적으로 이승만과 그 주변 인사들에 대한 인적 청산을 목표로 하였다. 그러나 엄밀히 말해 그것은 반대세력을 타도하고 말겠다는 망국적인 당파논리에서 비롯된 것이 아니라 1910년대 전반 하와이에서 독립운동을 벌이는 과정에서 극명히 갈라진 노선차이에 기인한 것이다. 당시 이승만은 학교·교회·잡지사를 운영하며 외교독립론과 실력양성론 등 온건노선을 추구했던 반면, 박용만은 독립전쟁을 수행할 대조선국민군단을 창설하여 하와이 동포들에게 무장군사훈련을 시키며 급진노선을 강조했다. 이들의 사상투쟁은 1919년 2월 이승만이 자신의 외교독립론의 정수가 담긴 위임통치론을 제창하면서부터 다시 점화되었다. 그리하여 3·1운동 전후에 이승만이 외교독립론의 실현을 위해 미국 본토로, 박용만이 공산주의자들과 무장투쟁론자들이 활동하는 원동으로 활동무대를 옮기면서부터 본격화하기 시작했다.[76]

---

75) 박용만은 정한경과 악연이 있었다. 정한경이 협성회에 보내 상해 한인사회에 알리게 했던 사실에 의하면, 1904년 박용만은 정한경의 부친과 李喜信의 자금 2만원을 절취하여 미국으로 도주했다. 이에 정한경은 이희신의 아들 李觀泳과 도미하여 샌프란시스코에서 박용만을 붙잡았다. 그러나 박용만이 애걸하며 용서를 구하자 돈만 돌려받은 후에 풀어주었다고 한다. 정한경, 「협성회 간사부원 첨좌하」(1921.8.15), 『우남이승만문서: 동문편』 8, 353쪽.

76) 이승만은 1919년 1월 6일, 박용만은 1919년 5월 17일 하와이를 떠났다.

1. 상해임정 출범 초기의 갈등 양상

이승만·정한경의 위임통치청원서 내용이 미국 본토 신문들에 처음 소개된 것은 앞서 살펴본 것처럼 1919년 3월 17일이다. 이어 3월 27일 만국연합통신사 전보를 통해 이승만의 위임통치청원 사실이 구미 신문에까지 보도되었다.[77] 하와이에서는 본토에서 날아온 전보를 바탕으로 3월 17일자 영자신문 *The Pacific Commercial Advertiser*에 "워싱턴 3월 16일 전보(연합통신사). 대한인국민회에서 윌슨대통령에게 요구하기를 한국독립의 장래를 위하여 파리강화회의에 주선하여 한국이 장래에 독립정부를 건설하기에 적당함을 국제연맹에서 인정하여 줄 때까지 미국의 지도를 받는 위임통치국이 되기를 바란다" 내용의 신문기사가 나왔다.[78]

이승만·정한경의 위임통치청원 사실이 하와이 신문을 통해 알려지자 1919년 3월 3일에 발족한 박용만 측근세력인 하와이 대조선독립단은 4월 1일 이전에 2차례나 국민회 중앙총회장 안창호에게 전보를 보내 '의혹스런 어투로' 위임통치문제를 질문했다. 위임통치청원서의 발송을 승인했던 안창호는 위로의 답전을 보낸 다음, 이승만에게 편지를 보내 대조선독립단의 오해를 풀어주라고 넌지시 말했다.[79] 이때부터 하와이의 박용만세력은 한국독립운동가들이 몰려있는 원동 각지에 이승만의 위임통치청원 사실을 전보로 알리며 이승만을 비판하기에 골몰했다.

1919년 4월 10일 밤 상해에서 임정 수립을 위한 독립운동가 회의가 열렸다. 이때 국호를 대한민국, 관제를 총리제로 택한 후 국무총리 인선에 들어갔다. 한성임시정부 국무총리인 이승만을 국무총리로 뽑자는 신석우의 동의가 있은 후, 신채호가 "이승만은 위임통치와 자치문제를 제

---

77) 『우남이승만문서: 동문편』 8, 「성토문」(1921.5), 295쪽.

78) 현순, 「華盛頓外交實記」, 제5장 참조.

79) 『이승만 동문 서한집』 하, 안창호→이승만(1919.4.1), 5쪽.

창하던 자이므로 국무총리로 신임키 불능하다"고 이의를 제기했다. 이때 그는 "이승만은 이완용보다 더 큰 역적이다. 이완용은 있는 나라를 팔아먹었지만, 이승만은 아직 나라를 찾기도 전에 팔아먹은 놈이다"며 이승만을 비난했다고 한다.[80] 이어 국무총리를 별도로 뽑자는 신채호의 발언과 후보자 3인을 추천하여 투표하자는 조소앙의 동의에 따라 추천된 이승만·안창호·이동녕 3인을 두고 투표한 결과 이승만이 당선되었다.[81] 이를 보면 1910년대 초반 블라디보스톡의 대동공보사 주필로 활약할 때부터 하와이의 박용만세력과 기맥을 통하며 이승만의 자치운동을 비판하던 신채호의 강력한 반대가 있기는 했지만, 아직 상해에서는 위임통치 청원문제가 독립운동가들 사이에 큰 논란거리로 부각되지 못했음을 알 수 있다.

이승만이 임정 국무총리에 선임된 후에 상해의 현순이 이승만에게 여러 번 위임통치문제를 전보로 물었다. 이에 이승만은 1919년 4~5월경 현순에게 10여 차례의 답전을 보내 해명에 나섰으나 그 전보들은 현순에게 전해지지 못했다. 그러자 현순은 4월 26일자 전보에서 "귀하가 위임통치를 청원했다는 소문이 돌기 때문에 귀하의 목적이 위임통치인지 독립인지가 우리 사업에 큰 걸림돌이다"며 위임통치청원에 대한 분명한 해명을 요구했다.[82] 또 이때쯤 현순은 별도로 샌프란시스코의 국민회 중앙총회에 누차 전보를 보내 '위임통치사건'을 질문했다. 이로써 위임통치 청원문제는 임정 안팎에서 점차 논란거리로 부상하고 있었다. 그러자 프랑스 파리에서 활동하고 있던 김규식은 "맨데토리문제로 말할 것이 아니다"며 위임통치청원을 적극 옹호하는 전보를 상해로 보냈는데, 현순에

80) 여운홍, 『몽양 여운형』, 청하각, 1967, 38-39쪽; 이기형, 『몽양 여운형』, 실천문학사, 1984, 40쪽.

81) 『대한민국임시정부 자료집』 2, 국사편찬위원회, 2005, 17쪽.

82) 『이승만 동문 서한집』 상, 이승만→현순(1919.4.27), 169쪽, 175.

의하면 이 전보는 임정에 보관되어 있었다고 한다.[83)]

박용만세력이 이승만에 대해 비판수위를 점차 높여가는 동안, 상해 임정의 실질적 운영자이자 이승만과 함께 미주 한인사회를 양분한 안창호는 위임통치 청원문제에 대해 직접 개입하지 않으려 하였다. 그는 정한경이 국민회 중앙총회에 보낸 위임통치청원서를 검토한 후 발송을 허가한 바가 있었다. 따라서 그는 자신이 직접 관련된 문제이기 때문에 위임통치 청원논란에 대해 침묵을 지킬 수밖에 없었다.

임정이 조직될 당시에 안창호는 "위임통치 청원논란은 이승만에게 사감 있는 자의 소행이다"며 박용만세력을 지목했다.[84)] 또한 그는 1919년 12월 민단 강연회 석상에서 "위임통치니 자치니 하는 과거문제는 다 잊어버리고 미래로 나가자"고 역설하기도 하였다.[85)] 이후 "위임통치는 독립운동이 일어나기 이전의 일이요, 또한 한국독립운동에 큰 방해가 없는 문제다"라며 방관자적 태도를 보였다.[86)] 이로 인해 이동휘파로부터 "(안창호는) 미주에서 이승만·정한경으로 더불어 미국의 보호를 청할 때에 그 청구서에 서명을 하고 나온 부미파(付美派)요 독립사상이 없는 자이다"라는 비판을 듣기도 하였다.[87)] 당시 일제의 정보기록은 "안창호는 미국의 위임통치가 가장 안전하다고 믿는 사람이다"는 평을 내리고 있었다.[88)] '안창호의 기관지'라는 세평을 받은 미주 『신한민보』나 상해 『독립

---

83) 현순, 「華盛頓外交實記」, 제5장; 독립기념관 한국독립운동사시스템, 독립운동가자료, 위임통치항목, [현순의 상해 임시정부 참여, 1919~1923] 참조.

84) 신채호 등 54인, 「성토문」, 『우남이승만문서: 동문편』 8, 264쪽.

85) 『독립신문』, 「勿彷徨」, 1919년 12월 27일.

86) 현순, 「셩명서」, 『우남이승만문서: 동문편』 8, 336쪽.

87) 안창호, 「일기」, 1920년 1월 21일, 『도산안창호전집』 4, 도산안창호전집편찬위원회, 2000, 841쪽.

88) 『한국민족운동사료: 중국편』, 「상해在住 한인독립운동자의 근황」(1921.10.14), 국회도서관, 1976, 361쪽.

신문』이 위임통치 청원문제를 본격적으로 거론하지 않은 것도 바로 이런 이유 때문이었을 것이다.

위임통치 청원논란이 일시 수면 아래로 잠복하자 박용만세력은 다시 이승만을 공격하고 나섰다. 1919년 8월 29일 국치일에 박용만 후원단체인 하와이 대조선독립단[89] 단원들과 대조선독립단의 자매기관인 태평양시사사 사장 조용하(1882~1937)가 공동으로 이승만의 위임통치청원을 강하게 비난하는 성토문을 발표했다. 그들은 "이승만은 2월에는 국민회를 대신하여 한국이 열강의 보호를 받도록 상국(上國)에 애걸하더니 3월에는 국무경으로서 절대독립을 세계에 외치고 있다"고 지적했다. 보호를 요청한 것은 나라를 팔아먹는 행위이며 한 달 만에 갑자기 입장을 바꾼 것은 대통령의 체모나 자질이 없음을 입증한 것이라며 강하게 질타하고 나섰다. 아울러 정한경이 1919년 5월호 『아시아』 잡지에 자치론을 거론한 것까지 싸잡아 비판하였다.[90]

하와이에서 임정에 전해진 박용만세력의 청원서는 임정내 차장급 인사들의 반이승만 기류를 확산시키는 한편, 안창호·이동휘 등 정치적 경쟁자들의 반이승만 활동의 기본 소재로 활용되었다. 나아가 원동 각지에 산재한 무장투쟁계열의 독립운동가들이 박용만세력의 활동에 자극받아 위임통치청원 반대세력으로 뭉치기 시작했다. 이에 대해 이승만·박용만·안창호 등의 독립활동을 비판적으로 바라본 『혁신공보』는 창간호에서 다음과 같이 기술했다. 여기에는 박용만세력의 위임통치청원 성토활동에 대해 원동 각지의 박용만 지지세력들, 즉 무장투쟁론자들이 차츰 들고 일어나기 시작하는 정황이 잘 나타나 있다.

---

89) 대조선독립단은 박용만과 그 지지자들이 독립운동 후원을 위해 하와이 호놀룰루에서 조직한 단체로서 박용만이 연해주-북경 일대에서 활동할 때에 재정지원을 맡았다. 김원용, 『재미한인50년사』, 혜안, 2004, 145-148쪽.

90) 조용하 등, 「誕告文」, 『우남이승만문서: 동문편』 8, 256-259쪽.

> 이승만 박사는 미국 국민회 대표로 미국정부에 우리나라를 미국 위임통치 아래에 두어달라고 애걸 청원한 자이니 때는 삼일운동이 일어난 해이라.…그 해에 이 사실을 자세히 파악한 이가 없었고 오직 의정원 석상에서 신채호 한 사람이 직언과 공평(公評)으로 이박사의 원수봉대설(元首奉戴說)을 강력히 반대했을 뿐이라. 그러나 당시 인심은 이를 알지 못하고 드디어 (대한)민국 제1대 원수로 봉대함에 이르렀다.…이에 태평양시사보 기자가 성토문을 만들고 하와이독립단(布哇獨立團)이 성토를 개시하매, 상해, 북경, 서북간도, 노령 동지들이 점차 깨달아서 일제히 분기하여 분연히 성토하였다.[91]

1919년 11월 3일 임정의 국무총리로 부임한 이동휘가 기세를 잡기 위해 위임통치 청원문제를 제기하고 나섰다. 이동휘는 상해에 도착하자마자 이승만을 '썩은대가리'라고 비난하고,[92] 환영회 석상에서 "자치운동이나 위임통치를 원하는 외교가는 원치 않는다"고 말함으로써[93] 임정이 '상해정부'·'내지정부'·'위임통치' 등의 문제로 소란해졌다.[94] 그러나 당시 임정 요인들 중에 이동휘·안창호·박용만세력 외에는 위임통치 청원논란을 크게 믿지 않는 기색이었다.[95] 그러자 신채호·박은식·김창숙 등이 이승만에게 위임통치 청원논란에 책임을 지고 대국민 사과성명을 발표하라는 서한을 보냈으나 이승만은 이에 일체 응대하지 않았다. 이에 대해 이동휘는 이동녕·이시영·안창호·김구 등과 함께 대통령을 성토하면 임시정부가 분리될 위험이 있다며 신채호 등의 주장에 동조하지 않았

---

91) 『革新公報』 창간호, 「臨時政府의 過去, 現在 及國 將來」, 1922.8; 『한국독립운동사 자료 37』, 국사편찬위원회, 2001, 108쪽.

92) 주요한, 「전기편」, 『안도산전서』 상, 범양사, 1990, 116쪽.

93) 『이승만 동문 서한집』 상, 이승만 → 현순(1919.4.27), 170-171쪽.

94) 『이승만 동문 서한집』 하, 안현경 → 이승만(1920.1.30), 31쪽.

95) 『이승만 동문 서한집』 하, 안현경 → 이승만(1920.1.1), 19쪽.

다. 이는 이동휘가 당분간은 이승만 대통령 중심의 임정 통치구조를 변개할 생각이 없음을 드러낸 것이었다.[96]

1920년에 들어 인심 변화와 일제 탄압으로 극심한 재정난에 봉착한 임정에서 청년차장들이 쇄신운동을 주도해나갔다.[97] 안창호의 영향력 하에 있던 청년차장들은 1920년 5월 14일 모임을 갖고 임정의 난국타개를 위한 시국수습안을 모색했다. 그들은 각부 차장과 국무원 비서장이 연명하여 대통령불신임안을 제출한 다음 총사직하기로 결정하고 4개항의 불신임 사유에 합의했다. 이중 제1항에는 "신성한 독립사업에 불신성한 인물이 맨 윗자리에 있는 것은 불가하다"라고 하여 위임통치 청원운동을 벌인 이승만을 퇴진시키고 신내각을 조직할 것을 요구했다.[98] 그러나 이 시점에서 임정의 해체보다는 유지를 바라고 있던 안창호가 청년차장들을 설득해 나가면서 임정쇄신운동은 점차 가라앉았다.[99] 이어 수차 이승만과 함께 일할 수 없다며 임정 쇄신을 주장하던 이동휘가 6월 18일 이승만 불신임 사유서와 국무총리직 사퇴서를 제출하고 6월 22일 북중국 위해위로 떠났다.[100] 이로써 임정 내에서 위임통치 청원문제는 다시 수면 아래로 가라앉았다.

2. 이승만의 상해 체류 시기의 갈등 양상

1920년 12월 28일 임정 부임 환영식상에서 이승만은 임정의 현안이자

96) 김창숙, 「잡기」, 『(국역)심산유고』, 국역심산유고간행위원회, 1979, 731-732쪽.

97) 윤대원, 『상해시기 대한민국임시정부 연구』, 서울대 출판부, 2006, 103-109쪽.

98) 『안도산전서』 중, 도산기념사업회, 1990, 1920년 5월 20일.

99) 안창호, 「일기」, 1920년 5월 24-27일, 922-924쪽.

100) 안창호, 「일기」, 1920년 6월 18일, 940쪽.

참석자들이 궁금해 하는 독립노선과 재정문제에 관한 중요 발언을 하였다. 하나는 러시아 과격파의 원조를 빌려 한국독립운동을 추진하려는 이가 임정에 있음을 비판하고 "오로지 미국의 성의 있는 원조를 믿어야 한다"고 주장했다.[101] 이는 1919년 11월 3일 취임 이래 임정의 정책방향을 독립전쟁론으로 몰아가고 있는[102] 무장투쟁론자 이동휘 국무총리, 그리고 그의 독립전쟁론에 동조하며 임정의 차장라인과 임시의정원을 통해 실질적 영향력을 행사하고 있는 준비론자 안창호 노동국총판에 대한 경고성 발언이었다.[103] 다른 하나는 "내가 상해에 온 것은 많은 금전이나 대정략을 가지고 온 것이 아니라 상해에서 활동하는 독립운동가들에 대한 재미동포들의 인사말을 전하러 왔다"는 것이었다.[104] 이런 발언들은 임정의 혼란과 침체를 일거에 해소할 대정략과 거액의 자금[105]을 대통령으로부터 기대했던 상해인사들의 기대에 찬물을 끼얹은 것이었다. 나아가 신년 벽두부터 임정 내에서 치열한 노선투쟁과 패권쟁탈전을 예고하는 것에 다름 아니었다.

---

101) 『한국민족운동사료: 중국편』, 「독립신문 繼刊件」(1921.1.6), 214쪽.

102) 1920년 12월 1일 이동휘는 간도동포에게 보내는 포고문에서 "오늘 독립운동의 근본방침은 오직 혈전에 있다"며 독립전쟁론을 고취하고 있었다. 『독립신문』, 1921년 1월 15일, 「간도동포에게」.

103) 안창호는 1920년 1월 신년축하회 연설에서 한국민이 실행할 6대사로서 ① 군사, ② 외교, ③ 교육, ④ 사법, ⑤ 재무, ⑥ 통일을 들었고, 1920년 11월 27일 상해 민단사무소 연설에서 "적과의 전쟁을 외교와 동등하게 여기는 자가 있으나 요행을 바라는 외교를 도저히 나의 피와 땀으로 싸울 전쟁과 동일하게 여길 수는 없다"며 독립전쟁론을 지지했다. 『독립신문』, 1910년 1월 8일, 「국민의 실행 6대사」, 1920년 12월 25일, 「전진 방침에 대하여」.

104) 『독립신문』, 1921년 1월 1일, 「대통령환영」.

105) 이승만에 의하면, 당시 임정 요인들은 이승만이 임정의 1년 예산에 해당하는 3~4만 불을 가지고 오기를 기대하고 있었다. *The Syngman Rhee Correspondence in English,* Vol.1, Syngman Rhee → Philip Jaisohn(1921.1.18)

1921년 1월부터 이승만이 상해에서 공식적으로 대통령 업무를 수행하기 시작했다. 이를 계기로 침체에 빠진 임정의 기능이 일단 정상화되고 독립운동이 활성화될 것이라는 기대가 나오게 되었다. 당시 이승만의 해결을 기다리는 과제는 4가지였다.[106] 첫째, 대통령제의 유지인가, 의원제의 채택인가 하는 제도변경의 문제, 둘째, 국내외 각지 독립운동단체의 분열을 극복하고 대동단결을 이루어야 하는 문제, 셋째, 반임정운동을 벌이고 있던 중국내 단체에 대한 대응책 내지 완화책 강구 문제, 넷째, 임정의 재정곤란 해소책 문제 등이었다. 그러나 이것은 임정이 지닌 태생적·구조적 한계로 인해서 애초부터 해결하기 어려운 과제들이었다.[107]

1921년 1월 5일 대통령과 각원들이 모두 참석한 가운데 국무회의가 열렸다. 각원들의 시정보고를 거쳐 이승만이 국제정세와 구미에서의 활동상황 등을 설명했다. 이어 국무총리 이동휘가 "세계대전 이후 민족자결주의가 고창되던 때에 나온 이승만의 위임통치청원과 정한경의 자치론은 외교상 실패이며, 한민족의 독립정신을 현혹시킨 행동이다. 이로 인해 사회의 비난이 정부로 밀려들고 있으니 대책을 강구하자"며 이승만의 외교독립노선을 공격하고 나섰다.[108] 당시 이동휘가 이승만의 위임통치청원문제를 공격하고 나선 것은 독립전쟁노선과 외교독립노선의 갈등에서 비롯된 것이다.

---

106) 『한국민족운동사료: 중국편』, 「재상해 한국독립운동자의 행동」(1921.3.3), 325쪽.

107) 당시 임정 요인들은 문치파와 무단파, 출신지역에 따라 평안도·함경도파와 기호파, 대통령제 통치구조의 변개문제를 둘러싸고 현상유지파와 개조파, 정치사상 면에서 민주주의자와 사회주의자, 직위와 나이에 따라 각료급 노장파와 차장급 소장파 등으로 갈려 대립했다. 『한국민족운동사료: 중국편』, 「상해在住 한인독립운동자의 근황」(1921.10.14), 350-351쪽.

108) 김원용, 『재미한인50년사』, 351쪽.

이동휘의 공격에 대해 오후에 속개된 회의에서 이승만은 적극 대응했다. 그는 재작년의 위임통치청원은 당시 정세를 고려하여 한국문제를 선전하자는 것으로서 독립을 부인하려는 것은 결코 아닐 뿐 아니라 이미 지나간 일이고, 따라서 지금 국제정세에 현혹되는 일이 없다고 하였다. 그러자 각원들은 위임통치청원의 동기가 고의로 독립을 부인하려는 것은 아니며 국제정세에 현혹됨이 없다는 성명서를 발표하여 동포들의 의혹을 풀어주자고 의결했다. 그러나 이승만이 성명서 발포를 거부함으로써 국무회의가 결렬되었다.[109] 당시 내각내 위임통치청원 반대자들은 이승만을 축출하고 안창호로 하여금 내각을 조직케 하려 했으나 안창호가 자신도 '위임통치 연루자'이니 축출해 달라고 말함에 따라 회의가 성과 없이 끝나고 말았다고 한다.[110]

이동휘가 "위임통치청원은 외교상 실패이며 그에 대한 사회의 비난이 밀려들고 있으니 대책을 강구하라"고 촉구한 것은 이승만에게 위임통치청원논란에 책임을 지고 대통령직에서 물러나라고 주장한 셈이다. 그러나 이승만은 자신의 신념인 외교독립운동의 원활한 추진을 위해서, 임정의 주도권을 공산주의세력에 넘기지 않기 위해서 대통령직에서 사퇴할 생각이 전혀 없었다.[111] 1월 24일 이동휘는 이승만과 이동녕·이시영·신규식 등 기호파와 안창호의 반대로 임정쇄신안이 채택되지 않자 임정을 탈퇴하였다.[112] 이동휘의 임정 이탈은 이제 상해 내외에서 반임정·반이승만 운동이 본격적으로 전개될 것임을 예고하는 신호탄이었다.

---

109) 김원용, 『재미한인50년사』, 351-352쪽.

110) 『自由報』 제13호(1921.5.22), 「수라쟝인 상해졍국」; 『한국독립운동사 자료 37』, 68-69쪽. 이 회의에서 김규식, 노백린, 남형우, 이동녕은 이승만의 축출을 주장한 반면, 신규식과 신익희는 이승만을 적극 지지했다고 한다.

111) 반병률, 『성재 이동휘 일대기』, 범우사, 1998, 278-279쪽.

112) 『독립신문』, 1921년 1월 27일자, 「국무총리 사직설」.

1921년 2월에 임정의 군무총장 노백린과 학무총장 김규식이 위임통치 청원문제를 거론하며 이승만의 대통령직 사임을 공식 요구했다. 양인은 미국 본토를 떠나 1920년 8월부터 5개월여 동안 하와이에서 함께 머물렀다. 이때 박용만의 측근인 태평양시사사 사장 조용하가 노백린에게 접근하여 이승만의 위임통치문제를 거론하며 이승만을 대통령직에서 탄핵하자고 권했다.[113] 이미 노백린은 1918년 하와이 체류 때에 태평양시사사의 주필을 지내며 박용만세력과도 긴밀한 관계를 맺고 있은 터였다.[114] 이로 인해 이승만과 친분관계를 유지하면서도 박용만세력의 무장투쟁론에 더욱 공감한 노백린은 위임통치 반대입장으로 돌아섰다.

1921년 2월 24일 오전 이승만을 방문한 노백린은 이동휘가 국무총리를 사임한 이후에 안병찬이 탄고문이나 성토문을 작성하여 대통령을 탄핵하려 하는 것을 일단 저지했다고 말하였다. 이어 그는 이승만에게 위임통치문제에 책임을 지고 대통령직에서 사임하고 정부 고문관으로 물러나 앉을 것과 이동휘와 연대하여 독립운동을 계속해 나갈 것을 요구했다. 이에 이승만은 상해에 오래 머물 것이 아니기 때문에 대통령직에서 사면하겠다고 하였다.[115] 그리고 이날 오후 김규식이 이승만을 방문하여 "구미위원부에서 일할 때에 분주하여 맨데토리문제를 미처 묻지 못했다"며 위임통치문제를 가혹하게('刻甚') 질문하자 이승만은 공손하고 자세히 대답했다.[116]

2월 24일 밤 노백린·김규식이 다시 이승만을 방문하여 재차 사퇴를

113) 이승만, [비망록], 『우남이승만문서: 동문편』 8, 355쪽.

114) 『한국독립운동사 자료37: 해외언론운동편』, 기밀 제22호, 「鮮字新聞增設ニ關スル件」, 국사편찬위원회, 2001, 427-428쪽.

115) 이승만, [비망록], 『우남이승만문서: 동문편』 8, 355쪽; 안창호, 「일기」, 1921년 2월 27일, 985쪽.

116) 이승만, [비망록], 『우남이승만문서: 동문편』 8, 355쪽

권하고 고문관 자격으로 상해에 머물라고 말하였다. 하지만 이승만은 국민대회나 국무원·의정원의 탄핵을 거쳐야 물러나겠다며 사퇴를 거부했다. 그러자 노백린은 노령지역과의 원활한 협력을 기하고 국민대표회의가 미국정부에 이승만이 제출한 위임통치청원을 취소하라는 전보를 보내려 하는 것을 막기 위해서는 이승만이 사퇴해야 한다고 주장했다.[117] 이승만이 이들의 제의를 재차 거부하자 김규식은 자신들은 대통령이 당연히 사퇴할 것으로 판단하고 선후책을 마련하고자 찾아온 것이라고 말하며 무례히 물러갔다.[118]

김규식은 이승만에게 위임통치 청원문제를 무례하고 가혹하게 따지며 대통령직에서 물러날 것을 요구했다. 그는 하와이에서 상해로 건너와 학무총장에 취임한 후, "한국인이 독립운동을 하면서 어찌하여 위임통치청원자 이승만을 대통령에 임명했는가 라는 각국 인사들의 반문에 아무런 말도 하지 못하고 비웃음을 샀다"고 말했다.[119] 그러나 앞장에서 살펴본 것처럼, 김규식은 이승만과 거의 동일한 내용의 청원서를 파리강화회의에 제출한 사실이 있다. 그럼에도 그가 이승만의 위임통치청원을 강하게 비판한 것은 아마도 자기 보호를 위한 보신성 자구책인 동시에 워싱턴에서 구미위원부 위원장을 지내며 이승만과 불화관계에 빠졌던 쓰라린 경험 때문으로 보인다.[120]

임정 내에서 위임통치 청원문제로 반이승만 기류가 강해지고 있는 가운데, 1921년 2월경 상해-북경 일원에서 본격적인 반임정·반이승만 활

---

117) 안창호, 「일기」, 1921년 2월 27일, 985쪽.

118) 이승만, [비망록], 『우남이승만문서: 동문편』 8, 355-356쪽.

119) 신채호 등, 「성토문」(1921.4.19), 『우남이승만문서: 동문편』 8, 264쪽.

120) 구미위원부장 재직시절 김규식과 이승만의 갈등관계에 대해서는, 이상훈, 「김규식의 구미위원부 활동」, 한림대 사학과 석사학위논문, 1996, 제4장 참조.

동이 태동하고 있었다. 2월 중순경에 박은식·최동호·원세훈 등 14인이 국민대표회의 소집을 요구했다. 이들은 「우리 동포에게 고함」이란 성명서에서 독립운동의 침체와 분열의 원인이 임정 수립 당시 현실과 괴리된 정부조직 및 민족대표성 결여에 있다며 "전국민의 의사에 의한 통일적 정부조직을 수립하고, 여러 방책과 힘을 모아 독립운동의 최고 방침을 세울 것"을 목표로 내세웠다. 이를 위해 노령, 간도, 북경, 상해의 반임정 세력과 연대할 것임을 천명했다.[121] 그런데 여기에 서명한 인사들은 대부분 박용만이 연해주에 머물 때에 관계를 맺은 인사들이기 때문에 이들의 반임정운동은 반이승만활동에 다름 아니었다.

임정 안팎에서 반임정·반이승만 운동의 분위기가 점차 고조되자 이승만은 1921년 2월 28일 임시의정원 제8회 개원식에 참석하여 대통령 교서를 반포했다. 여기서 그는 경신참변과 같은 참화를 자행한 일제에 대해 한국민이 피를 뿌리며 결사 항전하는 것은 당연하지만, 그러나 지금은 오직 실력을 기르고 기회에 부응하여 최후의 승리를 노려야 한다고 하였다. 나아가 "우리나라의 독립운동은 정의인도를 주장하여 강포무도한 적을 치는데 있으니 혹 개인이나 단체가 적국인에 대하여 비인도적 행동이 없기를 주의할지라," "근래 독립운동을 빙자하여 사익을 추구하는[憑公營私] 무리가 경향에 출몰하여 부호를 위협하고 정부 명의를 칭탁하여 금전을 토색하는 폐단이 있으니 이를 제거해야 한다"고 하였다.[122] 이는 외교독립노선의 입장에서 무장투쟁이나 의열투쟁을 비인도적인 행동으로 단정하는 한편, 그들의 군자금 모금행위를 강도짓이나 다름없는 것이라고 비판한 것이다. 이처럼 무장투쟁 및 의열투쟁 계열의 독립운동가나 독립단체들을 공개적으로 질타한 것은 상해-북경 일원에 있는 여

121) 『한국민족운동사료: 중국편』, 「반임시정부측의 국민대표회의 개최」(1921.2.18), 276-277쪽.

122) 『독립신문』, 1921년 3월 5일, 「대통령의 교서」.

러 무장투쟁 및 의열투쟁 단체들의 반임정·반이승만 활동에 정당성을 부여해주는 역효과를 낳았다.123)

1921년 3월 하순경 이승만은 『독립신문』 기자와 가진 인터뷰에서 위임통치 청원문제를 완곡하게 변호하고 나섰다.124) 2달 전 이동휘와 사상 논쟁이 붙었을 때에 각원들이 성명서를 발표하여 동포들의 의혹을 풀게 하자며 채택한 결의안을 단호히 거부한 것에 비춰보면 이승만의 입장은 분명히 바뀌어 있었다. 이때의 인터뷰는 3월 15일 안창호와 여운형이 "임정을 개조하는 동시에 정부 명칭을 버리고 위원제도로 조직을 변경할 것"을 목표로 국민대표회 준비촉진회를 조직한 것에 자극을 받은 것으로 보인다. 아울러 적대세력의 반임정·반이승만운동의 초점인 위임통치 청원논란을 사전에 잠재우려는 의도가 내포된 것으로 풀이된다.

위임통치청원 문제에 대한 이승만의 변론은 다음과 같다. 그는 미 국무장관 랜싱(Robert Lansing)으로부터 '일본 국적의' 한국대표가 파리에 갈 수는 없으며, 설령 운 좋게 파리강화회의에 가더라도 한국문제를 호소할 수 없을 것이라는 사실을 전해들었다. 이에 미국 언론에 한국문제를 발표해 보겠다는 생각에서 글을 지어 보냈으나 지상에 실리지는 못했다. 그 후 자신이 신병으로 병원에 있을 때에 정한경이 글을 지어 왔는데, 그 내용은 "한국이 뎌 불법포악한 일본의 통치하에는 절대로 잇기를 원치 안코 나죵 독립할 목적으로 미국의 위임통치를 밧고져 한다"는 것

123) 이승만은 1921년 3월 초순 대통령포고 제1호에서 "근래에 국내외에 일부 몰지각한 무리가 정부의 명칭, 문서, 인장을 濫稱하거나 위조하여 종종 국민을 기망하고 위협하여 兵役을 종용하며 금전을 탈취할 뿐 아니라 인민의 생명과 재산까지 해치는 일이 있으니 실로 통탄해 마지않을 일이다"며 무장투쟁론자나 의열투쟁론자의 군자금 모집활동을 다시금 강력히 비판했다. 『독립신문』, 1921년 3월 12일, 「대통령포고」.

124) 『독립신문』, 1921년 3월 26일, 「대통령談」.

이므로 이를 신문사와 미 국무성에 보냈다는 것이었다.[125)]

이처럼 이승만은 임정의 기관지이자 상해의 대표적 한인신문인 『독립신문』을 통해 무장투쟁 및 의열투쟁 계열의 개인이나 단체를 공개 비판한데 이어 위임통치 청원문제에 대한 최초로 공식적 해명을 내놓았다. 그럼에도 이승만의 진퇴와 직결된 임정개조와 임정유지 문제를 둘러싸고 갈등이 격화되는 상황 속에서, 그리고 임정의 기능 상실에 대한 비판의 목소리가 높아가는 상황 속에서, 이승만과 임정에 대한 가장 효과적인 공격수단인 위임통치 청원논란은 더욱 거세질 수밖에 없었다. 이제 위임통치 청원논란은 임정의 테두리를 벗어나 상해-북경 일원에서 활동 중인 박용만같은 무장투쟁론자와 김원봉같은 의열투쟁론자 등이 주도하기에 이르렀다. 이때 이들에게 위임통치청원 반대논리를 제공하며 반임정·반이승만운동을 이끌어나간 사람은 역시 박용만이었다.

1919년 5월 17일 하와이를 떠나 블라디보스톡으로 건너간 박용만은 1928년 10월 이해명에게 친일혐의로 저격당할 때까지 원동에서 활동했다. 그는 1919년 하반기부터 1920년 상반기까지 노령·만주 지역의 독립운동자와 내왕하며 정세판단을 하고 있었다. 1920년 봄에는 대동단 총부 재정부장에 지명되었고, 또 문창범·유동열·신채호·김승학·고창일 등과 연해주 수분하 지방에 체류했다. 이어 1920년 여름에 이르쿠츠크와 모스크바에 머물렀고, 9월에 소비에트정부와 비밀조약을 맺고 9월 중순 치타시에 귀환했다. 이어 1921년 봄경에는 북경으로 가서 독립단체를 결성하여 활동하기 시작했다.[126)] 그런데 1921년 5월 이전 박용만의 행적과 관련하여 한 가지 주목할 점은 박용만과 교류했거나 교류했을 가능성이 높은 인사들 대부분이 1921년 3월부터 6월경까지 이승만의 위임통치청원

125) 『독립신문』, 1921년 3월 26일, 「대통령談」.

126) 방선주, 「박용만평전」, 『재미한인의 독립운동』, 113-116쪽.

을 강하게 비판했다는 사실이다.

1921년 4월 17일 북경에서 군사통일회의가 열렸다. 이미 임정 출범 후부터 북경에서는 신채호·박용만·신숙 등이 이승만의 위임통치청원을 비판하며 세력화하고 있었다. 이중 박용만은 간도·시베리아·하와이 및 국내 10개 단체가 참가한 군사통일회의를 개최한 후, 독립운동계의 군사단체가 총망라된 체계적인 무장투쟁을 펼치려 하였다.[127)] 여기에는 박용만세력이 주축을 이룬 가운데 천도교세력, 국민의회세력, 서로군정서세력의 일부가 가담했다. 즉, 군사통일회의 발송문건 대표 17인은 국민공회 대표 박용만, 국민군 대표 김천호·박승선·김세준, 하와이 대조선독립단 대표 권승근[128)]·김현구·박건병, 기타 인사들로 구성되어 있는데, 이들은 모두 박용만과 관계가 깊은 사이였다. 이로 인해 소련정부의 지원하에 군사통일운동과 신정부 수립운동을 벌이려던 군사통일회의에는 독립운동계의 군사단체를 대표하지 못하고 박용만 사설단체에 머물고 말았다는 비판을 받기도 하였다.[129)] 하여튼 군사통일회의가 가장 역점을 두고 추진한 활동이 바로 이승만의 위임통치청원을 비판하는 것이었다.

군사통일회의는 4월 24일 이승만 등의 '매국매족죄'를 성토하고, 상해임정과 임시의정원을 불승인하고, 이승만과 임시정부가 시행했거나 시행할 시책을 모두 무효로 돌린다는 과격한 전보를 상해로 보냈다.[130)] 27일

---

127) 윤병석, 「1920년대 독립군단과 통합운동」, 『국외 한인사회와 민족운동』, 일조각, 1990, 107쪽

128) 권승근은 북경군사통일회의 설립 당시 이승만의 위임통치 사실을 밝히고 영자신문에 실린 위임통치 기사를 공개함으로써 임정과의 협력문제나 참여문제가 논의되던 회의 분위기를 일거에 반임정·반이승만으로 바꾼 박용만의 최측근이다. 신숙, 『나의 일생』, 일신사, 1963, 63쪽.

129) 북경군사통일회의에 대해서는 조규태, 「북경군사통일회의의 조직과 활동」, 『한국독립운동사연구』 15, 2000; 이현주, 『1920년대 재중항일세력의 통일운동』, 한국독립운동사연구소, 2009, 제2장 제2절 참조.

군사통일회의는 대표 신성모를 상해로 보내 내지국민공회 대표 박용만 등 17인의 공동명의로 임정과 의정원을 불신임하는 내용의 통첩을 전달했다. 거기에는 "임정은 위임통치사건을 일으킨 이승만을 수령으로 삼았으니 존재이유가 없으며, 임시의정원은 위임통치사건의 주모자인 국적(國賊) 이승만을 국무총리로 그 연루자 안창호를 노동국총판으로 선임했으니, 이는 위임통치청원을 묵인한 것에 다름 아니라고 비판했다.131)

원동 최대의 반이승만 단체인 군사통일회의가 열린 지 이틀 후인 4월 19일에 북경 일대 민족운동자 54인이 공동 연명으로 "이승만·정한경 등이 대미위임통치청원, 곧 매국매족의 청원을 제출한 사실을 들어 그 죄를 성토한다"로 시작되는 성토문을 발표했다. 그들은 "이승만·정한경이 한국이 미국의 식민지가 되려 한다는 문서를 미국정부에 제출하여 매국매족의 행위를 감행했다"고 비난했다.132) 이어 5월에 북경유학생회가 "독립을 싫어하고 위임통치를 바라고, 자유를 마다하고 노예가 되기를 좋아하는 이승만과 정한경은 매국매족의 대역적이며, 안창호는 이승만·정한경의 죄를 방조한 난적이다"며 이들을 성토했다.133)

1921년 5월에 접어들어 군사통일회의는 다시 반임정·반이승만운동을 거세게 펼쳤다. 군사통일회의는 4월 27일자 통첩보다 비난 강도가 한층 높아진 선언서와 성토문을 내외에 발표했다. 임정에 전달된 4월 27일자 통첩이 제한적 영향력을 미친 것이라면, 원동 각지에 배포된 5월자 선언서와 성토문은 그야말로 이승만을 이완용·송병준과 동일한 매국역적으

130) 북경군사통일회의, 「전보」(1921.4,24), 『우남이승만문서: 동문편』 8, 266쪽.

131) 북경군사통일회의, 「통첩」(1921.4,27), 『우남이승만문서: 동문편』 8, 267-271쪽.

132) 『한국민족운동사료: 중국편』, 「성토문」(1921.4.19), 347-348쪽.

133) 북경유학생회, 「성토문」(1921.5), 『우남이승만문서: 동문편』 8, 272-273쪽.

로 각인시킨 문건이었다.[134] 후자의 문건들은 감성에 호소하는 문장들로 이루어져 있고 사실을 교묘하게 왜곡하거나 악의적으로 기술된 것이기 때문에 이승만에게 매우 불리한 것이었다. 여기에는 위임통치청원이 3·1운동 이후에 나온 것처럼 왜곡하여 기술했고, 위임통치청원으로 미국민의 대한독립 후원의지가 약화되었다고 했으며, 위임통치청원이 나오자 일본이 식민통치의 정당성을 확보했다며 한국민 탄압을 가속화하고 있다고 하였고, 이승만이 위임통치청원서를 미국정부에 직접 제출하여 한국민을 팔아먹으려 했다는 등등의 내용들이 실려 있었다.[135]

1921년 5월에 군사통일회의의 반임정·반이승만운동에 호응하는 간도지역의 독립단체들이 대표회를 소집했다. 5월 5일 간도지역의 독립단체들은 길림성 액목현에서 회의를 열고 임시의정원에 정부개조를 요구하고, "위임통치를 청원한 것이 확실하다면" 그 당사자의 퇴진을 요구한다는 등 5개항의 결의서를 채택하고, 이를 서간도의 대표로 상해에 와있던 임시의정원 의원 윤기섭을 통해 임정에 전달했다.[136] 이와 동시에 북경의 의열투쟁 단체들도 이승만과 임정 공격에 나섰다. 이들이 행동에 착수한 데에는 이승만이 『독립신문』 지상을 통해 의열투쟁을 강한 어조로 두 차례나 공개 비판한 것이 큰 영향을 미쳤다.[137] 그리하여 북경의 의열단 단장 김원봉과 모험단원 10여 명은 이승만을 사퇴시키고 모종의 테러를 가하기 위해 동지들과 상해로 이동하여 활동했다.

1921년 5월 17일 이승만은 신내각이 출범하여 각원들의 질서가 잡혔으니 적체된 서무가 차례차례 집행되기를 기대하며, 자신은 "외교상 긴

134) 군사통일회의, 「선언서」(1921.5)·「성토문」(1921.5), 『우남이승만문서: 동문편』 8, 275-290, 291-310쪽.

135) 군사통일회의, 「성토문」(1921.5), 『우남이승만문서: 동문편』 8, 291-310쪽.

136) 독립운동사편찬위원회 편, 『독립운동사』 4, 1973, 516-517쪽.

137) 『독립신문』, 1921년 3월 12일, 「대통령의 포고」.

급과 재정상 절박"으로 인하여 상해를 떠난다는 교서를 의정원에 보냈다.[138] 5월 19일 이승만은 상해 인근 吳淞으로 이동하여 포트호텔에 투숙했다. 이는 의열투쟁과 무장투쟁을 공개 비판한 대통령 교서에 분개하여 이승만을 징치하려던 의열투쟁 청년들의 추적을 피하기 위해서였을 것이다. 이어 28일 밤 10시 상해 체류 기간 동안 거처를 내어준 안식교 선교사인 미국인 크로푸트(J. W. Crofoot) 부부의 전송을 받으며 콜롬비아호(*S. S. Columbia*)에 승선하여 6월 29일 호놀룰루에 도착하였다.[139] 이승만이 상해를 떠난 후에 상해 일원 한인사회에 떠돈 소문을 보면 군사통일회의의 이승만 비난이 얼마나 큰 성과를 거두었는지를 잘 알 수 있다.

> 근래 상해에 음흉한 말이 나돌고 있는데, "어떤 청년이 대통령(이승만:필자)을 구타하고 이완용과 같다고 질책하였다"고 하며, 또 "대통령이 소학교에 갔더니 어린 아이들이 이완용과 같은 놈이라고 하며 발도 붙이지 못하게 하여 대통령이 돌아갔으며 세 번을 그같이 하였다"고 합니다. 그래서 여러 사람이 그 사실을 은밀히 탐문해 보니 허무한 사실이라고 합니다. 그러나 이처럼 잘못 전해진 말이 각지에 전파되면 이를 사실로 받아들일 사람도 있을 듯합니다.
>
> 또 일본 신문이나 한국 신문에 각하가 도망했다고 악선전하며, 중국인이나 서양인에게도 이같이 전하며, 이선생은 위임통치를 주장한 사람이라고 선전하여 내외의 신망을 추락시키고자 하는 모양입니다. 피치(George A. Pitch) 씨가 여운홍을 초청하여 묻기를 "이박사가 대통령에서 교체되고 미국으로 도주하였다 하니 사실인가" 하매 여운홍의 대답이 "미국으로 간 것은 사실이나 교체되었다는 말은 듣지 못했습니다"고 하였다 합니다.
>
> 이러한 음흉한 유언비어로 악선전하는 중이며, 북경에서는 성토문이 쇄

138) 『독립신문』, 1921년 5월 31일, 「대통령의 교서」.

139) *Log Book of S. R.*, 1921년 5월 19일~6월 29일.

> 도하고 있습니다. 또 내외에 악선전하며, 각하가 3월 1일 이후에 위임통치를 청원했으며 지금도 위임통치운동을 하는 중이라 하며, 1910년에 한국 주권자가 통치권을 일본에 양여함과 이모(이승만:필자)가 한국통치권을 미국에 위임하기를 청원한 것은 다 동일한 의미요 동일한 해석이라고 합니다. 이로 인해 북경에 재류하는 청년이나 한국에서 새로 상해로 건너온 청년들은 이를 잘못 듣고 도리어 이를 다시 널리 전파하는 중입니다.[140]

위 기사에 나오는 의열청년들의 이승만 구타설, 소학교 방문 시의 봉욕설, 이승만의 하와이 도주설,[141] 위임통치청원의 지속적 추진설, 한국통치권의 미국위임설 등은 모두 사실이 아니다. 그러나 이승만 타도를 목표로 하는 이러한 온갖 거짓 소문들이 중국을 비롯한 원동 각지에 널리 퍼져나가는 상황 속에서 이승만과 그의 지지자들은 자신들의 입지와 안위를 위해 나름의 대응책을 강구하지 않을 수 없었다.

3. 위임통치청원 비판에 대한 이승만세력의 반박

1921년 4~5월경 상해-북경 일원에서 박용만을 위시한 무장투쟁론자들은 반임정·반이승만을 목표로 위임통치청원 반대운동을 거세게 벌였다. 이때 이승만의 적대자인 박용만이 주도하는 북경의 군사통일회의는 이승만·정한경의 위임통치청원 관련 사실을 과장하거나 왜곡하면서까지 강하게 비난하고 나섰다. 게다가 하와이에서는 이승만의 지지자였다가 적대자로 돌아선 현순이 수차의 성명서를 통해 위임통치 청원문제를 거론하며 이승만을 강력 비판하고 있었다. 이로 인해 원동과 미국의 이승만세력은 권위와 위상에 심대한 상처를 입었다.

---

140) 『이승만 동문 서한집』 하, 장붕 → 이승만(1921.6.18), 262-263쪽.

141) 이승만은 1921년 4월 16일 상해 비커톤旅社 만찬에서 지지자들에게 도미의사를 공표하고, 5월 17일 내각에 도미의사를 전달한 다음, 5월 29일 상해를 떠났다.

이승만세력은 1921년 6월 중순경부터 반격에 나섰다. 우선 미국 본토의 정한경이 위임통치 청원논란에 대한 적극적 해명에 나섰고, 6월 29일 하와이에 도착한 이승만도 측근들과 함께 해명운동에 가세했다. 당시 이승만세력이 적극적으로 자기방어에 나설 수밖에 없었던 데에는 아래와 같이 매국노로 몰리는 불리한 상황이 크게 작용하고 있었다.

> 위임통치문제에 대하여 많은 인사가 불평하고 반대운동을 시도하므로 착오는 착오로써 전하여지고, 이승만, 정한경, 민찬호 씨 등이 이완용·송병준이 왜놈에게 팔아버린 국가와 민족을 거듭 미국인에게 전매하려고 하는 것이라고 칭하고 있다. 또 말하기를 재작년 3월 1일 독립선언 후 2천만 민족이 피와 눈물로써 자유와 독립을 위하여 싸움을 계속하면서 적의 기반을 벗어나려고 하는 인민을 도리어 미국에다 인질로 하였다. 아니 지금은 오히려 이를 전파하려고 하는 욕망을 달성시키려 하는 것이다. 이러한 자는 민족의 적이다. 제2의 이완용, 제2의 송병준과 조금도 다를 것이 없고, 또 만일 하루아침에 미국이 나와서 우리 대한민국임시정부 대통령이 청원하는 위임통치를 실행하려 한다면 그때에는 누가 나서서 이를 막을 것인가 라고 공격하고 이를 내외에 선전하는 자가 있다.[142)]

1921년 6월부터 이승만세력은 하와이와 상해-북경에서 위임통치 청원논란을 잠재우기 위해 다각도의 활동을 펼쳤다. 비난의 표적이 되었던 이승만은 이면에 앉아있고 그의 측근과 지지자들이 전면에 나서서 반박문건을 작성하여 위임통치청원 반대운동에 대항하는 방식을 택하였다. 이때 위임통치 청원논란의 주역이자 그 전말을 가장 잘 알고 있는 미 본토의 정한경, 이승만의 사조직인 하와이의 대한인동지회와 그 임원인 민찬호·안현경·이종관, 상해-북경-천진의 이승만 지지단체인 협성회[143)]·

142) 『한국독립운동사 자료3』, 국사편찬위원회, 1973, 248-249쪽.

북경독립단[144]·천진한민회[145] 등이 박용만세력과 현순의 위임통치 반대 운동을 반박하고 나섰다. 원동과 미국에서 동시에 벌어진 이들의 반박활동은 위임통치 청원논란을 가라앉히는데 상당한 영향을 미쳤다.

이승만세력이 작성하여 미국과 원동 각지에 살포한 반박 문건은 크게 네 종류이다. 즉, ①「야릇하게 떠들어오는 '맨데토리' 문제의 내용」,[146] ②「위임통치에 대한 사실」,[147] ③「통고문(痛告文)」,[148] ④ 기타 문건[149]

143) 협성회는 ① 임시정부 절대 옹호, ② 광복 정신과 協進主義 고취·장려, ③ 국세 납입 독려, ④ 군사의 服習을 督進 등 4개항을 강령으로 하는 상해 일원의 이승만 친위단체였다. 한시준, 「이승만과 대한민국임시정부」, 『이승만 연구』, 연세대 출판부, 2000, 192-193쪽.

144) 실체가 불분명한 북경독립단은 독립 단체의 성격이 강한 북경고려기독교청년회일 가능성이 높다. 조규태, 「1920년대 북경고려기독교청년회의 종교활동과 민족운동」, 『한국기독교와 역사』 31, 2009, 172쪽.

145) 천진한민회는 기독교계열의 독립운동단체로서 천진 일대에서 임정 후원활동을 벌였다. 이 단체는 천진불변단(1919) → 대한민단(1921년초) → 한민회(1921.7) 등으로 명칭을 바꾸었다.

146) 총 16쪽 분량이며, 정한경이 1921년 6월 15일 작성한 후 상해의 협성회 간부들에게 7월 14일에 보낸 것이다. 머리말, 정한경이 안창호에게 보낸 편지(1921.6.13), 정한경이 이광수에게 보낸 편지(1921.6.13), 위임통치청원서 원문의 번역문이 포함된 「맨데토리문제의 진상」, 맺음말 등으로 되어 있다.

147) 총 8쪽 분량이며 주로 하와이와 미주에 배포되었다. 민찬호·안현경·이종관 공동 명의의 「위임통치에 대한 사실」(1921.7), 위임통치청원서 원문의 번역본인 「북미합중국 대통령 각하」, 정한경이 현순에게 보낸 「정한경씨의 편지」(1921.5.28), 현순의 이승만 비판을 반박한 「현순의 행동」 등으로 되어 있다.

148) 1921년 8월 10일자 북경독립당과 천진한민회 공동 명의 문건이다. 재중동포, 군사통일회의, 통일책진회, 북경유학생회, 국민대표회의 담당자 등에게 보내는 5점의 성명서로 되어 있다.

149) 이는 이승만의 사조직인 대한인동지회가 작성한 현순의 성명서에 대한 반박문인 「현순의 성명서에 대하여」(1921.7.16), 정한경이 상해의 이승만 지지단

등이다. 이들 문건들은 이승만의 사저인 이화장에 소장되어 있던 이승만 문서에 포함되어 현재까지 전해지고 있으며, 이승만세력이 위임통치청원 반대운동에 대해 어떠한 논리를 동원하여 반박했는가를 잘 보여주고 있다. 여기에 담긴 이승만세력의 반박논리를 갈래지어 살펴보면 다음과 같다.

첫째, 이승만세력은 자신들에 적대적인 박용만세력이 위임통치청원 반대운동의 시발자임을 밝혔다. 예컨대, 그들은 "이 문제로 가장 처음부터 악선전한 사람은 박용만이와 그 추종자들이라. 그 사람들이 이전부터 지낸 일과 지금 하는 소위를 보면 정부는 없다 하고 자기의 군정부(대조선국민군단:필자)가 모든 독립운동을 다 하는 모양으로 내지와 外洋에 글을 보내 재정을 얻어다가 무엇을 하여 없애는 것을 세상이 다 아는 바이다. 이 사람들이 무슨 독립에 충성이 있어서 이대통령을 공박하는 줄로 믿을 사람이 없을 것이라. 다만 그 사심과 악감에서 나온 것뿐이요" 라고 지적했다. 이는 자신들과 패권다툼을 벌인 박용만세력이 사심과 악감정에서 위임통치 청원문제를 가장 먼저 제기했을 뿐더러 그들의 무장독립운동이 실효성 없이 자금만 낭비하는 허무한 사업임을 강조하기 위한 것이었다.150) 이에 대해 이승만도 다음과 같이 부연했다.

> 맨데토리문제로 말하면, 제가 병원에 입원해 있을 때에 친우 정한경이 윌슨대통령과 파리강화회의에 보내는 청원서를 지어가지고 와서 보라 했습니다. 그때 형편으로는 독립을 달라 하면 세인의 비웃음만 사게 될 것이니, 미국정부의 맨데토리로 얼마간 두었다가 독립을 완전히 하겠다고 하는 것이 미국인의 동정을 얻을 것이요, 입을 열기도 비교적 쉽겠다고 하기에, 저

체 협성회에 보낸 「협성회 간사부원 첨좌하」(1921.8.15) 등이다.

150) 민찬호·안현경·이종관, 「위임통치에 대한 사실」, 『우남이승만문서: 동문편』 8, 312쪽.

> 도 역시 그렇게 생각하고 청원서에 서명하여 한 장은 미국대통령에게 보냈습니다. (중략) 그 청원서는 3·1운동 이전에 보낸 것이니 형편이 크게 변한즉 다른 나라도 평화 시절에 했던 것을 전시 이후에 변경하는 것이 보통 있는 일이라. 다만 하와이의 극소수인이 저를 백방으로 방해하여 이 일을 들어 각처에 전보하고 대사건을 만들려 하는 것뿐입니다.[151]

둘째, 이승만세력은 「야릇하게 떠들어오는 '맨데토리' 문제의 내용」과 「위임통치에 대한 사실」 등에서 위임통치청원서 원문의 번역본을 전격 공개했다. 특히 전자의 번역본 서두에는 위임통치청원서 내용을 총정리하여 "① 열강은 한국을 학정 하에서 구출하며, ② 열강은 한국의 장래 완전 독립을 보증하며, ③ 한국을 아직 국제연맹 통치 하에 둘 일"이라는 간략한 요약 문구를 실었다.[152] 이는 반대세력이 위임통치 청원 구절만을 떠내어 자신들을 이완용·송병준과 같은 나라를 팔아먹은 매국노와 동일시하는 것을 비판함과 동시에, 자신들의 위임통치 청원행위가 결코 매국적인 것이 아니라 순수한 애국적 동기에서 나온 것임을 강조하기 위해서였다. 나아가 일제의 통치에서 벗어나 완전독립의 달성을 담보하기 위한 일시방편으로서 위임통치를 청원했음을 항변하기 위한 것이었다.

셋째, 이승만세력은 자신들의 위임통치청원 행위가 3·1운동이 일어나기 전에 벌어진 것임을 강조했다. 예컨대 그들은 "위임통치문제에 서명함으로 말할지라도 내지에서 독립운동이 일어나기 전에 모든 한인들은 다 잠자는 모양이라. 홀로 나서서 세상 사람에게 대하여 한인들도 독립을 원한다는 사실을 알려주려 하매 조선을 일본 관할에서 빼어내서 몇 해 안에 완전독립을 회복할 담보로 국제연맹회에 위임하자 한 것이 그때

151) 『이승만 동문 서한집』 하, 안현경 → 이승만(1919.12.3), 9쪽.

152) 『우남이승만문서: 동문편』 8, 「야릇하게 떠들어오는 '맨데토리' 문제의 내용」, 326쪽.

세계 형편에 적당히 될 줄로 생각하고 서명한 것이라. 내지에서 독립선언을 한 후에 본즉 일시 문자상 실수라고는 할지언정, 독립의 사상이 불철저하다던지 독립을 원치 않고 위임통치를 주장한다고 하는 말은 모함하는 자의 일시 구실 뿐이라"라고 하였다.[153] 이는 위임통치청원이 3·1운동 발생 이전에 한국민의 독립운동의 일환으로 추진된 것이며, 위임통치청원 당시 일시 문자상 실수가 있을지언정 독립사상이 불철저하다거나 독립을 원치 않은 것은 결코 아니었다고 항변했다.

넷째, 이승만세력은 위임통치 청원문제에 안창호와 대한인국민회가 관계했다는 사실을 거의 모든 문건에서 공통적으로 다루었다. 예컨대, 이승만의 측근들이 미국 각지에 전포한 문건에는 "정한경씨가 샌프란시스코 국민회 총회장 안창호씨에게 문의하여 안창호씨가 임원회에 들여놓아 결의하여 공함(公函)으로 정씨에게 지휘하여 그대로 하라 하였다"고 하였다.[154] 또한 정한경은 각기 안창호와 이광수에게 보낸 1921년 6월 13일자 두 통의 편지에서 자신이 국민회 총회장인 안창호에게 서면으로 문의하자 안창호가 임원회의를 개최하여 이를 가결한 후 자신에게 청원서를 보내도록 지시했음을 밝혔다.[155] 특히 안창호에게 보낸 편지에 의하면, 안창호와 국민회 임원들이 위임통치청원서의 발송에 깊이 간여했으며, 안창호가 정한경에게 보낸 공함('認可狀')을 정한경이 보관하고 있음이 잘 나타나 있다.[156]

---

153) 민찬호·안현경·이종관, 「위임통치에 대한 사실」, 『우남이승만문서: 동문편』 8, 312쪽.

154) 민찬호·안현경·이종관, 「위임통치에 대한 사실」, 『우남이승만문서: 동문편』 8, 314쪽.

155) 「야릇하게 떠들어오는 '맨데토리' 문제의 내용」, 『우남이승만문서: 동문편』 8, 322-324쪽.

156) 「야릇하게 떠들어오는 '맨데토리' 문제의 내용」, 322쪽.

> 무릇 전일에 박용만 씨가 이 문제를 가지고 하와이에서 불평운동을 시도했으나 뜻대로 진행되지 못했으며, 이번에 또 김규식 씨가 이를 시도한 것은 선생께서 이미 아시는 바와 같습니다. 처음 제가 이박사와 함께 국민회 대표로서 파리로 가려 하다가 끝내 가지 못하고 부득이하게 당시의 정세에 의하여 위임통치문제를 (파리평화)회의에 제출하고자 하여 선생께 문의했습니다. 그때 선생은 대한인국민회 임원회에 이를 제출하여 가결했으니 그대로 행하라는 인가장(認可狀)을 저에게 보내오셨습니다. (저는) 이것을 받은 후 1919년 2월 25일에 이 문제를 미국대통령 윌슨 씨에게 제출했으며, 위에 기록한 여러 원문은 저의 수중에 있습니다.[157]

다섯째, 북경독립단·천진한민회 등 원동의 이승만세력은 박용만세력의 위임통치 반대운동이 임정을 타도하려는 정치적 성격을 지닌 것임을 지적했다. 그들은 재중동포에게 태평양회의를 앞둔 시점에 위임통치문제를 둘러싼 당파싸움의 폐해를 경계해야 한다고 통고했다.[158] 또 군사통일회의에 대해 대표성이 결여된 일부 인사들의 사설단체에 불과하다고 비판한 다음, 군사통일회의의 주장처럼 위임통치 청원문제가 한국독립운동에 심대한 폐해를 가져온 문제는 아니며, 위임통치청원의 당사자인 이승만 등을 비판하는 것은 혹여 가능할 수도 있겠지만 이를 빌미로 임정을 전복하려 기도하는 것은 용서할 수 없는 일이라고 군사통일회의에 경고했다.[159] 나아가 그들은 통일책진회가 위임통치 청원문제를 빌미로 삼아 임정을 타도하고 신정부를 수립하려는 것은 '반역행위'에 다름 아니라고 강하게 질타했다.[160]

---

157) 『우남이승만문서: 동문편』 7, 「안창호씨에게 온 편지」, 322-323쪽; 『한국독립운동사 자료3』, 정한경 → 안창호(1921.6.12), 249-250쪽.

158) 『우남이승만문서: 동문편』 8, 「痛告재중동포」, 339-340쪽.

159) 『우남이승만문서: 동문편』 8, 「痛告군사통일회의」, 341-343쪽.

160) 『우남이승만문서: 동문편』 8, 「痛告군사통일회의」, 344-347쪽.

여섯째, 이승만세력은 미국에 위임통치를 요청하여 한국을 미국의 식민지로 만들려 했다는 반대파의 주장을 비판했다. 그들은 반대세력의 주장처럼 이승만·정한경이 미국정부에 위임통치를 직접 청구한 것이 아니라 미국정부를 통해 국제연맹 하의 위임통치를 청구한 것임을 강조했다. 또한 윌슨 대통령에게 제출한 위임통치청원서가 실제로 아무런 효력을 발휘하지 못하고 말았기 때문에 그 청원서가 논란의 대상이 될 수는 없다고 하였다. 따라서 위임통치청원으로 인해 한국이 미국의 식민지로 전락할 것이라는 현순이나 군사통일회의의 주장은 근거가 없는 것이라고 하였다.

이상에서 살펴본 것처럼, 1921년 6~8월경 이승만세력은 많은 문건을 통해 위임통치 반대운동에 대한 반박활동을 활발히 펼쳐나갔다. 그들의 효과적인 반박활동에 이어 미국에서 개최된 워싱턴군축회의와 원동에서의 국민대표회의 소집 문제가 당면과제로 부상함에 따라 위임통치 청원 논란은 점차 가라앉게 되었다.

약 1년 반 후인 1923년 1월 10일 국민대표회의 자격심사회의에서 임시의장이자 북미국민회 대표인 안창호의 자격문제가 불거졌다. 그러자 심사위원들은 '위임통치청원 관련자'인 안창호의 대표자격 문제를 둘러싸고, ① 위임통치 청원문제를 자세히 조사하여 완전히 판명될 때까지 그의 자격을 보류하자는 안, ② 위임통치를 청원했다고 하더라도 3·1운동 이전의 일이니 자격을 인준함이 가하다는 안, ③ 타일에 회의에 부쳐 심판할 셈치고 우선 대표자격을 인준하자는 안 등 세 가지 안으로 갈려 대립했다.[161] 다음날 열린 회의에서 "위임통치문제는 과거의 사실이니 타일에 한 번 토론하여 보기로 하고 우선은 안창호를 북미국민회 대표로 인준한다"는 결정이 내려졌다. 이어진 회의에서 위임통치청원자가 자신

161) 『독립신문』, 「회의 제3일」, 1923년 1월 24일.

의 이전 주견을 포기하면 누구나 받아들이자는 이상호의 주장에 대해 재청이 있었고, 아울러 안창호의 국민대표회의 임시의장 사면서를 반환하기로 하였다.[162] 위임통치 청원논란의 또 다른 당사자인 안창호가 국민대표회의에 참가한 여러 독립운동세력들로부터 위임통치 청원문제를 사면받음으로써 이제 위임통치 청원문제는 공식적 차원에서 더 이상 논란거리가 되지 못하였다.

Ⅴ. 맺음말

이제까지 한국근대사 연구자들은 일제강점기 독립운동사를 연구·평가할 때에 온건론보다는 급진론을 더 중시해 왔다. 그들은 온건론에 속하는 외교독립론이나 실력양성론에 대해 별다른 성과를 거두지 못한 개량주의 노선에 불과할 뿐이라고 홀대했던 반면, 그 대척관계에 놓인 독립전쟁론이나 의열투쟁론에 대해서는 민족과 개인의 고귀한 이상을 실현하려 했다고 호평했던 것이다. 그러나 일제강점기 한국실정과 국제정세를 냉정히 따져볼 경우, 전자의 운동형태가 후자의 운동형태에 비해 결코 저급했다거나 성과가 없었다고 말할 수는 없을 것이다. 이와 관련해 한말부터 일제강점기까지 한국인들이 전개한 외교독립론을 대표하는 이승만·정한경·김규식 등의 위임통치청원서에 담긴 실력양성론적 외교독립론에 대한 깊은 연구가 필요하다고 생각한다.

한국독립운동사에서 가장 큰 쟁점 중 하나인 이승만·정한경의 위임통치청원론은 "장래 완전한 독립을 보장한다는 분명한 전제조건 하에" 한국을 일정 기간 동안 국제연맹의 위임통치 아래 두어달라는 것이다. 이

---

162) 『독립신문』, 「회의 제4일」, 1923년 1월 24일.

에 대해 급진적 혁명론을 주창한 신채호는 "이완용은 있는 나라를 팔아먹었지만, 이승만은 나라를 찾기도 전에 팔아먹은 역적이다"고 비판했다고 한다. 지금도 이 말은 이승만의 위임통치청원을 비난하고 신채호의 독립운동가로서의 순결성을 강조할 때에 자주 언급되곤 한다. 그러나 신채호는 위임통치청원론이 한국의 통치권을 미국에 넘기려는 망국적인 매국논리가 아니라 한국여건과 국제정세를 감안한 단계적·점진적인 독립구상이었다는 중요한 사실을 간과하거나 애써 무시했다. 한마디로 위임통치청원론은 이완용의 매국행위와는 전적으로 다른 것으로서 한국의 독립을 위한 방안이었고 우국충정의 소산물이었다.

일제강점기에 위임통치청원론은 국제정세에 정통한 한국인이라면 누구나 구상하게 되는 구국외교론이다. 이제까지는 이승만과 정한경이 전적으로 위임통치청원서를 작성했다고 알려져 왔다. 그러나 그 청원서를 작성할 때 두 사람은 국제법에 정통한 일부 외국인과 한중 양국의 여러 친우들의 도움을 받았다. 또한 그 청원서를 윌슨대통령에게 제출하기 전에 국민회 중앙총회장 안창호와 기타 임원들의 승인을 받았다. 따라서 이승만·정한경의 위임통치청원서는 미주 한인사회를 양분한 이승만계와 안창호계의 합작품이라고 말할 수 있다. 또 하나 간과할 수 없는 사실은 신한청년당의 파리강화회의 대표로 활동한 김규식도 이승만 청원서와 거의 동일한 내용의 청원서를 파리강화회의 의장에게 제출했다는 점이다. 이것은 국제연맹 출범기에 외교독립운동을 벌인 온건성향의 한국인들이 위임통치청원론을 독립구상의 일단으로서 공유하고 있었음을 여실히 보여준다.

이승만의 위임통치청원론은 굳건한 독립정신과 냉철한 국제정세 인식에 기초하고 있다. 이승만은 개화기 이래 민중계몽론을 주장한 근대지향적 독립운동가였다. 그는 미국식 민주주의, 기독교사상, 서양 근대문명 등을 한국에 이식함으로써 한국을 미국형 선진국가로 만들려는 계몽사상을 품고 있었다. 그런데 그는 정치개혁을 추진할 때 일정 기간 동안 일반 민중의 정치참여를 제한해야 한다고 주장했을 정도로 친미적 엘리트 의식이 강했다. 그는 1910년대 일제의 무단통치와 미일간 우호관계 속에서 한국민이 자력으로 독립을 이루는 것은 당분간 힘들다고 판단하고, 약소국가에 가장 시혜적인 나라라고 판단한 미국의 지원을 받아서라도 한국독립의 기초를 마련해 나가야 한다는 절박한 심정에서 위임통치청원서를 제출하게 되었다.

이승만·정한경·김규식의 위임통치청원론은 1910년대 말경의 한국실정과 국제정세를 감안하여 제기한 현실적 차선책이었다. 그들은 즉각적 완전독립이라고 하는 최선책의 실현가능성이 희박한 상황에서 불가피하게 단계적·점진적인 현실적 차선책을 모색했던 것이다. 그들은 민족자결주의가 고취되고 국제연맹이 창설되는 유리한 국제정세를 적극 활용하기 위해 파리강화회의에 한국의 위임통치를 청원했다. 그런데 그들의 위임통치청원론을 주체적 독립운동 부정론으로 규정하는 것은 온갖 어려움을 무릅쓰고 일제 식민통치에 항거한 외교독립운동가들에게 너무 가혹한 평가기준을 들이대는 것이다. 오히려 위임통치청원론이 국제외교무대에서 활동하며 일제의 강대한 국력을 직접 체험한 독립운동가들이 고심 끝에 찾아낸 외교구국방략 가운데 하나였다는 사실을 주목할 필요가 있을 것이다.

이승만·정한경·김규식의 위임통치청원론에는 위임통치 기간 동안 영세중립국의 지위를 누리며 착실히 실력을 배양함으로써 자주독립의 기반을 닦으려 했던 준비론적 외교독립론이 담겨있다. 이승만 등은 한국이 비교적 은혜로운 기독교 민주주의국가인 미국의 위임통치를 받음으로써 일정 기간 동안 중립화를 달성하고, 중립국 체제의 자치적인 정치환경에서 내치의 자유를 누림으로써 민주주의를 신장시키고, 만국과의 자유통상을 통해 착실히 국부를 증대시켜 나감으로써 경제력을 굳건히 다지고,

그리고 마지막 단계에서 미일전쟁의 발발과 같은 국제정세의 변화를 능동적으로 활용함으로써 완전독립을 달성하겠다고 하는 점진적·단계적인 독립구상을 위임통치청원서에 담아냈다. 따라서 위임통치청원론은 그 비판론자들이 제기하는 바와 같은 무비판적인 친미적 사대외교론이 아니라 '독립정신에 바탕한 실력양성론적 외교독립론'에 해당한다고 말할 수 있다.

이승만의 상해임정 대통령 재직 시에 벌어진 위임통치 청원논쟁은 위임통치청원서의 내용이 제대로 알려지지 못한 상태에서 전개된 것이다. 과문한 탓인지는 모르겠으나 한국독립운동계에서 위임통치청원서의 내용이나 성격에 대한 진지한 분석을 가한 비판적 해석이 나온 적은 없었다. 즉, 한국독립운동가들은 위임통치청원론을 독립운동계의 고질적 병폐인 패권다툼의 소재로서만 활용했을 뿐이며, 그것을 깊이 분석하여 그 장점을 한국의 신국가 건설전략에 채용하겠다고 하는 전향적 태도를 갖지는 못했던 것이다. 요컨대 한국독립운동계에서 위임통치 청원논쟁은 위임통치청원의 합목적성에 대한 진지한 검토나 논쟁이 수반된 것이 아니라 적대적 경쟁세력을 제거하기 위한 정치적 패권다툼의 소재로만 활용되었다는 점에서 매우 아쉽다고 하겠다.

위임통치 청원논쟁 당시 이승만을 이완용과 같은 매국역적으로 몰아간 것은 하와이에서 대립·갈등한 이승만세력과 박용만세력의 세력경쟁에서 비롯된 것이다. 이승만 등의 위임통치청원론을 가장 먼저 비판하고 나선 것은 박용만세력이며, 꺼져가던 위임통치 청원논란에 다시 불을 지핀 것도 박용만세력이었다. 양측의 패권다툼은 단순히 반대세력을 타도하고 말겠다는 망국적인 당파논리에 기초한 것이 아니라 1910년대 중반 하와이에서 독립운동을 벌이면서 뚜렷이 갈라진 노선차이에 기인한다. 외교독립론과 실력양성론을 추구한 이승만과 대조선국민군단을 창설하여 동포들에게 무장군사훈련을 시키며 독립전쟁론을 주창한 박용만은 인적·

물적 자원이 한정된 좁은 하와이땅에서 양립하기 어려운 처지였다. 이들의 선명히 대비되는 사상투쟁은 1919년 2월 이승만이 자신의 외교독립론의 정수가 담긴 위임통치청원론을 제창하면서부터 본격화하여 1921년 봄-여름경 한국독립운동계의 최대 이슈로 떠오른 위임통치 청원논쟁을 빚어냈던 것이다.

국제연맹의 위임통치제도는 국제연합의 신탁통치제도와 비슷한 성격을 지닌 것으로서 양자 공히 전후 피식민지 처리방안으로 고안된 장치이다. 해방 후 한국은 3년간 미군정의 통치를 받았는데, 이는 미국의 위임통치를 받은 것이나 진배없다. 다시 말해 한국이 위임통치에 해당하는 미국 지배를 3년간 받은 후에 유엔 감시하의 총선거를 통해 남한만의 자주적 민족민주국가를 수립한 것은 부인할 수 없는 엄연한 역사적 사실이다. 한국은 위임통치 하에서 인민들에게 민주주의를 교육시켜 민력을 키우고 인민의 자유선거와 만국과의 자유통상을 통해 신국가를 건설함으로써 세계사상 유례없는 성공신화의 첫걸음을 내딛게 되었다. 결과적으로 한국은 소련이 포함된 4대 강국의 공동 신탁통치를 반대하고 기독교 민주주의 국가인 미국에 의한 위임통치를 통해 부국강병을 달성한 근대국가로 성장해나갔던 것이다. 일제강점기에 무장투쟁론을 중시한 급진적 독립운동가들은 위임통치를 청원한 이승만을 매국노라고 비판했지만, 그러나 한국현대사의 진로는 이승만이 구상하고 내다본 궤적을 밟으며 나아갔음을 유념해야 한다.

〈자료 1〉 이승만·정한경이 윌슨 미대통령에게 보낸 위임통치청원서 (1919.2.25)

Washington, D. C.,
February 25, 1919.

The president of the United States.

Sir:

The undersigned have been authorized by the Executive Council of the Korean National Association which represents 1,500,000 Koreans residing in America, Hawaii, Mexico, China and Russia, to present to you the following memorial:

We, The Koreans of America, Hawaii, Mexico, China and Russia voicing the sentiment of 15,000,000 of our countrymen in Korea, lay before you the following facts:

Japan established her protectorate over Korea, after the Russo-Japanese war, in direct violation of her treaty obligations to Korea. It is a matter of diplomatic record that Korea formed an alliance with Japan at the beginning of the Russo-Japanese war to aid the latter power to win the struggle. This was done in consideration of a definite guarantee by Japan of the political independence and territorial integrity of Korea. Taking Korea as a prize of war was a breach of covenant and of faith on the part of Japan. Neither the people, nor the Emperor, nor the responsible Prime Minister of Korea ever sanctioned the protectorate and subsequent annexation of their country. It was perpetrated at the point of the sword, as sheer might over right.

Since the Japanese occupation of Korea, the country has been mis-ruled, from the standpoint of the Korean people. Natural resources are being developed, but they are exploited for the benefit of Japanese, not of Koreans. All the rights to develop the resources of the country are given to the Japanese, and the enterprise, even of the humblest sort, is insidiously hampered. The Korean merchant cannot complete with his Japanese competitor because of the preferential treatment accorded of the latter by the Japanese government. Hundreds of thousands of Japanese, unable to make a living in Japan proper, are brought over to Korea and are provided for at expense of the Koreans. Thus the Korean people are reduced to industrial serfdom, and are forced to submit to the Japanese through economic pressure.

From the standpoint of culture and enlightenment, the Japanese occupation of Korea has brought a still greater calamity to our people. That Government made a systematic collection of all works of Korean history and the literature in public archives and private homes and burned them. All Korean periodical literature—from local newspapers to scientific journals—has been completely stamped out. The Japanese language has been made the official tongue not only in official documents but in schools as well. Educational regulations forbid the teaching of Christianity; but not Shintoism (the national religion of Japan), and of history, geography and the Korean language in all schools in Korea. Furthermore, the regulations provide that all Korean schools shall be under the supervision of Japanese educators, and that Korean children shall be taught to salute the Japanese flag and worship the Japanese Emperor's tablet. The government does not allow Korean students to go to Europe or America to finish their education. No public gathering of any kind is allowed among the Koreans, and even religious services are vigilantly watched by Japanese gendarmes. The Christian church in Korea is insidiously discriminated against by the Japanese authorities, as was shown by the well known "Conspiracy Case" of 1912, when more than one thousand leaders among Korean Christians were imprisoned and their beneficent activities ended.

The above is a brief summary of only a few of the many flagrant injustices to which the Korean people have been and still are forced to submit. We, the common people of Korean, with a passion for self-government and political independence, come to you, knowing that you are an arbiter of justice and a champion of equal rights for all peoples, strong or weak, with the hope that you may exert your good offices in helping we secure justice at this great time, when the destiny of subject nationalities is about to be taken up for consideration at the Peace Conference.

In the name of fifteen millions of liberty-loving Koreans, we earnestly petition you to present the accompanying memorial to the Peace Conference, and to espouse our cause of freedom at the Peace Table, so that the Allied Powers assembled at the Peace Conference will take such action as will free Korea from the present domination of Japan and place Korea under the mandatory of the League of Nations with the definite guarantee of complete independence in the future. The accomplishment of this will convert the Korean peninsula into a zone of

neutral commerce to the benefit of all nations. It will also create a buffer state in the Far East which will help prevent aggrandizements by any single power and maintain peace in the Orient.

We fully appreciate the fact that it will be a delicate task for you to suggest anything concerning the fate of a people who have not been officially associated with the Allies in the war. But thousands of our countrymen fought as volunteers for th Allied cause on the Russian front for the first two years of the war. And our people in America proportionately contributed to the cause of democracy both in men and money. The American interests in Korea, industrial, commercial and religious, are such that the United States cannot afford to be indifferent as to what is taking place in the Korean peninsula. The American-Korean treaty, in which the United States pledged friendly aid to Korea, has never been abrogated or rescinded in any manner or for by the people of Korea; nor have the Koreans, as a people, ever done anything to forfeit the friendship and interest of the United States.

We believe, further, that, apart from these moral obligations on the part of the United States to aid the Koreans in their aspirations for self-determination, the United States cannot afford, for the safety of its own interests, to tolerate Japanese aggression in the Far East, and that the world cannot be made "safe for democracy" so long as 15,000,000 liberty-loving Koreans are forced to live under an alien yoke. One of your ideals for a just and lasting peace, which the Allied nations have agreed to accept as the guiding principle for settlement of questions at the Peace Conference, is that "all well-defined national aspirations shall be accorded the utmost satisfaction." This does not exclude, but surely includes, the well-defined national aspirations of the Korean people. We earnestly hope that you will initiate such action as will permit the Korean people also to recover the common birthright of freeman and to enable them to select the government under which they wish to live.

Respectfully submitted,
Syngman Rhee (signed)
Henry Chung (signed)
Representatives, Korean Nat'1. Ass'n.

〈출처〉 방선주, 『재미한인의 독립운동』, 한림대 아시아문화연구소, 1989, 235-239쪽.

〈자료 2〉 김규식이 파리강화회의에 제출한 위임통치청원서 국한문본 (1919.4. 3)

韓國委員이 講和會議에 提出한 13個條

左記

1. 1876年 及 1904年의 韓日條約과 1895年 日支條約에 對하야 日本이 韓國의 自主獨立 及 領土保存을 保證하기로 聲明하엿고,
2. 1894年에 日本이 淸國에 對하야 宣戰함과 1904年에 日本이 露國에 對하야 宣戰함은 全히 韓國獨立을 保全하고 東洋平和를 尊重히 한다 聲明하얏고,
3. 1882年에 韓美條約은 美國政府가 亦히 韓國 領土의 保全을 保證한다 하엿고,
4. 日本이 韓國을 占據함은 實노 公法에 違背하고 人權을 侵害함이요 1895年 保護條約에 捺印을 迫請함은 武力의 强壓에 純由함이라. 故로 我 政府가 美國政府에 呼救함이 有하엿스나 日本의 當時 勢力이 甚急하야 美國政府의 聲援이 我 政府에 未及하엿고,
5. 韓國 國民은 絶對的 日本政府 權力下 聽命하기를 不願함이오.
6. 韓國이 3世紀其間을 淸國政府의 名義上 親睦을 受함이 雖有이나 保護 外에 完全히 獨立의 體裁로 4,200百餘 年間 言語文字와 政教事業이 燦然 自由하엿고,
7. 韓國은 東洋의 鎖鑰을 作한지라. 假令 1,870餘萬의 韓人으로 하여곰 1日이라도 日人의 苛虐을 受하던지 一日이라도 其自由의 恢復을 不得하면 東洋은 必히 一日이라도 平和를 不得할지라. 故로 巴爾幹,青島의 覆轍을 不蹈하며 世界의 大戰爭을 欲免함이니 韓國으로 하여곰 獨立 恢復치 아니함이 不可하며,
8. 假令 韓國이 自由를 不得한다 하면 日本의 勢力이 滿洲, 西比利亞에

日益進取하야 其野心을 擴大하야 亞細亞 民族으로 彼의 君權과 武力下에 屬服케 할지요.

9. 日本이 如其 亞洲 覇權을 得하면 列强 各國의 經濟와 其商業의 大害가 必有하겟고,

10. 韓國이 日本의 武斷政治를 受한 以來로 其所受의 壓迫과 歷史上 未曾有의 加虐을 加하야 我의 言語를 撲滅하며 我의 智識을 制限하야 韓族으로 하여곰 世界에 滅絶케 하랴는 勢가 有하고,

11. 今日 韓國의 獨立恢復을 要求함[은] 1870餘萬의 同胞 全體의 同意에 出함인대 最近 3月 1日 三百餘萬 韓人의 獨立運動은 全國 同日 擧事하야 足히 韓人의 萬衆一心을 表示할지오.

12. 我 韓民族은 天性이 堅强하야 受怨必報함이어날 積日已深하야 日人을 더브러 勢不兩立한 故로 完全히 恢復獨立을 不濟하면 一日이라도 苟活하기 不能할지요.

13. 列强 諸邦이 如其 吾 韓國에 同意를 與하야 永久中立을 得케 할지면 我 韓人은 欣覩히 願함이니 單히 日本이 其間에셔 優越權를 行使함만 不願함이라.

1919년 4월 3일　　신한청년당 대표　　김규식

〈출처〉 독립기념관 자료실 소장자료, 자료번호 5-001103.

〈자료 3〉 김규식이 파리평화회의에 제출한 위임통치청원서(1919.4.5)

Paris, France, April 5th, 1919

TO THE INTERNATIONAL PEACE CONFERENCE
PARIS, FRANCE.
Sirs,

The undersigned delegated by the New Korean Young Men's society representing the 18,700,000 Korean people domiciled in Korea, Manchuria, Siberia, America and elsewhere, beg to submit the accompanying memorandum concerning Korea's claims for liberation and would earnestly ask your distinguished Conference to grant us a just and impartial judgement after your careful investigation and full consideration of the question.

We base Korea's claims for independence on the followings grounds:

1. Japan guaranteed the perpetual independence and integrity of Korea by her treaty with Korea in 1876 at Seoul, with China in 1885 at Tientsin and in 1895 at Shimonoseki, and again with Korea in 1904. Also Japan declared war against China in 1894 and against Russia in 1904 on the ground that the independence of Korea and the peace of the Far East was her paramount aim.
2. The United States of America guaranteed the integrity of Korea by the treaty of 1882.
3. Japan acquired Korea by internationally illegal means only, having forced the treaty of Protectorate in 1905 at the point of the sword;

and this treaty was never properly signed and sealed and was declared null and void by the then Korean Emperor in his appeal to the United States of America.

4. The people of Korea never acquiesced to submit to Japan's rule.
5. With the exception of a few centuries Korea has had her independent existence for more than 1200 years with her own language and culture, as a distinct race from Japan and gave to Japan her start among the civilized groups of mankind.
6. Korea being the key to the Far Eastern question Asia will never have permanent peace as long as Korea's 18,700,000 people are bleeding and crying for deliverance. It is absolutely necessary to avert another great war, and if Korea is not liberated now and the Far East is left in the same condition in which the Balkans were before the war it will be another case of the same results following the same conditions.
7. Aside from the question of "the consent of the governed" Korea's case is different from the other Asiatic possessions of the Powers. India was conquered, Annam was ceded to France by China and the Philippines likewise to America to Spain, Japan has no claim whatever on Korea.
8. Unless Korea is liberated now and Japan's advance into Manchuria and Siberia checked the latter will soon realize her ambition of bringing all or most of Asia under her imperial flag and militarism.
9. Economically and commercially Japan's asiatic hegemony will prove detrimental to the vital interests of the western Powers and the world at large.

10. Korea is now being governed by the most oppressive military rule ever known in history, and the nation is being emasculated and on the verge of becoming extinct. Japan is trying to exterminate the Korean language and annihilate the Korean people as far as possible.
11. It is the unanimous sentiment and will of the entire 18,700,000 Korean people to be liberated, as shown by the recent open declaration of independence on March 1st by a united body of more than 3,000,000 people in all the principal cities of Korea.
12. On account of the strong inherent racial feeling, which is growing more and more into a bitter hatred as the days go by since the Japanese occupation, Koreans could never live peacefully under an alien race like Japan even if a certain amount of freedom were allowed. Korea would rather submit herself to an international supervision for a probationary period, provided Japan is not a member of such a supervisory group.

The Korean people beg of your Conference to appoint, if necessary, a commission to hear our case and to ultimately allow us a voice in your august council.

IN BEHALF OF THE PEOPLE OF KOREA
Kiusic Kimm (signed)

Representative of THE NEW KOREAN YOUNG MEN's SOCIETY

〈출처〉 Wilson Papers, Microfilm, Reel No.339, "To the International Peace Conference."

한반도 분단과 대한민국 건국의 성격

김 광 동*

〈목 차〉

Ⅰ. 머리말

한반도 분단과 대한민국 건국의 성격을 규명하고 정치지도자 이승만의 정치노선을 평가하는 것은 다음의 몇 가지 사항을 규명하는 것에서 시작된다. 그것은 “첫째, 한반도가 어떻게 일본 군국주의 지배로부터 벗어날 수 있었는가? 둘째, 일본 식민지배 종결 후 한반도에 제국주의 혹은 전체주의를 전개시킨 국가가 있었는가와 있었다면 어떤 국가였는가? 셋째, 소련 공산주의와 협조하는 방법으로 소련이 점령했던 북한을 포함한 한반도 전체를 통일된 자유민주체제로 만들 수 있었는가? 넷째, 한반도 북부에 만들어진 소비에트체제에 대항하며 자유민주적 통일국가를 만들기

* 나라정책연구원장

위해서는 공산전체주의 해체 외에 다른 방안이 있을 수 있었는가? 다섯째, 제2차 세계대전 종결과 미·소 군정 및 건국과정에서 위의 문제를 가장 정확하게 이해하고 대처했던 지도자나 정치세력은 누구였는가?"를 규명하는 것이다.

그런 의미에서 한반도 분단과 대한민국 건국 그리고 이승만의 정치활동에 대해 한국사회에 형성된 다음 몇 가지의 중심 논거에 대한 반론과 재인식이 필요하다. 물론 그것은 '한반도 분단책임'을 둘러싼 전체주의세력의 공격과 그 허구성에 대한 반론이기도 하다. 분단국가의 형성, 미국의 역할, 그리고 지도자 이승만에 대한 공격은 학술적 연구나 객관적 역사 조명이라기보다는 정치적 목적에 따라 다음의 몇 가지로 천편일률적으로 나타나기 때문이다. "첫째, 미국은 제국주의적 점령군의 성격을 띠고 한반도에 들어왔고 소련과 차이가 없었다. 둘째, 소련은 충분히 협조할만한 대상이었는데도 합작과 협조에 의한 통일방안을 거부했고, 그 결과 분단이 되었다. 특히 소련과 협력하며 김일성과 박헌영 등 공산세력과 좌우합작을 통해 통일을 지향해야 했음에도 미국, 이승만 및 반공우파세력이 이들을 배제함으로써 통일 기회는 좌절되었다. 셋째, 미국과 한국의 우파, 특히 이승만을 중심으로 한 세력이 국가분단을 획책하고 주도하였다"는 것 등이다.

Ⅱ. 제2차 세계대전 종결과 소련 참전의 성격

1945년 한반도 식민지의 해방은 일본 군국주의에 대한 미국의 태평양전쟁 승리의 결과였다. 그것은 한반도뿐만 아니라 일본제국의 지배하에 있던 중국, 필리핀, 싱가포르 등 아시아·태평양 지역 전체의 해방이기도 했다. 미국의 대일본전쟁의 진행과정과 한반도 정책은 전후 한반도 질서

형성에 절대적인 것이었다. 미국은 카이로선언(1943)을 통해 영국 및 장개석 국민당정부의 중국과 함께 일본 항복 이후 한반도 독립에 대한 기본입장을 포함하여 태평양전쟁 발발(1941)부터 일본의 패망(1945)까지 일본의 광범위한 지배지역에 대한 주도적 질서 형성자였다.[1] 더구나 1941년 이래 일본 제국주의와 중립조약(中立條約)을 통해 협력관계에 있던 소련은 한반도 독립을 합의한 카이로선언 당시엔 연합국도 아닌 상태였고, 참석대상도 아니었다.

미국의 대독일전쟁과 달리 일본 제국주의를 패배시키는 데는 거의 전적인 역할과 희생을 담당했다. 그런 미국은 한반도 정책으로서 다음 두 가지 입장을 유지하였다. 첫째는 한반도가 일본으로부터 분리되어 자주독립국으로 가야 한다는 것이고, 둘째는 한반도에 관한 문제는 한국의 주변 강국인 중국의 장개석정부 및 소련의 스탈린정부와 협조하며 함께 논의해 나갈 사안이라는 것이었다.[2] 그러한 미국의 입장은 카이로선언은 물론 얄타회담(Yalta Conference, 1945.3)과 포츠담회담(Potsdam Declaration, 1945.7)에서도 일관되게 반영되었다. 그에 따라 한반도의 자주 독립국화 문제는 일정 기간 동안 미국이 연합국 일원인 중국 및 소련과 공동 신탁통치(Trusteeship)를 통한 과도적 국제관리체제를 거쳐 독립국화하는 방안으로 가도록 되어 있었다.

더구나 당시 미국은 소련 전체주의의 본질과 제국주의적 확장전략에 대한 인식이 명확하지 못했을 뿐만 아니라 한반도지역에 대한 관심과 비중도 작았다. 미국은 파시스트체제의 독일문제 처리와 마찬가지로 태평양전쟁에서도 적국이었던 일본에 대해서는 철저한 무장해제와 군국주의

1) 적절한 절차를 거쳐(in due course) 자유롭고 독립된 나라로 한다는 한국독립이 국제회의에서 최초로 명시된 카이로(Cairo)선언에 대한 이승만의 노력에 대해서는 정일화, 『카이로 선언: 대한민국 독립의 문』, 선한약속, 2010 참조.
2) 양호민, 『38선에서 휴전선으로』, 생각의 나무, 2004, 23-37쪽.

해체를 진행시키며 미국에 도전할 수 없는 나라로 만들겠다는 목표는 분명했다. 그러나 동유럽은 물론 중국, 한반도처럼 적대국 이외 지역의 문제에 대해선 핵심적 관심을 갖지 않았다. 오히려 미국의 최우선 관심사는 전쟁의 장기화와 미군의 동원과 희생의 확대를 막는 것이었다.

한반도에 핵심적 이익과 관심을 갖지 못했던 미국은 4년에 가까운 전쟁의 지속과 30여만 명의 미군 사망과 희생을 고려하며 일본 본토와 중국, 만주 등 500만 명이 넘는 일본군의 결사항전에 따른 계속된 희생 확대를 막는 것에 관심을 집중할 수밖에 없었다. 더욱이 가미가제식 일본의 결사항전에 위협을 느끼지 않을 수 없었고 일본본토와 관동군의 전력을 과대평가했던 미국은 일본본토 진공전에는 항복받기 어려울 것이라는 견해가 지배적이었다.[3] 특히 미국은 일본 본토방위를 목적으로 한반도에 증강되고 있던 만주지역의 관동군 60만과 한반도 주둔 20만의 대규모 군사력을 고려할 때 그 지역에 전개시킬 군사력이 절대적으로 부족하다고 판단하였다.[4] 미국은 일본을 항복시키는데 필요한 미군의 대량 희생을 줄이고자 소련에 대일본전 참전을 강력 요청하고 가능한 스탈린이 요구하는 참전 대가를 보장하고자 하였다.

결국 소련의 대일본전 참전으로 동아시아는 공산주의체제가 급격히 확장되는 길을 연 것이다. 미국은 일본으로부터 한국을 독립시키겠다는 기본입장만 있었지 공산전체체제의 길을 가던 소련의 영향력이 한반도로 확대될 가능성에 대한 대비는 미약했거나 중시하지 않았다. 그렇지만 소련은 주변국인 중국과 한반도 등으로 영향력 확대를 분명한 목표로 하고 있었다. 소련은 연합국의 참전 요구를 받아들여 “연합국은 소련정부에 대하여 일본침략에 대항하는 전쟁에 참전하여 전쟁의 기간을 단축시키고

3) 이완범, 「동북아냉전의 원초적 전개과정」, 『한국정치외교사학회논총』 25, 2003, 217쪽.

4) 김기조, 『38선 분할의 역사』, 동산출판사, 1994, 81-130쪽.

희생자의 수를 감소시키며 국제평화의 조속한 회복을 조성하도록 제안하였다"고 밝히며 참전하였다. 그것은 미국이 수행한 일본과의 전쟁에 대한 지원 성격의 참전임을 분명히 했다. 소련은 전쟁기간 단축과 희생자 축소 및 조속한 평화회복이라는 명분을 내걸고 일본 패배 이후의 국익 확보를 목표로 7월 26일자 연합국의 포츠담선언에 가담한 것이었다. 실제 스탈린(Stalin)은 이미 얄타회담에서 대일본전쟁에 참전하게 되면 소련이 사할린 및 주변 도서의 확보, 만주의 다렌항과 뤼순기지에 대한 우선 이익과 조차권 획득, 만주철도의 운영권 참여 등을 갖는다는 내용의 합의를 요구했고 관철시켜 놓았었다.

그런 면에서 미국이 일본 군국주의 해체와 아시아 독립을 목표로 했다면 소련의 대일본전 참전은 1905년 러일전쟁 패배 이전 질서를 회복하고 공산체제 확장을 통한 제국(帝國) 건설을 목표한 것이었다. 그 목표의 차이가 일본 항복 이후 미국주도적 질서냐 소련과 합의해야 하는 한반도 질서체제냐의 분수령이 되었고 1904년 러일전쟁으로 만들어진 동아시아질서의 재편과 역전을 조성하는 기반이 되었다. 전체주의 소련의 입장에서 소련군의 진격이란 곧 공산주의 확장을 통한 소비에트 건설과 소련제국의 확장이었다. 독일 패전 후 폴란드를 비롯한 동유럽과 중앙아시아 등에서 명확히 보여주었듯 스탈린군의 점령지역은 곧 소련제국과 공산체제의 확장과 이식의 대상이 되었다. 미국은 일본을 대상으로 한 전쟁에 소련의 참여를 요구했지만, 소련의 참전이 소비에트 공산체제의 영향이 중국이나 한반도에 미칠 영향까지 가늠하지는 못했다.

결국 제2차 세계대전의 막바지인 1945년 8월 한반도에는 두 개의 운명이 함께 다가오고 있었다. 하나는 확장일로에 있던 일본 제국주의가 1941년 이래 전개된 미국의 대일본전쟁 전개와 승리로 무너지고 한국이 해방 독립의 길을 갈 수 있게 되었다는 것이고, 다른 하나는 소련 스탈린군의 참전으로 전체주의체제가 동아시아와 한반도까지 밀려오게 되면서 겪어야 할 운명과 맞닥뜨리게 되는 것이었다. 바꿔 말해 전후 국제질서를 규정지은 얄타회담과 포츠담회담은 일본과 전쟁을 치르던 미국이 소련의 참전을 독려하고 소련에게 돌아갈 이익을 협의하는 것이자, 동시에 소련을 한반도로 불러들인 것이다. 그리고 한반도에 공산제국이 진출한 이후의 질서는 비록 1950~1953년 6·25전쟁으로 부분 재편이 있기는 했지만, 근본적으로는 지금도 지속되고 있다. 그것은 물론 1945년 제2차 세계대전 종결 후 한반도에 펼쳐진 광복과 분단, 그리고 공산전체주의의 확장과 또 다른 전쟁의 시작이다.

Ⅲ. 소련 공산체제의 확장과 한반도 분단

대일본전 참전 대가라는 이권을 확보한 소련의 참전으로 한반도 질서에 근본적 변화가 불가피한 상황에서 문제는 소련군의 진출범위였다. 제2차 세계대전 종전을 20일 정도 남기고 열린 마지막 투르먼-스탈린의 포츠담회담에서도 한반도에 대한 군사관할권(軍事管轄權) 설정의 문제는 명확한 합의가 없는 상태였다. 소련 스탈린의 입장에서는 한반도라는 지역은 중추적 위치의 전략 목표였고 소련제국의 확장과정에서 필수불가결한 점령대상으로 여겼겠지만[5] 노골적으로 미국에 요구할 만한 입장에 있지 못했고, 미국으로서는 일본군과 군국주의 해체가 중요했지 한반도 군사관할권 문제는 핵심적 관심사항이거나 급박한 것도 아니라고 판단했기 때문이다. 따라서 한반도에 대한 군사관할권 설정문제는 구체적 합의가 없는 상태에서 소련군 참전과 전쟁의 진행에 따라 급작스럽게 설정될

5) Rovert M. Slusser, *Soviet Far Eastern Policy, 1945-50: Stalin's Goals in Korea*, p. 136.

수밖에 없었다.

결국 한반도 북위 38도선을 기준으로 한 미소간의 군사관할권 설정은 포츠담회담 때까지의 합의를 토대로 한 전황 진전에 따른 결과였다. 한반도 분단에 결정적 영향을 미친 '군사관할권' 설정의 기본 근거는 일본의 대본영군(大本營軍) 관할지역을 미군이 맡고, 만주지역의 관동군(關東軍) 관할지역을 소련이 맡는다는 미소 합의로부터 기원한다. 관동군과 대적하여 전투에 나서야 할 만주지역에서의 소련의 우선 이권은 분명한 얄타회담에서의 합의내용이었지만 한반도에 대한 미소간 구체적 합의가 없는 상황에서 군사관할권 설정이란 결국 대본영군과 관동군의 관할경계를 어디까지로 보느냐의 문제였다. 한국에게 있어서는 한반도 절반의 전체주의화라는 분단과 6·25전쟁이라는 세계적 전쟁의 기원이 된 군사관할권 문제는 당시 미소 간에는 일본에 대항하여 미군이 담당해야 할 대본영군 관할지역이냐, 아니면 소련군이 담당해야 할 관동군 관할지역이냐의 군사적 문제였을 뿐이었다.

물론 만주국과 달리 한국(조선)은 일본의 직접 관할에 있었고 대본영군의 관할에 있었다. 그러나 전황의 변화가 관할권의 변화를 가져왔다. 일본은 1945년 5월 8일 독일이 항복한 후 얄타회담대로 소련이 대일본전쟁에 참전을 예상하고 있었다. 다만 일본은 소련과 맺고 있던 중립조약(中立條約, 1941) 등을 고려하여 소련 참전이 늦어질 것으로 예상하였다. 그러면서 일본은 이미 이오지마와 오키나와까지 진출하여 본토 공습을 계속하는 미국을 대상으로 본토방위를 중심으로 군배치를 전면 개편하고 있었다. 일본은 미군의 일본 본토공격과 상륙전 및 지구전이라는 최후 결전을 대비하기 위해 본토로부터 멀리 있던 군대를 속속들이 본토와 조선에 배치하였다. 일본 본토 수호에 전략적 성격이 있는 한반도 남부는 물론이고 제주도에만도 3개 사단과 1개 여단 등 총 6만 명 이상의 병력을 배치시켰다. 제주도와 한반도 남부지역은 일본 본토수호 전략의 전진기지였다.

이와 함께 일본은 만주의 관동군의 관할 지역을 확대하며 소련의 참전에 대비하였다. 일본은 한반도 북부 일부가 소련과 국경을 마주하고 있는 점을 고려하여 1945년 5월 30일 소련군 참전을 대비하여 만주뿐만 아니라 한반도 북부 특히, 함경도 지역의 일본군을 관동군 관할로 이전시키고 군병력을 강화하였다.[6] 당시 만주 관동군은 총 24개 사단으로 제1, 제2방면군으로 구성되어 있었고 조선에는 대본영군 관할 제17방면군 산하에 7개 사단이 편성되어 있었다. 그러나 전황의 변화에 따라 조선주둔 사단 중 함경도 나남지역을 중심으로 한 제34군은 소련군과의 전투에 대비하여 관동군 편제로 변경되어 있었다.

얄타회담 후 참전준비를 본격화한 소련은 1945년 4월 5일 주소련 일본대사를 초치하여 일소(日蘇)중립조약의 파기를 통고했다.[7] 1945년 5월 독일이 항복하자 소련은 본격적으로 부대를 이동시켰고, 1945년 8월 9일 개전 시에는 158만의 대군으로 증강되어 있었다. 참전 개시와 함께 소련은 관동군 관할지역에 소련군을 전개시켰다. 부분적 대치가 있기도 했으나 항복을 앞둔 일본군과의 대규모 격전은 없었다. 소련은 12일부터 웅기와 나진 상륙작전을 전개하였고 16일 제25군 휘하 제393사단도 웅기, 나진을 거쳐 청진에 진공했다. 소련의 제25군은 8월 24일 길주, 평양, 함흥을 점령했고 8월말 북한 전역에 진주를 완료했다.[8]

---

6) 대륙명 제1338-1340호, 군 편제는 이후로도 전황에 따라 일련의 변화가 있었지만 독일 항복 후 소련군의 대일본전 참전을 대비한 일본군 편제의 기본은 조선북부는 관동군, 남부는 일본 본토 수호를 위한 대본영군 관할이라는 점에서는 변화가 없었다.

7) 김기조, 『38선 분할의 역사』, 104쪽.

8) 전현수, 「소련군의 북한 진주와 대북한정책」, 『한국독립운동사연구』 9, 1995, 346쪽.

애초에 소련은 대본영군과 관동군 관할지역을 분리 대응해야 할 이유도 없고 군사관할권 경계도 설정되지 않은 상황이었기에 한반도 전역에 대한 점령을 기정사실화하고 있었다. 소련의 극동사령부는 일본의 관동군과의 전투를 준비하며 한반도 전역으로 진격, 점령지역으로 하고 서울(京城) 점령을 목표로 하였다. 소련의 극동총사령부에서 작성된 모든 공략지도를 보더라도 소련군은 서울을 포함한 한반도 전역을 공격 및 점령 대상으로 확정해 놓고 있었다.[9] 소련의 스탈린으로서는 만주와 한반도 전체는 물론이고 패전 후 독일과 마찬가지로 가능하다면 일본 본토까지 관여할 것을 요구하는 상황이었다. 따라서 소련군 진격과 전개 상황만 본다면 미국의 저지와 38도선으로의 관할권 분리 설정만 없다면 한반도 전역에 대한 소련 점령은 당연히 관철되는 것이었다. 그렇기에 서울의 조선총독부나 한국 국민조차도 한반도에 소련군이 오는 것으로 알고 대비하고 있었다. 조선총독부는 8월 22일이 되어서야 38도선을 경계로 북쪽은 소련, 남쪽은 미국이 들어오게 된다는 것을 통보받았고 한국의 일반인에게 미소군이 38도선 남북에 분리 주둔하게 된다는 것이 공식화된 것은 28일이었다.[10]

전황 변화에 따라 일본군과 관동군의 관할도 변동될 수 있는 것이었지만 일본군 편제를 넘어 미소 간에 군사관할권을 구체화한 것은 미국 태평양 최고사령부 일반명령 제1호다. 일반명령 제1호는 8월 9일 확정되고 8월 14일 소련에 제안되어 15일 스탈린의 동의를 받아 확정된 것이다.[11]

---

9) 극동소련군의 관동군 조선공략 계획도(제2안), 극동소련군의 만주(북조선) 공략 고안도 및 일본 지상군 조선배치 상황도에 대해서는, 김기조, 『38선 분할의 역사』, 167, 174-175, 236쪽.

10) 森田芳夫, 『朝鮮終戰の記錄』, 東京: 巖南堂書店, 1965, 155쪽.

11) 맥클로이 육군차관 및 본 스틸과 러스크, 맥코맥 대령 등은 급박한 상황에서 미 군사력의 전개 능력을 고려하고 소련의 동의를 받을 만한 가장 북단에서

물론 그 때는 두 번에 걸친 원자폭탄 공격이 완료되었고 소련의 참전과 군사력 전개가 진행 중이었다. 당시 설정된 북위 38도선은 일본군 편제에 바탕하면서도 미군은 미군과 소련군의 전투 및 무장해제 경계라는 군사적 측면이 주로 고려된 것이다.[12] 미국은 만주국이나 관동군 관할지역과 달리 한반도가 일본 본토에 부속된 것으로 판단하고 있었지만 부분적으론 관동군 관할이면서도 한반도에서의 소련군의 전투와 군 전개를 인정해야 하는 상황에서 결국 38도선을 소련에게 제안한 것이다. 그 이유는 첫째 미국이 한반도 북부지역을 포함한 관동군 관할지역에 대해 소련군의 참전을 요청했기에 이루어진 사항이고, 둘째는 한반도에 미군 병력의 신속한 전개가 가능하지 않은 현실을 고려할 때 한반도의 서울과 그 이남지역을 제외한 범위에서 소련의 작전과 무장해제를 고려하여 제안했던 것이었다.

따라서 북위 38도선상의 미소 군사관할권 설정은 대본영군과 관동군 체계라는 일본군 편제의 결과이자 전쟁의 구체적 진행에 따른 미소간 군사관할권 경계라는 이중적 성격의 반영이었다. 일본도 지역별 주둔부대를 중심으로 관동군 관할과 본토 관할이 있었을 뿐이지 한반도에 특별한 경계선을 따로 설정해야 할 이유는 없었다. 특히 38도선이냐 혹은 39도 내지 40도선이냐는 구체적 전쟁의 진행에 따른 결과였을 뿐이다.[13] 더구나 미국은 한국의 독립국화 과정이 소련 등 연합국의 합의와 지원으로

설정한 것이라고 증언하고 있다.

12) 高峻石, 『現代朝日關係史: 解放朝鮮と日本』, 東京: 社會評論社, 13-14쪽.

13) 당시 미군은 육군이 38도, 해공군이 40도선 이남을 경계로 삼아 작전중이었기에 결국은 38도선에서 40도선 사이에서 군관할권 경계가 설정될 가능성이 높았다. 미국의 38선 제안은 미소간 폴란드사례에 대한 갈등 결과로 한반도 전체를 차지하게 될 소련 진출을 막으려는 것이었다는 견해에 대해서는 이정식, 『대한민국의 기원』, 일조각, 2006, 99-107쪽.

이루어질 수 있다고 판단하고 있었다. 미국은 종전과정에서 소련의 한반도 진출을 단지 일본군의 항복과 무장해제라는 군사관할권 문제로만 보고 있었다. 막대한 규모의 일본군 병력규모와 항전체제, 그리고 그에 따른 대규모 장병 희생 및 전쟁의 장기화 문제에 직면한 미국에게 있어 소련의 전체주의적 성격에 대한 고려는 이차적인 것으로 만들었다. 유럽에 소비에트질서를 이식시키던 전체주의적 소련이었음에도 미국은 소련의 군사관할권 확장을 일본의 항복과 무장해제에 국한된 군사문제로만 판단했고 통일된 자주독립국으로 가는데 문제가 될 것이라는 고려나 판단은 전혀 보이지 않았다.

분단선이 되고 만 38도선의 설정에 대해 일본의 항복을 받으러 온 맥아더(Douglas MacArthur) 원수도 '군사적 관할권'임을 분명히 하였다.[14] 한반도에서의 작전 및 무장해제를 위한 군사적 편의에 따른 북위 38도선의 설정 원인에 대해서는 하지(John R. Hodge) 중장도 "일본이 항복하던 당시 일본 군대의 배치로 인하여"[15] 설정된 것임을 밝힌 바 있었다. 특히 미국 태평양사령부도 일본군 편제와 관동군에 대한 정보를 통해 한반도의 평양-원산선 이북은 관동군이 담당하고 그 이남은 일본 본토방위를 위해 제17방면군 소속부대가 담당하고 있다는 것을 정확히 알고 있었다. 실제 한반도 함경북도 주둔의 일본군 제34군 사령관 세이부찌 중장은 만주군이 관할하는 연길로 가서 소련의 제25군 사령관 치스챠코프에게 항복하며 무장해제되었고 아베총독과 제17방면군 우에쓰키 장군은 서울의 미군 하지에게 가 항복 서명하였다.[16]

그러나 한반도에 설정된 북위 38도선의 군관할권은 미국에게는 일본군을 대상으로 한 무장해제와 군사관할권이었지만 소련에게는 전혀 다른

---

14) 1945년 9월 7일자 맥아더장군 포고문.

15) 『서울신문』 및 『자유신문』, 1947년 10월 27일 기자회견,

16) 김기조, 『38선 분할의 역사』, 188쪽.

의미였다. 소련에게 그 선은 곧 배타적 이익 확보선이자 소비에트체제의 확산이 보장된 경계선이었다. 소련은 군사관할지역을 곧 참전과 전쟁수행에 따른 대가로 판단하고 있었다. 유럽에서도 그랬듯 한반도와 관련해서도 소련은 공산체제를 확장시킬 수 있는 권한 보장지역으로 이해하고 있었다. 그런 측면에서 보면 38도선의 설정과 이를 경계로 한 군사관할권의 이행이란 한반도 전체로의 소련군 전개를 부분 저지한 것이기도 하다. 왜냐하면 소련은 미국이 연합국과 협의를 통해 한반도와 관련된 전후질서를 해결하고자 했던 것과는 달리 점령지역을 곧 전쟁수행의 대가로 판단하였고 스탈린군의 한반도 진출을 러일전쟁 이후 질서의 회복으로 보았기 때문이다.

그럼에도 미국은 북위 38도선을 군사관할권 문제로만 보고 상호 군사작전의 전개와 일본군 항복과 무장해제라는 군사문제로만 보았다. 미국 내에서 일본과의 전쟁에 소련을 불러들이는 것은 유럽의 폴란드, 루마니아, 불가리아 등과 마찬가지로 아시아에서 소련 지배체제로 그 나라들을 넘겨주는 것일 뿐이라는 평가도 있었지만 당시로는 군 중심의 소수 의견에 불과했다.[17] 특히 미국의 루즈벨트는 소련과의 협력을 통해 전후질서를 만들어 나갈 수 있다고 평가하였고 루즈벨트에 이은 트루먼 대통령조차도 한반도는 미국, 중국, 영국 및 소련의 협력에 의해 건국될 것이라는 다음과 같은 낙관적 판단을 전제하고 있었다.

> 일본군의 항복은 평화를 사랑하는 영웅적인 조선인민의 해방을 고하는 것이다.… 이제 노예상태는 끝났다.… 한국이 자유 독립되어야 한다고 합의한 바 있는 미국, 중국, 영국 및 소련의 원조와 더불어 위대한 건국이 이제 시작되었다.… 태극기가 한반도에서 다시 휘날리게 됨을 기대하는

17) Michael C. Sandusky, *America's Parallel* (Alexandria: Va.: Old Dominion Press, 1983), p. 133.

바이다.[18)]

결론적으로 얄타회담 및 포츠담회담에서 소련의 참전에 대한 대가로 동북아지역의 우선적 이익이 부여되고 소련군의 전쟁지역 및 군관할권을 만주의 관동군 관할지역을 담당한다는 합의가 분단의 기원이 되었으며 그 구체적 경계설정은 전쟁의 진행결과에 따라 설정된 북위 38도선이었다. 물론 당시 미소간의 군사관할권은 군사작전의 범위이자 점령과 일본군 무장해제를 위한 경계였지만 그 경계의 성격을 변화시킨 것은 전체주의세력이었던 소련의 제국주의적 본질로부터 초래된 것이다. 결국 공산체제의 소련이 종전 6일을 남기고 대일전에 참전한 것이 한반도 질서와 분단을 규정짓는 근본적 요인이었다. 소련군이 대일본전에 참전하느냐와 소련군의 관할 지역이 한반도의 어느 선까지인가 하는 문제가 결과적으로 민족분단과 연이은 6·25전쟁으로 이어지게 된 것이다. 소련과 협조가 가능하리라 판단했던 미국은 군작전과 무장해제를 목적으로 소련과 38도선을 제시한 것이지만 그것은 군사관할권을 넘어 한반도의 분단과 공산주의라는 또 다른 전체주의로 한반도의 절반이 재편입되는 결과를 낳았다.

Ⅳ. 소비에트 전체주의체제의 형성과 확장

군작전 및 무장해제선이라는 군사관할권 경계에 맞춰 소련군이 한반도에 진출하면서 한반도 북부는 급속도로 소련 전체주의체제에 편입되기 시작하였다. 일본을 대체하여 한반도에 진입한 소련은 일본보다 더 전체

18) 1945년 8월 18일자 한국 해방에 관한 트루먼 대통령의 성명서.

주의적이었고 더 제국주의적이었다. 설정된 38도선 군관할권이 국가 및 체제분단선으로 변화된 것은 전체주의를 본질로 하는 소련의 제국주의적 행동 결과였다. 소련은 러일전쟁 이후 동아시아에서 잃어버렸다고 판단하는 이익과 제국의 확립을 지향했다. 만주의 각종 이권이나 사할린 등에 대한 재탈환처럼 한반도에 대한 지배력 확보는 소련의 기본 목표였다. 소련에게 스탈린군의 점령이란 곧 공산전체주의의 확장이었다. 중국, 만주, 한반도 등 동북아시아 및 연해주지역에 대한 지배적 이익 확보를 당연시했던 소련은 이 지역을 소비에트(Soviet)혁명 대상지역으로 여겼다.[19]

소련은 점령과 함께 한반도에 소비에트 국가체제의 건설에 나섰다.[20] 소련이 주도하여 만든 조선로동당의 명예의장은 스탈린이었고 북한 전역에 스탈린 초상화가 게시되었으며 주민들은 소련 군가부터 배워야했다. 소련은 군관할권 38도선 이북을 공산제국의 연장으로 만들었고 그것이 곧 한반도의 민족이자 국토분단이었다. 소련군은 미군이 한반도에 들어오기도 전부터 남북의 왕래를 막았다. 경원선과 경의선 철도를 각각 8월 24일과 28일 차단하는 등 전면적 교통차단에 들어갔고 9월 6일에는 통신선조차 차단시켜 서울-해주 간 통화가 불가능해졌다.[21] 미군이 한반

---

19) 소련은 관동군 관할지역인 중국 만주지역에서도 절대적 지배권을 행사하였고, 가오강(高崗) 중심의 공산당 동북국에 의한 정부를 구성하여 소비에트 체제를 만들어 나갔으며, 뤼순과 다롄 등 군사 요지에 1955년까지 군대를 주둔시켰다. 중국 전체의 공산화도 소련이 중국 동북부에 만든 소비에트체제의 군사지원에서 출발한다.

20) 소련은 대일전 개시 한 달여 전인 1946년 7월 6일, 소련군 제88정찰여단에서 김일성을 비롯해 빨치산 출신 조선인들을 북한 주둔 도·시 소련군정 위수사령부 부사령관으로 활용할 계획을 세웠는데, 이는 북한을 '민주기지'이자 위성국으로 건설하려는 의도가 있음을 보여주는 것이기도 하다. 김국후, 『평양의 소련군정』, 한울, 2008, 54쪽.

도에 들어오기도 훨씬 전부터 분단은 기정사실화되고 있었고 실질적 분단이 완성되는 데는 몇 개월도 걸리지 않았다. 소련군의 이동경로를 보더라도 일본군 배치지역을 넘어 관할경계의 끝인 38선을 향해 진군하고 그들이 차지해야 할 영토부터 확인하였다. 그리고 소련제국으로 편입할 목적으로 통행과 통신을 단절시키는 분단조치와 함께 주둔 지역 전체를 공산주의 영토로 만드는 작업부터 시작하였다.[22)]

소련 군정은 미소공동위원회가 열리기 한 달 전인 1946년 2월 북조선임시인민위원회를 수립하고, 그것을 소련이 지휘하는 통치기구로 만들었다. 소련은 조선공산당과 김일성을 내세운 정치조직을 만들고 공산국가 수립에 반대하는 조만식 등 민족인사를 감금 배제시켰다. 한국 민족의 자유의사를 묻지 않고 신탁통치에 반대하는 인사들을 감금하거나 숙청하였고 소비에트체제를 가속화시키며 생산시설 및 토지를 강제몰수하고 소유권을 부정하였다. 특히 스탈린이 1945년 9월 20일 북한의 소군정에 명령한 '부르주아 민주주의정권 수립'이란 곧 북한에 소비에트정부를 수립하는 것이자 한반도 분단의 구체적 실현을 의미했다.[23)] 북조선임시인민위원회로 구체화된 정권을 수립하고 "임시인민위원회는 우리의 정부이다"라며 실질적 정부수립을 완료 짓고 강요하였다. 소련으로서는 한국이 장차 소련을 공격할 발판이 되지 않게 하기 위한다는 명분이었지만 실제 그것은 소련의 위성국(衛星國) 수립을 의미했고[24)] 다른 한편으론 소비에트혁명이자 공산전체주의가 한반도 북부에서 펼쳐지는 것을 의미했다.

한반도 북부의 분단과 소비에트화에서 주도적 역할을 한 인물은 소련 극동군 제25군과 스탈린의 지령을 받는 극동군 군사평의회의 슈티코프

---

21) 양동안, 『대한민국사』, 현암사, 2001, 44-45쪽.

22) 양동안, 『대한민국사』; 김국후, 『평양의 소련군정』 참조.

23) 이정식, 『대한민국의 기원』, 178쪽.

24) 이정식, 『대한민국의 기원』, 184쪽.

중장이었다.[25] 그는 북한의 지도자 선정, 헌법 제정, 인민군 창설과 증강 및 현대화, 조선로동당 창당 등 모든 것을 장악하고 주도하였다.[26] 가령 슈티코프는 1946년 12월 19일 연해주 군관구 사령관 메레츠코프 및 25군 정치담당 부사령관 로마넨코와의 회의에서 북조선 도·시·군 인민위원회대회를 소집하여 북조선인민위원회를 수립할 것을 제기했고 그것이 곧 정부가 되었다. 또 소련은 북조선임시인민위원회가 채택한 법령 승인, 1947년도 북조선인민경제개발계획, 1947년도 국가예산, 북조선인민위원회와 북조선인민회의 선거, 북조선인민위원회와 북조선인민회의에 대한 규정 승인 등의 내용을 확정했다.[27]

아울러 소련군은 북한에 대한 점령과 함께 대대적 약탈을 자행하였다. 그것은 미국이 한반도 남부를 점령한 이래 진행시킨 대대적 원조와 민주제도의 도입과는 정반대의 것이다.[28] 소련은 1945년 11월부터 본격적인 공업설비의 철거와 반출을 개시하였다. 수풍발전소의 발전설비를 포함하여 1946년 5월까지 반출해 간 목록에는 3,460만 엔의 전리품과 제품들이 들어 있었다. 반출된 물품 중에는 1,500kg의 금과 5t의 은이 함유된

25) 1945년 9월 20일 스탈린이 연해주군관구와 25군 사령관에게 하달한 명령서에는 북한의 민간행정에 대한 지도는 슈티코프가 총괄할 것을 지시하고 있고, 북한 주재 소련민정청장 레베제프는 “해방 직후 북한에서 이루어진 일들 가운데 쉬띄꼬프가 관여하지 않은 일은 하나도 없을 정도였다”고 회고했다. 전현수, 「한국현대사와 소련의 역할(1945~1948), 〈쉬티꼬프일기〉 연구」, 『충북사학』 27, 2004, 9쪽.

26) 시모토마이 노부오 저, 이혁재 역, 『북한정권 탄생의 진실』, 기파랑, 2006, 77-85쪽. 슈티코프는 나중에 초대 북한주재 소련대사가 되었다.

27) 전현수, 「한국현대사와 소련의 역할(1945~1948), 〈쉬티꼬프일기〉 연구」, 13-14쪽.

28) 미군정 시기 한국에 대한 지원에 대해서는 이대근, 『해방후 — 1950년대의 경제』, 삼성경제연구소, 2002 참조.

4,261t의 구리와 납, 광석, 78t의 페로텅스텐, 1,550t의 형석 등이 포함되어 있었다. 소련은 석탄 생산 감소에 따라 조업을 중단한 일부 석탄공업 기업소를 폐쇄하고, 모든 주요 장비를 철거해 소련으로 반출하기도 했다. 흑색금속공업 분야에서는 북한 공업과 주민의 수요를 충족시킬 연 18만t 규모의 설비만 남기고 나머지를 철거해 소련으로 반출하였고 5개의 알루미늄 공장 가운데 4개를 철거 반출하였다.[29]

그 밖에도 소련군은 북한 각지에서 필요한 물품을 징발하여 쌀·면포·기타 생활필수품 등 약 40억 원 가량을 가져갔다.[30] 그 예로 소련군은 함흥지역에서 식량, 건축자재, 피복, 변압기 등을, 원산에서 은행의 현금 3천만 원을 포함, 석유화학공장의 기계와 선박, 공작기계, 발전기 등을, 그리고 진남포에서 금, 아연, 구리 등을 대대적으로 약탈하였다. 심지어 38선을 넘어 미군정 관할지역인 개성·춘천까지 진출하여 현금과 물자를 강탈하였다. 소련군은 정치적으로나 경제사회적으로나 전체주의 제국군이자 약탈자로 한반도에 들어왔던 것이다. 특히 한국에 대한 신탁통치를 반대하는 세력에 대한 정치활동을 중단시키고 소련 추종세력과 공산주의 세력 이외에는 일체의 정상적 활동을 할 수 없게 만들었다. 이에 따라 정치적 주권은 물론 그 어떤 정치적 의사도 표현되거나 구현될 방법은 봉쇄되었다.

소련군의 만행과 학정은 전국민적 분노를 낳았고, 북한 지역 전역에 소련군과 공산주의 세력에 대한 반감이 확산되어갔다. '신의주학생의거'는 그 반감이 폭발한 대표적 사건으로서 소련 군정의 압제와 소련의 행패를 폭로·규탄하는 집회였다. 탱크와 전투기까지 동원된 소련군의 무차별 진압으로 3명의 사망자와 함께 학생·시민·보안서원 120여 명이 중경

29) 전현수, 「소련의 북조선 독자정권 구상과 토착 공산주의자들의 반발」, 『신동아』, 2005년 11월호, 567쪽.

30) 최영희, 『격동의 해방 3년』, 한림대 출판부, 1996, 11-95쪽.

상을 입는 결과를 가져왔다. 사건 진압 후에도 많은 학생·시민이 검거되었고 소위 '인민재판'을 통해 반동, 친일, 민족반역자라고 규정되어 숙청되었다. 함흥, 원산 등 전 지역에서 공산주의에 대한 반대가 일어났으나 모두 학살과 탄압으로 끝났다. 북한은 해방 몇 개월 만에 이미 일본 군군주의보다 가혹한 스탈린 전체주의라는 공포의 사회로 변해가고 있었고 공산제국주의 소련의 위성국가로 전락하였다. 스탈린체제로 대변되는 극도의 공포사회가 한반도 북부에 형성되기 시작한 것이다.

미군은 일본을 항복시킨 후에도 한 달 가까이 지난 9월 8일에 한국에 들어왔고 38도선에 가까운 춘천까지 간 것은 9월 20일이다. 소련군이 제국의 경계를 확인하고 분단조치를 취한 시점보다 한 달이나 지난 뒤였고 미국은 이미 실질적 분단이 취해져 있다는 것을 확인할 수 있었을 뿐이다. 물론 미국은 한반도에 소비에트체제를 구축하던 소련을 대상으로 분단개선 조치를 취해보고자 했으나 번번이 거부당했다. 남북한 간의 철도와 도로교통을 정상화하자는 것이나 북위 38도선으로 기형화된 행정체제를 개선하기 위해 옹진을 포함한 황해도를 소련이 담당하고 대신 경기도를 미국이 담당하자는 제안 등을 했지만 실현될 수 없었다.[31] 연락장교단의 교환조차 폐지되었다. 특히 국제적으론 제2차 대전 종결 후 첫 외무장관 회담이었던 런던회담(9.12~10.2)부터 미소는 대립하기 시작했고 소련은 독자적 길을 선언하였다. 미국과 영국은 소련에게 동유럽에서 공산당 독점체제를 구축하는 것에 대한 비판에 맞서 소련은 오히려 일본 점령정책에 참여해야 한다는 것을 요구하면서 제2차 대전에서의 협조체제는 이미 대립체제로 전환되기 시작하였다.[32]

---

31) 이정식, 『대한민국의 기원』, 206쪽.

32) Russel D. Buhite, *Soviet-American Relations in Asia, 1945~1954* (Norman: University of Oklahoma Press, 1981), p. 110; 吳忠根, 「朝鮮分斷の國際的起源」, 『國際政治』 92, 1989, 99-102쪽; 이정식, 『대한민국의 기원』, 190

소련의 점령지역에 대한 약탈과 전체주의화와 비교하지 않더라도 미군의 한반도 남부지역에 대한 점령은 커다란 차이를 보였다. 미국은 소련봉쇄로 가기 시작한 트루먼독트린(Truman Doctrine)이 나온 1947년 초까지 소련과의 협조를 기반으로 한 신탁통치체제를 지향했고 이미 소비에트체제를 만들어가고 있던 소련과의 대결을 피하며 한반도에 좌우합작정부를 만들고자 하였다. 소련이 동유럽은 물론 북한에서 자행한 명백한 전체주의적 제국건설을 고려하지 않은 채 소련전체주의와 협력하라는 것은 곧 한국을 전체주의의 아래로 떠미는 것이나 마찬가지였다. 미국은 한반도 전체를 소련의 변방체제로 만들겠다는 소련의 확고한 의지를 명확히 이해하고 대항할 의지나 수단을 구사하지 못했다. 그것은 미국이 적대국이던 일본의 제국주의 해체와 군사적 강대국화의 저지라는 목표에 중점을 두면서 새롭게 등장한 전체주의인 소련 확장의 저지라는 제2차 대전 이후의 새로운 과제에 대한 인식과 대처에 미흡했기 때문이다. 더구나 미국은 미-소-중-영에 의한 국제합의적 신탁통치의 방식을 미-소의 한반도 주둔군 사령관의 합의를 통해 추진하는 것으로 전환하는데 동의하였다. 그것은 소련에게 거부권을 주는 것을 의미했기에 소련 전체주의적 성격을 고려할 때 그 자체가 한반도 북부에 소련 통치체제를 인정하는 것이나 마찬가지였다.[33)]

한국에서는 소련의 지시를 받는 공산주의자들이 일본을 패배시킨 미국을 인정하지 않고 일관된 반미-친소투쟁을 전개하며 민족분열을 가속화시켰다. 남조선로동당의 박헌영이 『뉴욕타임즈』와의 회견에서 "조선에 대한 소련 1국의 신탁통치를 지지하며, 조선이 소련 연방에 편입되기를 희망한다"라고 한 데서 보듯 공산주의세력은 '신탁통치를 통해 한반도 전

쪽.

33) Eric van Ree Messer, *Socialism in One Zone* (Oxford: Berg, 1989), pp. 134-140; 이정식, 『대한민국의 기원』, 207-208쪽.

체의 공산화'라는 소련의 목표를 수행하는 전위대였다. 소련과 공산세력의 목표는 두 가지였다. 첫째는 북한에 강고한 소비에트체제를 만드는 것이고 둘째는 소비에트체제를 한반도 전체로 확산시키는 것이었다. 물론 선동과 폭동을 중요한 수단으로 삼았고 신탁통치안에 따른 공산화 확대방안이 좌절되자 그 후부터는 본격적 폭력투쟁과 전쟁에 나섰던 것이다.

소련은 북한에 소비에트(soviet) 건설에 박차를 가하면서 한반도 전체에 대한 공산화 전략에 나섰다. 소련은 북한을 한반도 전체의 소비에트화를 실현하는 기지로 만들어나갔다. "북조선을 한반도의 인민민주주의를 실현하기 위한 기지로 발전시켰다"[34]는 서울주재 소련총영사관의 부영사 샤브신의 표현처럼 그것은 혁명기지를 의미하는 '민주기지'로 표현되었다.[35] 그 외에도 한반도 전체의 공산화를 위한 소련과 공산주의자들의 투쟁은 10·1 대구폭동, 4·3 제주폭동, 그리고 10·19 여순반란사건 등으로 나타났다. 소련을 비롯한 모든 공산주의자들은 한반도 전체를 스탈린이 지도하는 '인민공화국'으로 편입시키자는 동일한 목표를 갖는 것이었다. '미군 철수'를 주장하며 '조선인민공화국 만세' 등의 구호를 내세우고 전국적 파업과 파괴 및 폭동에 나섰다. 공산주의자들은 '스탈린 대원수 만세'를 외치며 공산체제를 지향하며 비정규 '인민해방군' 조직을 통한 무장투쟁을 감행하며 한반도를 소련체제의 일부로 만들어가고자 하였다. 소비에트화된 북한은 남한까지 공산화를 이루기 위한 말 그대로 공산혁명기지란 의미의 '민주기지'였다. 그것은 한국이 자유민주적 독립국가의 길로 가는 것을 용납하지 않겠다는 것이었고, 몇 년 후 6·25전쟁을

34) 김국후, 『평양의 소련군정』, 203쪽.

35) 과학원 력사연구소 편, 『조선통사』 하, 오월, 1989, 287쪽. 북한은 광복 이후의 시기를 "위대한 쏘련군대에 의한 해방, 북조선 민주기지 창설(1945.8.15~1947.2)"이라고 말한다.

통해서도 입증되었다.

결론적으로 제2차 대전 종결 후 일본 제국주의가 물러간 한반도에 진출한 것은 더 전체주의적이고 더 야만적인 소련 제국주의였다. 소련제국과 소비에트의 확장은 일관된 것이었고 한반도 전체는 그 대상에서 벗어날 수 없었다. 그럼에도 미국은 소련 전체주의 및 제국주의와 확고하게 대결하고자 하지 않았다. 그것이 결국 전반적인 전후 세계질서의 변형과 한반도의 분단 및 전쟁으로 이어지는 원인이 되었다. 소련의 적극적 공세와 미국의 소극적 방어라는 국면의 계속이었고 그것은 비록 트루먼독트린(1947.3)이나 마셜플랜(1947)으로 부분적 변화는 있었지만 6·25전쟁까지 계속되었다. 6·25전쟁(Korean War, 1950~1953)을 통해 미국의 대소정책은 본질적 변화의 계기를 맞았으며 세계적 차원에서 공산주의와의 대결은 1991년 소련체제 붕괴 때까지 계속되었다.

Ⅴ. 반소-반전체주의 건국투쟁과 이승만

한반도에서 소련의 공산체제 구축과 한반도 전체로의 공산체제 확장에 맞서는 유일한 방안은 대한민국 건국이었다. 자유민주국가를 만들어 공산주의와 대결하는 방법 외에는 선택의 여지가 없었다. 소련군의 진출과 공산체제 확장에 우리 민족이 선택할 수 있는 것은 소비에트체제를 받아들일 것이냐, 거부할 것이냐 중 하나였다. 자유민주체제로의 건국이란 한반도 전체의 공산체제화를 거부할 것이냐의 문제이기도 했고, 다른 측면에선 한반도에 자유독립국가를 건설하고 그 힘을 기반으로 북한으로까지 자유와 민주를 확대할 것이냐의 문제이기도 했다. 물론 당시에 소련의 참전과 점령이 한반도 질서에 중대 변화를 야기시켰다는 것과 소련의 본질을 정확히 이해하고 대처하기란 매우 어려웠다. 특히 대일본전을 주도하며 향후 전후질서의 주도적 역할을 해야 할 미국이 소련과의 협력에 의한 한반도문제 처리라는 정책기조를 취하고 있는 상황에서 한국 국민이 주어진 질서를 변화시킬 수 있는 여건이란 극히 미약했다.

광복과 미·소 군정 시기에 소련 전체주의의 제국주의 성격을 올바로 파악하고 있느냐의 여부는 한국의 진로에 결정적인 것이었다. 반봉건 및 항일투쟁의 상징이었던 이승만은 당시 세계가 제국주의와 반제국주의라는 성격과 함께 전체주의와 자유민주주의의 대립과 투쟁으로 전개되고 있음을 가장 정확히 파악하고 있었다. 이승만은 한국이 반제국주의와 함께 전체주의에 반하는 자유민주체제 편에 서야 한다는 것을 분명히 하였다. 이승만은 이미 태평양전쟁 발발 전인 1941년 봄에 쓴 책에서 나치스, 파시스트, 공산주의자는 모두 동일한 세력이며 파괴분자일 뿐이라고 그 본질을 꿰뚫고 있었다.[36] 당시 한국의 지도자 중 이승만만이 소련이 만드는 질서변화라는 상황전개를 가장 본질적으로 꿰뚫어 볼 수 있었던 것은 국제질서와 체제성격에 대한 이해와 축적된 삶의 경험으로부터 온 것이다.

한국에 '분단국가를 주도'한 것은 미국과 이승만을 비롯한 극우세력이라는 일반적 평가와 달리 이승만은 소련 제국이 한반도의 절반을 이미 차지하고 나머지 절반에 대해 확장전략에 나선 상황에 직면에 있었다. 이승만은 이미 1943년부터 미국이 대한민국임시정부를 인정하지 않으면 한반도에 친소 공산체제가 구축될 것임을 예견하고 행동해왔다.[37] 이승만은 소련이 제국주의이고 전체주의체제를 근간으로 하기 때문에 한반도를 자신들의 통치하에 두고자 할 것이고, 자유와 민주가 유린된 소련체제의 본질상 한국을 자주독립국가로 가도록 하지 않으리라는 것을 명확

---

36) 이승만, 『일본, 그 가면의 실체』, 청미디어, 2007, 335쪽.

37) 최종고 편저, 『우남 이승만』, 청아출판사, 2011, 483쪽.

히 이해하고 있었다. 또 소련과 함께 하는 한국의 공산주의자들도 결코 자주독립을 지향하는 세력이 아니라 한국을 소련의 예속 하에 갖다 바치는 세력이라는 것을 간파하고 있었다. 이승만은 공산 좌익을 "남의 나라를 상국으로 알고 민족분열을 주장하는 사람"으로 규정지었고 "공산혁명을 이 나라에 일으켜서 민족끼리 자상잔멸(自傷殘滅)하게 하려는"[38] 것임을 알고 있었다. 또 소련과 함께 한다는 것은 또 다른 제국주의를 한반도에 만드는 것이 될 것임을 파악하며 대처하고 있었다.

이승만은 일본과 전쟁에 나서지 않고 있던 1941년 봄 공산주의가 군국주의와 같은 전체주의이며 자유와 민주를 파괴하며 미국을 위협하고 있는 데도 평화주의자나 미국이 이들과 타협하려 하고 있음에 반복하여 분노를 표했었다. 군국주의나 공산주의와 싸우려고 하지 않는 것은 곧 평화와 민주를 파괴하려는 것을 용납하는 것이라고 강조하였다. 미국은 '전체주의의 바다' 한복판에 홀로 떠있는 고도에 지나지 않는다며 파시즘과 공산주의 등 모든 전체주의와 대결하는 길만이 미국 민주주의도 지키고, 자유를 잃어버린 나라들이 자유를 찾는 길이라고 주장하였다.[39] 이승만은 세계질서와 자유민주체제를 지키고 확립시키는 문제의 본질은 전체주의와 싸워 이기는 것이라고 하였다. 1941년 『일본 그 가면의 실체(*Japan Inside Out*)』 제14장 '반전론자는 오열과 갖다(Pacifists are like fifth columnists)' 및 제15장 '민주주의 대 전체주의(Democracy versus Totalitarianism)'에 펼쳐진 내용은 그의 사상의 본질을 말해주는 것이자 한반도 운명을 가름한 인식론이기도 했다.[40]

전쟁을 반대하는 반전론자는 제5열과 같이 위험하고 파괴적이다.… 나

---

38) 『동아일보』, 1946년 11월 5일.

39) 이승만, 『일본, 그 가면의 실체』, 359쪽.

40) 이승만, 『일본, 그 가면의 실체』, 335-381쪽.

치, 파시스트, 공산주의자 그리고 기타 파괴적인 분단들은… 그들 중 최강자의 정부제도를 수립하는 것을 목적으로 한다. …평화를 애호하는 미국인들의 양손을 묶으려고 획책하는 이른바 평화론들은 적극적인 반미분자와 같이 평화에 민주주의에 대해 결과적으로 파괴적인 행동을 하는 것이다.

소비에트, 일본, 나치, 파시스트 등은…민주주의의 근본 바탕을 송두리째 위협하고 있다. …비적 국가의 기계화된 육해군 앞에 제2의 중국, 제2의 프랑스 또는 제2의 그리스로 전락할 수밖에 없다.… 미국 민주주의는 '전체주의 바다' 한복판에 홀로 떠 있는 고도에 지나지 않는다.

이승만은 일본에 의한 제2차 대전 발발(1941) 이전부터 일본 제국주의와 소련 제국주의는 동일한 것이고 민주주의를 파괴하는 전체주의로 인식하고 대처해야 함을 역설하였다. 그 연장선에서 제2차 대전 종결 후에도 이승만은 전체주의 체제인 소련이 한국을 소련 통치 하에 둘 것임을 간파하고 있었기에 그것을 막는 것이 또 다른 자유독립국가를 건설하는 투쟁이라고 본 것이다. 그에게 소련 공산주의는 궁극적으로 또 다른 제국주의이자 전체주의였기 때문이었다. 이승만은 공산주의자들이 러시아 혁명을 통해 권력을 잡은 것은 곧 "세계를 정복하려는 그들의 계획"으로 나타날 것이고 "세계를 정복하는 길은 아시아를 통해"서 이루어질 것이라고 내다보며 경계하였다.[41] 공산주의는 소련의 세계 정복을 위한 도구이자 혁명사상으로 평가하였다. 이승만은 공산주의의 길을 가는 것은 '자기 정부를 파괴시키는' 것이고 '악제 밑에서 노예로 속박받는' 길이며 자기 나라를 '소련의 위성국'으로 만드는 것[42]이라고 평가하고 있었다.

물론 이승만이 처음부터 소련과의 협력 및 공산주의자까지 참여하는

41) 최종고 편저, 『우남 이승만』, 139쪽.

42) 최종고 편저, 『우남 이승만』, 141쪽.

독립국가 건설 기회 자체를 부정했던 것은 아니었다. 또 독립국가를 이루기 위해서는 소련의 지지가 필요하다는 것을 인식하고 있었기 때문이다. 이승만은 귀국 전 미국에 주재하고 있는 소련대사를 만나 조선이 소련 통치 하에 들어가는 것이 아니라 조선의 '생명자유권'을 거론하며 독립국가로 가야 함을 역설한 바도 있다. 귀국 직후 이승만은 노동대중에게 복리를 주자는 긍정적 의미의 공산주의도 있지만 그와 달리 공산체제를 만들기 위한 무책임하게 격동하는 공산주의가 있다고 평가하면서 공산주의의 대외적 명분과 궁극적 목표를 분리하여 이해하였다.[43] 이승만은 공산주의자들의 항일투쟁도 인정하며 "지하공작으로 백절불굴하고 배일 항전하던 공산당원들을 나는 공산당원으로 보지 않고 애국자로 인정한다"[44]고 하였고 "나는 공산당에 대하여 호감을 가지고 있는 사람이다. …경제대책을 세울 때 공산주의를 채용할 점이 많이 있다"고 표명하기도 하였다.[45] 그러면서도 한국의 좌익들이 만든 '인민공화국' 주석 추대에는 "한 나라에 두 정부가 있을 수 없다"면서 단호하게 거부했다. 마찬가지로 미국이 주도했던 좌우합작에 대해서도 "좌익파들에게 한 번 더 기회를 주어 마음을 고쳐서 우리와 협동하여 나라를 회복하기에 합작되기를 바란 것"이며 "최후로 유일한 기회를 준 것이다"라고 밝혔다. 기회를 주고 가능성을 보고자 했으나 그 가능성을 믿을 수는 없었던 것이다.

공산주의의 본질과 소련 제국의 구체적 행위에 대한 평가에 근거하여 이승만이 분단극복과 통일의 방안으로 강구할 수 있는 것은 한반도에 공산주의에 대항할 수 있는 자유민주적 독립국가를 건설하는 것이 유일했다. 그것은 독립국가 건설투쟁이기도 했지만 체제적으로는 자유투쟁이고 민주투쟁이었다. 이승만은 "공산주의는 큰 전염병입니다.… 세계 모든 민

---

43) 『자유신문』, 1945년 10월 23일.

44) 이승만, 『건국과 이상』, 국제문화협회, 1945, 22쪽.

45) 『매일신보』, 1945년 10월 26일.

주국들은 자기의 보존을 위해 진퇴를 함께 해야 될 것입니다"[46]라고 공산주의의 본질을 역설하며 분명한 대응을 강조하였다. 또 이승만은 이미 1945년 10월 18일 시점에서 한반도가 북위 38도선으로 분리된 것도 미국과 영국, 그리고 중국은 결코 그런 결정을 했을 수 없고 소련의 요구에 의한 결과였고 그 요구를 받아들인 결과라고 판단하고 있었다.[47] 이승만은 소련이 종전을 위해 협력한 것은 사실이지만 그것이 미국과 함께 반분하여 한반도를 분할할 수 있는 것은 아님을 밝히고 결국 "우리나라의 자주독립을 방해하면 우리도 이와 싸울 수밖에 없을 것"이라고 예상하고 결의한 바 있다.[48] 그리고 1946년 6월 3일을 기점으로 남한에 정부 수립의 불가피성을 본격적으로 펼쳐가기 시작하였다.

결국 이승만이 가야할 길은 두 가지였다. 첫째는 소련체제를 지향하는 분열주의와 친소세력에 맞서 자유민주체제를 지향하는 국민을 통일단결시키는 것이었고, 둘째는 자유와 민주를 지향하는 세계와의 연대를 통해서만이 분단체제를 극복하고 통일정부를 세울 수 있다는 것이었다. 당파주의를 버리고 통일된 독립국가를 위해서는 국민의 '합동통일'을 통해서만 자주독립에 의한 '조국의 건국대업'을 이룰 수 있음을 분명히 하였다. 이승만에게 건국이란 자유를 얻기 위해 지금까지 우리 민족이 싸워왔듯 '북위 38도 문제'도 자유를 지향하면서 "자유를 사랑하는 세계 각국 사람들과 동진병행"함으로써 통일을 이룰 수 있는 유일한 방안이라고 판단하였다.[49]

---

46) 최종고 편저, 『우남 이승만』, 327쪽.

47) 『자유신문』, 1945년 10월 18일.

48) 『자유신문』, 1945년 10월 23일, 1946년 6월 3일, 12월 12일 등의 발언. 이승만은 연이어 소련의 통일정부 반대 등을 근거로 남한에서의 정부수립이 불가피하다고 강조하였다.

49) 『자유신문』, 1945년 10월 21일, 10월 23일.

특히 이승만은 전체주의 소련의 의도를 좌절시키고, 한국을 자유독립국가로 건설하는데 미국의 힘이 절대적이라는 것을 인식하고 함께하지 않으면 안 된다고 판단했다. 제2차 대전에 독일 나치즘과 일본 군국주의를 대상으로 미국이 나섰듯 소련의 힘에 맞서기 위해서는 미국이 나서주지 않으면 안 된다며 미국의 역할을 촉구하였다. 그것은 소련과 달리 미국의 입장에선 먼 대륙의 한국에 핵심 국가이익을 두지 않고 있는 미국을 설득하는 일이기도 했다. 이승만에게 미국은 한국이 기댈 수 있는 자유와 민주기지였다. 미국이 나서야 하고 미국의 또 다른 희생이 불가피하다는 것이었다. 광복과 함께 더 가혹한 공산전체주의에 맞선 상황에서 이승만은 미국의 지원을 바탕으로 한반도 남쪽을 '자유민주기지'이자 '통일기지'로 만들어야 했던 것이다.

1941년 당시 독일의 히틀러와 싸우던 소련도 마찬가지로 전체주의라고 본 이승만의 인식, 그리고 일제로부터의 광복과 함께 소련 제국주의를 물리치는 것이 궁극적으로 한반도의 자유와 독립을 가져온다는 인식과 전략은 한국 현대사뿐만 아니라 당시 세계사 전개의 본질을 파악한 것이었다. 공산주의가 제국주의이고 전체주의인 이상 한국의 자유와 독립을 위해서는 불가피하게 소련체제로부터의 해방이 필요하다고 본 것이다. 이승만은 소련과 김일성관계와는 전혀 다르게 결코 외세와 결탁하여 정권을 장악[50]한 것이 아니라 소련과 대결에 나서지 않는 미국을 설득하여 공산주의의 확산을 저지시키고 한국의 독립국가화와 자유민주체제를 만든 것이다. 일본 군국주의에 대한 미국의 전쟁참여를 호소했던 것과 똑같이 이승만은 이번에도 미국이 공산전체주의에 대항하여 자유민주를

50) 한국사회에는 이승만과 김일성을 미소관계에 결탁한 지도자라는 식으로 동일한 맥락에서 동일한 역사적 평가를 하는 것이 일반화되어 있다. 그 예는, 심지연, 「해방의 의미와 해방정국의 전개」, 『한국과 국제정치』, 1995; 서중석, 『한국현대사 60년』, 역사비평사, 2008.

향한 투쟁에 나서라고 촉구했던 것이다. 그것은 이승만이 "세계가 민주주의와 독재주의로 양분되고 있는 한 평화와 안전은 기대하기 어렵다"고 진단하고,[51] 세계가 민주와 독재 중 하나를 선택하지 않으면 안 되는 상황이며 미국이 어떤 행동을 취하느냐가 결정적임을 깨닫고 있었기 때문에 가능했다.

한국에 대한 미국의 정책변화는 트루먼 대통령이 소련봉쇄라는 트루먼 독트린의 길을 걸을 때까지가 고비였다. 이승만은 한국사회가 "해방 후 2년 동안 미국의 정책이 확립되지 못한 관계로 우리가 공산당과 대립하기에 많은 곤란을 받았다"고 밝힐 정도로 불안정했다.[52] 특히 미국 국무성이 공산주의와 타협하며 한국에서도 공산주의와 타협하고 연립정부를 만들라고 강요하는 데 대해 이승만은 "코리아를 공산주의에 내맡기라는 것이나 마찬가지다"고 반대를 분명히 하며 미국의 정책변화에 주력하였다. 이승만은 일본 지배에 반대해 지금까지 투쟁했는데 이제 소련 지배를 찬성하고 받아들이는데 남은 일생을 걸 수는 없다고 하였다.[53]

이승만은 공산주의의 전체주의적 제국주의 성격을 누구보다도 명확히 이해하고 대처하였다. 그들은 곧 소련의 명령을 받고 소련을 위해 일한다는 것을 알고 있었다. 이승만은 공산주의자들의 선동과 폭동에 맞서지 않고 공산주의를 허용하고 용납하는 것은 곧 중국이나 폴란드의 내전을 한국에도 허용하는 길로 가자는 것이라고 하였다.[54] 이승만은 공산주의자들의 목적이나 활동이 한반도 전체를 공산체제로 만들지 않는 한 전쟁으로 나아갈 것까지도 예상하고 있었다. 따라서 이승만에게 소련과의 협력을 전제로 한 신탁통치나 한국내의 공산주의자들과의 협력을 전제로

---

51) 이승만, 『건국과 이상』, 37쪽.
52) 최종고 편저, 『우남 이승만』, 327쪽.
53) 최종고 편저, 『우남 이승만』, 151쪽.
54) 이승만, 『건국과 이상』, 24쪽.

한 좌우합작도 결국 상대가 전체주의를 지향하는 세력이었기에 타협의 여지가 있을 수 없었던 것이다.[55] 이승만은 신탁통치나 좌우합작이란 곧 소련 참여의 길을 만드는 것에 다름 아니었음을 간파하고 있었던 것이다. 소련이 참여하는 신탁통치를 거부하는 반탁운동은 곧 공산화저지 투쟁이었고 자유민주주의에 의한 독립국가 건설운동이었다. 이승만, 김구를 포함한 전민족적 반탁세력은 신탁통치로 가는 것이 결국 자유독립국의 유보이자 공산화로 가는 것이라는 사실과 공산세력의 폭력적 사회분열을 이해시킴으로써 국민의 반탁 의지를 공고화시켰다. 그리고 전민족이 뭉쳐 신탁통치 반대운동을 벌인 결과 소련 주도의 신탁통치를 통한 공산화를 좌절시킬 수 있었다. 결국 소련을 제외한 미국과 국제사회는 신탁통치를 포기하고 한국문제를 UN이 관리하게 됨에 따라 대한민국은 남북한 총선거를 통한 자유민주적 독립국가를 건설하는 길을 갈 수 있게 된 것이다.

분단과 북한의 공산체제 건설에 맞서 건국과 통일을 지향하는 과정에서 이승만의 인식과 정치활동은 세 가지로 전개되었다. 첫째는 한반도에 소련 전체주의체제가 들어서거나 그 영향을 받는 체제가 되면 또 다른 식민국이자 위성국으로 전락하고 만다는 것이다. 둘째는 북한에 소련 체제로 '인민정권'이 만들어져 강화되고 있는 상황에 맞서기 위해서는 남한에 자유민주국가가 건설되어야 하고 오직 그것만이 체제를 지킬 수 있으

55) 한국의 자치능력을 고려해서 순수한 의도로 신탁통치 구상을 제시한 미국과 달리 소련은 대일참전을 고려할 때부터 전후 한국문제에 대한 전략적 판단에 의거 신탁통치를 구상하고 주장했다. 이는 1945년 6월 29일 제2극동과장서리 주꼬프와 책임보고자 자브로진이 공동으로 작성한 「한국조사보고」라는 문서에서 '소련의 이익을 보장하는 견지에서' "(5)소련은 신탁통치에 주도적으로 참여해야 한다"는 내용의 결론을 내리고 있다. 전현수, 「소련군의 북한 진주와 대북한정책」, 348-349쪽.

며 북한까지 자유와 민주를 확대시킬 수 있다는 것이다. 셋째는 소련과 공산체제에 맞서기 위해서는 자유민주적 국제세력, 특히 미국의 힘이 절대적으로 필요하고 미국이 적극적으로 나서주지 않으면 한국의 힘만으로는 소련제국의 확산을 막을 수 없어 전체주의의 희생물이 될 수밖에 없다는 것이었다. 결국 이승만의 정치리더십이란 자유민주적 독립국가를 지향하는 단합된 민족의 역량을 결집하면서도 미국을 중심으로 한 국제사회의 지원을 받아 한반도에 소련제국주의의 확장을 저지하는 것이고 대한민국을 건국하는 것이었다. 그러한 이승만의 인식과 활동을 토대로 한반도에는 자유민주적 대한민국이 건국될 수 있었고 성공의 길을 걸을 수 있었으며 나아가 북한까지도 자유와 민주를 확장시킬 기반을 갖출 수 있었던 것이다.

Ⅵ. 맺음말: 분단과 통일의 질서

한반도 분단은 공산전체주의이자 소련제국주의가 한반도에 진출한 결과다. 물론 그것은 제2차 세계대전 종전 6일전 소련이 일본을 대상으로 선전포고와 함께 참전 결과로 만들어졌다. 그럼에도 한국에는 제2차 대전 종전 과정의 산물인 분단의 성격과 소련 공산주의의 제국주의적 성격을 이해하지 않고 미국과 이승만에 의한 분단주도론을 거론하는 상황이 계속되고 있다. 마치 이승만은 남한만의 단독정부를 주도한 민족분단의 주역으로 평가되어 왔다. 대한민국역사에 대한 이해와 해석이 전체주의 체제의 시각에 의해 지배당하고 있는 것이다. 이승만 분단론의 대표적 논리는 교과서상에도 “이승만은 제1차 미소공동위원회가 중단되자 곧바로 남한만의 단독정부 수립을 주장하였다”로 표현되어 있는 실정이다.[56)] 북한은 스스로 1945년 11월 북조선 행정10국을 조직한 것이 ‘인민정권

(人民政權)'기반이었고 1946년 2월 북조선임시인민위원회를 수립함으로써 '중앙 인민정권'을 수립하여 '인민민주주의독재의 기능'을 수행하게 되었고 그것은 김일성과 조선로동당 투쟁의 결과라고 강조하고 있다.[57] 남한보다 앞서 소련이 북한을 한반도 전체의 소비에트화를 위한 혁명기지로 만들고자 한 공산화전략에 의거 국가체제를 갖춰나갔음에도[58] 한국사회에는 오히려 이승만 주도의 단독정부 및 분단론을 강변하는 역설이 확산되어 있다.

1945년 식민지 해방과 함께 한반도는 자유민주주의 대 공산전체주의라는 세계사적 대립의 한가운데에 놓여 있었다. 세계 공산주의의 모국 소련은 그 자체로 거대한 흡입력을 갖춘 거대한 블랙 홀(black hole)이고 한국은 그 끝에 붙어있던 작은 나라였다. 공산제국주의 소련과 국경을 마주하고 있고 불과 며칠간이지만 대일본전 참전으로 전체주의 소련이 한반도에 진출한 상황에서 대한민국에 독립된 자유민주체제를 만드는 것은 바람 앞의 등불과 같았다. 그런 의미에서 대한민국의 건국은 일본제국주의의 패망만으로 성립될 수 없고 공산전체주의라는 또 다른 제국주의의 확산에 맞서 극복함으로써 가능했던 것이다. 공산제국의 확장에 맞선 상황에서 대한민국 건국투쟁이란 반제국주의 투쟁이었고 자유민주체제 수립투쟁이었다. 일본 패망으로 자유민주체제는 보장된 것이었고 소련전체주의의 한반도 북부점령에도 불구하고 자유민주적 통일이 충분

56) 김한종 외, 『한국근·현대사』, 금성출판사, 2008, 261쪽.

57) 과학원 력사연구소 편, 『조선통사』 하, 302-304쪽; 김한길, 『현대조선역사』, 일송정, 1983, 183-205쪽. 북한은 사회주의혁명의 강력한 근거지를 창설할 것이 요구되어 북조선 민주기지 창설을 위한 대책으로 북조선임시인민위원회를 수립하여 '중앙주권기관'을 설립하였고 북반부민주기지의 민주개혁이라는 사회주의혁명을 통해 조선혁명을 향해 나아갈 수 있었다고 공식 표명하고 있다.

58) 김국후, 『평양의 소련군정』, 200-203쪽.

히 가능한 것이었다는 주장은 현실성을 잃은 전체주의의 정치공격일 뿐이다. 대한민국의 건국은 제2차 대전의 종결로부터 시작된 소련 제국주의와의 대결이라는 제2의 반전체주의 투쟁의 승리로 만들어진 것이다.

이승만 대통령은 제2차 세계대전의 성격과 공산주의체제의 본질을 가장 정확하게 이해하고 있던 당대 지도자였다. 이승만은 단지 한국의 봉건체제의 해체와 항일 독립운동만을 전개한 것이 아니라 일본 전체주의를 비롯해 공산주의라는 전체주의(totalitarianism)와 투쟁이라는 역사적 본질을 꿰뚫어 보았고, 오히려 이를 인식하지 못하는 미국을 비판하며 미국의 보다 적극적인 역할을 강조해왔다. 이승만은 일찍부터 미국은 일본 군국주의를 붕괴시켜 민주주의와 전체주의 간의 전면전쟁을 승리로 이끌어야 한다는 것과 제2차 대전 종결 후에는 공산주의적 전체주의인 소련을 견제하지 못하면 그것이 곧 전세계의 공산화이자 공산제국주의의 확산이라고 보았다. 전체주의 소련은 동아시아에 공산기지를 확산시켰고 만주에 만든 소련 주도의 중국 동북인민정부가 곧 중국 공산기지였으며 결국 중국대륙 전체가 공산화의 길로 가게 되었다.

그런 의미에서 이승만의 건국투쟁은 '민주기지'를 내세운 공산주의의 '전체주의 기지'에 대한 독립투쟁이자 자유민주기지 투쟁이었다.59) 이승만은 미소공동위원회에 의한 신탁통치와 좌우합작적 정부를 만들려는 미

59) 소련의 중국전문가 라프마닌은 "중국 혁명을 주도한 것은 옌안의 마오쩌둥이 아니라 소련군 점령하의 중국 동북부, 옛 만주에 있던 당원들(린뱌오, 가오강)"이라고 했는데, 이는 중국의 공산혁명은 소련이 만든 것이고 만주는 중국 공산혁명의 근거지라고 평가하는 것이다. 특히 일본 관동군 보유의 군사무기와 소련 제공 군사무기가 중국 공산화의 근간이었음을 밝힌다. 시모토마이 노부오 저, 이혁재 역, 『북한 정권 탄생의 진실』, 53-55쪽. 본문에서 언급된 바와 같이, 실제 서울주재 소련총영사관의 부영사 샤브신은 "북조선을 한반도의 인민민주주의를 실현하기 위한 기지로 발전시켰다"라고 표현하기도 했다. 김국후, 『평양의 소련군정』, 203쪽.

국의 의지까지도 좌절시키고 나서야 비로소 대한민국에 자유민주 정부가 탄생될 수 있었다. 이승만 대통령은 대한민국의 독립과 건국이란 곧 군국주의 일본과 공산전체주의 소련과의 대결과 승리를 통해서 이룩될 수 있다는 것을 명확히 하고 그 최전선에서 싸웠고 승리와 건국의 주역이 되었다. 그런 면에서 이승만은 대한민국 독립과 건국, 그리고 한국의 민주주의 발전에 가장 큰 공헌자일 수밖에 없다. 일본군국주의와의 투쟁은 물론 공산제국주의와 맞서 싸운 반공반탁운동(反共反託運動) 없이는 대한민국 건국은 가능하지 않았고 대한민국이 민족적 정통성과 정당성을 얻을 수도 없었다.

더 나아가 이승만의 정치노선과 사상논리의 연장선에서 보면 한반도 통일은 한반도 내에 전체주의세력의 소멸로서만 가능한 것이다. 한반도의 통일이란 한반도 북부의 전체주의체제가 붕괴되고 한반도 북부로 자유와 민주체제가 확산되는 것이다. 한반도에 전체주의가 계속되는 한, 그리고 한반도 전체가 그 전체주의로 끌려들어가지 않는 한 분단은 지속될 수밖에 없다. 결국 전체주의가 붕괴되어야 비로소 한반도 통일이 이루어지는 것이다. 그런 면에서 이승만에게 대한민국에서의 통일운동과 통일정책이란 전체주의세력과 투쟁하여 그 체제를 종식시키는 것일 뿐만 아니라, 공산전체주의를 강화시키고자 하거나 지원하는 세력과 싸워 이기는 것이다.

이승만과 반공

양 동 안*

〈목 차〉

Ⅰ. 머리말

인간의 사상적 입장은 독자적인 이론적 연구를 통해서도 형성되기도 하고, 특정 사상을 가진 인간 및 인간집단과의 사회적 상호작용을 통해서 형성되기도 한다. 이론가·사상가적 성향이 강한 사람의 경우에는 이론적 연구를 통해서 사상적 입장이 정립되는 경향이 강하고, 활동가·정치가적 성향이 강한 사람의 경우에는 인간 및 인간집단과의 사회적 상호작용을 통해서 형성되는 경향이 강하다.

이승만은 이론가·사상가적 성향이 없지 않지만 활동가·정치가적 성

* 한국학중앙연구원 명예교수

향이 압도적으로 강한 인물이다. 따라서 공산주의에 대한 이승만의 입장은 공산주의에 대한 깊이 있는 이론적 연구 보다는 공산주의 사상을 가진 인간 및 인간집단과의 사회적 상호작용의 영향을 받아 형성되었다고 말할 수 있다.

이승만의 반공입장을 독립적으로 다룬 기존의 학술논문은 두 편이 있다. 하나는 홍승표의 「현실주의 시각에서 본 이승만의 반공노선」이고,[1] 다른 하나는 안종철의 「문명개화에서 반공으로」이다.[2] 전자의 논문은 국제정세 및 국내정치 상황에 대한 이승만의 현실주의적 대응이 반공으로 표출되었다는 점에 초점을 맞추어 서술된 것이다. 후자의 논문은 이승만의 반공입장이 그의 기독교적 사고와 활동에서 비롯되었다는 점에 초점을 맞추어 서술된 것이다. 두 논문 모두 이승만의 반공입장과 관련된 한 측면에 대해 심도 있게 분석·정리한 논문들이나, 이승만의 반공입장 형성에 보다 중요한 작용을 한 이승만과 공산주의자 및 공산국가 간의 상호작용을 간과했다.

이 글은 기존 연구들의 그러한 간과사항을 보완해 보기 위해 작성된 것이다. 이 글은 이승만이 공산주의자 및 공산국가와 처음으로 접촉한 시기부터 그가 대한민국의 대통령직을 사임할 때까지의 전체 독립운동·정치활동 기간 중에 전개된 이승만과 공산주의자 및 공산국가 간의 상호작용 양상을 고찰하면서 그러한 상호작용 속에서 이승만의 공산주의에 대한 입장이 형성되고 변화하는 과정을 추적·정리한 것이다.

1) 홍승표, 「현실주의 시각에서 본 이승만의 반공노선」, 서울대 국제문제연구소 편, 『이승만과 제1공화국』, 논형, 2007, 51-80쪽.

2) 안종철, 「문명개화에서 반공으로」, 최상오·홍선표 외 지음, 『이승만과 대한민국 건국』, 연세대 출판부, 2010, 157-190쪽.

Ⅱ. 이승만의 초기 반공입장 형성과정

이승만은 24세 때인 1899년에 기독교에 귀의한 이래 죽을 때까지 독실한 기독교신자로 살았다. 그의 굳건한 기독교 신앙에 비추어볼 때, 종교를 배척하는 공산주의에 대해 이승만이 비판적인 입장을 가지고 있었을 것임은 당연하다. 또한 이승만은 20대 후반부터 민주주의를 신봉했다. 28세 때인 1904년 옥중에서 저술한 『독립정신』에는 그가 민주주의를 신봉하고 있음을 확인해 주는 내용이 많다. 그 저서에서 이승만은 정치는 전제정치, 입헌군주정치, 민주정치의 세 가지로 나눌 수 있는데 그 중에서 가장 좋은 정치가 민주정치라고 주장했고,[3] 미국의 민주정치를 해설하면서 "어느 누구도 그 같은 백성들의 권리를 침해할 수 없으며, 어느 누구도 힘 없는 백성이 배상을 청구할 수 있는 권리를 거부할 수 없다. 그러한 나라야말로 행복하고 평화롭다 할 것이니 이것이 바로 지상낙원이다"라고 평가했다.[4] 이승만의 이러한 민주주의 애호 입장 역시 공산주의와 상합하기 어려운 것이다.

청·장년 시절부터 견지해 온 이승만의 독실한 기독교 신앙과 민주주의 애호 입장은 본질적으로 공산주의와 상합하기 어려운 것임에도 불구하고 상해임시정부 초기 임시정부의 임시대통령으로 활동하던 시기에 이승만은 공산주의에 반대하는 입장을 보이지 않았다. 1919년 3·1운동 전후 한국의 독립운동가들이 대부분 그러했던 것과 마찬가지로 이승만도 당시의 소련 공산주의체제에 대해서 부정적인 생각을 가지지는 않았던 것으로 보인다. 당시 한국의 독립운동가들이나 이승만이 소련 공산주의체제에 대해 부정적인 생각을 가지지 않게 된 것은 소련 공산정권의 지

3) 이승만 저, 김충남·김효선 풀어씀, 『풀어쓴 독립정신』, 청미디어, 2008, 120, 124쪽.

4) 위의 책, 131쪽.

도자 레닌과 소련 공산정권이 식민지 피압박 민족의 독립운동을 적극적으로 지지하는 입장을 천명했기 때문이다.

레닌은 그의 저서와 논문들에서 아시아·아프리카 국가들을 식민지로 만들어 지배하는 제국주의는 독점·금융자본주의 단계에 있는 유럽 강대국들의 자본주의의 속성이며, 유럽의 자본주의는 식민지 착취로 인해 생명을 연장하고 있기 때문에 식민지에서의 민족독립운동은 유럽 자본주의를 위협한다고 해설하면서, 사회주의혁명을 위해 투쟁하는 유럽의 마르크스주의자들은 식민지에서 부르주아 민주주의세력이 주도하는 민족독립국가 건설 요구를 지원해야 한다고 주장해왔다.[5] 레닌은 그의 저서 『제국주의론』에서 일본의 대한제국 병탄을 직접 비판하기도 했다.[6] 또한 소련의 공산정권은 출범 이후 줄곧 전 세계 피압박 민족에게 제국주의에 대항하는 민족해방운동을 전개하라고 촉구하고 모든 피압박 민족의 민족해방운동을 소련 공산정권이 지원할 것임을 공언해왔다.

이승만은 레닌과 소련 공산정권의 이러한 선전을 듣고 한때 우리 민족의 독립을 위해 소련의 지원을 획득하려는 생각을 지니고 있었던 것으로 알려진다. 독립운동연구가 김희곤에 따르면, 임시정부 초기 이승만은 소련정부에 대해 긍정적인 인식을 갖고 연결선을 확보하려고 했다. 이승만은 시베리아까지 장악한 소련정부를 서유럽 여러 나라도 곧 승인하게 될 것이라고 판단하고, 소련의 지원을 받아 독립군을 국내로 진격시키려는 방안을 검토하였다는 것이다. 김희곤은 당시 이승만이 지인에게 보낸 서

5) Lenin, *Imperialism: The Highest Stage of Capitalism*(1917), *Lenin Selected Works* 1 (Moscow: Progress Publishers,1977), pp. 700-702, 725; Lenin, "The Right of Nations to Self-determination"(1914), *Lenin Selected Works* 1 (Moscow: Progress Publishers,1977), pp. 569-571, 599-600.

6) Lenin, *Imperialism: The Highest Stage of Capitalism*, *Lenin Selected Works* 1, p. 726.

한의 내용과 이승만과 임시정부가 소련정부에 대표단을 파견한 것 등을 근거로 그렇게 추론했다. 이승만은 지인에게 보낸 서한에서 "러시아의 볼셰비키는 점차 득승하는 모양인데, 구미의 인심이 그 정부를 인정하자는 언론이 유력하여 가는 중"[7]이라고 분석하기도 하고, "러시아 신정부 인물 중에는 비밀리에 우리와 연락을 취하면서 현재 협의하는 조건이 많은데"[8]라고 밝히기도 했다. 이승만은 1920년 이희경을 러시아에 파견하기도 했으며, 임시정부는 1921년 5월 국무총리 신규식의 이름으로 이희경과 안공근을 대표단으로 선정하여 소련정부에 파견했다.[9] 당시 이승만이 명확한 반공입장을 가지고 있었다면 소련정부와 연결을 취하고 소련정부의 지원을 얻으려는 노력을 전개하지 않았을 것이다.

이처럼 이승만은 반공입장을 취하지 않았으나, 임정 내부 및 임정 주변의 공산주의자나 그 동조자들은 소련의 지원을 받으면서 이승만을 임정에서 거세하기 위한 공격을 임정초기부터 전개했다. 최초의 한인 공산당인 한인사회당(하바로프스크) 및 고려공산당(상해)의 지도자이며 통합임시정부의 초대 국무총리였던 이동휘와 그 주변 인사들은 상해 임시정부를 코민테른의 통제를 받는 단체로 만들기 위한 공작을 전개했으며, 그 공작의 최대 표적은 이승만 축출이었다.

이동휘는 임시정부 국무총리에 취임한 직후부터 상해임시정부를 코민테른 지도를 받는 단체로 만들기 위한 공작을 적극적으로 전개했다. 이

---

7) 『우남이승만문서 동문편16 : 간찰1』, 연세대 현대한국학연구소, 1998, 124쪽; 김희곤, 『대한민국임시정부 Ⅰ: 상해시기』, 독립기념관 한국독립운동사연구소, 2008, 129쪽에서 재인용.

8) 『우남이승만문서 동문편16 : 간찰1』, 168쪽; 김희곤, 『대한민국임시정부 Ⅰ: 상해시기』, 129쪽에서 재인용.

9) 보리스 박, 『소비에트, 코민테른과 한국해방운동, 1918~1925』, 2006, 88-89쪽; 김희곤, 『대한민국임시정부 Ⅰ: 상해시기』, 129쪽에서 재인용.

동휘는 임시정부 국무총리에 취임한 직후 임시정부를 코민테른의 지도를 받는 단체로 만들기 위한 소련의 공작금 지원을 요청하기 위해 대표를 모스크바에 파견했다. 소련공산당은 이동휘에게 당시로서는 매우 큰 자금인 총 40만 루블을 보내왔다. 그 자금의 용도를 둘러싸고 공산당과 임시정부가 대립했다. 임시정부 측은 그 돈을 임시정부에 내놓으라고 요구했고, 공산당은 그 자금을 자기들의 공작금으로 사용하려 했다. 이동휘는 자금의 독자적 사용을 위해 임시정부를 탈퇴하려 했으며,[10] 탈퇴의 명분을 확보하기 위해 임시정부가 수용하지 않을 것이 분명한 임시정부의 조직편제 개혁을 요청했다. 이동휘는 임시정부의 조직편제를 소련식 위원회편제로 개혁할 것을 대통령 이승만에게 요청했고 이승만은 이를 거절했다. 이에 이동휘는 1921년 1월 임시정부 국무총리직을 사임했다.

공산당은 소련이 보낸 40만 루블의 공작금을 이용하여 상해를 비롯한 중국 및 기타 지역의 독립운동가들 사이에서 영향력을 강화하면서 임시정부의 주도권을 장악하기 위한 사전공작을 전개했다.

1922년 1월 21～2월 2일 소련공산당의 지도에 따라 모스크바에서 극동인민대표대회가 개최되었다. 이 회의에 참석했던 이동휘, 여운형, 김규식, 박헌영 등 한인 대표단은 "상해 임시정부는 명칭만 과대하고 실력이 이에 따르지 못하므로 개혁할 필요가 있다"고 결의하여 전체회의의 승인을 받았다.[11] 개혁을 통해 공산주의자들이 얻고자 하는 것은 임시정부의 헤게모니 장악이었다.

극동인민대표대회에 참가한 후 상해로 돌아온 인사들은 곧장 임시정부의 헤게모니 장악을 위한 공작을 개시했다. 공산주의자들은 이 공작에서 여운형을 선봉에 세웠다. 여운형의 노력으로 1922년 5월 임시정부 개혁

10) 김준엽·김창순, 『한국공산주의운동사』 1, 청계연구소, 1986, 218~219쪽.

11) 위의 책, 373~375쪽.

을 논의하기 위한 국민대표회의 주비위원회가 결성되었다.

임시정부 구성원들은 국민대표회의 개최와 관련하여 두 개의 파로 분열되었다. 임시정부 내에서 이승만을 지지하는 기호파는 국민대표회의 개최에 반대했다. 그에 반해 임시정부 내의 안창호가 이끄는 서북파는 국민대표회의 개최를 지지했다. 안창호파의 협력에도 불구하고 공산주의자들의 국민대표회의 개최 공작은 큰 진전을 보지 못했다.

그러던 차에 1922년 11월 모스크바로부터 20만 루블의 공작금이 상해의 공산주의자들에게 추가로 도착했다. 임시정부는 다시 그 돈을 임시정부에 내놓으라고 요구했으나, 그 돈을 운반한 공산주의자들은 임시정부의 요구를 무시하고 그 돈을 국민대표회의 개최 공작을 진행 중인 여운형과 안창호에게 인계했다. 자금의 투입으로 국민대표회의 개최 공작은 활기를 회복하여 1923년 1월 상해에서 국민대표회의가 개막되었다.[12)]

임시정부 기호파가 배제된 가운데 개최된 국민대표회의의 참여자들은 대통령 이승만을 제거하자는데 합의했으나, 이승만을 제거한 후 임시정부를 구성하는 방법에 대해서는 합의를 보지 못하고 세 개의 파로 분열되었다. 여운형과 안창호를 중심으로 한 파는 임시정부를 그대로 두고 그 구성원들을 교체할 것을 추구했다. 그들을 개조파라 호칭했다. 원세훈·신숙·김규식을 중심으로 한 파는 임시정부를 완전히 해체하고 소련 영토에서 새로운 임시정부를 조직할 것을 추구했다. 그들을 창조파라고 호칭했다. 개조파나 창조파의 어느 쪽을 선택하는 것이 타당한지를 정하지 못한 부동층이 중간파를 형성했다.

공산주의자들 가운데 모스크바의 지시에 충실한 인사들(상해파 공산주의자들)은 개조파에 속했다. 공산주의세력과 민족주의세력의 연립정부를 구성하여 통일전선을 구축하라는 것이 모스크바의 지침이었기 때문이다.

---

12) 위의 책, 381~382쪽.

모스크바의 의도를 제대로 파악하지 못한 소수의 공산주의자들(이르쿠츠파 공산주의자들)과 좌경 민족주의자 및 무장투쟁 우선론자들은 창조파에 속했다.

개조파와 창조파의 대립으로 국민대표회의가 마비상태에 빠진 가운데, 창조파가 중간파의 지지를 획득하여 창조파와 중간파만으로 일방적으로 회의를 개최하여 헌법을 제정하고, 그 헌법에 따라 임시정부에 대체될 정부인 '국민위원회'를 구성한 다음 국민대표회의를 폐회해 버렸다.[13] 1923년 6월 7일에 일어난 일이다.

공산주의자 및 그 주변세력의 이러한 이승만 축출노력은 이승만으로 하여금 공산주의에 대한 비판적 입장을 가지도록 자극했을 것으로 추정된다. 이승만은 상해에서 자기를 축출하기 위한 국민대표회의가 진행되고 있던 시기인 1923년 3월 그의 영향 하에 하와이에서 발행되던 잡지 『태평양잡지』에 공산주의를 비판하는 글을 게재했다. 「공산당의 당부당(當不當)」이란 제목의 그 글에서 이승만은 공산주의가 추구하는 평등주의는 합당한 것이나, 공산주의가 주장하는 재산의 평등 분배, 자본가계급의 타도, 지식계급의 제거, 종교탄압, 국가폐지 등은 부당한 것이라고 해설했다.[14]

Ⅲ. 독립투쟁을 위한 이승만의 반공자제

국민대표회의가 폐회된 후 개조파는 임시정부 의정원을 통해 임시정부

13) 창조파는 김규식을 수반으로 하는 국민위원회(혹은 '조선공화국')를 만들어 블라디보스톡으로 갔으나, 소련은 그들을 추방해버렸다. 佐佐木春隆, 『韓國獨立運動の硏究』, 東京: 圖書刊行會, 1985, 278~279쪽.

14) 이승만, 「공산당의 당부당(當不當)」, 『태평양잡지』, 1923년 3월호, 16-18쪽.

를 개조하는 작업을 진행했다. 개조파는 다양한 공작을 통해 의정원에서 다수파를 형성하여 기호파를 제압하게 되었다.

다수파를 형성한 안창호세력(서북파)과 공산주의자들은 1924년 6월 16일 이승만의 대통령의 권한을 정지시키기 위해 '임시대통령 유고안'을 통과시켰다. 그 다음 이러저러한 수순을 거친 끝에 1925년 3월 이승만에게 탄핵이라는 최후의 타격을 가했다. 이승만 탄핵은 3월 23일 최종 확인되었고, 의정원은 당일로 임시대통령 직무대리 박은식을 임시대통령에 선출했다. 뒤이어 이들은 임시정부의 헌법을 개정하여 대통령직을 없애고 국무령이 행정수반이 되는 내각책임제 정부형태를 도입했다.[15] 의정원은 이어 이승만이 워싱턴에 구성해 놓은 구미위원부를 폐쇄하라는 명령을 공포하여 미국에서의 이승만의 독립운동 발판을 없애려 했다.

임시정부 의정원을 장악한 개조파의 이런 조치들은 많은 문제점을 내포한 것이었다. 임시정부 내의 기호파 운동가들은 의정원의 그러한 조치를 무효화하기 위해 대응조치를 취할 것을 촉구하는 서한을 이승만에게 보냈다. 예를 들면, 임시정부 구성원이었던 조소앙은 1925년 5월 이승만에게 서한을 보내 이승만이 지시를 내리면 쿠데타를 일으켜 임시정부 의정원의 결정을 뒤엎을 용의가 있다는 점과, 이승만이 그런 일을 하기 싫으면 차선책으로 하와이에서 의정원을 소집하여 별도의 임시정부를 구성하라고 권고했다.[16] 이승만은 독립운동 진영이 분열되어서는 안 된다는 생각에서 기호파 운동가들의 그러한 권고를 받아들이지 않고 의정원의 탄핵을 수용했다.

당시, 이승만은 공산주의자들의 공작으로 인해 자기가 피해를 당했음

---

15) 임시정부 의정원을 통한 개조파의 임시정부 개조 작업의 상세한 전개과정은 이현주, 「임시의정원 내 정치세력의 추이와 권력구도 변화(1919~1925)」, 『정신문화연구』, 2007년 가을호, 184~191쪽.

16) 유영익 등편, 『이승만 東文 서한집』 하, 연세대 출판부, 2009, 312~313쪽.

에도 불구하고 독립운동을 전개하는데 있어서 공산주의자들을 배척하려는 생각을 가지지 않았고, 우리 민족의 독립을 위해서 도움이 된다면 공산주의 종주국인 소련의 협조도 구해야 한다는 생각을 가졌다. 이러한 이승만의 태도는 앞서 인용한 「공산당의 당부당」이란 글의 말미에서도 천명되어 있다. 이승만은 탄핵 당하기 전에 발표한 그 글에서 "우리 한족에게 제일 급하고 제일 긴하고 제일 큰 것은 광복사업이라, 공산주의가 이 일을 도울 수 있으면 다 공산당 되기를 지체치 않으려니와 만일 이 일이 방해될 것 같으면 우리는 결코 찬성할 수 없노라"[17]라고 말하고 있다. 이승만은 탄핵을 받은 후에도 그러한 입장을 견지했다. 그러한 점은 그가 1928년에 윤치영에게 보낸 서한의 내용과 1933년 제네바 국제연맹회의에서 일본의 중국대륙에 대한 침략을 저지하기 위해 소련을 포함한 국제연대를 구축할 것을 제의한 사실들에서 확인된다.

1928년 초 이승만의 추종자 윤치영은 뉴욕에서 한인 독립운동 단체를 조직함에 있어서 공산·사회주의자들과 함께 할 것인지 여부를 문의하는 서한을 이승만에게 보냈다. 이승만은 그에 대한 답장에서 "물질과 정신 양 방면에서 민중단결을 완성하는 것이 우리 광복사업의 제일보라고 생각합니다. 공산·사회주의자들과 함께 하는 것에 찬성하느냐 하는 문제에 대해서도 여러 동지들의 생각과 차이가 별로 없습니다.…주의의 풍조에 흔들려서 유산계급과 무산계급을 구별하여 우리 민족을 상호 분리케 하는 것은 독립운동을 방해하는 것이니 그것을 다 정지하여 포용과 상호 돕고 보호함으로써 우선 민족대단결을 이룩하여 우리 민족의 생명인 독립을 완성합시다"[18]고 말했다.

이승만은 1933년 제네바에서 개최된 국제연맹회의에 임시정부의 전권

---

17) 「공산당의 당부당」, 18쪽.

18) 『이승만 東文 서한집』 상, 92~93쪽.

대사로 파견되어 각국의 대표들을 상대로 일본의 대륙침략을 비판하는 외교활동을 전개했다. 그와 아울러 제네바 주재 미국총영사 겸 국제연맹 옵서버인 길버트(Prentiss Gilbert)와 국제연맹 중국대표 호세택(胡世澤)을 만나 미 · 중 · 한 3국이 소련과 합세하여 일본의 대륙팽창을 응징하자는 안을 제시, 그들의 찬동을 얻었으며, 이러한 4개국 항일연대안을 실행하기 위해 소련을 방문했다. 소련은 이승만에게 입국 비자를 발급해주었으며, 이승만은 그해 7월 모스크바에 도착했으나 소련정부가 돌연 이승만에게 발급한 비자가 '착오'였으므로 즉시 출국하라고 통고하는 바람에 소기의 목적을 달성하지 못하고 소련을 떠났다.[19]

이승만은 이처럼 독립을 위해서는 공산주의자 및 소련과 협력하는 것을 피하지 않는 입장을 취했으나 공산주의세력 및 좌익세력은 이승만을 배척하는 일을 멈추지 않았다. 상해 국민대표회의 때 창조파의 일원으로서 블라디보스톡에 국민위원회를 정착시키려다가 실패한 김규식은 1930년대 무장투쟁을 우선시하는 공산주의자 김원봉과 제휴하여 공산주의에 동조하는 활동을 전개했다. 김규식은 1932년 말 중국 거주 한인동포 사회에 중한민중동맹단(中韓民衆同盟團)을 결성한 다음, 1933년 미국을 방문하여 미국 거주 한인동포 사회에 추종자를 부식했다. 그 중의 한 사람이 한길수이다. 한길수는 중한민중동맹단의 미주대표로 선정되었으며, 훗날 김원봉이 김규식과 더불어 조선민족전선연맹을 결성하자 그 연맹의 워싱턴 대표가 되었다. 한길수는 미국 한인 사회에서의 이승만의 영향력을 약화시키는 투쟁을 전개했다.[20]

한길수의 이승만 배척운동은 미국 한인 사회의 안창호 추종세력의 지원을 얻어 강력해졌다. 미국 한인 사회의 안창호세력은 1941년 재미한족

---

19) 유영익, 『이승만의 삶과 꿈』, 중앙일보사, 1996, 174~176쪽.

20) 위의 책, 200쪽.

연합회 결성을 주도하고, 이승만에게 주미외교위원부(한국위원부)를 안창호 추종세력이 대폭 참여할 수 있도록 개조하라고 요구했다. 이승만이 그 요구를 거부하자 1944년 워싱턴에 재미한족연합회 사무실을 개설하고 그것을 토대로 이승만을 배제한 임시정부 주미외교위원부를 개설하려고 시도했다.[21)]

한길수와 재미한족연합회의 이승만 견제 · 배척활동은 미 국무부의 지지를 받았다. 당시 미 국무부에는 훗날 공산주의자 및 소련간첩으로 판명된 인사들이 요직을 차지하고 있었다. 히스(Alger Hiss) 특별정치국장과 빈센트(John Vincent) 극동국장을 비롯하여 핸슨(Haldore Hanson), 서비스(John Service), 클럽(Oliver Clubb) 등 중국 및 극동문제를 담당하는 주요 관리들은 친공산주의자 내지 공산주의자들이었다.[22)]

한길수와 재미한족연합회의 이승만에 대한 견제·배척활동으로 인해 미국 한인 독립운동에 있어서 이승만의 대표성과 권위는 크게 실추되었으며, 2차 대전 말기 미 국무부는 이승만을 미국 한인 독립운동의 지도자로 인정해 주지 않는 태도를 취했다. 이승만은 1945년 4월 샌프란시스코에서 개최된 국제연합 창립총회에 한민족 대표로 참석하려 했으나, 미 국무부의 지지를 받지 못해 국제연합 회의에 참여하지 못하는 수모를 당했다.

독립운동 과정에서 겪은 이승만과 공산주의세력 간의 갈등은 이승만의 반공 · 반소입장을 강화했다. 이승만은 공산주의세력과의 갈등에 신물이 난 나머지 해방 후 한국에서 좌우합작 같은 것이 추진되면 그에 단호히

---

21) 재미한족연합위원회의 이승만에 대한 견제활동의 상세한 내용은 김원용, 『재미한인50년사』, Reedly: California, 1959, 436~444쪽.

22) 2차 대전 종전 무렵 미국무부에 재직 중이던 공산주의자나 친소 · 친중 관리들에 관한 상세한 사항은 William F. Buckley Jr., *McCarthy and His Enemies,* Chicago, Henry Regnery, 1954, pp. 7~11, 192~211, 364~382.

반대할 생각임을 측근들에게 피력하기도 했다.

Ⅳ. 건국과정에서의 이승만과 공산세력의 대결

그러나 막상 일본이 항복을 선언하고 난 후 민족단합에 의한 조속한 독립을 위해 좌우합작이 불가피한 상황이 전개되자 이승만은 좌우합작을 수용했다. 조선공산당이 1945년 9월 6일 조선인민공화국(인공)을 선포하고 그 주석에 이승만을 일방적으로 추대했을 때 이승만은 그런 추대를 상당 기간 거부하지 않았다. 인공이란 기구가 공산당이 일방적으로 조직한 변태적인 기구이고, 그 주석이란 직책이 공산당의 허수아비에 불과한 것이었음에도 불구하고 이승만은 그것을 거부하지 않았다.

이승만은 1945년 10월 16일 귀국과 함께 좌우를 초월한 민족 대단결을 통한 조속한 독립성취의 메시지를 전파했다. 이승만은 귀국 다음날인 17일 저녁에 행한 라디오 방송연설에서 "모든 정당과 당파가 협동하여 우리 조선의 완전무결한 자주독립을 찾는 것이 나의 희망입니다"라고 호소했다.[23)]

이승만의 귀국과 이승만의 민족단합 메시지에 대해 좌우익을 초월하여 모든 정치세력들이 환영했다. 우익진영이 환영한 것은 당연한 일이지만 좌익진영이 환영한 것은 특기할 사항이다. 당시 좌익진영의 통일전선 기구였던 조선인민공화국은 이승만의 귀국에 대해 "조선인민공화국의 주석 이승만 박사는 드디어 귀국하였다. 삼천만 민중의 경앙대망(敬仰待望)의 적(的)이었던 만큼 전국은 환호에 넘치고 있다. 우리 해방운동에 있어서 박사의 위공은 다시 말할 필요조차 없는 것이다. 조선인민공화국 주석으

23) 우남실록편찬위원회 편, 『우남실록』, 열화당, 1976, 309쪽.

로서의 추대는 조선인민의 총의이며 이러한 의미에 있어서 해방조선은 독립조선으로서의 위대한 지도자에게 충심으로 감사와 만강의 환영을 바치는 것이다"[24]라는 환영성명을 발표했다.

이승만도 방송연설을 통해 좌익진영의 환영에 화답했다. 그는 10월 21일 저녁에 행한 방송연설에서 "나는 공산당에 대하여 호감을 가지고 있는 사람입니다. 그 주의에 대하여도 찬성하므로 우리나라의 경제대책을 세울 때 공산주의를 채용할 점이 많이 있습니다"[25]라고 천명했다. 조속한 독립을 위해 공산당과 협력할 의지가 있음을 확인한 것이다.

이러한 입장에서 이승만은 우리 민족의 모든 정치세력이 하나가 되어 독립을 조속히 실현하기 위한 단체로서 조선독립촉성중앙협의회(독촉중협)의 결성을 제안했다. 이승만은 독촉중협을 결성하기 위한 준비모임에서 친일파 숙청문제와 임시정부 봉대문제를 둘러싸고 좌우익이 대립하면 어느 한쪽을 편들지 않고 중재자의 입장에서 "악수할 점이 있으면 무조건 악수하고 나가자"고 호소했다. 그리하여 해방정국에서 처음이자 마지막으로 좌우를 초월한 모든 정치세력이 실질적으로 참여한 단체인 독촉중협이 결성되었다. 이승만은 좌익이 독촉중협에서 이탈하는 것을 방지하기 위하여 여운형과 박헌영을 상대로 별도의 단독회담을 가지면서 그들의 참여를 설득했다.

독촉중협에 참여한 공산당은 연합국에 보내는 독촉중협의 메시지 내용, 이승만의 인공주석 취임, 독촉중협 중앙집행위원회 위원 배정 등을 놓고 이승만과 줄다리기를 했다. 공산당은 이승만이 초안을 작성한 연합국에 보내는 메시지에 미·소가 한반도를 분할 점령한 것에 대한 책임을 느끼라고 촉구하는 구절이 연합국에 불손한 내용이라는 점을 들어 그것

24) 『매일신보』, 1945년 10월 18일.

25) 『우남실록』, 314쪽.

의 수정을 요구했고, 이승만에게 조속히 인공 주석에 취임할 것과 인공 주석에 취임하지 않으면 이승만을 지도자로 받들지 않고 '민족통일전선 분열의 최고 책임자로 규정할 것'이라고 협박했다. 또한 독촉중협 중앙집행위원회에서 좌익이 과반수를 차지하여 독촉중협의 주도권을 장악할 수 있도록 하려는 노력을 전개했다.

연합국에 보내는 메시지 수정이라는 쟁점은 수정을 요구했던 박헌영이 문안수정회의에 불참하고, 공산당이 독자적으로 연합국에 메시지를 보냄으로써 해소되었다. 이승만에 대한 인공주석 취임요구는 이승만이 공개적으로 취임을 거부하고, 그에 대해 좌익이 이승만을 초당파적 인사로 취급하지 않겠다고 선언함으로써 피장파장이 되었다.

독촉중협 중앙집행위원의 정당·사회단체별 배정인원수가 11월 중순에 확정되었다. 전체적으로 좌우균형을 맞춘 배정이어서 과반수를 차지하려는 좌익의 희망에는 못 미치는 것이었다. 공산당을 중심으로 한 좌익은 독촉중협 중앙집행위원회 구성을 보이콧하고 위원배정이 재조정되지 않으면 독촉중협에서 탈퇴하겠다는 태도를 취했다. 각종 장애물을 설치하면서 독촉의 정식 출범을 방해하는 공산당의 행태에 실망한 이승만은 11월 21일 공산당의 그러한 행태를 온건하게 비판하는 방송연설을 했다. 이승만의 공산당 비판 연설이 방송되자 공산당을 비롯한 좌익이 반발하여 독촉중협에서 탈퇴했다.

이러한 공산당의 행태에 분노한 이승만은 12월 19일 저녁에 방송된 라디오 방송연설을 통해 공산당에 대한 대결을 선언했다. 이승만은 그 연설에서 다음과 같이 말했다.

> 한국은…공산당을 원치 않는다는 것을…세계 각국에 선언합니다. 이왕에도 재삼 말한 바와 같이 우리가 공산주의를 배척하는 것이 아니오, 공산당 극좌파들의 파괴주의를 원치 않는 것입니다.…소위 공화국이라는 명칭

> 을 조작하여 국민 전체에 분열 상태를 타인에게 선전하기에 이르다가, 지금은 민중이 차차 깨어나서 공산에 대한 반동이 일어나매 간계를 써서 각처에 선전하기를 저들이 공산주의자가 아니요 민주주의자라 하여 민심을 현혹시키니 이 극렬분자들의 목적은 우리 독립국을 없이해서 남의 노예로 만들고 저의 사욕을 채우려는 것을 누구나 볼 수 있는 것입니다.…이 분자들과 싸우는 방법은 먼저는 그 사람들을 회유해서 사실을 알려주시오.…시종 고치지 않고 파괴를 주장하는 자는 비록 친부형이나 친자질(親子姪)이라도 원수로 대해야 할 것입니다.[26]

이승만의 공산주의에 대한 반대태도는 소련과 북한공산주의자들이 1946년 2월 북조선임시인민위원회라는 단독정권을 만들고 무상몰수-무상분배 방식의 토지개혁을 실시하는 등 북한을 사회주의화하기 시작하면서 더욱 강화되었다. 이승만의 강화된 반공태도는 북한이 공산화된 후 남한까지 공산화되는 것을 막기 위해 남한에 자유 총선거에 의한 민주정부를 조속히 수립하는 운동에 매진하도록 만들었다. 이승만의 그러한 입장은 남한에서의 정부수립문제와 관련된 그의 다음과 같은 설명에서 잘 드러난다.

> 단독정부라는 말은 당초에 누가 만들어낸 말인지 모르겠으나 내가 거의 1년 반 전에 미주에서 돌아와서 문자와 언론으로 성명한 것은 과도정부로 남북을 대표한 정부를 수립하기로 한 것인데 선거를 반대하는 사람들이 단독정부라는 언론을 만들어내서 민심을 현혹시키는 것이니 이들은 총선거도 하지 말고 가만히 앉았다가 공산화하고 말고자는 것이다.…남조선에서 정부수립이 되면 남북 분열을 영구히 인정하는 것으로 남북이 병행할 수 없으므로 총선거를 지지할 수 없다는 말이 있으나 이것은 사리에 당치도 않는 말이다. 사람의 몸이 한 편이 죽어가는 경우에는 살아있는 편이라도 완

---

26) 『서울신문』, 1945년 12월 21일

전히 살려서 죽는 편을 살리기를 꾀할 것인데 다른 방책이 없이 운명을 기다리고 있다면 살아있는 편까지 마저 죽어버리자는 것으로 누구나 알아들을 수 없는 말이다.[27]

이러한 이승만의 반공→남한 정부수립은 북한 공산주의세력이 1946년 2월 북한의 단독정권인 북조선임시인민위원회를 설립하면서 북조선민주기지론을 정립한 사실에 비추어볼 때 정당성을 갖는다. 북한 공산세력과 그 지휘를 받는 남한 공산세력은 북한을 확고하게 공산화한 후 그것을 기지로 삼아 남한까지 공산화하자는 북조선민주기지론에 입각하여 남한까지 공산화하기 위해 강력히 투쟁했다. 북한을 공산주의체제로부터 해방시키지는 못할지라도 남한만은 공산화를 방지해야 되겠다는 이승만의 입장은 남한까지 공산화하려는 남북한 공산세력의 입장과 정면으로 대립할 수밖에 없었다. 남한에 반공정권을 수립하는 문제를 둘러싼 이승만과 공산세력 간의 싸움에서 결국 이승만이 승리하게 되었고, 그 승리의 결과 1948년 8월 15일 대한민국이 건국되었다.

Ⅴ. 건국 직후부터 6·25전쟁 발발 직전까지의 기간 동안 이승만의 반공

이승만은 공산당과 사생결단의 투쟁을 거쳐 대한민국을 건국했음에도 불구하고 건국 당시에는 공산당에 대해 전면적 거부 입장을 취하지 않았다. 이승만은 1948년 7월 24일의 대통령 취임식 연설에서 다음과 같이 말했다.

27) 『우남실록』, 515쪽.

이북동포 중 공산주의자들에게 권고하노니…남북의 정신통일로 우리 강토를 회복해서 조상의 유업을 완전히 보호하여 가지고 우리끼리 합하여 공산이나 무엇이나를 민의를 따라 행하는 것이 좋을 것입니다.…우리는 공산당을 반대하는 것이 아니라 공산당의 매국주의를 반대하는 것이므로 이북의 공산주의자들은 이것을 절실히 깨닫고 일제히 회심해서 우리와 같이 같은 보조를 취하여 하루 바삐 평화적으로 남북을 통일해서 정치와 경제상 모든 권리를 다 같이 누리게 하기를 바라며 부탁합니다.[28]

공산당에 대한 부분적 포용의지를 가지고 있던 이승만의 공산주의에 대한 태도는 1949년 9월 9일 북한에서 조선민주주의인민공화국이 성립되면서 그 포용성이 약화되었다. 북한에서 성립된 북조선민주주의인민공화국은 공산주의자들의 논리에 따르면 북한의 정부가 아니라 남한까지 포괄하는 한반도 전체의 정부이다. 북한의 단독 임시정부는 1946년 2월 북조선임시인민위원회의 조직으로 성립되었고, 북한의 정식 정부는 1947년 2월 북조선인민위원회의 조직으로 성립되었다. 남북한의 공산주의자들은 남북협상회의 등을 통해 한반도 전체를 커버하는 정부를 구성하기 위한 형식적 절차를 진행했고, 마침내 조선민주주의인민공화국을 성립시킨 것이다. 대한민국이나 조선민주주의인민공화국이나 한반도 전체를 자기들의 영토로 선언하는 점에서는 차이가 없으나, 상대방에 대한 공격성은 인공이 더 강했다. 대한민국은 북한지역을 대표할 국회의원을 공석으로 남겨놓고 정부를 수립했지만 인공은 남한지역을 대표하는 인민회의 대의원을 조작하여 남북한 전체의 인민회의 대의원을 토대로 정부를 수립했다. 공산주의세력의 이 같은 거짓 조작극은 이승만으로 하여금 공산당에 대한 포용의지를 약화시키지 않을 수 없도록 만들었다.

공산주의자들은 조선민주주의인민공화국을 한반도 전체의 정부인 것

28) 『우남실록』, 553쪽.

처럼 꾸며댄 데 이어 남한 도처에서 인공에 대한 지지를 유도하는 투쟁을 전개했다. 마침내는 1948년 10월 여수 순천지역에서 대규모 군사반란을 일으켜 대한민국을 파괴하려 했다. 이러한 공산주의세력의 도발은 이승만정권으로 하여금 공산주의세력의 도발을 억제하기 위한 법률인 국가보안법을 제정하도록 유도했다.

국가보안법(국보법)은 당초 이승만정부가 제안한 법률이 아니다. 이 법률을 처음에 제안한 사람은 제헌의회에서 친일파 숙청을 강력하게 주장하는 민족주의의식과 공산분자들의 도발에 대한 억제책 강구를 적극적으로 촉구하는 반공의식을 동시에 갖춘 소장파 의원 김인식이었다.[29] 김인식은 동료의원 32명의 지지를 받아 9월 20일 「대한민국 내란행위 특별 처벌법」을 제정할 것을 제안했으며, 국회는 9월 29일 김인식이 제안한 법률의 초안을 법제사법위원회에서 작성하여 본회의에 제출하도록 결의했다.

법사위원회는 처음에는 초안작성에 소극적이었다. 여순반란사건이 발생한 후 소집된 국회가 법사위에 김인식이 제안한 법률 초안의 작성을 재촉한 후에야 법사위의 초안작성이 진행되었다. 11월 9일 법사위는 김인식이 제안했던 「내란행위 처벌법」의 명칭을 「국가보안법」으로 바꾸어 그 초안을 본회의에 제출했다. 이승만정부는 국보법의 국회 통과를 위해 적극 노력했다. 국회 본회의에서는 국보법의 제정을 저지하려는 의원들이 다양한 방법으로 입법을 방해했다. 그들의 대부분은 훗날 남로당 프락치로 처벌되었다. 그러한 방해를 극복하고 국보법은 11월 19일 재석 121 중, 찬성 84, 반대 3의 압도적 찬성으로 통과되었다. 국보법의 제정으로 이승만정부의 반공노력은 종전보다 효율적으로 진행될 수 있었다.

---

29) 이러한 사실은 일부 저술가들이 국가보안법 제정이 친일파들에 의해 주도된 것처럼 기술한 것이 잘못된 것임을 확인해 준다.

여순반란사건 이후 보다 강경해지고 있던 이승만의 반공입장은 중국의 공산화 위기가 심각해지면서 한층 강화되었다. 이승만은 중국 대륙이 공산화 위기에 처한 상황을 보면서 민주주의와 공산주의는 상반되는 이념이므로 민주주의를 지키려면 공산주의와 비타협적으로 싸워야 한다고 주장하고, 일본 군국주의와 타협한 것이 태평양전쟁의 재난을 초래했던 것과 마찬가지로 공산주의와 타협하는 것은 공산화를 초래하게 될 것이라고 경고했다.[30] 당시 이승만은 중국 대륙의 공산화 위기를 목격하면서 남한의 공산화 가능성을 걱정하게 되었고, 그러한 걱정이 공산주의세력과의 비타협적 대결을 강조하게 만든 것으로 판단된다.

공산주의세력과의 비타협적 대결을 강조한 이승만은 남한에 있는 공산주의자들에 대한 적극적 사상전향공작을 전개하기 위해 1949년 6월 국민보도연맹을 결성하도록 했다. 국내 좌익세력이 전향하지 않고 있으면 북한의 무력남침과 같은 일이 벌어졌을 때 대한민국 국군은 북한군과 남한 내 좌익세력이라는 두 개의 적을 동시에 상대하는 어려움에 처할 것이기 때문이다. 보도연맹은 전향한 좌익분자들에게 전과를 묻지 않고 직장 알선 등의 혜택을 제공하면서 전향공작을 전개했다.

이승만은 이 무렵 공산세력과의 대결은 무력전쟁보다 사상전쟁이 더 중요하다는 생각을 하고 있었다. 이승만은 6·25전쟁이 발발하기 직전인 1950년 6월 20일 국회에서 행한 연설을 통해 세계가 민주진영과 공산진영으로 양분될 것이며, 두 진영 간의 전쟁은 무력전쟁과 사상전쟁의 두 측면을 가지게 될 것이라고 전망하면서, 무력전쟁과 사상전쟁 중 사상전쟁이 더 위험하다고 주장했다. 이승만은 그 근거로, ① 소련이 이면에서는 무력을 확장하면서도 표면적으로는 사상공세를 전개하여 인심을 정복함으로써 민주국가들이 공산화되는 것에 대해 두려워하지 않게 되기 때

30) 『대통령이승만박사담화집』 1, 공보처, 1953, 11쪽.

문이고, ② 공산정권이 독재를 하면서도 표면적으로는 민주국가임을 자처함으로써 자유를 원하는 민족들이 그에 속아서 공산화를 수용하게 되기 때문이며, ③ 민주진영의 지도자들이 평화에만 연연하여 공산세력과 타협하는 노선을 취함으로써 공산화에 대한 단호한 저지를 하지 않게 되기 때문이라고 설명했다. 이승만은 또 공산권과 타협하면서 대치하는 냉전적 대결로서는 공산화위협으로부터 민주국가들을 보호할 수 없음으로 열전으로 싸워서 민주국가들을 공산화 위협으로부터 지켜야 하며, 그것도 선제적으로 열전을 전개해야 한다고 주장했다.[31]

Ⅵ. 6·25전쟁 발발 이후의 이승만의 반공

북한군의 남침으로 인한 6·25전쟁은 이승만의 반공태도를 더욱 강경하게 만들었을 것임은 불문가지의 일이다. 6·25전쟁으로 인해 이승만의 반공태도는 "공산주의자와는 함께 살 수 없다"는 태도로 더욱 강화되었다. 이러한 이승만의 반공태도 강화는 1951년 3월의 3·1절 기념사의 다음과 같은 언명에서 확인된다.

> 이번 우리 전쟁에서 유엔군의 많은 희생과 우리 국군의 많은 희생으로서 세계에 확실히 증명한 것이 첫째 대내적으로는 우리 민족이 공산의 악화가 어떠하다는 것을 철저히 깨달아서 공산주의자와는 함께 살 수 없다는 것을 확실히 파악시킨 것입니다.… 아직까지도 모든 자유국가들 중에 공산문제를 평화적으로 해결한다 협의적으로 해결한다[고 말하]는 정치대가들이 [있는데,] 실로 그 분들의 목적이나 그 결과는 도리어 공산진영을 유익하게 해서 전쟁을 피하기 어렵게 하므로 우리가 주장하는 바는 그와 달라서 우리

31) 위의 책, 35-36쪽.

> 국내에 있는 공산분자들을 다 감화시켜 민주진영을 절대 지지하든지 그렇지 못한 사람들은 다 자유행동이나 자유언론을 못하게 만드는 것입니다.[32)]

이승만의 이러한 반공태도 강경화는 그로 하여금 한편으로는 협상에 의한 6·25전쟁의 휴전에 반대하고 휴전협정이 체결된 이후에는 휴전협정을 파기하고 북한 및 공산진영에 대한 선제공격에 의한 전쟁수행을 주장하도록 만들었으며, 다른 한편으로는 반공을 위해 민주주의원칙을 위반해도 된다는 태도를 갖게 만들었다.

이승만은 미국이 공산군과 휴전협상을 진행하자 휴전협상에 강력 반대하면서 휴전거부 대중투쟁을 선동했다. 그러면서 이승만은 우리 국민의 반대에도 불구하고 공산군과 휴전을 하려는 미국에 대해 '전쟁이 하기 싫어서', '무책임하게' 행동하고 있다고 비난했다. 이승만은 미국에 대해 "38선문제이다. 선의를 가진 다수 인사가 유엔군이 38선에 도달했는데 전투를 정지하라는 제안을 하였던 것이다.…유엔군은 반드시 북진하여 압록강 두만강을 따라 있는 한국과 만주간의 자연적 경계선까지 진격하여야 하는 것이다.…한국의 진실한 벗이라면 공산주의의 진실한 적이라면 결코 이 전쟁의 최후목적인 한국의 통일과 독립을 완수하고 완전한 승리를 획득하기 전에는 어디서든지 간에 정지하지 않을 것이다"[33)]라고 호소했다.

이승만은 또 한국에게 휴전협정 수용을 강요하는 미국에 반발하여 국군의 독자 북진을 주장하기도 했다. 그는 "공산을 우리나라 안에서 살리려고 한다면 우리가 우방의 도움을 받거나 못 받거나 다 막론하고 이를 반대할 것이요. 우리가 국토를 회복해서 자유권을 가진다는 데는 누구나 우리 앞을 막지 못할 것을 우리가 선언하고자 한다"라고 천명했다. 아울

32) 위의 책, 47-48쪽.

33) 위의 책, 50~51쪽.

러 "모든 민중은 더욱 결심해서 우리나라는 우리의 것이요 이 전쟁은 우리의 전쟁이니, 친구가 와서 돕는 것은 감사하나 어디까지나 나간다는 것을 우리가 작정해야 하는 것이다. 이것을 말로만 여기지 말고 앞에 태산 같은 장애가 오더라도 우리가 주저 없이 일제히 일어나서 밀고 올라갈 것을 맹서해야 할 것"[34)]이라며 휴전협상 반대 대중투쟁을 더욱 노골적으로 선동했다.

이승만 비판자들은 이승만의 이러한 휴전반대-북진통일 노선을 민족상잔 전쟁을 지속하려는 것이라고 비판한다. 그러나 북한공산군의 남침으로 민족상잔 전쟁이 전개된 상황에서 그런 민족상잔의 비극이 재발하지 않도록 하려면 민족상잔 전쟁을 일으킨 자들을 응징하고 한반도를 통일하는 것이 가장 확실한 방법이라는 점을 생각하면, 이승만이 6·25전쟁 기간 중에 휴전반대-북진통일을 주장한 것은 부당하지도 반민족이지도 않다.

휴전협정이 체결된 후 이승만은 휴전을 비판하고 북한 및 공산진영에 대한 전쟁 수행을 거듭해서 촉구했다. 이승만은 1954년 7월 미국을 방문하여 의회에서 행한 연설에서 다음과 같이 말했다.

> 한국전선에서 이 순간 총성은 멈췄습니다. 그러나 그것은 현명치 못한 휴전협정 때문에 잠시 멈췄을 뿐이며, 적들은 이 기회를 이용하여 힘을 키우고 있습니다. 이제 제네바회담이 예상했던 대로 아무 결과 없이 결렬되었으니, 휴전의 폐기를 선언할 때입니다!…수년 안에 소련은 미국을 궤멸시킬 수단을 소유하게 될 것입니다. 우리는 지금 행동해야 합니다. 어디서 시작할 수 있겠습니까? 바로 극동지역입니다.…한국 전선은 우리가 승리하고자 하는 전쟁 즉, 아시아를 위한 전쟁, 세계를 위한 전쟁, 지구상의 자유를 위한 전쟁 중 작은 일부일 뿐입니다.[35)]

---

34) 위의 책, 52~53쪽.

6·25전쟁 휴전 후 이승만은 공산주의는 세계의 공산화를 추구하므로 공산당과 평화롭게 지낸다는 것은 공산당에게 세계 적화 기회만 제공하는 것이며, 공산당의 세계 적화를 저지하려면 목숨을 걸고 투쟁해야 하며 군인과 민간인이 함께 일어나 군사공격에 의한 북진통일을 성취하자고 줄곧 역설해왔다. 이승만은 1957년 6월 25일 발표한 기념사에서 "6 · 25전쟁은 소련의 세계적화계획의 일환이며 자유진영이 소련의 세계적화전략을 저지하지 못하면 인간의 자유권이나 민주국가는 있을 수 없다. 자유진영과 공산진영 사이에 전개되고 있는 싸움에서 그 판세를 좌우하는 관건적 위치에 대한민국이 있다"고 주장하면서[36], 뒤이어 "공산당의 침략자들은 [무력침략뿐만이 아니라] 괴휼하고 냉정한 수단으로 세력과 음모를 병행해서 행하는 고로 저의 침략이 무력할 적에는 외교수단으로 나서서 속이는 수단을 썼으니 여러 번을 전쟁에 다 지게 된 것을 뒤집어가지고 저이가 이겨가는 모양으로 내놓고서는 저이들이 은혜를 베풀어서 평화로히 시작하려는 태도를 보여 가지고 민주국가가 해가는 제도를 따라서 평화담판으로 시작하자는 태도를 표시한 것입니다. 한국의 휴전협정은 즉 이와 같은 수단으로 공산당이 성공한 중에 한 가지입니다"[37]라고 말했다. 그러면서, 공산당과 타협적으로 나가는 것은 공산당에 말려드는 것이므로, 타협하지 말고 굳세게 전쟁으로 맞서 북한과 싸울 것을 촉구했다.

이승만의 강경한 반공입장은 이승만으로 하여금 반공을 위해서는 민주

---

35) ROK Office of Information, *President Syngman Rhee's Journey to America*, Seoul, Office of Information, 1955, pp. 15-22; 홍승표, 「현실주의 시각에서 본 이승만의 반공노선」, 서울대 국제문제연구소 편, 『이승만과 제1공화국』, 논형, 2007, 77쪽에서 재인용.

36) 『대통령이승만박사담화집』 3, 공보실, 1959, 43쪽.

37) 위의 책, 45-46쪽.

주의 원리를 위반해도 된다는 생각을 가지도록 유도했으며, 그러한 생각은 정치적 반대자를 탄압하는 수단으로 반공을 이용하도록 만들었다. 이승만이 반공을 정치적으로 악용한 대표적 사례로는 부산정치파동, 신(新)국가보안법파동, 반공적 청년단체들의 정치적 동원 등을 들 수 있다.

부산정치파동은 국회에서의 간선제로는 대통령 재선이 불가능하다고 판단한 이승만이 국회의원들을 구속하고 협박하여 대통령 직선제 개헌을 관철시킨 일련의 비정상적 정치과정을 말한다. 이승만은 국회의원들을 구속·협박하기 위해 1952년 5월 25일 부산에 공비들이 침투할 위험성이 있다는 구실을 내세워 임시수도 부산에 계엄령을 선포했다. 계엄령 선포 다음날 헌병들은 대통령 직선제 개헌 반대에 앞장선 야당 국회의원들을 국제공산당의 음모에 연루되었다는 거짓 혐의를 둘러씌워 체포했다. 헌병대는 국제공산당의 음모에 연루된 혐의로 9명의 국회의원을 구속하고, 20명의 의원을 체포하기 위해 추적했다. 이승만정권은 반공을 구실로 내세워 국회의원들을 불법 체포하고 추적하는 공포분위기를 조성한 다음 그해 7월 4일 국회의원들을 회의장에 감금시켜 놓고 대통령 직선제가 내포된 개헌안(발췌개헌안)을 통과시켰다.

신국가보안법파동은 이승만정권이 반공을 구실로 대통령과 정부에 대한 야당과 언론기관의 비판을 봉쇄하는 조항이 내포된 국보법 개정을 비정상적인 방법으로 관철시킨 사건이다. 이승만정권은 북한 공산간첩이 매우 많이 남파되고 있는 상황에서 북한간첩을 보다 효율적으로 적발 처벌하기 위해 국가보안법을 개정하기로 했는데, 그러한 국가보안법 개정안에 대통령 및 정부에 대한 비판을 억제할 수 있는 장치를 삽입하고자 했다. 그 장치는 당시 국보법 개정안 17조 5항에 들어있는 허위사실 유포죄이다. 이 조항은 "공연히 허위의 사실을 적시 또는 유포하거나 사실을 왜곡하여 적시 또는 유포함으로써 인심을 혹란케 하여 적을 이롭게 한 자는 5년 이하의 징역에 처한다"고 천명했다. 야당은 국보법에 언론

자유를 본질적으로 침해하는 이러한 조항이 포함되는 것에 반대했으며, 야당 의원들은 그러한 국보법 개정을 저지하기 위해 국회의사당 안에서 농성을 전개했다. 이승만의 자유당 소속 국회의원들은 1958년 12월 무술경위들을 동원하여 농성 중이던 야당의원들을 강제로 의사당 밖으로 몰아냈다. 야당의원들을 몰아낸 후 자유당 의원들끼리 단독으로 회의를 진행하여 문제의 독소조항이 포함된 국가보안법 개정안을 통과시켰다.

반공적 청년단체들의 정치적 동원은 1952년 부산정치파동 때부터 시작되었다. 부산정치파동 이후 이승만은 반공활동을 목적으로 결성된 청년단체들을 자신에 대한 대중지지 조작, 정치적 반대인사들에 대한 테러, 각종 불법적 선거운동 등에 동원했다. 청년단체들이 정치적으로 악용되기 시작하면서 폭력배들이 청년단체에 많이 참여하게 되었으며, 반공을 표방하는 청년단체들의 정치적 악용은 1959년 1월 반공청년단의 결성과 그에 뒤이은 반공청년단의 각종 불법선거활동과 테러에서 절정을 맞이했다. 1960년 4월 18일 가두시위를 마치고 학교로 귀환하는 고려대 학생들에 대한 테러는 이승만정권에서 자행된 반공청년단의 마지막 테러였다.

이승만정권이 자행한 반공의 정치적 악용은 반공의 정당성을 훼손시킴과 동시에 이승만정권의 정당성과 존속능력도 약화시켰다.

Ⅶ. 맺음말

독립운동·정치활동의 전체기간을 통해 공산주의에 대한 이승만의 입장은 각 시기 별로 변해왔다. 이승만이 처음부터 공산주의에 대한 확고한 반대 입장을 취한 것이 아니라, 공산주의자 및 소련의 자기에 대한 배척과 공격을 경험해 가면서 그에 반응하는 형태로 공산주의에 대한 부정적 입장을 정립해 간 것이다. 이승만은 초기에는 공산주의에 대해 포용적인 입장을 취했다가 공산주의자 및 소련의 자기에 대한 배척과 공격을 경험한 후 공산주의에 대한 비판적 입장을 취하게 되었고, 공산주의자들과 소련의 이승만과 대한민국에 대한 공격이 확대·강화되자 이승만의 공산주의에 대한 입장도 방공(防共)→반공(反共)→멸공(滅共)으로 강경해진 것이다.

독립운동 과정에서 공산주의자들의 이승만에 대한 정치적 공격이 없었더라면 이승만도 공산주의에 대한 반대 입장을 취하지 않았을 수도 있었을 것이다. 또 1933년 소련이 이승만을 배신적으로 문전박대하지 않았더라면 이승만의 소련에 대한 반대 입장이 강화되지 않았을 수도 있었을 것이다. 이승만은 독립운동 기간이나 해방 직후 공산당에 대해 적어도 부분적으로는 포용적 자세를 취해 왔으나 공산당이 그의 포용적 통합주의 노선을 파괴함에 따라 이승만도 반공입장을 취했던 것이다. 대한민국 건국과정에서는 공산당이 북한을 공산화한 후 그것을 기지로 삼아 남한까지 공산화하려 하기 때문에 남한의 공산화를 방지하려는 이승만으로서는 보다 강력한 반공입장을 취할 수밖에 없었다. 중국의 공산화로 인해 남한 공산화 가능성이 높아짐에 따라 이승만의 반공입장은 한층 강화되기 시작했으며, 북한이 6·25남침을 자행하자 이승만의 반공은 "공산당과는 같이 살 수 없다"는 더욱 강경한 입장으로 심화되었다.

위에서 살펴본 공산주의에 대한 이승만의 입장을 거칠게 요약하면, 용공(容共, 임시정부 초기) → 비공(批共, 1920년대 중반~해방 직전) → 방공(防共, 해방~건국) → 반공(反共, 건국 직후~6·25전쟁 직전) → 멸공(滅共, 6·25전쟁 이후)이 될 것이다. 공산주의에 대한 이승만의 태도는 처음에는 포용적이었다가, 이승만과 대한민국에 대한 공산당 및 소련의 공격이 강화되면서 그에 조응하여 이승만의 공산주의에 대한 반대로 변하고 다시 보다 강경한 반대로 심화되었던 것이다.

이렇게 볼 때, 이승만의 반공은 방어적 성격이 강하며, 그의 반공은 남한의 공산화를 반대하는 사람들의 입장에서 보면 정상적이고 정당한 것이다. 정치 지도자로서 공산주의자들로부터 지속적으로 반대와 공격을 당하고 나서도 반공 입장을 취하지 않는다면 그것이 오히려 비정상적인 것이다. 또한 이승만의 반공 노력이 없었다면 남한마저 공산화되었을 것이 분명하므로 남한의 공산화를 반대하는 입장에 있는 사람들에게는 이승만의 반공은 정당한 것이다.

이승만의 반공의 정당성은 부산정치파동을 고비로 대폭 상실되기 시작했다. 반공을 정치적 반대자들에 대한 탄압의 명분과 수단으로 악용한 것, 더구나 그 악용이 자유민주주의 원리를 비본질적이고 일시적으로 위반하면서 자행된 것이 아니라 본질적이고 지속적으로 위반하면서 자행된 것은 자유민주주의체제 보호를 위한 수단으로서의 반공의 가치를 대폭 상실하게 만들었다.

자유민주주의 원리를 본질적이고도 지속적으로 침해하면서 고수되는 반공은 대체로 공산독재보다는 덜 나쁜 것이라고 말할 수 있지만 그 나은 점의 크기는 매우 작아지게 된다. 나아가서 그 침해가 심해지게 되면 국민에게 가해지는 피해에 있어서 반공독재와 공산독재 간에는 별 차이가 없어지게 된다. 이승만정권에서 지속된 자유민주주의 이탈적 반공은 공산독재보다야 나았던 것이 틀림없는 사실이지만, 그로 인해 이승만의 반공이 당초의 정당성을 크게 상실한 것도 틀림없는 사실이다. 그러한 반공의 정당성 상실은 반공이 정권의 중요한 지지대의 하나였던 이승만정권의 존속능력 약화를 필연적으로 초래하게 되었다.

이승만 대통령의 농지개혁 추진과 성과[1)]

김 승 욱*

〈목 차〉

Ⅰ. 머리말

일본이 갑자기 철수한 해방 직후의 한국은 일꾼도, 자원도, 치안도, 심지어 군대도 없었던 진공상태였다. 농업이 주된 산업이었던 시대에 전국적으로 자·소작농(自小作農) 중심으로 구성된 인민위원회가 치안을 맡으며, 국민의 70퍼센트가 넘는 농민들은 급격한 개혁을 외치며 미군정과 대립하고 있었다. 이러한 상태에서 대한민국 정부수립을 이룩한 이승만 대통령은 건국대통령으로 평가되고 있을 뿐 경제적 공적에 대해서는 상

* 중앙대학교 경제학부 교수

1) 이 글은 2011년 9월 30일 개최된 연세대 이승만연구원 제1회 우남학술회의에서 발표된 논문과, 이를 기초로 한 『신앙과 학문』, 제16권 4호, 2011. 12, 33-74쪽에 기고한 「이승만 정부의 농지개혁에 대한 기독교적 평가」를 수정·보완한 것이다. 우남학술회의 당시에 좋은 토론을 해 준 이화여대 김수자 교수와 익명의 세 분 심사자께 감사를 드린다.

대적으로 주목을 덜 받고 있다.

그러나 최근 한국의 고도성장이 세계의 주목을 받으면서 압축성장을 가능하게 한 근본 토대에 관심이 모아지고 있다. 특히 박정희정부의 고도성장이 일제강점기의 근대화와 이승만정부 시절의 준비가 없었어도 가능했겠는가 하는 논의가 일어나고 있다. 그리하여 식민지근대화론과 함께 이승만정부의 경제정책에 대한 관심이 커지고 있다.

그러나 일반적으로 이승만 대통령의 경제정책은 높이 평가받지 못했다. 청년 이승만은 미국 유학시절(1905~1910)에 정치학·국제법·역사학 등을 전공했기 때문에 경제학에 대해서는 공부를 많이 하지 않았다.[2] 그리고 하와이 시절(1925~1931)에 동지식산(同志殖産)주식회사를 설립했다가 파산한 경력도 있다.[3] 그래서 유영익은 이승만이 경제문제에 비교적 무관심했고, 근대적 경제이론에 밝지 않아서, 경제정책 면에서는 때로는 정부개입을 강하게 주장하다가, 어떤 경우에는 자유주의적인 정책을 지지하는 등 일관성이 없었다고 주장했다.[4] 예를 들면 "1946년 3월에 발표된 「민주의원 임시정책 대강」과 1948년 7월에 제정된 대한민국 헌법에서 국가자본주의적 정책을 표방하다가, 1954년 1월 제2차 헌법개정을 통해 민간기업 중심의 경제정책을 채택하는 등 일관성이 결여된 행동을 보여주었다"고 유영익은 적고 있다.

그러나 경제전문가가 아닌 대통령도 뛰어난 경제적 업적을 이룩하는

---

2) 이승만은 하버드대 대학원에서 경제학 과목을 한 과목 밖에 안 들었으며, 그나마 D를 받았다. 유영익, 『이승만의 삶과 꿈－대통령이 되기까지』, 중앙일보사, 1996, 48쪽; 유영익, 「이승만 대통령의 업적－거시적 재평가」, 유영익 편, 『이승만 대통령 재평가』, 연세대 출판부, 2006, 49, 61, 475-576쪽.

3) 홍선표, 『자주독립과 통일정부 수립을 위한 재미한인의 꿈과 도전』, 연세대 출판부, 2011, 57, 73쪽.

4) 유영익, 「이승만 대통령의 업적」, 540쪽.

예는 얼마든지 있다. 세계대공황의 최악의 상황에서 대통령직에 오른 프랭클린 루즈벨트(Franklin D. Roosevelt) 대통령은 케인즈주의 경제학을 활용한 뉴딜정책으로 대공황에서 미국을 구한 경제대통령으로 유명하지만, 훗날의 미국경제사학자들의 연구에 의하면, 그의 뉴딜정책은 케인즈주의 경제학과도 거리가 멀었으며, 일관성이 없는 모순 덩어리였다는 것이 밝혀졌다.[5] 한국 경제성장에 크게 기여한 것으로 평가받는 박정희 대통령도 경제학과 거리가 멀었다.

그리고 이승만 대통령 시대의 경제학은 오늘날의 경제학과 크게 달랐다. 당시에는 케인즈 경제학이 각광을 받던 시기였고 신중상주의적인 진보주의 시기(progressive era)였기 때문에 자유주의적인 미국조차 정부의 개입을 당연시했다. 반면에 오늘날에 높이 평가받는 하이에크나 밀튼 프리드만 등의 자유주의 경제학자들은 아직 인정을 받지 못하던 시대였다. 따라서 당시 이대통령이 보여주었던 일관성 부족은 오늘날의 눈으로 비판할 수 있지만, 당시의 상황 속에서는 지극히 당연한 일이었다.

대통령의 경제적 업적에 대한 평가는 그의 경제학 지식의 정도에 달려 있는 것이 아니라, 그가 주도적으로 실시한 경제정책의 결과를 가지고 판단해야 한다. 특히 많은 사람들의 반대를 무릅쓰고 정치력을 발휘해서 얼마나 일관성 있게 추진했으며, 그 결과가 경제적 성취에 어떤 긍정적인 영향을 미쳤는가에 따라서 판단해야 한다.

유영익은 이승만의 경제업적을 첫째는 미국으로부터 22.8억 달러에 달하는 거액의 경제 원조를 받아내 6·25전쟁으로 파괴된 시설을 복구하고 사회간접자본을 확충했으며, 해방 이후의 악성 인플레이션을 극복했다는 것, 둘째는 수입대체산업공업화정책을 성공적으로 추진했다는 것, 셋째

5) Price Fishback, et. al., *Government and American Economy*, Chicago: University of Chicago Press, 2007.

는 산업개발위원회를 설치해 장기개발계획을 수립하여, 이것이 후에 박정희 군사정부의 경제개발계획 입안에 요긴하게 사용되도록 한 것 등을 꼽았다.[6] 이 밖에 간접적 영향을 미친 것으로서 한미상호방위조약을 체결해서 국방비를 절약함으로써 한국이 경제개발에 매진할 수 있게 했으며, 또한 문맹을 퇴치하고, 고등교육을 획기적으로 확대함으로써 한국경제 성장요인으로 꼽히는 교육발전에 크게 기여한 점을 지적한다.

이렇게 직·간접적인 경제적 업적이 많지만, 역시 이승만 대통령의 가장 큰 경제적 업적은 농지개혁이다. 이 농지개혁을 통해 양반제도의 물질적 기초가 되는 농지가 소작인에게 분배됨으로써 양반제도의 실제적 종지부를 찍었다. 또한 일제강점기를 통해서 지주계층으로 성장한 부농들의 농지가 모두 해체되었으므로 친일세력을 단죄한다는 의미까지 가지고 있었다.[7] 그리하여 전상인은 농지개혁을 "초미의 시대적 과제이며, 사회개혁의 최고의 상징이었다"고 평가하기도 했다.[8]

지금까지 경제학자들의 농지개혁 관련 연구는 농지개혁의 경제적 성과에 초점이 맞추어졌고, 정치학자들의 연구는 이승만 대통령의 정치적 지지기반 확대 등에 초점이 맞추어졌다. 농지개혁에 대한 실증 연구는 한국농촌경제연구원에서 김성호 연구원 등의 주도하에 『농지개혁사연구』 편찬팀에 의해서 광범위하게 이루어졌다. 전통적으로는 농지개혁이 실패로 끝났으며, 이승만은 농지개혁에 소극적이었다는 주장이 많았다. 그러나 1980년대 중반 이후에 농지개혁의 의의에 대해서 새로운 해석들이 등장했고, 또한 농지개혁에 대한 이대통령의 입장도 새롭게 조명되면서 농지개혁이 이대통령의 가장 중요한 경제적 업적으로 평가되고 있다.

---

6) 유영익, 「이승만 대통령의 업적」, 541-542쪽.

7) 유영익, 「이승만 대통령의 업적」, 543, 563쪽.

8) 전상인, 「이승만의 사회사상·사회운동·사회개혁」, 유영익 편, 『이승만 대통령 재평가』, 375-405쪽.

이 글은 이승만 대통령의 경제적 업적 평가의 일환으로 농지개혁의 성과를 밝히는 것을 목적으로 한다. 이를 위해서 농지개혁 추진 과정을 간략히 정리하고, 농지개혁의 성과를 둘러싼 여러 논의를 정리한 다음, 이 대통령이 추진한 농지개혁의 역사적 의의를 평가하려 한다.

농지개혁을 넓은 의미로 사용할 때는 미군정의 귀속농지불하와 이승만 정부에 의해서 실시된 한국인 지주농지 분배의 두 가지를 다 포함한다. 일반적으로 농지개혁의 성과를 다룰 때는 광의의 농지개혁이 미친 성과를 다룬다. 이 글에서는 이승만 대통령의 경제적 업적을 설명하기 위해서 주로 이승만정부가 실시한 농지개혁에 초점을 맞추지만, 농지개혁의 경제적 성과를 논의할 때는 귀속농지불하를 포함한 광의의 농지개혁의 결과를 논의할 것이다.[9)]

Ⅱ. 농지개혁의 추진과정과 내용

해방 직후 농지분배 실태와 농민들의 상황

일제 강점기에 있었던 토지조사사업이 완료된 1918년에 조선의 경지

9) 김일영은 농지개혁법안과 귀속재산처리법안이 서로 연결되어 있기 때문에 이 양자를 함께 연결시켜 연구해야 한다고 강조했다. 농지개혁의 효과를 논의할 때는 시기적으로 농지개혁법이 제정된 1949년 이후만을 대상으로 할 수는 없다. 왜냐하면 헌법에 농지개혁법을 만들 것을 명시했을 때 이미 많은 대지주들은 농지를 매각했기 때문에 농지개혁법이 만들어지기 이전에 이미 그 효과가 나타나고 있었다. 심지어 일본인들이 패전 직전에 이미 농지를 처분했기 때문에 농지가 소작인에게 돌아가기 시작한 것은 해방 이전에도 시작되고 있어서 이것까지 농지개혁의 효과에 들어간다고 볼 수도 있다. 김일영, 「농지개혁을 둘러싼 신화의 해체」, 박지향·김철·김일영·이영훈 편, 『해방전후사의 재인식』 2, 책세상, 2006, 295-344, 301쪽.

면적은 약 450만 정보로 국토면적의 20.2%였다. 그 후 경작지 면적은 계속 증가하여 1936년에는 494만 정보(22.2%)로 증가했다.[10] 이렇게 일제강점기에 경작지 면적은 증가했지만, 조선총독부는 지주계층을 통치세력으로 포섭하기 위해서 지주에게 유리한 지세제도를 실시하여 식민지지주제가 정착되었다. 그리하여 '산미증식계획'을 실시한 1930년대까지 토지소유 불평등도는 더욱 악화되었다. 1929년에 미국에서 시작된 세계대공황의 여파로 일제하 조선에서도 1930년에 농업공황이 발생하여 식민지권력에 대한 농민저항이 심해지자, 일제는 농촌진흥운동과 조선농지령 등의 농가경제안정화 정책을 실시하였다. 그리하여 식민지지주제가 점차 약화되면서 토지소유의 불평등도 완화되었지만, 여전히 절대 다수의 농민은 소작농으로 전락해 있었다.

그 결과, 해방 직후 국민의 70.9%를 차지하는 농민들은 식민지지주제가 남긴 유산 하에서 빈궁한 삶을 이어가고 있었다. 당시 남한의 총 경지면적 232만 정보 중에 63.4%가 소작지였으며, 자소작지까지 포함하면 80%에 이르렀다. 게다가 전 농가의 68%가 1정보 미만의 영세농이었다.[11] 급격한 사회변혁의 시대인 해방 직후, 남한의 농촌에서는 현상유지를 원하는 지주세력과 지주제를 타파하려는 소작인 간의 긴장이 고조되고 있었다. 그리하여 일제가 물러난 치안 공백기에 농민들은 농민위원회와 농민조합을 조직하였으며, 이를 전국적으로 연합한 농민조합총연맹(이하 전농)이 결성되었다. 이들은 공산주의식의 급격한 개혁을 외치며

---

10) 조석곤, 「토지장부에 나타난 토지소유구조의 변화」, 안병직·이영훈 편, 『맛질의 농민들』, 일조각, 2001, 390-427, 394쪽.

11) 생산성이 높은 호의 경우에는 이 비율이 더 높아 70%가 소작지였다. 조선은행 조사부 편, 『조선경제연보』, 1948, 28-29쪽; 김승욱, 「한국의 경제성장과 자유주의」, 복거일·박효종·김승욱·김정호 공저, 『한국의 자유주의』, 자유기업원, 2007, 187-268쪽.

미군정과 대립하고 있었다.

미군정의 농업정책과 귀속농지불하

미군정은 남한지역에 자본주의 시장경제체제를 정착시키기 위해서 1945년 10월 5일에 일반고시 제1호로 가장 먼저 쌀을 자유롭게 사고팔 수 있게 했다. 그러나 쌀 부족현상이 발생할 것을 예상한 농민들은 쌀을 시장에 내놓지 않았고, 상인들이 매점매석까지 해서 극심한 쌀 부족 현상, 즉 쌀파동이 일어났다. 결국 미군정은 불과 한 달 만에 쌀의 자유 거래를 포기하고, 공출제로 전환해 다시 통제경제체제로 돌아갈 수밖에 없었다.[12]

미군정은 그 후 1946년 2월에 신한공사를 창설하여 일본이 남기고 간 모든 귀속재산을 총괄하게 했다. 이때 신한공사에 이관된 토지면적은, 경지가 논 205,988정보, 밭 62,631정보, 대지 및 기타 13,861정보로 합계 282,480정보였다. 이는 1947년 말 기준으로 당시의 남한 총경지면적(2,102,162정보)의 13.4%를 차지할 정도로 방대한 면적이었다. 그리고 신한공사로 이관된 농지를 소작하는 농가는 55만 4천 가구로, 당시 남한 총농가(206만6천 가구)의 26.8%에 이르는 규모였다.[13] 그해 5월 7일에 미군정은 신한공사를 신한주식회사로 바꾸고 일본인 지주가 징수하던 소작료를 징수해서 이 쌀을 방출하여 쌀 가격을 안정시켰다.

해방 직후 수확량의 절반을 소작료로 지급하던 농민들은 전농을 중심으로 소작료 인하를 요구했다. 이에 각 정당도 미군정에 새로운 소작료

---

12) 이대근, 『해방후 — 1950년대의 경제: 공업화의 사적 배경 연구』, 삼성경제연구소, 2002, 72-76쪽.

13) 미군정법령 52호. 여기에 과수원과 뽕나무밭, 산림까지 다 합하면 총 토지면적은 324,464정보였다. 이대근, 『해방후—1950년대의 경제: 공업화의 사적 배경연구』, 82-83쪽.

를 제안했는데, 조선공산당은 소작료를 30%로 낮추는 3 : 7제를 주장했으며, 한민당은 1/3로 낮추는 3 : 1제를 제안했다. 이러한 요구에 따라 미군정은 「최고소작료 결정의 건」(제9호 법령)을 발표하여 소작료의 최고한도를 3:1제로 정하고, 소작농을 보호하기 위해서 지주가 소작계약을 일방적으로 해제하지 못하도록 했다.[14]

이 조치는 폭넓은 지지를 받았으나 얼마나 효과적으로 지켜졌는지는 미지수다. 전상인은 미국의 『시카고썬(Chicago Sun)』 특파원인 마크 게인(Mark Gayn)의 보도를 인용하여, 1946년 추수기에도 이 조치가 잘 이행되지 못했다고 주장했다.[15]

북한과 일본의 토지개혁(1946년)[16]

북한은 1946년 3월 5일에 '북조선토지개혁에 대한 법령'을 공포, 일본이 남기고 간 적산[17]과 조선인 지주가 소유한 소작지 모두를 일시에 무상으로 몰수해서 무상으로 분배했다.[18] 그 이유는 김일성의 지지기반을 확보를 위해서였다. 북한은 이 토지개혁을 불과 20일 만에 완결을 했으

---

14) 김일영, 「농지개혁을 둘러싼 신화의 해체」, 301쪽.

15) 전상인, 『고개 숙인 수정주의: 한국현대사의 역사사회학』, 전통과 현대, 2001, 27쪽.

16) 북한에서는 농지뿐만 아니라 모든 토지를 대상으로 하였으므로 '토지개혁'이라고 부른다. 그러나 남한에서는 농지만 대상으로 개혁을 실시했기 때문에 '농지개혁'이라고 불린다.

17) 남한에서는 귀속재산이라고 명명한 일본인이 남기고 간 재산을, 북한에서는 '적의 재산'이라고 하여 '적산'이라고 불렀다.

18) "법령 제5조: 몰수한 토지 전부를 농민에게 무상으로 영원한 소유로 양여한다. 제6조: 무상분배 작업을 인민위원회 처리에 위임한다." 기무라 미쓰히코(木村光彦), 「파시즘에서 공산주의로－북한 집산주의 경제정책의 연속성과 발전」, 박지향 등 편, 『해방전후사의 재인식』 1, 737-764, 751쪽.

며,[19] 이때 분배한 총 토지의 면적은 북한 전체 경지의 53%에 해당되는 94만 6천 정보로,[20] 당시 전체 소작지의 90%에 해당되는 규모였고, 전체 농가의 70%가 토지를 분배받았다.

북한 농민은 토지를 무상으로 분배받는 대신, 그 토지의 매매, 소작, 저당을 금지했으므로[21] 실제로는 북조선임시인민위원회(1948년에 조선민주주의인민공화국으로 바뀜)가 모든 토지를 소유하게 되었고, 농민은 경작권만 얻었을 뿐 사유재산권이 인정되지 않았다.[22] 그리고 북한은 수확의 25%를 현물세로 거두었다.[23] 그럼에도 불구하고 소작인이었던 북한의 농민들은 자기 토지를 갖는다는 기쁨에 토지개혁을 열렬히 지지했다. 그리고 왕래가 자유롭던 시절이었으므로, 북한의 토지개혁 소식은 빠르게 남한으로 전파되어 남한 농민들도 북한과 같은 무상몰수, 무상분배 방식의 토지개혁을 요구하였다.

북한에 이어 맥아더 사령부의 통제 하에 있던 일본도 1946년 9월에 '자작농창설 특별조치법' 및 '농지조정법'을 제정하였다. 이 법은 일본의 공산화를 막기 위해서는 소작제를 없애 자작농을 육성해야 한다고 판단했던 맥아더 사령부가 1945년 12월에 내린 '농민해방에 관한 명령'에 기초한 것이었다.[24]

---

19) 원래는 1947년 3월 말까지 1년 동안 실시한다고 했으나 실제는 20일 만에 마쳤다. 이종원, 『한국경제론: 한국적 자본주의 발전의 명암과 미래전망』, 율곡출판사, 2002, 505-506쪽.

20) 이대근, 『해방 후—1950년대의 경제: 공업화의 사적 배경 연구』, 79쪽.

21) "제10조: 분여된 토지는 매매치 못하며 소작 주지 못하며 저당하지 못한다." 기무라 미쓰히코, 「파시즘에서 공산주의로」, 751쪽.

22) 기무라 미쓰히코, 「파시즘에서 공산주의로」, 751쪽.

23) 이는 모든 작물의 평균이고 쌀의 경우에는 27%였다. 기무라 미쓰히꼬, 「파시즘에서 공산주의로」, 750쪽.

24) 그 내용은 지주제의 철폐, 농지증권의 발행, 농지위원회를 설치해 주요 농지

미군정의 귀속농지불하(1948년)

남한을 통제하던 미군정은 초기에는 농지개혁에 대해 부정적인 입장을 보였다. 그 이유는 농지개혁에 근본적으로 자본주의의 사적소유제를 부정하는 공산주의적 색깔이 강하게 내포되어 있었기 때문이었다.[25] 그러나 1946년 2월 11일 미국의 번즈(Arthur Bunce) 경제고문단이 방한하여 귀속농지불하를 긍정적으로 평가하면서 미군정은 귀속농지 불하안을 마련했다. 당시 미군정은 갑자기 농지개혁에 대해 적극적인 반응을 보이며,[26] 1948년 3월에 과도정부법령 제172호로 신한주식회사를 해체하고, 법령 제173호로 중앙토지행정처를 발족시켜 귀속농지를 소작인에게 불하했다. 한국에서 농지개혁에 대해서 미온적이었던 미군정이 갑자기 귀속농지를 불하한 이유는 북한의 토지개혁과 맥아더 사령부에 의해서 추진된 일본의 농지개혁의 영향 때문이었다.[27]

개혁 관련 업무를 관장토록 한다는 점 등으로 되어 있는데, 이는 이승만정부의 농지개혁 방법과 매우 유사하다. 이대근, 『해방 후―1950년대의 경제: 공업화의 사적 배경연구』, 78-79쪽.

25) 『매일신보』, 1945년 9월 25일자에 의하면 미군사령관 하지중장은 농지개혁은 공산주의의 냄새가 풍긴다고 하여 농지개혁에 대한 반감을 밝혔다. 전상인, 『고개 숙인 수정주의』, 25쪽.

26) 권병탁은 "미군정은 적극적 반응을 보였다. 건전하고 온건한 민주제도를 수립하기 위해서는 농지개혁보다 확실한 것은 없다고 주장했다. 과격파의 사상적 압력에 대항하기 위해서 이보다 강력한 방위력은 없다고 동경의 맥아더 사령부는 인식하고 있었다"고 주장했다. 권병탁, 『한국경제사』, 박영사, 1984, 510쪽.

27) 사꾸라이 히로시는 "1946년 3월 5일에 북한에서 「북조선토지개혁법」이 공포되자, 미국무성에서 파견된 키니(Kinney)는 3월 8일 농업발전을 위해 중견자작농을 육성하여 구일본인 소유지를 불하한다고 언명하였다. 이어 3월 15일 미군정은 구일본인 소유지에 대해서 불하안을 발표했다"고 하며 미군정의 태

미군정의 귀속농지 불하원칙을 살펴보면, 현 소작인에게 최우선적으로 불하권을 주도록 했으며(6조 1항), 농지불하 가격은 주생산물 연간 생산액의 3배로 정했고(제9조), 이를 매년 생산물의 20%씩 15년간 분납(제10조)하도록 했다.[28] 이때 매각된 면적은 27만 6천 정보로 분배대상농지의 85%에 달했다.[29]

미군정이 책정한 농지불하가격이 너무 높았다는 비판도 있었으나 한국농촌경제연구원은 결코 비싼 가격이 아니라고 평가했다. 왜냐하면 이것은 당시 자작지 가격과 비슷한 수준이었기 때문이다.[30] 그리고 이는 일제강점 말기 농지가격의 1/5~1/6 수준에 불과했다. 또 당시에 쌀값 폭등을 고려하면 절대 비싼 것이 아니었다. 권병탁도 독일이 1811년에 실시한 하르덴베르크(Hardenberk)의 토지조정령 당시 농지가격이 25년분 지대와 같았던 것을 고려하면, 미군정이 책정한 농지가격은 매우 저렴한 편이라고 평가했다. 이 농지가격이 높다고 인식하는 이유는 후에 한국정부가 이것의 절반 가격으로 농지를 분배했기 때문이다. 또 다른 이유는 당시 귀속농지를 불하받은 소작인들은 일제강점기 동안 계속 비싼 소작료를 지급했었던 것을 고려하기 때문이다. 소작인들은 이미 많은 비용을 치른 것이기 때문에, 이러한 점을 고려할 때 더 싸게 불하했어야 했다고 권병탁은 주장했다.[31]

도변화는 북한의 토지개혁이 큰 영향을 미쳤다고 주장했다. 사꾸라이 히로시(櫻井浩), 「한국 농지개혁의 재검토」, 김정원 외, 『한국현대사의 재조명』, 돌베개, 1982, 405쪽.

28) 김일영, 「농지개혁을 둘러싼 신화의 해체」, 301쪽.

29) 한국농촌경제연구원 편, 『농지개혁사연구』, 한국농촌경제연구원, 1989, 993쪽.

30) 한국농촌경제연구원 편, 『농지개혁사연구』, 995쪽.

31) 권병탁, 『한국경제사』, 519-20쪽.

이렇게 미군정의 귀속농지불하 가격이 비쌌다고 하는 비판은 있지만, 농민들에게는 환영을 받았다. “중도우파로 알려진 민정장관 안재홍은 시대적 요청이고 환영할 만한 일로 평가했고, 우파 대변지 『서울신문』도 사설에서 ‘쾌사요 복음’이라고 평가했다.”[32] 미군정이 실시한 귀속농지분배의 의의는 전농이 주장한 무상분배의 원칙을 거부하고, ‘유상매입 유상분배’의 원칙을 확립함으로써 사적소유제의 원칙을 관철시켰다는 점이다.

일부에서는 미군정이 농민의 개혁요구에도 불구하고 농지개혁에 적극적이지 않았다는 반대주장도 있지만,[33] 미군정은 여론과 이승만 대통령의 반대를 무릅쓰고 총선거를 불과 6주 앞둔 시점에 귀속농지불하를 단행했다. 그리고 정부수립 이후에도 미군정은 공산혁명을 막기 위해서 한국정부에 농지개혁을 촉구했다.

이승만정부 농지개혁의 전개(1948년 이후)

이승만 대통령도 역시 농지개혁을 실시해야 한다는 강력한 의지를 가지고 있었다.[34] 이대통령이 미군정의 귀속농지 불하를 반대했던 이유는 농지의 분배 자체를 반대했던 것이 아니라, 정부수립이 얼마 남지 않았기 때문에, 한국정부가 주도적으로 해야 한다고 생각했기 때문이었다.[35]

---

32) 권병탁, 『한국경제사』, 519-20쪽

33) 금성출판사 등 일부 고등학교 교과서에서도 이러한 언급을 해서 사회적으로 논란이 되었다. 교과서포럼 편, 『한국 현대사의 허구와 진실: 고등학교 근현대사 교과서를 비판한다』, 두레시대, 2004, 108-109쪽.

34) 이승만 대통령은 1948년 3월 20일에 올리버 박사에게 보낸 편지에서 “제일 먼저 처리할 과제는 농지개혁법이고 그 다음에 다른 많은 자유주의적 조치가 차례로 취해질 것입니다”라고 했다. Robert T. Oliver, *Syngman Rhee and American Involvement in Korea, 1942~1960: A Personal Narrative*, Panmun Book Company, 1978, pp. 152-153: 유영익, 「이승만 대통령의 업적」, 543쪽에서 재인용.

이승만정부는 1948년 7월 17일 제헌헌법의 제86조에 "농지는 농민에게 분배한다"고 규정하고, 그해 12월 12일에 '농지개혁법'을 국회에 회부했다. 그러나 '농지개혁법'은 정부수립 후 약 11개월 이상 지난 1949년 6월 21일에야 확정되어 공포되었다. 그나마 이 법도 시행되지 못했고, 1950년 3월에 가서야 '농지개혁개정법'을 공포·시행하였다.

이 '농지개혁개정법'의 주요 내용을 보면 다음과 같다. 첫째, 농민에게 분배하는 것을 원칙으로 하되, 농가 1호당 총경지면적은 3정보를 초과하지 못한다(제12조). 둘째, 농지위원회는 지주로부터 3정보를 초과하는 농지와 귀속농지를 접수하여 소작인에게 우선 분배하되, 가격은 연평균 생산량의 1.5배를 5년 연부로 매년 12월 31일 이내에 정부에 수납해야 한다(제13조, 시행령 제35조). 이를 계산하면 매년 생산량의 30%(=150%÷5년)가 되는데, 미군정이 정했던 소작료 33%보다 낮은 30%를 5년만 상환하면 소유권을 이전받는다는 것이다. 게다가 등록세와 취득세 등 일체의 세금이 면제되었다. 셋째, 강제매수당한 지주에 대한 보상은 체감률을 적용하고, 해당연도의 법정현물가격으로 환산하여 5년 동안 균분 상환한다(제7조, 시행령 제13조, 규칙 제19조). 여기에서 사용한 '보상'이란 용어는 강제매수당한 지주에게 정부가 토지대금을 지불하는 것을 말하고, '상환'이란 용어는 농지를 분배받은 농민이 토지대금을 정부에 납부하는 것을 말한다.[36]

보상을 할 때 보상액이 많을수록 누진적으로 보상대금을 깎았다. 보상액의 75석까지는 체감률을 적용하지 않고 다 지급하지만, 75석을 초과하는 부분에 대해서는 누진적으로 감액했다. 1,000석 이상의 경우 초과분의 23%를 체감했고, 10,000석 이상의 경우 초과분의 47%를 체감했기 때

35) 전상인, 「이승만의 사회사상·사회운동·사회개혁」, 397-400쪽.

36) 권병탁, 『한국경제사』, 521쪽.

문에 대지주일수록 크게 불리했다. 게다가 보상을 현금으로 하지 않고, 지가증권으로 지불했다. 보상받은 지주가 이 지가증권을 금융기관에 제시하면 해당 연도분의 가액이 지불되는데, 이 법정가격은 시중가격의 절반 정도였으므로 지주들의 손해가 컸다.

그런데 이 보상을 위한 지가증권이 인쇄·배포되기 전인 6월 25일에 전쟁이 발발해서 지가증권 교부가 이루어지지 못했다. 결국 1951년 1월 15일부터 보상이 시작되었으며, 지주 1인당 5년간 평균 보상액은 30.2석이었다.[37]

Ⅲ. 이승만의 농지개혁을 둘러싼 논란들

그동안 이승만의 농지개혁을 둘러싸고 정치학계, 사회학계 및 경제학계에서 논쟁이 벌어졌다. 정치학계 또는 사회학계에서는 주로 이승만 대통령이 농지개혁에 대해서 소극적이었는가, 적극적이었는가, 그리고 그 이유는 무엇인가 하는 점에 보다 많은 관심을 보였다. 경제학계에서는 미군정의 농지개혁을 포함한 광의의 농지개혁의 경제적 효과에 초점을 맞추었다.

1980년대 이전에는 주로 농지개혁을 실패라고 보는 견해가 많았다.[38] 물론 부분적으로 긍정적인 평가가 있기는 했지만 대체로 실패로 규정하는 부정적인 견해가 더 많았다. 강만길은 농지개혁이야말로 식민지시대의 유산 청산문제 중 가장 중요한 문제의 하나라고 주장했다. 그는 친일파 처단 문제와 함께 농지개혁이 가장 미온적으로 끝났으며, 따라서 이

37) 권병탁, 『한국경제사』, 1984, 528쪽.

38) 권영훈 「분단 후 한국경제의 변천: 1945-61」, 구본호·이규억 편, 『한국경제의 역사적 조명』, 한국개발연구원, 1991, 111-168쪽.

승만정부를 민족주의 정권으로 인정할 수 없다고 했다.[39] 유인호도 "농지개혁의 성과에 대한 대다수의 견해는 부정적이다"라고 적고 있다.[40] 그는 이승만정부가 토지문제를 근본적으로 해결할 의도도 없었고, 해결하지 못했으며, 농촌의 민주화에도 기여하지 못했다고 비판했다.[41] 이러한 점은 일부 고등학교 교과서에까지 농지개혁은 실패였다고 기술되는데 영향을 미쳤다.[42]

장시원은 농지개혁에 대해서 부정적 또는 소극적으로 평가한 연구를 다음의 세 가지 부류로 구분했다.[43] 첫째는 "농지개혁은 중간이윤의 수취계급인 기생지주를 배제함으로써 독점자본이 소농경제를 직접적으로 지배하는 새로운 기반을 구축했다고 보는 견해,"[44] 둘째는 "농민적 토지소유를 확립했으나, 개혁 과정에서 농민의 부재성으로 인해 '농업생산의 증진과 농가경제의 자립'이라는 원래의 목적을 달성하는 데는 실패했다"고 보는 견해.[45] 세 번째는 "농지개혁은 반봉건적 토지소유를 타협적으

39) 강만길, 『고쳐 쓴 한국현대사』, 창작과비평사, 1984, 304쪽.

40) 유인호, 「해방 후 농지개혁의 전개과정과 성격: 농지개혁의 토지제도사적 의의」, 송건호 외, 『해방 전후사의 인식』 I, 한길사, 1989, 395-477쪽.

41) 유인호, 「해방 후 농지개혁의 전개과정과 성격」, 470쪽.

42) 금성출판사 교과서에 의하면 북한은 농지개혁을 '무상몰수, 무상분배' 방식으로 실시해서 농민에게 더욱 유리한 개혁이 되었고, 그래서 북한에서는 지주가 사라지고 빈농이 줄고 중농이 다수를 차지하는 결과를 가져왔다고 기술하고 있다. 교과서포럼 편, 『한국 현대사의 허구와 진실』, 108-109쪽.

43) 장시원, 「농지개혁－지주제 해체와 자작농체제의 성립」, 박지향·김철·김일영·이영훈 편, 『해방 전후사의 재인식』 2, 345-389쪽.

44) 김준보, 『농업경제학서설』, 고려대 출판부, 1967; 김준보, 『한국자본주의사연구』 Ⅱ, 일조각, 1970.

45) 이러한 견해에는 정영일, 「전후 한국 농지개혁에 관한 일고찰」, 『경제논집』, 6-2, 서울대 경제연구소, 1967; 유인호, 「해방후 농지개혁의 전개과정과 성격」; 김병태, 「농지개혁의 평가와 반성」, 『한국경제의 전개과정』, 돌베개, 1981.

로 해소했기 때문에 개혁 후에도 반봉건적 토지소유가 잔존하고 있다고 보는 견해"로 분류했다.[46]

반면에 이승만의 농지개혁을 성공적으로 평가하는 견해도 있었다. 권병탁은 "농지개혁의 한국사적 의의는 8·15광복에 버금갈 만큼 큰 것"이라고 평가했다.[47] 유영익은 농지개혁의 경제적 의의로 가장 먼저 지주제를 해체해 경자유전(耕者有田)의 원칙에 입각한 자작농체제를 확립한 것이라고 주장했다.[48] 특히 1980년대 중엽 이후에 점차 농지개혁을 성공적으로 또는 긍정적으로 평가하는 연구들이 나오기 시작했다.

마르크스주의자들도 일반적으로 이승만정부의 농지개혁이 자작농 중심의 농민적 토지소유제 확립에 기여했다는 점에는 동의한다. 예를 들면 마르크스주의자인 유인호도 농지개혁을 통하여 "봉건적 및 반봉건적인 지주적 토지소유제를 '농민적 토지소유'로 전환시킴으로써 농민적 토지소유가 확립되었다"고 했다.[49] 장상환도 역시 "한국의 농지개혁은 반봉건적 토지소유를 타파하고 농민적 토지소유를 확립했다"고 했다.[50]

그럼에도 불구하고 일부에서 이승만정부의 농지개혁을 높이 평가하지 않는 이유는 여러 가지가 있는데,[51] 이 절에서는 이승만 대통령의 농지

---

46) 이러한 견해로는 박현채, 『한국농업의 구상』, 한길사, 1981; 박현채, 「한국사회에서 반봉건의 내용과 민주주의」, 『민족경제와 민중운동』, 창작과비평사, 1988; 황한식, 「현행소작제도의 성격에 관한 연구」, 『한국 농업문제의 새로운 인식』, 돌베개, 1984.

47) 권병탁, 『한국농지개혁소고』, 영남대, 1972, 318쪽.

48) 유영익, 「이승만 대통령의 업적」, 546-547쪽.

49) 유인호, 「해방 후 농지개혁의 전개과정과 성격」, 445쪽; 유인호 『농업경제의 실상과 허상』, 평민사, 1979, 178쪽.

50) 장상환, 「농지개혁과정에 관한 실증적 연구-충남 서산군 근홍면의 실태조사를 중심으로」, 『해방전후사의 인식』 2, 한길사, 1985, 292-358, 355쪽.

51) 유인호는 일본 강점기 말기인 1940년대에 이미 폭넓게 자작농이 형성되고

개혁을 둘러싼 여러 논란들을 다음의 4가지 질문에 대한 답변의 형태로 정리했다. 즉 첫째, 이대통령이 농지개혁에 대해 소극적이었는가? 둘째, 농지개혁이 과연 철저하지 못했는가? 셋째, 농가가 자립을 달성하지 못한 것이 농지개혁 실패 때문인가? 넷째, 농지개혁으로 의도했던 지주자본의 산업자본으로의 승화가 이루어지지 못했는가?

1. 이승만 대통령이 농지개혁에 대해 소극적이었는가?

정치학계에서 가장 많이 거론되는 것이 이승만 대통령이 지주계급을 옹호했기 때문에 농지개혁에 소극적이었다는 주장인데, 이러한 견해는 소위 수정주의적 현대사 연구자들에 의해서 수용되었다.[52] 이대통령이 농민들의 끊임없는 요구로 인해서 불가피하게 농지개혁을 단행했지만 지주계층의 요구를 수용하기 위해서 입법과정을 가능한 지연시켰다는 의회·정부 공모설도 있었다. 그 근거로 '농지개혁법'이 정부수립 후 11개월이 지나서야 입법화된 것을 제시한다.[53]

▶반론

그러나 김성호는 당시 농지개혁법 제정과정에서 한민당이 그런 전략을 사용한 것은 사실이지만, 이승만정부가 한민당과 같은 입장은 아니었다고 주장했다. 그 근거로 이승만 대통령은 농지개혁을 담당해야 할 농림

있었기 때문에 봉건적 토지소유관계가 1950년 농지개혁에 의하여 사라지게 되었다는 것은 잘못이라고 하면서 이승만정부의 농지개혁에 대해서 큰 의의를 부여하지 않는다. 유인호, 「해방 후 농지개혁의 전개과정과 성격」, 447쪽.

52) 유인호, 『한국 농지 제도의 연구』, 백문당, 1975; 김병태, 「농지제도와 농업생산」, 『농업정책연구』 2, 1974; 황한식, 「한국 농지개혁 연구」, 최창집 편, 『한국현대사』 1, 열음사, 1985; 사꾸라이 히로시, 「한국 농지개혁의 재검토」, 362-430쪽.

53) 한국농촌경제연구원 편, 『농지개혁사연구』, 995쪽.

부장관에 지주계급을 적대시한 혁신계의 조봉암을 임명했으며, 조봉암 농림부장관은 농지개혁의 실무책임자인 차관, 농지국장 등을 후에 월북을 단행할 정도의 마르크스주의자들을 임명했다. 그리고 이들이 정부안인 '농림부안'을 작성했다는 점을 미루어 볼 때 이대통령이 한민당과 같은 생각을 가지고 있었다고 보기 어렵다. 김성호는 오히려 이대통령이 한민당의 경제기반을 붕괴시키고, 농민들에게 자신의 농지개혁 의지를 보이기 위해서 이러한 인사를 단행했을 것으로 짐작하고 있다. '농림부안'이 제출된 직후에 조봉암 농림부장관이 비리혐의로 사임당하고, 후임에 한민당계의 이종현이 임명된 것도 한민당이 배후에서 역할을 한 것으로 의심을 하고 있다.[54]

또한 다수당인 한민당도 농지개혁 자체를 반대한 것은 아니었다. 한민당이 농지개혁법 입법과정에서 지주의 이익을 옹호하기 위해서 '농림부'안을 반대하고 지주들의 이익을 대변하기 위해 노력한 것은 사실이었지만, 농지개혁 자체를 반대한 것이 아니라 지주의 불이익을 최소화하도록 정부안을 수정하려고 했을 뿐이다. 호남 대지주이고 한민당 총수였던 김성수도 농지개혁이 공산당을 막는 최선의 길이라는 사실에 동의했다. 농지개혁만이 공산당을 막는 최선의 길이라는 유진오의 설득에 김성수가 약간 망설이는 빛을 보이더니, "그것도 그렇겠다"고 동의를 함으로써 이 말 한마디가 농지개혁의 문을 연 청신호였다고 한다.[55] 따라서 이승만정부의 농지개혁은 맥아더 사령부의 주도로 실행된 일본과 달리, "농지개혁을 거부할 수 있을 정도로 국회를 주도했던 우익진영(한민당)이 반공국가를 건설한다는 이데올로기적 욕구에 따라 스스로 사유농지를 포기했

---

54) 김성호, 「한국토지제도의 연속성과 단절성(하)」, 『한국농촌경제연구원논집』, 8(4), 한국농촌경제연구원, 1985.12, 1-22쪽; 한국농촌경제연구원 편, 『농지개혁사연구』, 995-996쪽.

55) 한국농촌경제연구원 편, 『농지개혁사연구』, 1000쪽.

던 자주적 개혁이었다."[56] 오히려 국회의 법률심의로 방해하고 계획적으로 지연시킨 것은 남한의 농지개혁을 싫어했던 북한의 지령에 따라 움직인 국회 내의 좌익세력(국회프락치사건)이었다.[57]

이러한 다수당의 동의하에 이승만정부는 농지개혁을 매우 적극적으로 추진했다. 농림부는 농지개혁을 통해 6·25전쟁이 발발하기 이전인 1950년 4월 15일 120만호에 42만 정보의 농지 분배를 완료했다고 발표하였다. 그러나 수정주의학자들이 한국전쟁 중에 농지개혁이 이루어지지 않았다고 주장해 온 이유는, 농지개혁법이 공포된 것은 6·25전쟁이 발발하기 3개월 전인 1950년 3월 10일이었지만, 그 후 3월 25일에 시행령이, 그리고 4월 28일에 시행규칙이 발표되고, 농지분배에 관한 세부 규정과 요령을 정한 '농지분배점수제규정'은 6월 23일에 공포되었는데, 그 후 불과 이틀 후에 6·25전쟁이 발발했기 때문이다. 이러한 이유 때문에 이들은 이승만정부는 서울 수복 이후에야 농지분배가 가능했다고 주장했다.[58] 심지어 브루스 커밍스는 서울 수복 이후에도 이승만정부는 농지분배에 소극적이었다고 주장했다.[59]

그러나 실제적으로 농지분배는 시행규칙마저 공포되기 이전인 1950년 4월 15일에 이미 실질적으로 완료되었다. 한국농촌경제연구원의 연구에 의하면 당시 정부는 봄의 파종시기를 놓치게 되면 사업이 다시 1년간 연기될 뿐만 아니라 1950년도의 농사에 막대한 지장을 초래하게 된다고 판단한 이승만 대통령의 지시에 의해서, 파종기 이전인 4월 10일까지 '농

---

56) 한국농촌경제연구원 편, 『농지개혁사연구』, 999-1000쪽.

57) 한국농촌경제연구원 편, 『농지개혁사연구』, 995쪽.

58) 사꾸라이 히로시, 「한국 농지개혁의 재검토」 참조.

59) Bruce Cummings, *The Origins of the Korean War : Liberation and the Emergence of Separate Regimes 1945~1947*; 김자동 역, 『한국전쟁의 기원: 1945~1947』, 일월서각, 1986, 472쪽.

지분배 예정통지서'를 발부하기 위해 사업을 강행했다. 이 예정통지서에 이의가 없으면 이 통지서에 적힌 농가의 소유로 '확정'한다고 했다. 그리고 6월 9일부터는 보리 등 하곡에 대해서 이미 상환이 시작되었다. 이때 이의가 제기되지 않아서 확정된 농지가 어느 정도인가에 대해서는 논란의 여지가 있지만 약 70~80% 정도라고 추정된다.[60] 만일 이러한 행정적 조치가 강행되지 않고, 모든 법령이 공포된 이후에 사업을 착수한다고 기다렸다면 6·25남침으로 인해 농지개혁은 사실상으로 불가능했을 것이다.[61]

이승만정부가 서둘러서 실시한 농지개혁이 남한을 공산화의 위협에서 구해내는데 실질적으로 얼마나 기여했는지 정확하게 파악하기는 쉽지 않다. 그러나 6·25전쟁 중에 북한이 점령한 남한지역에서 있었던 사건을 추적해 보면 기여도를 짐작할 수는 있다. 남한을 점령한 북한군은 3개월의 점령기간에 소작지를 무상으로 몰수해서 무상으로 분배했다. 그러나 북한군의 기대와 달리 농지를 분배받은 남한 농민들은 북한의 재 농지분배를 별로 달가워하지 않았다. 그 이유는 북한에서처럼 분배농지를 매매

---

60) 김일영, 「이승만 대통령과 근대 국민국가의 건설」, 전상인 외, 『한국현대사: 진실과 해석』, 나남출판, 2005, 13-62, 321쪽. 반면에 유영익은 60%가 6·25전쟁 발발 이전에 분배되었다고 했다. 유영익, 「이승만 대통령의 업적」, 2006, 545쪽.

61) 한국농촌경제연구원 편, 『농지개혁사연구』, 998-999쪽. 이승만정부가 이렇게 관련법규가 마련되기도 전에 농지개혁을 밀어붙인 이유를 김일영은 5·30선거 때문이라고 주장했다. 당시 인구의 70% 이상을 차지하는 농민들의 표를 의식해서 서둘렀다는 것이다. 전체 유권자 900만 명 중에 약 330만 명이 수혜농가 유권자였을 것으로 추정하며 이들이 상당한 선거에 영향을 미쳤을 것으로 추론한다. 이 선거 이전에 농지가 분배되어 지주계층 중심의 한민당은 선거에서 패배하였다는 것이다. 그리고 이들 농민들이 보수화되어 이승만의 수동적인 지지계층이 되었다고 주장한다. 김일영, 「이승만 대통령과 근대 국민국가의 건설」, 325-330쪽.

나 저당을 잡힐 수 없고 사용권만을 보장받았기 때문이었다. 이미 매매 가능한 농지를 분배받은 농민들이 소유권이 보장되지 않은 농지개혁을 달가워할 이유가 없었다. 만약 6·25전쟁 이전에 농지개혁이 없었더라면, 북한군의 농지분배에 남한의 소작인들은 열광했을 것이고, 이러한 소문은 다른 지역에도 퍼져서 소작인들의 전의가 크게 위축되었을 것이다.[62] 6·25전쟁 이전에 농지개혁을 단행했기 때문에 남한의 농민들은 지켜야 할 땅이 있었고, 그 결과 6·25전쟁 기간 중에 공산주의와의 싸울 수 있는 이유가 생겼다. 베트남전쟁은 군사력으로 우수해도 국민의 지지를 받지 못하면 전쟁에서 이기는 것이 어렵다는 것을 보여주었다. 따라서 농지개혁을 6·25전쟁 이전에 실시한 것은 남한이 공산화되는 것을 막아냈고, 따라서 농지개혁은 남한의 체제를 유지하는데 결정적인 역할을 했다.

물론 조석곤의 지적과 같이 농지개혁의 이념인 경자유전 이데올로기, 즉 토지는 농민에게 돌려주어야 한다는 이념은 토지의 사유권을 일부 부정하는 것이고, 토지소유권을 절대시하는 자유주의 이데올로기와 대립될 수 있다.[63] 그러나 이는 공산화를 막기 위한 일시적인 이념적 후퇴였던 것뿐이다. 맥아더 장군의 영향 아래에서 일본, 한국, 대만이 모두 농지개혁을 추진했는데, 자유주의적 이념으로 무장된 미국이 왜 이렇게 농지개혁에 적극적이었는가에 대해서 주종환은 "농지개혁은 바로 노동자계급의 공세 앞에서 자본주의 체제의 유지, 그 자체에 위협을 느낀 자본가계급이 자기 스스로의 활로를 개척하기 위하여 자기의 동맹군이었던 지주계급을 자기 대열에서 제거해 버리는 과정이었다"고 주장했다.[64] 사실 일

62) 김일영, 「이승만 대통령과 근대 국민국가의 건설」, 26쪽.

63) 조석곤, 「20세기 한국토지제도의 변화와 경자유전 이데올로기」, 안병직 편, 『한국경제성장사』, 서울대 출판부, 2001, 329-64, 360쪽.

64) 주종환, 「농지개혁과 자본의 논리」, 『한국근대 경제사연구의 성과』, 형설출판사, 1989, 554쪽.

본에서 농민층은 공산주의의 온상이었다. 이 상황을 잘 파악한 맥아더 관할 하의 미군정은 자유주의적 이념을 일보 후퇴하면서까지 농지개혁을 적극적으로 추진한 것이다. 사꾸라이 히로시(櫻井浩)도 미군정이 추진한 귀속농지불하의 최대 목적이 공산주의를 저지하기 위한 것이었다고 했다.[65]

김일영은 보수적인 이승만이 농지개혁과 관련해서는 개혁적인 모습을 보였다는 사실을 이승만 퍼즐이라고 부르면서 이를 풀어보려고 했다.[66] 결론적으로 김일영은 이승만 대통령은 농지개혁에 소극적이지 않았는데, 그 이유는 농민들이 한민당과 남로당보다 자신을 지지하게 만들기 위해서라고 주장했다. 이대통령이 1948년 3월 20일에 정치고문 올리버(Robert T. Oliver)에게 보낸 편지를 증거로 김일영은 그러한 주장을 했다. 또한 이승만이 공산혁명을 막기 위해서도 농지개혁을 속히 실시해야 한다는 언급도 했다는 것을 1948년 12월 7일자 『서울신문』 기사 등을 인용하여 주장했다.[67] 프랑스 농민들이 땅을 분배받아 소농이 되고 나서 나폴레옹의 열렬한 지지자가 된 것처럼 농지개혁의 결과, 자기 농지를 갖게 된 농민들이 소작농의 급진성을 잃고, 소농의 보수성을 보이기 시작했다고 김일영은 주장했다.[68]

이승만 대통령이 이렇게 관련법규가 마련되기도 전에 농지개혁을 밀어붙인 이유를 김일영은 5·30선거 때문이라고 주장했다. 당시 인구의 70% 이상을 차지하는 농민들의 표를 의식해서 서둘렀다는 것이다. 전체 유권자 900만 명 중에 약 330만 명이 수혜농가 유권자였을 것으로 추정하며 이들이 상당한 선거에 영향을 미쳤을 것으로 추론한다. 이 선거 이전에

65) 사꾸라이 히로시, 「한국 농지개혁의 재검토」, 426쪽.

66) 김일영, 「농지개혁을 둘러싼 신화의 해체」, 300쪽.

67) 김일영, 「농지개혁을 둘러싼 신화의 해체」, 302-303쪽.

68) 김일영, 「이승만 대통령과 근대 국민국가의 건설」, 24-25쪽.

농지가 분배되어 지주계층 중심의 한민(민국)당은 선거에서 패배했다는 것이다. 그리고 이들 농민들이 보수화되어 이승만의 수동적인 지지계층이 되었다고 주장한다.[69)]

이승만 대통령이 농지개혁을 서둘렀던 것이 자신의 정치적 이익 때문이었는지, 아니면 이 나라를 공산주의의 손으로부터 구하고 싶어서였는지는 불분명하다. 그러나 윤영선 농림장관의 증언에 의하면 이대통령이 단지 선거에 이기기 위해서 농지개혁을 서두른 것만은 아닌 것 같다. 윤장관이 "대통령은 전쟁수행으로 다른 일은 볼 틈이 없었지만, 농지개혁만은 예외여서 기회 있을 때마다 '공산당을 막으려면 농지개혁을 빨리 해야 해'라고 말했습니다. 대통령이 전쟁의 북새통 속에서도 개혁을 서두른 것은, 공산당만이 농지개혁을 할 수 있다는 선동을 봉쇄해 영세소작인의 반공정신을 일깨우는 것, 피난지주의 생계를 돕는 것, 그리고 군량미 조달의 뜻이 있었습니다"라고 회고했다는 사실을 보면 단순히 개인의 정치적 이해타산 때문이 아니라 공산당으로부터 이 나라를 구해야 한다는 마음이 더 컸던 것으로 짐작된다.[70)]

또한 김일영은 이승만 대통령은 지주나 농민보다 재정절약을 우선시했다는 사실을 강조하면서 농민을 존중 대상으로 여기지 않았다고 그 한계를 지적한다. 김일영은 이승만정부가 재정부담을 최소화하기 위해 '농림부안' 대신에 '기획처안'을 만들어 국회에 제출했다는 사실을 근거로 이러한 주장을 했다. 그러나 이대통령이 재정절약을 우선시했다는 사실에서 그가 농민을 존중하지 않았다고 판단하는 것은 잘못이라고 본다. 당시 한국정부는 재정적으로 매우 취약한 상태에서 전쟁까지 치르는 최악의 재정상황이었다는 것을 고려할 때, 재정절약을 최우선으로 여기는 것은

69) 김일영, 「농지개혁을 둘러싼 신화의 해체」, 325-330쪽.

70) 『중앙일보』, 1982년 5월 3일자; 전용덕, 「한국의 농지개혁, 소득 재분배, 농업생산, 그리고 거래비용」, 121쪽에서 재인용.

대통령으로써 당연한 처사였다. 이를 농지개혁의 한계라고 판단하기 어렵다.71)

전상인은 이승만 대통령이 농지개혁에 적극적이었던 이유에 대해서 다른 주장을 했는데, 그것은 이대통령이 평등주의 사회사상을 가졌기 때문이라는 것이다. 이대통령이 태조 이성계의 후손이라서 왕손이라고들 하지만 서계(庶系)였기 때문에 대대로 가난했고, 그래서 다른 양반에 비해 사민평등(四民平等)과 민주주의 사상을 쉽게 받아들일 수 있었다는 것이다.72) 그리고 이대통령은 자본주의 시장경제 발전의 원동력이 사회구성원의 법적, 신분적 평등과 자유로운 경쟁이며, 사회적 평등만이 공산주의를 막을 수 있다는 사실을 굳게 믿고 있었다고 전상인은 주장했다. 이대통령이 당시 지주계급으로 구성되어 있던 여당인 한국민주당의 입장을 극복하고 농지개혁을 단행할 수 있었던 것은 이러한 평등사회를 위한 사회개혁 의지가 있었기 때문이며, 따라서 이러한 측면에서 볼 때 이대통령이 추진한 농지개혁은 역사적으로 높이 평가되어야 한다고 전상인은 주장했다.73)

이상의 논의를 정리하면 이승만 대통령은 지주계급을 옹호하지도 않았고, 결코 농지개혁에 소극적이지도 않았다. 오히려 서둘러서 농지개혁을 추진했으며, 그가 서두르지 않았다면 6·25전쟁으로 말미암아 농지개혁을 실시하지 못했을 것이며, 그랬을 경우 6·25전쟁 당시에 농민들이 목숨을 걸고 나라를 지키지도 않았을 것이다. 이대통령이 지주계층의 요구를 물리치고 서둘러 농지개혁을 단행한 것은 남한을 공산주의의 위협으로부터 지켜내는 결과를 가져왔다는 점에서 높이 평가되어야 한다.

71) 김일영, 「농지개혁을 둘러싼 신화의 해체」, 303, 307쪽.

72) 유영익, 『이승만의 삶과 꿈』, 14쪽; 전상인, 「이승만의 사회사상·사회운동·사회개혁」, 387쪽.

73) 전상인, 「이승만의 사회사상·사회운동·사회개혁」, 386, 388쪽.

2. 농지개혁이 과연 철저하지 못했는가?

다음으로 많이 거론되는 것이 농지개혁이 철저하지 못했다는 것으로 이것은 경제학자들에 의해서 가장 많이 제기된 문제이다. 철저하지 못했다고 평가하는 이유는 농지개혁이 실시되기 전에 미리 지주들이 농지를 임의처분했기 때문이다. 이승만 대통령은 경찰까지 동원하여 임의처분을 막으려고 했지만 효과가 별로 없었다. 연구에 따라 차이가 있지만, 상당히 많은 농지가 사전에 방매된 것은 사실이다.

지주가 임의처분한 면적에 대해서는 1985년에 김성호에 의해서 최초로 연구가 되었다. 그에 의하면 미군정에 의해서 29만 1천 정보가 매각되고, 한국정부에 의해서 40만 3천 정보가 분배되어 해방 당시 소작면적 144만 7천 정보의 48%인 69만 4천 정보만이 분배되었다. 나머지 52%가 임의로 사전 방매되었든지 은폐된 면적이다. 김성호는 1945~1947년 사이에 12만 2천 정보, 그리고 1947~1948년 사이에 27만 9천 정보의 귀속농지가 매각되어 총 30만 1천 정보의 소작지가 임의처분되었다고 보았다. 그리고 1948년부터 1949년 6월까지 15만 4천 정보가 임의처분되었다. 마침내 1949년 6월 21일에 농지개혁법이 공포되고, 이를 기준으로 조사한 대상 면적이 60만 1천 정보였다. 이때까지 57만 7천 정보가 지주에 의해서 임의처분되었다고 보았다.[74] 결국 정부는 지주가 임의처분하지 못한 잔여분의 농지를 개혁한 것에 불과하다는 것이다. 이러한 방매 때문에 지주제는 사라졌으나 농지개혁의 의의는 상당히 약화되었다고 평가했다.

이렇게 지주들이 사전에 사사로이 방매하여 농지개혁 대상에서 제외된 농지가 많았을 뿐만 아니라, 또 일부는 농지개혁 과정에서 관리 소홀로

---

74) 김성호, 「한국토지제도의 연속성과 단절성(하)」, 8-9쪽.

인해 은폐되어 개혁대상농지에서 누락된 것도 있었기 때문에 철저하지 못했다고 비판하는 것이다.75) 시, 도, 읍, 면, 동, 리의 각급 농지위원회가 대상토지를 확정하는 등의 일을 했는데, 이 농지위원회에 지주와 소작인이 함께 참여해, 지역 유지들이 영향력을 미칠 소지가 있었다.76) 그리고 자영 과수원이나 학교 등 교육기관 소유의 토지는 대상에서 제외되었기 때문에, 당시에 대상토지에서 빠져나가기 위해서 많은 농지가 과수원으로 전환되고 교육기관으로 이관되었다.

이와 같이 한국에서는 농지개혁이 이루어지기 전에, 소작지면적의 52%에 해당되는 농지가 농지개혁 이전에 지주에 의해 방매되거나 제외되어, 일본이나 대만과 비교해 볼 때 정부에 의해서 분배된 면적이 상대적으로 적다. 한국의 경우 미군정이 분배한 면적을 포함해도 정부가 주도한 농지개혁에 의해서 분배된 비율은 48%에 불과했지만, 일본에서는 이 비율이 80%였다.

▶반론

이러한 주장에 대한 반대의견을 살펴보자. 먼저 농지위원회에 지주가 포함되어 있기 때문에 지역 유지들의 영향력으로 인해서 농지개혁 대상토지에서 상당수의 토지가 누락되었을 것이라는 비판에 대해서 장상환은 "농지위원회의 구성과 활동은 권한 범위 내에서 본다면 어느 정도 농민의 이익을 보호한 것이었다 할 수 있다"고 주장하며 반론을 편다. 농지위원회의 위원장과 위원들의 대부분이 소작농이나 자작농이었다는 점을 고려하면 장상환의 주장이 근거가 있다고 보인다.77)

은폐된 소작지가 있을 수 있지만, 과연 그 규모가 어느 정도였을까? 장

75) 권병탁, 「토지는 농민에게」, 522-523쪽.

76) 장상환, 「농지개혁과정에 관한 실증적 연구」, 354쪽.

77) 한국농촌경제연구원 편, 『농지개혁사연구』, 1043쪽.

시원은 은폐된 소작지의 규모는 약 8만 5천 정보로 1945년 소작지의 5.8%, 1951년 경작지의 4.3%에 불과하다는 추정에 기초하여 은폐 소작지가 생각보다 많지 않다고 주장했다.[78] 지주들이 교육기관 등으로 용도를 변경하여 농지개혁에서 빠져나간 농지의 비중이 크지 않으며, 또한 이를 통해서 교육기관이 많이 세워졌으면 그것도 또한 긍정적인 효과로 볼 수 있다. 뿐만 아니라 한국의 경우 농지개혁이 사회적 갈등을 야기하지 않았는데, 그 이유가 6·25전쟁의 발발로 인해서 지주들이 조직적인 반발을 할 수 없는 상황이었기도 했지만,[79] 농지를 사전에 시장에서 임의로 처분할 수 있었기 때문에 갈등과 충돌의 여지가 제거된 측면도 있다.

그리고 장시원의 주장처럼 정부에 의한 분배이든, 지주에 의한 임의 처분이든 자작농이 많아지면 목적을 달성한 것이라고 볼 수 있다.[80] 성패를 결정하는 기준이 정부의 손에 의해서 직접 이루어졌는지, 아니면 지주들이 했는지가 중요한 것이 아니다. 지주들이 스스로 처분했더라도 이는 정부가 강제로 실시할 농지개혁 때문에 서둘러 팔았던 것이므로 농지개혁의 효과라고 보아야 한다. 중요한 것은 대상농지가 어느 정도 줄었는가 하는 점이 아니라, 농지개혁으로 인해서 자작농지가 어느 정도 증가했는가 하는 것이어야 한다. 자작지의 면적은 개혁 전인 1945년의 35%에서 개혁 후(1951년) 92%로 증가했다. 이는 일본의 농지개혁 성과

78) 장시원, 「농지개혁-지주제 해체와 자작농체제의 성립」, 352쪽.

79) 전용덕은 농지개혁의 내용 중에는 지주들에게 불리한 측면이 상당히 있었음에도 불구하고 정치력을 가진 지주들이 농지개혁 후에도 반발을 크게 하지 않은 이유가 6·25전쟁 당시 북한군이 점령했던 지역에서 농지가 모두 몰수되고 지주들의 생명까지 위협을 받았던 경험 때문에 지주들이 수용적인 태도를 보였다고 주장했다. 전용덕, 「한국의 농지개혁, 소득 재분배, 농업생산, 그리고 거래비용」, 전용덕·김용영·정기화, 『한국경제의 성장과 제도변화』, 제3장, 자유기업센터, 1997, 110, 119쪽.

80) 장시원, 「농지개혁-지주제 해체와 자작농체제의 성립」, 354쪽.

인 87%를 상회하는 매우 높은 비율이다. 따라서 지주에 의해서이든, 정부에 의해서이든 농지개혁으로 인해서 자작농지가 크게 늘어나 농민적 토지소유제가 확립된 것은 사실이기 때문에 수탈구조가 근절되었다는 측면에서 농지개혁은 긍정적으로 평가할 수 있다.

▶지주에 의한 방매가격

그런데 일부에서 지주에 의한 방매를 농지개혁의 성과에 포함시키지 않으려고 하는 이유는 지주가 소작인에게 소작권 탈취를 빙자하여 농지를 강제로 사도록 압박하여 방매한 가격이 정부가 요구한 상환가격보다 매우 높았다고 판단하기 때문이다. 지주가 정부보다 비싼 가격에 팔았다면 농민의 부담이 많았을 것이고 그렇다면 개혁적 의미가 반감된다고 볼 수 있기 때문이다. 결국 방매된 농지의 가격이 정부에 의한 농지개혁과 비교해서 어느 수준이었는지가 중요하게 된다.

방매가격에 대한 연구를 보면, 권병탁은 이전에는 상상할 수 없을 정도의 헐값으로 팔렸다고 주장했다. 이렇게 가격이 하락한 이유는 당시 전농이 '무상몰수 무상분배'를 주장했기 때문에 지주들은 무상몰수 당할 것을 염려했다. 게다가 대구에서 1946년 10월 1일에 있었던 10·1폭동사태 등으로 인해 지주들은 매우 불안해 하며 자신과 가족의 생명 유지에 급급해 하는 형편이었다. 따라서 지주들은 농지개혁 이전에 토지를 팔려고 하는 동기가 매우 높았다. 그 결과 정상궤도를 이탈한 토지 거래가 많았다. 권병탁은 구체적인 사례를 제시하며 이러한 사례는 전국 어디에서나 볼 수 있는 현상이었다고 주장했다.[81] 따라서 농지시장의 공급은 매우 많았다고 볼 수 있다.

반면에 농지에 대한 수요는 적었다. 그 이유는 기존의 소작인들은 구

---

81) 권병탁, 「토지는 농민에게」, 514-515쪽.

매능력이 없었기 때문이다. 농지개혁으로 얻은 농지에 대해서는 5년간 분납상환하면 되었지만, 방매의 경우에는 가격을 일시불이나 길어야 2년 분납 정도였기 때문에 농민에게 상당한 부담이 된다.[82] 전라남도 화순군 동복면의 사례를 연구한 홍성찬의 연구에 의하면 청산방법이 확인되는 165건의 매매사례에서 일시불이 64.2%, 잔금을 한 번에 나누어서 청산한 비율이 20.6%였다.[83] 일시불로 내기 어려웠던 당시 소작인들의 구매력을 고려할 때 아무리 지주가 농지를 사라고 소작인을 압박해도 실제적으로 구매를 할 수 있는 소작인들은 많지 않았을 것이다.

농지에 대한 새로운 수요층은 해방 이후에 해외에서 유입된 해외동포이다. 1949년 5월 현재 총인구는 2,016만 7천명으로 해방 이후 360만 명이 증가했는데, 이들 중 200만 명은 해외동포와 월남한 동포이므로[84] 이들이 새로 정착해야 하므로 수요는 있었지만, 구매력은 약했다. 그래서 방매 가격을 높일 수는 없었다.

그 결과 방매 가격은 매우 낮았다. 권병탁은 해방 직후 4년 동안 개혁 대상 농지 가운데 45%인 68만 정보는 논 1두락 당[85] 쌀 1가마니 정도의

---

82) 장시원,「농지개혁-지주제 해체와 자작농체제의 성립」, 359-360쪽.

83) 홍성찬,『한국근대농촌사회의 변동과 지주층』, 지식산업사, 1992.

84) 조선은행,『경제연감』IV, 1949, 16쪽; 최상오「이승만 대통령의 경제개발정책」, 295쪽에서 재인용. 이 중에 약 200만 명은 해외동포와 북한에서 월남한 동포로 추정된다. 권병탁,「토지는 농민에게」, 512-513쪽.

85) '두락(斗落)'은 마지기의 한자어로 논밭의 면적을 나타낼 때 사용한다. 일반적으로 1마지기는 대부분 200평(661.16제곱미터)으로 간주하지만, 지방이나 토질에 따라서 1마지기가 150평이 될 수도 있고, 300평이 될 수도 있다. 그리고 논인지 밭인지에 따라서도 차이가 있을 수 있다. 일반적으로 1마지기는 씨앗 1말(약18리터)을 뿌릴 수 있는 면적이다. 1정보(町步)는 15마지기, 즉 3,000평이며, 9917.4 제곱미터이다. 참고: http://mwultong.blogspot.com/2008/ 01/ majigi-m2-calc.html.

파격적인 헐값으로 팔린 것으로 추정했다.[86] 게다가 1945~1949년 사이에 쌀 가격이 50배 폭등했는데, 이러한 쌀값에 비하면 당시 방매된 농지 가격은 매우 파격적으로 싼값이었다.

충남 서산군 근홍면의 실태조사를 중심으로 농지개혁의 성과를 연구한 장상환의 연구에 의하면 농지개혁 이전에 있었던 소작지 방매가격은 당시 시가였던 1년 수확량의 2.5~3배 보다 3분의 1정도 낮은 가격으로 이루어졌던 것으로 조사되었다. 당시 소작지가 자작지 매매가의 70% 정도 수준이었으므로 소작지의 시가는 1년 생산량의 1.5~2배 정도였을 것으로 추정된다. 그런데 근홍면의 조사대상 51건 중 연간생산량의 1배 이하의 가격으로 매입한 것이 16건, 1.5배 이하로 매입한 것이 8건으로 연 생산물의 1.5배 이하가 거의 절반에 가까운 47%였다. 1.6~2배가 21.6%, 2.1~3배가 29.4%였으며, 시가보다 확실히 높은 3배를 초과한 경우는 2%에 불과했다. 고가방매는 농지개혁이 알려지기 이전인 1948년 이전에 주로 있었다. 방매시기를 보면 농지개혁 논란이 한참이던 1949년 상반기에 64%가 방매되었고, 그 이전에 방매된 것은 불과 17%에 불과하다는 점을 볼 때[87] 방매가 되었더라도 그 가격이 농민에게 크게 불리한 것은 아니었다.[88]

물론 한 지역의 조사를 일반화시킬 수는 없다. 장시원은 신문기사 내용을 근거로 지주가 소작권 탈취를 위협수단으로 삼아 높은 가격으로 소작인에게 방매한 사례가 많았음을 지적하였다. 그러나 신문기사보다는 한 면 전체를 대상으로 한 실제조사가 더 설득력이 있다고 보인다. 그리고 이렇게 일시불로 내기 어려웠던 당시 소작인들의 구매력을 고려할 때 아무리 지주가 압박을 해도 실제적으로 구매를 할 수 있는 소작인들은

86) 권병탁, 「토지는 농민에게」, 517쪽.

87) 장시원, 「농지개혁-지주제 해체와 자작농체제의 성립」, 359쪽.

88) 장상환, 「농지개혁과정에 관한 실증적 연구」, 322, 355쪽.

많지 않았을 것이다. 일시불의 비중이 높았던 것을 보면 지주들은 낮은 가격에라도 빨리 처분해야 한다는 압박을 받고 있던 것으로 보이며, 지주의 교섭력이 더 낮았을 것으로 추정된다. 홍성찬(1992)의 연구에서 보듯이 일시불의 비중이 높았던 것을 보면 지주들은 낮은 가격에라도 빨리 처분해야 한다는 압박을 받고 있던 것으로 보이며, 지주의 교섭력이 더 낮았을 것으로 추정된다.

특히 농지개혁 이전에 방매한 것은 주로 대지주와 '소작지주'였다. 소작지주란 수입을 모두 소작료에 의지하는 지주로써 일반적으로 순수한 의미의 지주는 이 소작지주를 말한다. 대지주들은 농지개혁개정법이 통과되어 발효되기 이전에 이미 3분의 2를 시장에서 처분했다.[89] 그리고 중소지주의 경우 5정보 이상을 소유한 소작지주는 대지주와 마찬가지로 상당히 많은 농지를 이미 매각했지만, 5정보 미만의 농지를 소유한 '영세지주'들은 미리 매각하지 못했다. 영세지주란 일반적으로 5정보 이하를 보유한 지주로써 소작료에 전적으로 의지하지 않고 본인이 직접 영농에 참여하는 지주를 말한다. 이들은 말만 지주일 뿐 실제적으로는 자작농이나 다름이 없었다. 한국농촌경제연구원의 연구에 따르면 영세지주들은 농지소유 규모가 작았기 때문에 개혁대상 농지가 별로 없다고 판단하고 방치하고 있다가 농지개혁의 대상이 되었다.[90] 『농촌실태조사』에 의하면 1946년 6월 21일 현재 소작지주가 43,312 명이었고, 영세지주가 35,666 명이었다.[91]

일본이 물러가고 미군이 진주한 1945년 10월 사이가 치안공백기였는데, 이때 마을 단위의 인민위원회에 의해서 질서가 유지되었다. 전국의 총 2,244개 면 가운데, 2,231개 면에서 인민위원회가 조직되었다. 인민위

89) 전용덕, 「한국의 농지개혁, 소득 재분배, 농업생산, 그리고 거래비용」, 112쪽.

90) 한국농촌경제연구원 편, 『농지개혁사연구』, 1015쪽.

91) 한국농촌경제연구원 편, 『농지개혁사연구』, 1011쪽.

원회는 대부분 소작인이나 자작농에 의해서 구성되었는데, 이들은 운영 경비를 부자들로부터 빼앗다시피 해서 거두어갔다. 미군정 초기에 농민운동과 좌익세력들은 농지개혁을 요구하면서 점차 폭동화되어 갔고, 결국 1946년 10월에 대구폭동이 발생했다. 당시 지주들은 친일세력으로 몰려서 발언권이 약화되어 있었다. 따라서 전용덕의 표현대로 지주들의 입장에서는 소작제 유지의 거래비용이 너무 많이 소요되었다. 따라서 지주들은 토지를 매각할 동기가 매우 높았다.92) 장상환의 연구에 의하면 지주가 소작료를 소작인이 주는 대로 받는 경우도 있었다고 한다.93) 이러한 사례를 볼 때 방매가격은 매우 낮았다는 주장이 더 설득력이 있다. 농지개혁 실시가 다가올수록 빠르게 지주들은 토지를 판매했다.

이상의 여러 자료를 바탕으로 검토해 볼 때 정부에 의한 농지개혁이 실시되기 이전에 방매된 농지가격이 이전에 비해서 결코 높지 않았으며 오히려 저렴했다고 보인다. 따라서 방매 여부가 농지개혁의 의의를 축소시킨다고 보는 견해는 타당하지 않다고 판단된다.

3. 농가 미자립이 농지개혁 실패 때문인가?

농지개혁이 실패했다고 평가하는 또 다른 이유는 농지개혁이 지주에게 유리했으며, 농지상환액이 영세 소작농에게는 과중해 농민생활의 향상을 가져오지 못해 새로운 농가부채의 근원이 되어 결국 다시 소작농으로 전락한 농민이 많았기 때문이다.

유인호는 농지개혁으로 빈부격차를 줄이지 못했다고 비판했고,94) 강만길도 이승만의 농지개혁은 지주에게 유리한 개혁이었다고 평가했다. 강만길은 해방되기 전에 독립운동을 하는 동안에는 좌우익을 막론하고 토

---

92) 전용덕,「한국의 농지개혁, 소득 재분배, 농업생산, 그리고 거래비용」, 116쪽.

93) 장상환,「농지개혁과정에 관한 실증적 연구」, 301쪽.

94) 유인호,『농업경제의 실상과 허상』, 178쪽.

지국유화를 통해 농민에게 분배해야 한다는데 의견을 모았으나, 해방 후에 남한에서의 토지개혁론은 무상몰수·무상분배론과 유상매입·무상분배론, 그리고 유상매입·유상분배론의 세 가지 주장이 있었는데, 귀속농지의 경우 무상몰수·유상분배로 분배되었고, 조선인 지주의 땅은 유상매입·유상분배로 토지개혁이 실시되어 농민에게는 불리하고 지주에게는 유리한 방법이 채택되었다고 평가했다.[95]

그리고 6·25전쟁 중에 이승만정부는 농지를 분배받은 농민들에게 분배받은 농지대금인 농지상환곡 이외에도 토지수득세를 부과했다. 사꾸라이 히로시는 농지개혁 이후 농민이 부담해야 하는 세금 부담이 매우 높았는데, 토지수득세와 농지상환곡만 계산해도 세율이 50% 수준이라고 주장했다.[96]

또한 농지개혁 이후에 자작농체제가 형성되었지만 생산성이 높아지지 못해서 농가경제의 자립을 달성할 수 없었다는 이유로 농지개혁을 실패라고 판단하는 견해들이 나왔다. 유인호는 농지개혁 후에도 "농민의 빈곤과 농업생산의 정체성을 그대로 온존시키는 것이 되고 말았다"고 평가했다.[97] 권영훈도 농지개혁에 대한 평가는 농가소득이 증가되었는가, 그리고 농업생산성이 증가되었는가 하는 두 가지 기준에 의해서 평가되어야 한다고 농지개혁 평가의 기준을 제시하면서, 농지개혁은 한국농업의 반봉건적 구조를 개선시키는 데는 기여를 했지만, 적어도 "1961년에 이르기까지 농업발전을 기대한 수준만큼은 이끌어 낼 수는 없었다"고 평가했다.[98]

---

95) 강만길, 『고쳐쓴 한국현대사』, 창작과 비평사, 1984, 304쪽.

96) 사꾸라이 히로시, 「한국 농지개혁의 재검토」, 430쪽.

97) 유인호, 「해방 후 농지개혁의 전개과정과 성격: 농지개혁의 토지제도사적 의의」, 467쪽; 유인호 『농업경제의 실상과 허상』, 178쪽.

98) 권영훈, 「분단후 한국경제의 변천: 1945-61」, 구본호·이규억 편, 『한국경제

이렇게 농지상환액이 과중하고, 생산성이 높아지지 않았기 때문에 결국 농지개혁 후에도 농민들이 자립하지 못했으며, 그 결과로 농민들이 다시 소작인이 되었기 때문에 농지개혁이 실패했다는 것이다. 강만길은 농지개혁 이후에 자작농민이 다시 소작인이 되는 경우가 많았으므로, 농지개혁 본래의 목적인 농민적 토지소유를 이루어 자작농을 양성하는데 미흡했다고 비판했다.[99] 일본이나 대만에서는 농지개혁 이후에 다시 소작을 주지 못하도록 규제해서 소작관행이 상당부분 사라졌으나, 한국에서는 다시 소작인이 증가했다. 1982년의 경우 대만에서는 소작지비율이 5%, 일본에서는 7%였던 반면, 한국에서는 1985년에 30%에 달하였다.

▶반론

먼저 농지개혁이 지주들에게 유리한 개혁이었고 그래서 소득재분배 효과가 전혀 없었는지 살펴보자. 농지개혁으로 인한 소득재분배를 연구한 전용덕은 농지개혁으로 인해서 "엄청난 소득 재분배를 초래했다"고 주장했다. 앞에서 살펴본 바와 같이 대지주와 소작지주들은 매우 낮은 가격으로 농지개혁 이전에 상당수의 농지를 매각했다. 그리고 지주들은 농지보상의 대가를 제대로 거두지 못했고, 이것은 지가증권의 형태로 산업자본가와 정부로 흘러들어갔다. 소득분배는 지주로부터 농지를 분배받은 농민, 일반시민, 기업가 그리고 정부로 재분배되었는데, 정부로 재분배된 것은 행정비용, 전쟁비용 등으로 사용했기 때문에 결국 온 국민이 혜택을 보았다고 주장했다. 특히 앞에서 살펴본 바와 같이 농지개혁의 대상은 주로 5정보 미만의 영세지주였다. 이들은 보상도 거의 받지 못했다. 따라서 농지개혁으로 인한 소득재분배 효과는 매우 컸으며, 대부분 소작

의 역사적 조명』, 한국개발연구원, 1991, 111-168, 145-147쪽.

99) 강만길, 『한국현대사』, 304-305쪽.

지주로부터 발생했다.[100)]

다음으로 농민부담이 과중했다는 비판을 검토해보자. 이승만정부의 농지개혁으로 농민이 상환해야 하는 농지가격은 연생산량의 150%였으므로 미군정이 실시한 귀속농지 불하가격의 절반에 불과했다. 이승만정부가 실시한 농지개혁에서는 상환기간은 5년이다. 반면에 미군정이 실시한 귀속농지 불하의 상환기간은 15년이었다. 따라서 농지개혁의 경우 총 상환액 150%를 상환기간 5년으로 나눈 매년 상환액은 연생산량의 30%로 귀속농지 불하의 20%(=300%÷15년)에 비해서는 다소 높은 수준이었지만, 일제강점기에 소작료가 50%였던 것과 비교하면 매우 낮은 수준이며, 또 미군정이 실시했던 소작료 33%보다도 낮은 수준이었다. 과거 일제강점기의 지주제 하에서는 소작권을 박탈당할 것을 염려해 악덕지주가 생산량을 대부분 빼앗아가도 하소연도 못했으며, 지주대리인 마름의 횡포까지 있었던 것과 비교하면, 생산물의 30%에 불과한 가격을 5년만 지불하면 자신의 농지가 된다는 것은 혁명적으로 저렴한 가격이었다.[101)]

이렇게 농지의 상환가격이 낮게 책정된 것은 당시에 지주들이 일시에 농지를 방매하여 시장가격이 낮게 형성되었던 것도 큰 역할을 했다.[102)] 농지개혁 당시 한국, 대만, 일본의 지가를 비교해 보면 대만은 연간 수확량의 2.5배, 그리고 일본은 4.0배였던 것에 비하면 한국의 1.5배는 매우 낮은 가격임에 틀림없다.[103)]

충남 서산군 근홍면의 실태조사를 실시한 장상환의 연구결과도 농지를

100) 전용덕, 「한국의 농지개혁, 소득 재분배, 농업생산, 그리고 거래비용」, 140쪽.

101) 권병탁, 「토지는 농민에게」, 526-27쪽.

102) 전용덕, 「한국의 농지개혁, 소득 재분배, 농업생산, 그리고 거래비용」, 126쪽.

103) 김성호, 『한국토지제도의 연속성과 단절성(하)』, 7쪽.

분배받은 농가의 상환부담이 크지 않았음을 알 수 있다. 장상환은 "상환곡 부담 과중과 임시 토지수득세 등으로 수분배농가가 분배농지를 방매하고 대량으로 소작농으로 전락하였다는 기존의 일부 인식 역시, 근흥면 지역에서 매각농지 비율이 10퍼센트 정도에 불과한 정도인 것에 비춰볼 때 사실을 과대평가한 것으로 볼 수 있다"고 결론을 내렸다.[104)]

또한 농지수득세가 징수되었지만 부담은 크지 않았다. 장시원은 종래의 계산 방법에 오류가 있었음을 주장하면서 그 오류를 수정하여 다시 계산한 결과 1954년까지 상환농민의 양곡부담이 약 27%, 1955년 이후에는 17% 수준, 그리고 1957년 이후에는 10% 이하로 떨어졌다고 했다. 1950년대 후반에는 상당히 낮아졌지만, 그래도 1950년대 전반기의 27% 수준은 당시 농업소득이 가계비를 충족시키지 못하는 상태를 고려할 때는 상당히 무거운 부담이 될 수도 있었을 것으로 평가한다.[105)] 그러나 전쟁 중에 모두가 어려웠고, 6·25전쟁이 끝나고 4년 후에는 그 부담이 현저히 떨어졌다는 것을 보면 농민의 부담이 너무 많아서 소작인으로 다시 떨어졌다고 보기는 어렵다.

농지개혁에도 불구하고 자작농이 자립할 수 없을 수준으로 영세농이었다는 비판에 대해서 장시원은 농지부족으로 어쩔 수 없는 상황이었음을 지적했다. 1949년 6월 현재 경지면적은 207만 정보였는데, 당시 농가호수는 247만 호였다. 따라서 농가 1호당 경지면적은 0.837정보에 불과하다. 따라서 농지개혁 이후에 자작농으로 전환된 농민들이 영세경영을 극복하기에는 부족한 수준이었다.[106)]

---

104) 장상환, 「농지개혁과정에 관한 실증적 연구」, 354쪽.

105) 장시원, 「농지개혁-지주제 해체와 자작농체제의 성립」, 384쪽.

106) 장시원, 「농지개혁-지주제 해체와 자작농체제의 성립」, 386쪽; 이종범, 「1915~1950년대 농지소유구조의 변동」, 『공단형성과 지역사회구조 변동에 관한 연구』, 전남대 호남문화연구소; 조석곤 「토지장부에 나타난 토지소유구조의 변

예천군 용문면의 『토지대장』을 이용하여 토지소유구조의 변동을 추적한 조석곤의 연구에 의하면 "소유규모의 영세화가 일관되게 관찰된다"고 했다. "농지개혁은 농민적 토지분할에는 성공했지만, 그것이 평균소유규모의 감소를 초래했다"는 것을 조석곤은 실증연구를 통해서 보였다.[107] 상공업이 발달하지 못해서 70% 이상의 인구가 농업에 종사하고 있었던 현실에서 농가 호수당 경지가 작다고 하는 것은 농지개혁의 성패와 관계없는 것이다. 그것은 산업화를 통해서 해결해야 할 문제이므로 안정적인 소농경영을 이룩하지 못했다고 해서 이것을 농지개혁의 실패 원인으로 꼽을 수는 없는 것이다.

그리고 장시원은 해방 이후의 자작농이 비록 영세하기는 했지만, 일제강점기의 소작농에 비해서 농가수지나 부채율, 가계비 충족률 등 모든 면에서 훨씬 개선되었다는 것을 보여주었다. 1930~1931년의 소작농과 1962~1964년의 1정보 미만의 영세농을 비교해 볼 때, 농가수지는 적자에서 흑자로 반전되었고, 부채율은 30%에서 2.8%로 낮아졌으며 가계비 충족률은 73%에서 83%로 높아졌음을 보였다.[108]

또한 농업생산이 정체되었다는 비판과는 달리 1949년부터 1963년까지의 기간 동안 1차 산업 성장률이 1.9%였다. 같은 기간 중의 GNP 증가율 4.7%에 비하면 낮은 편이고, 일본의 농업생산 증가율 3.1%에 비하면 낮은 수치인 것은 사실이지만 정체된 것은 아니다. 장시원은 소농의 경작권이 안정되어 생산의욕을 자극하고 농업 신기술이 도입되어서 약간의 생산성 향상은 있었다고 주장한다.[109]

화」, 안병직·이영훈 편, 『맛질의 농민들』, 일조각, 1989, 390-427, 392쪽에서 재인용.

107) 조석곤 「토지장부에 나타난 토지소유구조의 변화」, 418-419쪽.

108) 장시원, 「농지개혁-지주제 해체와 자작농체제의 성립」, 387쪽.

109) 장시원, 「농지개혁-지주제 해체와 자작농체제의 성립」, 367-369쪽.

전용덕은 소작제의 폐지가 쌀의 생산을 증가시켰다는 것을 실증분석을 통하여 보였다. 그는 1937~1944년 그리고 1955~1974년 기간을 대상으로 미곡생산량을 종속변수로 하고, 시간, 노동투입량, 식부면적, 자본투입량, 기후 등을 설명변수로 하여 회기분석을 하였다. 이 실증분석을 통해서 전용덕은 소작제의 폐지로 쌀의 생산이 증가되었다는 사실이 입증되었다고 주장했다.[110)]

뿐만 아니라 농지개혁을 통해 농지소유의 상한을 3정보로 정했으므로 소득재분배 효과도 있어 소득분배가 크게 개선되었다. 그리하여 훗날 고도성장 이후에도 상대적으로 다른 저개발국가들에 비해서 소득분배가 양호하다는 평가를 받게 되는 데도 크게 기여했다.[111)]

또한 농지개혁은 사회발전에 긍정적인 영향을 미쳤다. 농지개혁이 한국의 사회경제발전에 기여한 효과를 측정하기 위해서 권병탁은 1946~1955년의 10년 동안 155만호의 소작농 및 자소작농들이 자작농으로 됨으로 인해서 얻은 이익을 계산해 보았다. 농지개혁이 없었을 경우에 한국의 소작농들이 지불해야 할 소작료에서 실제로 농지를 불하받아서 지불한 금액을 제외한 금액이 478만 석의 양곡으로 계산되었다. 이 양곡이 있었기 때문에 자작농의 자녀들이 그 후에 고등교육을 받을 수 있었다고 주장한다. 1945~1955년 사이에 중고등학생이 8.4배, 대학생이 9.9배 늘어날 수 있었던 것이 바로 이 때문이라고 주장했다.[112)] 그리하여 한국에

110) 전용덕, 「한국의 농지개혁, 소득 재분배, 농업생산, 그리고 거래비용」, 142-149쪽.

111) 농지개혁이 한국의 사회구조에 미친 영향에 대해서 전용덕은 지주계급의 해체, 정치적 안정, 개인주의 확산, 인적자본 축적, 기업가에 대한 소득 재분배 등으로 보았다. 전용덕, 「한국의 농지개혁, 소득 재분배, 농업생산, 그리고 거래비용」.

112) 권병탁, 「토지는 농민에게」, 533.

서 1950년대 후반에는 대학 진학률이 영국을 능가하게 되었다.

후진국에서 토지개혁은 성공하기 매우 어렵다. 멕시코에서는 1821년 독립 이후 세 차례의 큰 토지개혁을 했지만 실패했는데, 그 이유는 토지를 분배받은 농민들이 자립할 수 있는 영농능력이 없어서 다시 백인 지주에게 되팔기 때문이다. 그리고 북한이나 중국같은 공산주의체제에서의 집단농장도 생산성이 떨어져서 농민을 기아로 몰고 갔다.[113] 한국에서 이 정도의 성과를 가져왔다면 성공적이었다고 평가할 수 있다.

4. 지주자본이 산업자본으로 승화되지 못했는가?

마지막으로 농지개혁으로 의도했던 지주자본의 산업자본으로의 승화가 이루어지지 못했는가 하는 점을 살펴보자. 일본에서는 농지개혁으로 지주자본이 산업자본으로 전환되면서 일본 자본주의 발전에 기여했다. 그러나 한국에서는 그렇지 못했다는 비판이 많았다. 권병탁은 농지개혁을 긍정적으로 평가했음에도 불구하고 농지개혁을 통해 지주를 근대적 산업자본으로 승화시키는데 거의 실패했다고 평가했다.[114] 강만길도 역시 지주층에 지불한 보상금을 산업경영에 유도함으로써 토지자본을 산업자본화하는 데는 큰 효과를 거두지 못했다고 평가했다.[115]

지주계층을 산업자본가 계층으로 전환시키는데 실패한 것은 사실이다. 당시 일제가 남긴 기업체를 민간에 불하했기 때문에 산업자본가로 진출하기 위해서는 귀속기업체를 불하받는 것이 가장 좋은 방법이었다. 정부는 재정 재원 확보를 위해서 정부평가 가격의 50~60%에 불과한 저렴한 가격으로 귀속기업체를 불하했다. 원래는 일시불로 지불하도록 되었지만,

113) 이영훈, 『대한민국 이야기: '해방 전후사의 재인식' 강의』, 기파랑, 2007, 229-231쪽.

114) 권병탁, 「토지는 농민에게」, 509쪽.

115) 강만길, 『한국현대사』, 305쪽.

실제는 최고 15년 분할 납부도 인정했다. 따라서 당시의 전쟁 인플레이션을 감안하면 큰 특혜를 받은 셈이다. 그런데 귀속재산 처리법안에는 귀속재산 불하대금을 농지증권으로 지불할 수 있도록 허용했기 때문에 지주가 자본가로 전환할 수 있는 가능성은 있었다. 그러나 귀속기업체를 불하받을 수 있는 우선순위를 정한 시행령에서 '농지개혁법에 의해 농지를 매수당한 자'는 가장 하위로 밀려났기 때문에 실제로는 지주가 귀속재산을 불하받지 못했다.116)

그리고 「농지개혁법」 제8조에는 "지가증권을 기업자금에 사용할 때는 정부는 융자를 보증한다"고 되어 있었지만 그 효과는 미미했다. 지가증권으로 융자를 신청한 케이스는 181건 있었으며, 그 중에 90건이 성사되었다. 그리고 실제로 성공한 사업은 20건에 불과했기 때문에, 지주들을 산업자본가로 전업시킨 효과는 크지 않았다.117)

뿐만 아니라 농지를 수용당한 지주는 보상을 받기도 어려웠기 때문에 산업자본가로 될 수도 없었다. 토지보상을 받으려면 각 급 농지위원회 위원장의 확인을 받아 40일 이내(즉 1950년 5월 4일 이내)에 거주지 지방장관에게 보상신청서를 제출해야 했다. 당시의 교통사정과 지주들의 반발, 그리고 한 달 후에 시작된 6·25전쟁 등으로 보상신청서가 제대로 신고도 되지 않았다. 그리고 인쇄해 둔 지가증권을 버리고 피난을 갔기 때문에 예정된 날에 지주들에게 보상해 줄 수도 없었다. 그 후 전쟁 중에 보상해 주었으나 한꺼번에 주지 않고 매월 분할해서 보상해 주었다. 지가증권을 받은 지주들은 피난 중에 생계에 충당하기 위해서 헐값에 팔아치울 수밖에 없었고, 결국 지주들은 농지를 그냥 다 빼앗긴 것이나 마

116) 임차인 및 관리인, 해당기업체의 주주, 사원, 조합원 및 종업원, 농지개혁법에 의해 농지를 매수당한 자의 순이었다. 김일영, 「농지개혁을 둘러싼 신화의 해체」, 316-317쪽.

117) 한국농촌경제연구원 편, 『농지개혁사연구』, 1043쪽.

찬가지였다. 또한 정부는 전쟁경비 확보로 인해서 지주 보상에 대해서 무성의할 수밖에 없었다. 전쟁이 끝난 이후인 1955년 5월 말까지 지가보상 실적은 28% 정도에 불과했다.

게다가 귀속기업체를 인수하기에는 지주의 규모가 너무 영세했다. 귀속기업체를 불하받기 위해서는 토지보상액이 최소 400석은 되어야 한다고 농림부는 파악했는데, 97.8%가 400석 미만이었다.[118] 그리고 대다수라고 할 수 있는 84.2%가 50석 미만 보상받은 영세 지주들이었다.[119] 400석 이상 보상을 받은 3,400명(전체의 2.2%)의 지주들도 투자를 거의 하지 못했다. 지가증권으로 5년에 나누어 매년 지급하는데, 그것도 1년 단위로 지급하지 않고, 매월 분할 지급했다. 현금을 지급할 때 각 연도의 법정미가로 환산해서 현금으로 지급했는데, 전쟁 중에 법정미가는 실제 가격의 30~40%에 불과했다. 게다가 전쟁 기간 중 서울 도매물가지수가 거의 1,000%를 넘었기 때문에 지주의 보상은 매우 미미했다. 많은 지주들이 피난 중에 생계비 조달을 위해서 지가증권을 20~70%의 가격에 팔아치웠다.[120]

그리고 지주들은 상대적으로 고등교육을 받았지만, 근대적 기업을 경영할 수 있는 의욕도 기술도 없었다. 농지개혁 이후 지주 중에 자본가로 변신한 사람이 드물다는 것은 다음의 권병탁의 연구를 통해서도 확인된다. 1982년에 종업원 100~500명의 중소기업 경영주 489명을 대상으로 실시한 설문조사에 의하면, 설문응답자의 84.5%인 413명이 농부의 아들이었는데, 그 중에 농지를 분배받은 소작농 출신은 92.5%인 382명인 반면에, 지주출신은 한 명도 없었다.[121]

---

118) 한국농촌경제연구원 편, 『농지개혁사연구』, 776쪽.

119) 한국은행 편, 『경제연감』, 1955; 김일영, 「농지개혁을 둘러싼 신화의 해체」, 310쪽에서 재인용.

120) 김일영, 「농지개혁을 둘러싼 신화의 해체」, 331-335쪽.

▶반론

이렇게 농지개혁이 지주계층을 산업자본가 계층으로 전환시키는 데는 실패한 것은 사실이지만, 지가증권은 산업자본주의의 발전에는 도움을 주었다. 산업자본주의가 발전하기 위해서는 축적된 자본이 필요하다. 오늘날에 제3세계 국가들이 산업자본을 발전시키는데 가장 큰 애로 요인이 자본부족이다. 에르난도 데 소토(Hernando De Soto)는 제3세계에서 자본주의가 작동이 되지 않는 이유는 부정부패로 인해 대부분의 주택과 공장 등이 합법적인 등기가 되어 있지 않고, 이로 인해서 부동산을 담보로 사용할 수 없어서 자본이 순환되지 못해 자본이 부족한 것이 가장 큰 이유라고 했다.[122)]

6·25전쟁 이후에 한국에서도 산업자본주의가 발전되기 위해서는 산업자본의 축적이 필요했다. 그런데 일제에 의해서 세워진 기업들을 인수할 수 있는 자본을 축적한 계층이 일본인들이었는데, 이들이 다 떠난 후에 이 기업들을 인수할 수 있는 한국인 자본가는 턱없이 부족했다.

이러한 상태에서 지주들에게 교부된 지가증권이 전쟁과 인플레이션을 겪으면서 매우 낮은 가격에 거래되었지만, 이것은 귀속기업체를 인수할 때는 액면가 그대로 불하대금으로 활용되었다. 1958년까지 불입된 귀속재산 분납금 중 40%가 지가증권이었다. 600석 이상 보상받은 대지주 중에 귀속기업체를 불하받은 사람은 1.7%에 불과했음에도 불구하고 이렇게 많은 분납금이 지가증권으로 지불되었다는 것은 지주의 지가증권을 헐값으로 산 자본가들이 이것으로 납부했기 때문이다.[123)] 결국 이들은

121) 권병탁, 「토지는 농민에게」, 529-530쪽.

122) Hernando De Soto, *The Mystery of Capital: Why Capitalism Triumphs in the West and Fails everywhere else*, Perseus Books Group, 2000; 윤영호 역, 『자본의 미스터리』, 세종서적, 2003.

123) 김일영, 「농지개혁을 둘러싼 신화의 해체」, 335쪽.

헐값에 지가증권을 사서 그것으로 귀속재산 매입에 사용하여 큰 이득을 남겼기 때문에, 지주자본의 부가 이들 산업자본가에게로 이전되어 신흥자본가 계층이 탄생했다는 것을 알 수 있다. 그리고 이 지가증권은 증권시장이 태동하는 계기가 되었다. 이렇게 지가증권은 한국 자본주의 경제발달에 크게 기여했다. 1949년 11월부터 1955년 6월까지 증권거래액의 73%가 지가증권이었다.[124] 특히 대한증권협회가 개설된 직후인 1954년 이후에는 매매실적이 정확하게 파악되는데, 1954에 거래된 증권 중에 88%가 지가증권이었고, 1954/55년에는 73%로 점차 낮아진다. 따라서 우리나라의 증권거래는 지가증권에서 시작되었다고 볼 수 있다.[125]

뿐만 아니라 정부는 보상과정에서 상당히 큰 차익을 남겼다. 농민에게 현물로 상환을 받아서 지주에게 지가증권으로 보상해 주고, 그 가격도 법정 미가로 시세가격보다 훨씬 낮게 보상해 주었기 때문에 큰 차익을 남겼다. 차익 규모는 6·25전쟁 기간에 38억환 정도로 추정되고, 1950~1959년으로 확대하면 270억 환을 남겼던 것으로 추정된다.[126]

이렇게 남은 차익은 국가 운영을 위한 재정에 사용되었다. 1952년 4월에 제정 공포된 농지개혁사업특별회계법에 의해 귀속농지 상환대금 16.7억원 가운데 9.8억원(58%)이 농업투자로 사용되었다. 그리고 일반분배농지에서 발생한 사업잉여와의 총 합계 약 35억원 가운데 49%인 17억원이 1952~1960년간 농지개량사업에 투자됨으로써 국가재정을 절약할 수 있었다.[127] 이때 절약한 재정자원은 새롭게 일어나고 있는 수입대체산업의 부흥에 투입될 수 있었다.

따라서 농지개혁으로 인해 지주들을 산업자본가로 변신시키는 데는 실

124) 장시원, 「농지개혁-지주제 해체와 자작농체제의 성립」, 356-357쪽.

125) 한국농촌경제연구원 편, 『농지개혁사연구』, 1060쪽.

126) 김일영, 「농지개혁을 둘러싼 신화의 해체」, 333쪽.

127) 장시원, 「농지개혁-지주제 해체와 자작농체제의 성립」, 355쪽

패했지만, 농업에 축적된 자본이 산업자본으로 전환하게 한 측면은 어느 정도 있었다고 판단된다.

Ⅳ. 맺음말: 농지개혁의 성과

해방 직후 그리고 6·25전쟁 직후에 굶어죽는 사람이 속출했던 한국이 이렇게 경제가 성장할 수 있었던 여러 가지 원인 중에서 가장 중요한 것은 자유주의 시장경제 체제에 편입되었기 때문이다. 물론 다른 여러 가지 이유가 있겠지만, 문화와 역사와 인종이 동일한 북한과 비교해 볼 때, 가장 중요한 요인은 두 나라가 선택한 체제의 차이라는 데는 반론이 있을 수 없다. 이렇게 중요한 자유주의 시장경제 체제를 채택하는데 가장 큰 영향을 미친 사람이 바로 이승만 대통령이고 남한이 자유민주주의로 남을 수 있게 하는데 가장 크게 기여한 것이 이승만정부에 의해서 1950년도에 실시된 농지개혁이다.[128)]

그럼에도 불구하고 농지개혁에 대해서 그동안 여러 가지 평가가 있었다. 정치학계에서는 농지개혁을 이승만 대통령 개인의 정치적 야망과 연관 지어 평가하기도 했다. 수정주의자들은 농지개혁이 제대로 이루어지지 못했다는 점을 강조했다. 또한 농지개혁이 철저하지 못했으며, 소득재분배 등에 큰 영향을 미치지 못했다고 하는 부정적이거나 소극적인 평가가 많았다.

이 글에서는 이승만 대통령의 농지개혁을 둘러싼 여러 논란들을 4가

---

128) 김일영은 "한국의 국민적 정체성 확립과 관련된 대표적 계기는 농지개혁과 전쟁 및 반공이었으며, 그 중심에 이승만이 있었다"고 함으로써 농지개혁이 갖는 중요성을 강조하였다. 김일영, 「이승만 대통령과 근대 국민국가의 건설」, 24쪽.

지 질문으로 요약해서 답변했다. 첫째, 이대통령은 결코 농지개혁에 대해 소극적이지 않았으며 반대로 적극적이었으며, 남한을 공산혁명으로부터 지켜내기 위해서 법령이 제대로 준비되기도 전에 농지개혁을 밀어붙였기 때문에 6·25전쟁 중에 공산주의와의 싸움에서 승리할 수 있었으며, 이것이 이대통령의 가장 큰 경제적 업적이다. 한 개인의 업적을 평가할 때 가장 중요한 것은 그 사람이 없었더라면 어떤 결과가 나왔을 것인가를 생각해 보는 것이다. 이대통령이 아니었다면 과연 6·25전쟁 전에 농지개혁이 실시될 수 있었을까를 반문해 보면 결코 불가능했을 것이라고 판단된다. 이대통령은 농지개혁을 통해서 공산화의 위험을 극복하고 사유재산권에 기초한 자유주의 시장경제를 확립한 것이 후에 한국경제의 발전에 가장 중요한 기초가 되었다.

둘째, 사전에 지주들이 농지를 비싼 가격에 사적으로 팔아버렸기 때문에 농지개혁이 철저하지 못했다는 지적에 대해서, 결코 방매가격은 높지 않았으며, 방매되었더라도 이는 농지개혁의 성과에 포함되어야 한다고 결론을 내렸다.

셋째, 농지개혁에도 불구하고 자영농이 소규모였고, 생산성도 증가하지 않아, 농가가 자립을 달성하지 못했기 때문에 실패한 것이라는 비판에 대해서도 이것이 농지개혁의 실패 때문이 아니라 농지에 비해서 너무 많은 농민이 존재했기 때문이라고 설명했다. 그리고 농민들에게 정부가 과도한 세금을 거두어서 자립을 하지 못한 것이 아니라는 사실을 보였다.

마지막으로 농지개혁으로 의도했던 지주자본의 산업자본으로의 승화가 이루어지지 못했는가하는 질문에 대해서, 지주계층을 산업자본가 계층으로 전환시키는 데는 실패했지만, 이때 발행한 지가증권이 산업자본으로 활용되었음을 설명했다.

흔히 이승만 대통령은 일제에 협력한 인사들을 중용했기 때문에 친일을 극복하지 못했다고 비난을 한다. 그러나 인재가 부족했던 시대에 인재들을 처벌하는 것보다 일제강점기 동안에 유리한 제도로 인해서 부를 축적한 토지 지주들의 부를 피해자라고 볼 수 있는 소작인에게 돌려주는 것이 더 근본적인 친일청산이라고 평가할 수 있다. 실제적으로 농지개혁이 친일파 단죄의 효과는 더 컸다고 볼 수 있다.

또한 양반제도도 갑오개혁을 통해서 없어졌다고 하지만, 많은 양반 계층들이 각 마을에서 대규모 농지를 보유함으로써 실질적 영향력을 상당히 보유하고 있었다. 그러나 농지개혁 당시에 문중의 토지를 인정하지 않고 개인 소유로 보고, 3정보 이상을 보유하지 못하게 함으로써 실제적으로 양반 계층의 물적 토대가 되는 농지가 분해되었기 때문에, 양반의 기반이 사라졌다. 따라서 농지개혁이 조선시대를 통해서 내려오던 양반제도를 실제적으로 종식시킨 효과도 있다. 그리하여 신분사회를 넘어서는데 크게 기여했다.

결론적으로 볼 때 유영익이 "이승만 대통령이 강력한 의지를 발휘하여 추진한 농지개혁은 조선왕조 창건기에 태조 이성계가 단행한 과전법 이래 최대 규모의 토지개혁으로서 그 역사적 의의가 높이 평가되어 마땅하다"고 주장한 것처럼 높이 평가되는 것이 마땅하다고 본다.[129)]

129) 유영익, 「이승만 대통령의 업적」, 549쪽.

이승만정부의 경제정책 연구 쟁점과 평가

최 상 오*

〈목 차〉

Ⅰ. 머리말

이 논문은 이승만정부 시기의 경제에 관한 연구 성과를 검토함으로써 다음 두 문제에 대해 보다 분명한 답변을 제공하고자 한다. 첫 번째 문제는 이 시기 연구자에게 큰 영향을 미쳤던 연구 관점이 무엇이었으며, 그것에 대항한 새로운 연구 관점이 어떤 배경 위에서 도입되었고 그 내용이 무엇인가를 구체적으로 살펴보는 것이다. 두 번째 문제는 이 시기 경제를 평가하는데 영향을 미친 주요 쟁점이 무엇이었고, 그것이 1950년대 경제의 평가에 어떤 영향을 미쳤는가를 검토하는 것이다.

해방 이후 이승만정부 시기(이하 1950년대)에 관한 연구는 1980년대에 들어서면서 크게 활성화되었는데, 거기에는 두 가지 요인이 중요하게

* 서울대학교 경제학부 WCU사업단 연구교수

영향을 미쳤다. 하나는 1980년을 전후하여 당대의 한국사회를 규정하고 있는 정치·경제구조의 특질이 미군정 시기를 포함하여 이승만정부 시기에 형성되었다는 인식이 확산되어 그 시기에 대한 관심과 연구를 자극하였다. 물론 1980년 이전에도 1950년대에 관한 연구가 이루어졌지만, 1980년대에 접어들어 특히 이 시기에 관한 연구가 활성화된 것은 그 당시의 시대 분위기와 연구 관점이 상호작용한 결과였다.[1] 당시 이 시기의 연구를 주도한 연구 관점은 운동사적(민주·민족운동) 관점이었는데, 이 입장에서는 "반독재 민주주의 사회를 건설하고, 분단을 극복하고 민족국가를 건설"하는 것이 바람직한 발전과정이라고 상정하였다.[2] 그러나 당대의 한국사회는 분단체제 하에서 반공 이데올로기의 억압적 구조가 작동하고 있었기 때문에, 정상적인 상태로 되돌리려는 민주화운동과 통일운동이 억압되고 있었고, 그러한 입장에서 분단체제의 역사적 기원, 반공체제가 강화되는 과정에 대한 관심이 높아졌던 것이다. 다른 하나는 해방에서 한국전쟁이 발생하는 과정에 대한 수정주의적 해석이 한국에 소

1) 1980년 이전에 한국현대사 연구가 활발하게 이루어지지 못한 요인에 대해, 이 시기 연구사를 정리한 논문에서는 정치적, 이데올로기적 이유를 지적하였고, 아울러 1980년 전후 민주화운동의 고조는 이 시기 연구를 자극한 핵심적인 요인이었다고 주장하였다. 이대근, 「해방 40년의 사회경제사 연구현황과 사회구성체론」, 역사문제연구소 편, 『한국 근현대 연구 입문』, 역사비평사, 1988; 이만열, 「한국현대사의 흐름과 동력」, 한국정신문화연구원 현대사연구소 편, 『한국현대사의 재인식』 6, 도서출판 오름, 1998; 조동걸, 「한국현대사의 연구 성과와 과제」, 『한국현대사의 재인식」 6; 신복룡, 「한국현대사 연구의 시각과 방법론의 검토』, 한국현대사의 재인식』 6; 서중석, 「한국현대사 연구와 이데올로기－1948년 4월 평양 남북지도자회의를 중심으로」, 국사편찬위원회·한국사학회 공동주최 국제학술회의 발표논문, 2002.

2) 서중석, 「1980년대 이후 진보적 연구자들의 남한현대사 연구의 동향과 전망」, 역사문제연구소 편, 『한국의 근대와 근대성 비판』, 역사비평사, 1996, 118쪽.

개된 것은 당시의 '진보적' 연구자들에게 해방 8년의 역사에 대한 관심과 연구를 자극한 또 다른 결정적인 요인이었다.[3)] 이것은 당시 변혁운동의 고조와 함께 한국현대사 연구를 활성화시켰다.

1950년대 연구에서 발견되는 또 다른 특징은 대부분의 경우 이 시기를 부정적으로 평가하고 있다는 점이다. 이와 같이 부정적으로 평가하게 된 가장 중요한 요인은 이 시기를 연구하는 연구자들의 연구 관점이 무엇보다도 중요한 영향을 미쳤다. 앞에서 지적한 바와 같이, 이 시기의 연구를 주도한 연구 관점은 운동사적 관점이었는데, 이 관점에서 제시하는 평가 기준은 '민주화' '자주화' '민족통일' 등이었다. 이런 기준에 근거해 볼 때, '분단체제'와 '반공독재체제'의 기반을 확립했다고 인정되는 이 시기는 부정적으로 평가될 수밖에 없었다. 부정적인 평가는 정치사 분야에 한정되는 것이 아니었다. 경제사 분야에서도 1950년대는 긍정적인 성과를 거둔 시기라기보다는 당대의 한국경제가 갖고 있는 온갖 문제점을 잉태하고 형성시킨 시기로서 파악되었다. 경제사 분야에서 제기되는 부정적 평가의 내용을 정리해 보면, 대외 종속성의 심화, 대외 의존적(불균형적) 경제구조의 형성, 파행적 혹은 불구기형적 산업구조의 형성, 정부지원 하의 대기업 성장, 특혜와 부정부패(정경유착), 독점적 시장구조의 조숙적 형성, 비효율적인 자원배분과 정체 등이었다.[4)]

---

3) 커밍스(Bruce Cumings)는 1975년에 「해방의 정치: 한국, 1945~1950」이라는 제목의 논문으로 박사학위를 취득했고, 1981년에 『한국전쟁의 기원』이라는 책을 출간하여 한국현대사 연구를 활성화시킨 대표적인 연구자였다. 그를 포함하여 수정주의자들이 한국학계에 미친 영향에 대해서는 유영익, 「수정주의와 한국현대사 연구」, 유영익 편, 『수정주의와 한국현대사』, 연세대 출판부, 1998, 11-13쪽을 참조할 것.

4) 1950년대에 관한 대부분의 경제사 연구는 이런 입장에 근거하여 이루어졌기 때문에, 이에 관한 연구성과를 일일이 적시하지는 않을 것이다. 물론 1990년대 중반 이후에는 연구흐름이 다양하게 분화되고 있지만, 이에 관해서는 본문

왜 1950년대 경제를 부정적으로 평가할까? 이런 현상은 국내 연구자뿐 아니라, 국내 연구자와는 다른 연구 관점과 연구 방법론에 근거하여 분석하고 있는 해외 연구자들에게서도 공통적으로 발견되는 특징이다.[5] 따라서 이 연구는 1950년대 경제를 부정적으로 평가하는 이유가 무엇인가를 체계적으로 분석하는 것을 기본 목적으로 하고 있다. 특히 부정적 평가에 영향을 미친 요인에는 연구 관점과 경제이론을 역사 현실에 적용하는 과정에서 발생하는 오류 등에 기인하여 발생한다고 판단하여 이 두 문제를 중심으로 분석하기로 한다.[6]

중에서 소개하는 것으로 한다. 경제사 분야에 관한 연구사 논문은 아니지만, 1950년대에 대한 부정적 평가가 우세하던 1990년에 긍정적 시각에서 1950년대를 평가해야 한다고 주장한 유영익의 「1950년대를 보는 하나의 시각」(『계간 사상』 봄호, 사회사상사, 1990)은 주목할 만하다.

5) 이에 해당하는 대표적인 해외 연구는 David Cole & Princeton Lyman, *Korean Development: The Interplay of Politics and Economics*, Harvard University Press, 1971과 한국개발연구원과 Harvard대학교 국제개발연구소(Harvard Institute for International Development)가 공동으로 추진한 일련의 연구를 들 수 있다. 예를 들어 김광석·웨스트팔(L. Westphal), 『한국의 무역·외환정책－산업개발전략적 접근』, 한국개발연구원, 1976; 크루거(A. Krueger) 저, 전영학 역, 『무역·외원과 경제개발』, 한국개발연구원, 1980; 사공일·L. Jones, 『경제개발과 정부 및 기업가의 역할』, 한국개발연구원, 1981 등이다. 이들은 시장주의적 관점에 입각해 있는데, 이와 다른 발전국가론의 관점을 갖고 있는 암스덴(Alice H. Amsden), *Asia's Next Giant: South Korea and Late Industrialization* (Oxford University Press, 1989)도 1950년대 경제를 부정적으로 평가하고 있다.

6) 1950년대 경제사 분야를 정리한 연구사는 그렇게 많지 않다. 1980년대 후반에 4편의 연구사 정리 논문이 발표되었고, 1995년에 1편이 발표되었을 뿐이다. 이대근, 「해방 40년의 사회경제사 연구현황과 사회구성체론」, 『한국 근현대 연구 입문』, 역사비평사, 1988; 이병천·윤소영, 「전후 한국경제학 연구의 동향과 과제」, 『80년대 한국인문사회과학의 현단계와 전망』, 역사비평사,

이 논문은 4개의 절로 구성되어 있다. 제2절에서는 정치경제학적 연구 관점의 내용과 그것이 1950년대 경제를 평가하는데 어떤 영향을 미쳤는가를 분석하고, 그것에 대항하는 새로운 관점이 어떤 배경 하에서 생겨나게 되었는지를 분석할 것이다. 제3절에서는 경제학 이론을 적용하여 1950년대 경제를 어떻게 분석·평가하고 있는가를 살펴보고, 아울러 이것의 문제점이 무엇인가를 검토할 것이다. 제4절에서는 최근 주요 쟁점 중의 하나인 1950년대 후반의 변화에 대한 평가의 문제를 1960년대 경제와의 연속과 단절의 관점에서 정리할 것이다. 마지막으로 제5절에서는 이제까지의 분석 내용을 요약하고, 앞으로의 과제를 제시할 것이다.

Ⅱ. 자립경제론과 국제적 계기

경제부흥과 경제성장 과정에서 국제적 계기의 역할을 어떻게 인식하고 있는가의 문제는 1950년대 경제에 대한 연구와 평가에 결정적인 영향을 미쳤다. 한국현대사 연구를 주도한 연구 관점은 운동사적 관점이었는데, 이것이 경제사 분야에 적용될 때에는 정치경제학적 관점이라고 불렀다. 정치경제학적 관점을 대표하는 것은 민족경제론 혹은 자립경제론이었는데, 1950년대 경제는 이런 입장에서 주로 분석·평가되었다. 따라서 여기에서는 자립경제를 이론적으로 검토한 다음, 1950년대 경제의 분석에 직접 적용된 자립경제론이 무엇이며, 그것이 이 시기의 평가에 어떤 영향

1988; 백일, 「해방 전후 사회경제사의 쟁점」, 『해방전후사의 인식』 6, 한길사, 1989; 한국사회경제학회 현대사분과 편, 「한국현대사 연구의 현황과 과제－1945~60년의 한국경제를 중심으로」, 『사회경제평론』 2, 한울, 1990; 김양화, 「1950년대 공업화에 관한 연구동향 검토」, 『무역평론』 2, 경성대 무역연구소, 1995.

을 미쳤는가를 검토하기로 한다. 다음에 자립경제론과 대체관계에 있는 새로운 연구 관점이 어떤 배경 하에서 생성되었는가를 살펴보고, 마지막으로 이런 연구 관점의 변화 속에서 1950년대 경제에 대한 연구가 어떻게 진행되고 있는가를 간략히 검토하기로 한다.

1. 자립적 민족경제론[7)]

사전적 의미로 볼 때 자립경제(self-sustaining economy)는 '스스로 유지될 수 있는 경제'를 의미한다. 통상 자립경제는 자급자족경제(autarky economy)를 의미하는 것으로 이해하고 있으나 자립경제에 대한 사전적 정의는 매우 추상적이기 때문에 자립경제가 무엇을 의미하는가를 정확히 알 수 없다. 자립경제의 실체를 정확히 파악하기 위해서는 자립의 수준과 그러한 수준에 도달하게 하는 구체적인 전략을 제시해야 한다.

이론적으로 볼 때, 자립경제에 도달하는 방법은 크게 두 가지가 있다. 하나는 해외부문과의 경제관계를 최소화하면서 국민경제 자체 내에서 자기 완결적인 재생산구조를 갖추는 것이다. 다른 하나는 해외부문과의 경제관계를 활발히 하면서 경제성장 과정에서 발생하는 '저축 갭과 외환 갭'을 스스로 해결할 수 있는 경제체제를 구축하는 것이다. 현실에서 어떤 개발전략이 선택되느냐 하는 문제는 정부와 국민의 관계 속에서 사회적으로 결정될 것이고, 실제 나라마다 한국 내에서도 시기에 따라 자립경제를 달성하는 전략에서 차이를 보이고 있음을 확인할 수 있다. 예를 들어 한국의 경우 1950년대에는 원조를 활용하여 자기 완결적인 재생산구조를 갖추려는 전략을 채택했다면, 1950년대 후반부터 자립경제를 구

7) 자립경제론과 구분하여 '자립적 민족경제론'이라는 용어를 사용한 것은 자립경제에 대한 다양한 해석이 존재하기 때문이다. 또한 '자립적 민족경제론'은 민족경제론의 대표적 주창자라고 할 수 있는 박현채가 사용한 말이다. 박현채, 『민족경제론』, 한길사, 1978.

축하려는 개발전략이 점차 변화하여 박정희정부 하의 제1차 보완계획에서는 후자의 개발전략으로 이동하는 경로를 밟았다.[8)]

연구자의 연구 관점은 정부의 선택과 반드시 일치하는 것은 아니다. 이들이 채택한 자립경제론은 박정희정부의 개발전략에 대한 대항논리로서 전개되었기 때문에 해외부문과의 경제관계를 최소화하는 자립경제론(이하 자립적 민족경제론)으로 발전했다.[9)] 그런데 이 연구 관점은 그 이후에도 계속 개발·유지되어 1950년대 경제를 분석·평가하는데 중요한 영향을 미쳤다.

자립적 민족경제론에 입각하여 1950년대 경제를 분석한 대표적인 초기 연구자는 김대환이다.[10)] 그는 "후진국 공업화를 정확히 평가하기 위해서는 단순히 양적 변화만을 고려할 것이 아니라 사전에 '가치전제'를 명시하고 그것의 충족 여부에 근거하여 평가해야 한다"고 주장하였다.[11)]

---

8) 전후 이승만정부의 경제재건 전략에 대해서는 최상오, 「이승만 대통령의 경제개발정책－이승만정부의 수입대체공업화정책을 중심으로－」, 유영익 편, 『이승만 대통령 재평가』, 연세대 출판부, 2006; 정진아, 『제1공화국기(1948~1960) 이승만정권의 경제정책론 연구』, 연세대 박사학위논문, 2007 참조. 1950년대 후반과 1960년대 초반의 경제개발전략의 변화과정에 대해서는 최상오, 「1950년대 중반－1960년대 초기 한국의 경제개발계획 연구」, 경제사학회 학술대회 발표논문, 2007 참조.

9) 자립적 민족경제론이 사회적으로 공개되어 최초로 논의된 계기는 4·19혁명이었기 때문에, 박정희정부 하에서 제1차 경제개발계획이 작성되는 시기와 비슷하였다. 이 양자는 자립경제를 달성하는 전략에서는 차이가 있었지만, 이승만정부의 원조경제를 비판하고 있다는 점에서는 공통점을 갖고 있었다. 이병천·윤소영, 「전후 한국경제학 연구의 동향과 과제」, 33-34쪽; 경제기획원 편, 『제1차 경제개발 5개년계획, 1962~1966』, 1962.

10) 그 이전에도 1950년대 경제를 분석한 연구가 있지만, 그것은 면방적업에 대한 사례분석이었다. 박종안, 「한국 면방직공업의 자본축적과정에 관한 연구」, 서울대 석사학위논문, 1971.

그가 제시한 가치전제는 “식민지적 경제구조의 타파, 식민지체제의 극복을 통해 달성될 수 있는 것으로 자립경제체제의 확립”을 의미하였다. 여기서 그가 말한 자립경제란 “국내분업 및 국내시장에 기초하여 산업 상호간에 긴밀한 관련을 갖는 자기완결적인 재생산구조, 즉 자주적이고도 자율적인 재생산구조 하에서의 상대적 자급자족체계를 의미”하는 것이었다.[12] 박현채가 주장한 민족경제론도 이와 동일하다고 할 수 있다.[13]

> 자립경제는 민족의 자주, 자립의 기초가 되는 것이지만, 그렇다고 반드시 자급자족을 의미하는 것은 아니다. 그것은 한 민족의 자립의 기초로서 최소한의 민족적 요구를 국내에서 자급하고 그 잔여를 무역에 의하여 수급하는 것이다. 다시 말하여 국민경제의 재생산에 있어서 무역 의존을 최소한으로 줄이고 자급부문을 최대한으로 증대시키며 적어도 무역이 국민경제의 재생산에서 주요 요건이 되어서는 안 된다는 것을 의미한다.

이와 같이 초기의 자립적 민족경제론에서는 상기한 바의 자립경제를

11) 김대환, 「1950년대 한국의 공업화에 관한 연구: 공업화 주체를 중심으로」, 서울대 석사학위논문, 1976, 3쪽. 김대환의 논문이 제출된 1970년대 중반은 체제 비판적인 서적이 많이 출판된 시기였다는 점에서도 주목된다. 예를 들어 이영희, 『전환시대의 논리』, 창작과 비평사, 1974; 김남식, 『실록 남로당』, 신현실사, 1975; 송건호, 『민족지성의 탐구』, 창작과 비평사, 1975; 송남헌, 『해방 3년사 1: 건국 전야』, 성문각, 1976; 송건호, 『한국민족주의의 탐구』, 한길사, 1977; 강만길, 『분단시대의 역사인식』, 창작과 비평사, 1978; 박현채, 『민족경제론』, 한길사, 1978.

12) 김대환, 「1950년대 한국의 공업화에 관한 연구」, 10-11쪽.

13) 박현채, 「자립경제 실현을 위한 모색」, 김윤환 외, 『한국경제의 전개과정』, 돌베개, 1981, 295쪽. 박현채는 1978년에 한길사에서 『민족경제론』이라는 책을 출판했지만, 그것은 이미 발표된 글을 모아 놓은 것이며, 제목과 달리 민족경제론을 체계적으로 소개하고 있지 않다.

후발국 경제발전의 '정상적인 발전모델'로 상정하고 그에 근거하여 1950년대 경제를 평가했는데, 크게 두 가지 측면에서 초기 연구에 중요한 영향을 미쳤다.

첫째, 대외무역을 포함하여 자본, 기술도입과 같이 해외부문과의 경제관계를 부정적으로 평가하는 것에 논리적 토대를 제공하였다. 가령 김대환은 "대외의존을 기초로 하여 이루어진 양적 성장은 자주경제 확립과의 격차를 확대시키는 데 기여할 뿐"이라고 하여 대외무역을 부정적으로 평가하였다.[14] 박현채는 "한 사회에서 생산된 경제잉여를 대외적으로 누출시키지 않는 것"을 자립경제가 갖추어야 하는 조건으로 파악하고 있었기 때문에 "국민경제가 외부적 주입, 즉 외국자본에 대한 수요나 지속적인 외국무역에 대한 요구의 확대 없이 재생산을 유지할" 것을 요구하였다.[15] 이런 입장에서는 일본경제에 종속된 식민지 경제구조가 미국경제에 의존을 심화시키는 방식으로 재생산구조가 재편된 해방 이후 1950년대는 '대외 종속성이 심화'되거나 '대외 의존적 경제구조'가 성립되는 시기로 평가되었던 것이다.[16] 더욱이 이 입장에서 원조는 선진국 자본운동의 한 형태로서 파악될 뿐 아니라, 선진국과 후진국간의 지배-종속 관계를 유지시키는 수단으로서 평가된다.[17] 1950년대 경제를 부정적으로 평가한 대

14) 김대환, 「1950년대 한국의 공업화에 관한 연구」, 13쪽.

15) 박현채, 『민족경제론의 기초이론』, 돌베개, 1989, 74, 78쪽.

16) 장상환, 「해방후 대미 의존적 경제구조의 성립과정」, 송건호·박현채 외, 『해방 40년의 재인식』, 돌베개, 1985; 윤소영, 「한국 사회성격 해명에 있어서의 올바른 이론적 입장의 확정을 위하여」, 한신경제과학연구소, 『경제학토론』, 한신대, 1986; 이대근, 『한국전쟁과 1950년대 자본축적』, 서울대 박사학위논문, 1987. 다른 한편에서는 한국경제에서 민족생활권을 실증하기 위한 연구가 소개되기도 하였다. 新納豊, 「해방 초기 남조선에 있어서 경제순환의 태동」, 우대형 역, 『한국경제의 구조』, 학민사, 1989. 이 책의 원본인 일본판은 1984년에 출판되었다.

부분의 연구는 이런 입장에서 1950년대 경제를 분석·평가하였던 것이다.

둘째, 원조를 부정적으로 평가하는 배경이 되었다. 자립적 민족경제론에서 말하는 '자기완결적인 재생산구조'를 확립하거나 '국민경제의 재생산에 있어서 무역 의존을 최소한'으로 줄이기 위해서는 산업간 상호의존관계가 긴밀히 형성되어야 한다. 박현채가 지적하고 있듯이, 자립경제가 확립되기 위한 산업적 조건은 국내 공업에 원료와 식량을 제공하는 농업·광업이 기초산업으로 국민경제의 저변에 광범위하게 존재하고, 그것을 기반으로 한 농촌공업으로서 중소기업이 존재하며, 국민적 산업으로서 소비재산업이 성장해야 하며, 아울러 중소기업과 소비재산업에 부품과 자본재를 공급하는 생산재공업이 균형 있게 발전되어야 했다.[18] 이럴 때 "국내에서 생산된 경제잉여는 대외적으로 누출되지 않을 뿐 아니라 경제잉여의 국민적 확산메커니즘이 정착되어 확대재생산도 가능하게 된다"고 할 수 있다.[19] 그러나 원조는 이상과 같은 자립경제가 형성될 산업적 조건을 오히려 해체시켰다는 것이다. 가령 원조로서 막대한 농산물과 공업원료가 도입된 결과 농업이 파탄되어 농·공간 분업관계가 해체되었고, 아울러 중소기업의 성장기반이 와해되어 '자립적 발전의 길'이 차단되었다고 평가되었다. 게다가 소비재 중심으로 원조물자가 도입된 결과 1950년대의 공업구조는 소비재산업만이 불균형적으로 발전된 기형적인 구조를 갖게 되었다고 평가하였다.[20]

---

17) 박찬일, 「미국의 경제원조의 성격과 그 경제적 귀결」; 정일용, 「원조경제의 전개」, 이대근·정운영 편, 『한국자본주의론』, 까치, 1984; 김양화, 「미국의 대한 원조와 한국의 경제구조」; 노중기, 「1950년대 한국사회에 미친 원조의 영향에 관한 고찰」, 한국사회사연구회 편, 『현대 한국의 자본축적과 민중생활』, 문학과 지성사, 1989.

18) 박현채, 『민족경제론의 기초이론』, 47, 52, 73쪽.

19) 박현채, 『민족경제론의 기초이론』, 74-75쪽.

이상과 같이 1950년대에 대한 부정적인 평가, 보다 구체적으로 말하면 농업의 파탄과 농공분업의 해체, 농촌시장을 기반으로 한 중소기업의 몰락, 소비재산업 중심의 파행적인 공업구조의 고착, 그리고 이러한 결과 대외 종속성의 심화 혹은 대외 의존적 경제구조의 확립 등과 같은 부정적인 평가는 자립적 민족경제론에 입각하여 평가한 것이었다.

2. 새로운 관점의 출현

박정희정부 등장 이후 한국경제는 매년 빠르게 성장하여 1961~1979년 동안의 연평균 성장률은 8.6%였다.[21] 이것은 국제기준 또는 한국의 그 이전 시기와 비교해 보더라도 매우 높은 성장률이었다. 더욱이 이렇게 높은 성장률이 장기간 지속되었다는 사실은 세계경제에 커다란 충격을 주었고, 이런 변화에 대한 반응은 1970년대 중반부터 나타나기 시작했다. 한국의 경제성장이 불가역적 과정으로서 국제적으로 공인된 것은 1979년 OECD에서 발간한 보고서를 통해서였다.[22]

OECD 보고서에 따르면, 1960년대 초에서 1970년대 사이에 일어난 가장 중요한 변화는 OECD 회원국의 공산품 수입 비중에서 신흥공업국(Newly Industrializing Countries, 통상 NICs로 불림)이라 불리는, 한국을 포함한 10개 중위 소득의 발전도상국 수출품 비중이 빠르게 증가한 것이었다. 1963년에 OECD 회원국의 NICs 공산품의 수입 비중이 2.6%

---

20) 주 16)과 17)에서 제시한 문헌이 이런 관점에서 1950년대 경제를 연구한 경우에 포함된다.

21) 통계청 편, 『통계로 본 대한민국 50년의 경제사회상 변화』, 1998, 117쪽.

22) OECD, *The Impact of the Newly Industrializing Countries on Production and Trade in Manufactures,* Paris: OECD, 1979. 한국경제를 후발국의 경제발전 사례로서 본격적으로 연구하기 시작한 것은 OECD 보고서가 발표되기 직전인 1970년대 중반부터 이루어졌다.

였는데, 1977년에 그것은 8.1%로 증가하였다.[23] 물론 이러한 변화는 신흥공업국들이 공업화 수단으로서 대외지향 성장정책을 이용하여 공업화에 성공해서 나타난 현상이었기 때문에, 후발국의 경제성장 과정에서 해외부문을 적극 활용하는 것이 중요한 요인으로 주목받게 되었다.[24] OECD 보고서 발간 이후, 선발공업국에 대한 인식은 크게 변화해서 후발국으로부터 경제잉여를 수탈해 가는 존재가 아니라 후발국이 공업화를 수행하는데 필요한 자본, 기술과 시장을 제공해 주는 주체로 인식되기 시작하였다.

서구학계와 일본학계에서는 이런 변화에 빠르게 반응하여, 한국경제를 신고전학파적 입장이나 개발경제학의 관점에서 설명하려는 시도가 1980년대 초부터 나타나기 시작했지만,[25] 국내학계에서는 시간상의 지연이 있었다. 1989년에 안병직 교수가 발표한 「중진자본주의로서의 한국경제」는 선진국과의 경제관계에 대한 인식을 전환시킨 주요 계기였다.[26] 그는

---

23) OECD, *The Impact of the Newly Industrializing Countries on Production and Trade in Manufactures,* p. 6, 10. 이때 선별된 10개국은 한국, 대만, 홍콩, 싱가포르, 브라질, 멕시코, 그리스, 포르투갈, 스페인, 유고슬라비아이다.

24) 이들 10개 나라에서 공통적으로 발견되는 특징은 공업화 수단으로서 대외지향 성장정책을 채택했다는 것이었다. OECD, *The Impact of the Newly Industrializing Countries on Production and Trade in Manufactures,* pp. 11, 47-48.

25) 서구학계에서 한국의 경제성장을 적극적으로 평가하기 시작한 것은 1970년대 중반부터였다고 할 수 있는데, 이에 대해 자세한 것은 제3절에서 살펴보기로 한다. OECD 보고서가 『新興工業國の挑戰』이라는 제목으로 일본에서 번역된 것은 1980년이었고, 이 이후 한국경제를 개발경제학의 관점에서 해석한 책이 출판되기 시작하였다. 渡邊利夫, 『現代韓國經濟分析－開發經濟學と現代アジア』, 東京: 勁草書房, 1982. 이 책은 1983년에 국내에 번역 소개되었다.

그간 한국경제를 설명한 다양한 주장, 예를 들면 식민지 반봉건사회론, 주변부자본주의론(종속이론), 신식민지 국가독점자본주의론은 한국경제의 독자적 발전과정을 설명할 수 없는데, 그 가장 중요한 이유는 세계경제와의 관계를 '종속성'의 입장에서 해석하고 있기 때문이라고 하였다. 그는 한국이 신흥공업국(NICs)으로서 성장했다는 점과 그 과정에서 한국경제가 독자적으로 발전해 왔다는 사실을 인정하고, 그 요인을 설명해야 한다고 주장하였다.[27]

이상과 같은 안병직의 주장은 두 가지 점에서 자립적 민족경제론과 크게 구분되었다. 먼저 지적할 수 있는 것은 한국경제에서 실제 일어난 성장과정을 설명해야 한다고 주장한 것이다. 반면에 자립적 민족경제론에서는 실제 일어난 사건을 설명하는 것이 아니라 '바람직한 상태'를 사전에 제시하고 그에 근거하여 경제를 평가하였다. 다른 하나는 후발국의 경제발전과정에서 국제적 계기가 매우 중요하다는 것을 주장한 것이다. 그는 자생적인 발전과정을 밟아왔던 일부 선발공업국과 달리, 후발공업국은 후발성 이익을 적극 활용하는 것이 '빠르게 따라잡기'의 관건이라고 주장함으로써 자본, 기술과 시장을 제공해 주는 국제적 계기의 중요성을 강조하였다.[28] 안병직의 이러한 주장은 자립적 민족경제론과 분명히 구별되는 새로운 연구 관점이었다.

3. 최근의 연구동향

자립적 민족경제론에 근거하여 연구할 경우, 두 가지 문제에 직면한

---

26) 안병직, 「중진자본주의로서의 한국경제」, 『사상문예운동』 2, 풀빛, 1989.

27) 안병직, 「중진자본주의로서의 한국경제」, 10쪽.

28) 안병직은 후발국의 성장조건으로 국제적 계기와 그것을 활용할 수 있는 국내적 조건으로서 사회능력을 강조하였다. 안병직, 「중진자본주의로서의 한국경제」, 23-24쪽.

다. 첫째, 연구방법론에서 중요한 문제를 내포하게 된다. 김대환의 논문에서 명확히 확인할 수 있듯이, 그의 연구는 자립적 민족경제론을 '바람직한 혹은 정상적인' 발전모델로서 상정하고 그에 근거하여 평가하고 있다. 이러한 연구방법론은 실증적이라기보다는 규범적 방법에 근거한 것인데, 잘 알려져 있듯이, 규범적 방법에 근거한 연구는 그 주장의 진위를 검증할 수 없다. 예를 들어 해외부문과의 경제관계를 최소화하는 것이 바람직한 상태라고 인식하는 자립적 민족경제론에서는 원조가 대외 종속성을 심화시키거나 대외 의존적 경제구조를 형성시키는 요인이라고 평가하고 있지만, 왜 그렇게 주장해야 하는가를 납득할 수 있는 형태로 보여주지는 못하고 있다. 물론 원조물자가 소비재 중심으로 도입되어 소비재산업만 발달하고 생산재산업이 미발달한 결과 소비재산업의 성장이 원료, 중간재 및 자본재의 수입을 유발하는 산업구조를 형성시켜 대외 의존적 경제구조를 성립시켰다고 주장할 수도 있을 것이다. 그러나 이것은 한국전쟁의 파괴적 영향으로부터 산업시설을 재건하는 과정에서 수행한 원조의 긍정적인 역할을 정당하게 평가하지 못하는 것이다.

둘째, 보다 본질적인 문제로서 지적할 수 있는 것은 현실에서 실제 일어난 일을 정확히 설명할 수 없다는 점이다. 먼저 지적할 수 있는 것은 1950년대를 포함하여 박정희정부 시기에 실제 일어났던 것은 급속한 경제성장이었는데, 자립적 민족경제론에서는 이것을 설명할 수 없게 된다. 게다가 이 시기에 나타난 성장은 외국에서 자본과 기술을 적극 도입하여 후발성 이익을 최대한 활용한 결과였고, 아울러 그렇게 건설된 공장에서 생산된 제품을 해외시장에 판매하는 수출지향 공업화정책을 선택한 결과였는데, 자립적 민족경제론에서는 이러한 성장과정을 설명할 수 없게 된다.

1950년대 경제에 대한 최근 연구는 자립적 민족경제론이 갖고 있는 문제를 인식하여 실증적 연구방법에 근거하여 연구하거나 보다 적극적으로는 성장의 관점에서 이 시기를 분석·평가하고자 한다.

세 가지 새로운 흐름이 확인된다.[29] 첫째, 원조에 대한 평가와 연구 내용이 다양해지고 있다. 자립적 민족경제론에서 원조는 대외 종속성을 심화시키는 가장 결정적인 요인으로 파악하고 있다. 그러나 최근에는 원조의 이런 측면보다는 해방, 남북분단과 한국전쟁을 거치면서 한국경제의 생산능력이 급격히 축소되었는데, 이것을 재건하는데 필요한 자원으로서의 역할에 초점을 맞추고 있다. 물론 식량, 의복, 의약품 등 최종 소비재와 소비재산업의 성장에 필요한 원료, 중간재 등이 주로 도입되어 산업구조를 왜곡시키는 등의 문제가 발생하기도 했지만, 원조의 재건자원으로서의 역할에 초점을 맞추는 연구는 원조가 제공되었기 때문에 제한적이지만 한국전쟁 이후 경제재건에 성공할 수 있었다는 점을 강조하는 것이다.[30] 게다가 원조와 관련된 연구도 다양하게 이루어지고 있는데, 그 중에서 특히 주목되는 것은 미국 대외정책의 관점에서 대한 원조정책을 분석하는 것이다. 이종원은 이런 연구경향에서 선발자에 해당한다.[31] 그는 이승만정부와 미국정부 사이에 1) 정부와 시장, 2) 부흥과 안

---

29) 경제체제의 선택이란 관점에서 귀속기업체 처리나 농지개혁 문제를 다룬 연구와 최근에는 건국헌법이 제정되는 과정과 그 체제적 특징을 분석한 연구도 있다. 이런 연구는 탈식민지화 과정에 초점을 맞춘 연구여서 자립적 민족경제론과 구분되는 연구흐름이라고 할 수 있으나 여기에서는 설명하지 않을 것이다. 김기원, 「미군정기 귀속재산에 관한 연구: 기업체 처리를 중심으로」, 서울대 박사학위논문, 1989; 신용옥, 「대한민국 헌법상 경제질서의 기원과 전개(1948~54년)－헌법 제·개정과정과 국가자본 운영을 중심으로」, 고려대 박사학위논문, 2006.

30) 최상오, 「외국원조와 수입대체공업화」, 이대근 외, 『새로운 한국경제발전사』, 나남, 2005; 최상오, "Evolution of Aid-depending and Search for Self-sustaining Economy," *The Review of Korean Studies* 10(4) (The Academy of Korean Studies, 2007).

31) 李鍾元, 『東アジア冷戰と韓美日關係』, 東京: 東京大學出版會, 1996.

정, 3)원조물자 구매지역에서 대립을 보였는데, 그 이유가 미국의 대외정책과 대아시아정책의 영향이라는 것을 실증함으로써 1950년대 한국경제의 재건에 미국의 역할이 매우 중요하다는 것을 보여주어 많은 연구자들에게 미국의 대외정책 및 대한 원조정책에 관심을 갖게 만들었다.[32)]

둘째, 기업의 자본축적과정과 그 요인을 연구하는 것이다. 여기에서는 다시 두 흐름으로 구분할 수 있는데, 그 첫 번째는 제조업을 영위하는 대기업의 자본축적과정을 사례 분석하는 것이다. 김양화는 이에 해당하는 대표적인 연구자이며,[33)] 그에 의해 이 시기에 대기업으로 성장하기 위해서는 원조물자 배분, 정부의 지원정책이 매우 중요하다는 것이 밝혀졌다.[34)] 다른 하나는 대기업 성장의 중요한 한 요인이 되고 있는 정부의 경제정책을 분석하는 것인데, 이와 관련해서는 다음 절에서 구체적으로

---

32) 이철순, 『이승만정권기 미국의 대한정책 연구, 1948~1960』, 서울대 박사학위논문, 2000; 박태균, 「1950년대 미국의 대아시아 정책과 ECAFE」, 『국제지역연구』, 서울대 국제대학원, 2003; 이현진, 『미국의 대한경제원조정책, 1948~1960』, 혜안, 2009.

33) 김양화, 「1950년대 제조업 대자본의 자본축적에 관한 연구: 면방, 소모방, 제분공업을 중심으로」, 서울대 박사학위논문, 1990. 공제욱은 이 시기 대자본가를 연구하여 대자본가로 성장하기 위해서는 귀속기업체 불하, 원조물자 배분, 정부의 지원정책이 중요하다는 것을 밝혔다. 공제욱, 『1950년대 한국의 자본가 연구』, 백산서당, 1993.

34) 원조물자 배분, 정부의 지원정책과 무관하게 성장한 중소기업에 대한 사례연구도 일부 존재하였다. 김진엽, 「한국 고무공업의 전개과정에 관한 연구, 1945~60」, 서울대 석사학위논문, 1985; 이상철, 「한국 메리야스 공업의 전개과정에 관한 일 연구, 1945~1960」, 서울대 석사학위논문, 1989. 1980년대 후반에서 90년대 초반에 사례연구가 많이 이루어진 배경에는, 실증적 연구에 근거하지 않고 사회구성체논쟁과 같이 이론적인 논의에 치중했다는 반성이 크게 작용하였다. 이대근, 「해방 40년의 사회경제사 연구현황과 사회구성체론」, 『한국 근현대 연구입문』, 135쪽.

살펴보기로 한다.

셋째, 1950년대 후반의 변화에 대한 관심이다. 이것은 1960년대 이후의 경제 변화와 1950년대의 경제변화 사이의 관계를 분석하기 위한 것인데, 보다 자세한 것은 제4절에서 검토하기로 한다.

Ⅲ. 공업화정책과 정부의 역할

1950년대 경제를 부정적으로 평가하는데 영향을 미친 또 다른 요인은 정부의 역할에 대한 평가와 연관되어 있다. 통상 알려져 있듯이, 후발국의 경제성장과정에서 정부의 역할은 매우 중요하며, 이런 입장에서 1950년대 정부의 역할을 평가하는 것이다. 정부의 역할은 두 가지 분석틀에 근거하여 평가된다. 한 쪽은 시장 보완적인 정부의 역할을 강조하는 반면, 다른 쪽은 정부의 적극적인 개입을 강조하여 서로 상반되는 분석틀을 갖고 있지만, 1950년대 정부의 역할을 평가하는데 널리 사용되었다. 따라서 여기에서는 각각의 분석틀이 주장하는 내용과 그에 근거하여 1950년대 경제를 어떻게 평가하고 그것의 문제점이 무엇인가를 검토하기로 한다.

1. 무역·외환정책: 경쟁 대 보호

1960년대 초 이후 한국의 성공적인 경제성장은 국제적인 관심을 불러일으켰고, 그 성장요인을 규명하려는 노력이 1970년대 중반부터 본격적으로 나타났다. 그 초기의 시도는 한국개발연구원과 미 하버드대 부설 국제개발연구소(Harvard Institute for International Development)가 공동으로 추진한 일련의 연구 성과로 제출되었다.[35] 이들 연구에서 공통적으로 발견되는 사실은 두 가지이다. 하나는 1960년대 이후 고도성장에 수출이 매우 중요했다는 점이고, 다른 하나는 정부가 자유화정책을 채택하고 그것을 일관되게 추진하여 수출이 빠르게 증가했다는 점이다. 통상 이러한 관점은 시장주의(신고전학파) 견해라고 불린다.

이들에게 있어 자유화정책은 수출을 성장시킨 가장 중요한 요인이었는데, 이런 점에서 1964~1965년에 시행된 환율현실화 조치와 환율제도 개혁은 무역·외환정책에서 중요한 전환점이 되었다고 평가하고 있다. 가령 김광석·웨스트팔은 환율현실화 조치를 통해 수출에 대한 실질실효환율이 "자유무역 수준에 가까운 선에서 유지되었던 것이 급속한 수출 성장에 가장 중요했다"고 강조했고,[36] 사공일·존스는 환율현실화와 환율제도 단일화를 통해 수출활동 선택에 따른 기회비용의 감소가 수출 성장에 중요했다고 강조하였다. 다시 말하면, 1950년대의 복수환율제 하에서는 과대평가된 공정환율로 외환을 배정받아 물자를 수입할 때 엄청난 이윤을 얻을 수 있었지만, 환율현실화와 환율제도 단일화는 수출 활동 이외의 다른 활동을 통해 얻을 수 있는 소득을 감소시켰기 때문에 수출 성장에 크게 기여했다는 것이다.[37]

1960년대 경제성장 요인에 대한 이상의 분석 결과는 1950년대 경제를 평가하는데 중요한 영향을 미쳤다. 1950년대 수출은 1953년의 3,900만 달러를 최고로, 이후 2천만 달러를 기준으로 하여 증가와 감소를 반복하는 순환적인 패턴을 보였고, 또한 GNP에서 차지하는 수출비중이 1~2%

35) 김광석·웨스트팔(L. Westphal), 『한국의 무역·외환정책 – 산업개발전략적 접근』, 한국개발연구원, 1976; 크루거(A. Krueger), 『무역·외원과 경제개발』, 한국개발연구원, 1980; 사공일·존스(L. Jones), 『경제개발과 정부 및 기업가의 역할』, 한국개발연구원, 1981; 김만제·매이슨(E. Mason) 외, 『한국 경제·사회의 근대화』, 한국개발연구원, 1981.

36) 김광석·웨스트팔, 『한국의 무역·외환정책 – 산업개발전략적 접근』, 247쪽.

37) 사공일·존스, 『경제개발과 정부 및 기업가의 역할』, 127쪽.

정도에 머물러 1960년대 이후의 수출 성과와 비교해 볼 때 보잘것없는 것이었다. 시장주의 입장에서 1950년대에 경제성장률이 낮은 것은 수출이 정체한 것 때문이고, 다시 수출이 정체한 것은 이승만정부가 채택한 저환율정책과 복수환율제에 기인한 것이라는 것이다. 이들 입장에서 이승만정부의 저환율정책은 1950년대 경제가 정상적으로 작동하는 것을 방해한 결정적으로 잘못된 정책이었다. 먼저 지적할 수 있는 것은 저환율정책은 수입 활동을 통해 얻을 수 있는 소득을 최대화함으로써 수출을 억제했을 뿐 아니라 저환율에 근거하여 외환을 배정받는 것은 막대한 이익을 창출하는 활동이었기 때문에 민간 기업들의 지대추구행위를 유발하였다는 것이다. 이 결과 이승만정부의 저환율정책은 비효율적인 자원배분을 초래하여 저성장의 원인이 되었고, 정부-기업 사이에 특혜와 부정부패를 만연시키는 배경이 되었다고 평가되었다.[38)]

이상의 견해는, 경제이론에 뒷받침되어 주장되고 있기 때문에, '비효율', '저성장' 혹은 '정체', '부정부패', '특혜'와 '정경유착' 등과 같이 1950년대에 대한 부정적인 이미지를 형성·확산시키는데 크게 기여하였다. 경제이론은 정부에 의한 가격통제보다 시장에 의한 자원배분이 더 효율적이고, 정부의 보호에 근거한 수입대체 공업화정책보다 경쟁이 강제되는 수출지향 공업화정책이 공업화정책으로서 훨씬 타당하다는 것을 보여주고 있다. 더욱이 현실적으로 국내시장이 제약되고 공업화에 필요한 외환이 절대적으로 부족한 후발국에서 수출지향 공업화정책은 1)규모의 경제를 최대한 이용할 수 있게 해주고, 2)국제금융시장으로부터의 신용을 확보할 수 있게 해주어 경제개발에 필요한 외자를 안정적으로 공급받을 수

38) 이런 평가는 한국개발연구원과 미 하버드대 국제개발연구소가 발간한 연구서에서 공유하고 있는 입장이라고 생각되며, 그 이후 많은 연구자에게 영향을 미쳤다. 유동길, 「1950년대 한국 외환정책의 분석과 평가」(한국외국어대 박사학위논문, 1987)도 이런 입장에서 1950년대 경제를 분석·평가하고 있다.

있게 한다는 점에서도 경제개발 초기단계에 있는 후발국에게는 수입대체 공업화정책보다 훨씬 우월한 공업화정책으로 인정되고 있다.

그러나 구체적인 현실에서는 이러한 이론을 그대로 적용할 수 없는 경우가 많다. 가령 시장주의 입장에서는 수입대체 공업화정책과 수출지향 공업화정책을 선택의 문제로 파악하고 수출지향 공업화정책을 채택한 1960년대 이후에는 경제가 성장했고, 반대로 수입대체 공업화정책을 채택한 1950년대에는 경제가 정체했다는 것이다. 그러나 해방과 남북분단, 한국전쟁을 통해 대부분의 생산시설과 사회간접자본이 파괴된 초기조건에서 출발한 1950년대 경제의 경우 두 공업화정책은 선택의 문제가 아니었다. 이런 상황에서 무엇보다도 중요한 것은 파괴된 생산시설과 사회간접자본을 복구·재건하고, 동시에 전반적인 물자부족 상황에서 국내 수요를 충족시키기 위해 국내 생산을 신속히 증대시키는 것이 무엇보다도 중요한 목표였다. 따라서 해방 이후 1950년대를 거쳐 1960년대로 이어지는 한국경제의 성장과정을 이해하기 위해서는 두 공업화정책을 선택의 문제로 파악하기보다는 단계론적 관점에서 이해하는 것이 현실적이라고 할 수 있다. 따라서 이승만정부의 저환율정책은 수출을 억제한 잘못된 정책이 아니라 1950년대에 시행된 수입대체 공업화정책에 얼마나 기여했는가의 여부에 근거하여 평가할 필요가 있다.

최상오는 단계론적 관점에서 1950년대 경제를 분석·평가하고 있는 대표적인 연구자 중의 하나이다. 그의 연구 내용을 정리하면 크게 세 가지로 요약할 수 있다.[39] 첫째, 외환공급 능력이 제한되었고, 전후 경제재건

---

39) 최상오, 「1950년대 외환제도와 환율정책에 관한 연구」, 성균관대 박사학위논문, 2001; 최상오, 「1950년대 한국의 환율제도와 환율정책」, 『한국경제연구』 9, 한국경제연구학회, 2002; 최상오, 「이승만정부의 경제정책과 공업화전략」, 『경제사학』 35, 2003; 최상오, 「이승만 대통령의 경제개발정책－이승만정부의 수입대체공업화정책을 중심으로－」.

에 필요한 대부분의 외환이 원조를 통해 공급되고 있는 상황에서 저환율 정책은 이승만정부의 합리적인 선택이었다는 것이다. 이 시기의 공정환율은 민간기업의 대외무역보다, 원조물자 판매가격에 적용되었기 때문에 고환율보다는 저환율이 경제재건에 유리했다고 평가한다. 더욱이 주한유엔군 대여금 상환불 규모에 좌우되는 무역외 수입이 수출을 통해 획득하는 외환 수입을 3배 정도 초과하는 상황에서 저환율정책은 이승만정부가 외환수입을 극대화할 수 있는 또 다른 정책이었던 것이다.

둘째, 이 시기에 수출이 정체된 것은 저환율정책과 복수환율제에 기인한다기보다는 수출품 제약이 근본적으로 중요한 원인이었다는 것이다. 위에서 지적한 바와 같이, 초기 연구자들은 1960년대 경제와 비교하여 1950년대에 수출이 정체한 이유를 정부의 '잘못된' 환율정책에서 찾고자 했지만, 1950년대에는 정부승인 하에서 다양한 환율이 통용되었고, 수출에 적용된 환율은 정부의 공정환율이 아니라 시장환율에 근접한 수출불 환율이었다. 더욱이 사공일·존스의 연구에 의해 지적되었듯이, 수출이 빠르게 성장한 1960년대와 수출이 정체한 1950년대 사이에 수출의 실질실효환율에는 거의 차이가 없었다는 점을 고려할 때, 수출 정체는 환율 요인보다 다른 요인이 중요하였다는 것이다. 한국전쟁으로 공업시설의 절반 정도가 파괴된 상황에서 중요한 수출품은 광산물과 수산물이었는데, 수출이 지속적으로 성장하기 위해서는 공산품 수출이 요구되었던 것이다.

셋째, 공산품 수출이 이루어지기 위해서는 먼저 한국전쟁으로 파괴된 생산시설을 복구하고 확충할 필요가 있었다는 것이다. 다시 말하면, 한국전쟁 직후에는 현실적으로 수출지향 공업화정책을 채택할 수 없었고 파괴된 생산시설을 복구·확충한다는 의미에서 수입대체 공업화정책이 불가피하게 요구되었다. 이렇게 수입대체공업화에 성공한 산업 중에서 일부가 수출산업으로 점차 등장하기 시작한 것이 현실적으로 일어날 수 있었던 공업화정책이었던 것이다. 따라서 수입대체와 수출지향을 단순히 선택의 문제로 보고, 수출지향 공업화정책을 선택한 1960년대에는 고도성장이 가능했고, 수입대체 공업화정책을 선택한 1950년대에는 정체할 수밖에 없었다는 주장은 1950년대 경제를 정확히 설명할 수 없는 것이라고 평가할 수 있다.

2. 정부의 역할: 규율 대 재량

후발국의 경제성장과정에서 정부가 수행해야 하는 역할에 대해서는 상당히 논쟁적이다. 수출이 경제성장의 핵심 요인이라고 보는 상기한 시장주의 견해에서는 가격 현실화와 같은 자유화정책이나 이러한 자유화정책을 보완하는 차원에서 제공되는 수출 지원정책을 정부의 중요한 역할이라고 파악하고 있다. 물론 이런 주장이 틀린 것은 아니나 이 주장만 가지고서는 한국경제의 성장과정을 전체적으로 설명할 수 없다고 보고 정부의 적극적인 개입을 강조하는 발전주의 견해(발전국가론)도 존재한다. 여기에서는 발전주의 입장에서 1950년대 경제를 어떻게 평가하고 있고, 그것의 문제가 무엇인가를 검토하기로 한다.

암스덴(Alice H. Amsden)은 발전주의 견해를 대표하는 연구자이다.[40] 그녀는 두 가지 이유 때문에 후발공업국의 공업화과정에서 정부의 적극적인 역할이 필요하다고 주장하였다. 먼저 지적할 수 있는 것은 발명과 기술혁신을 경쟁 원천으로 삼고 있는 선발공업국과 달리, 후발공업국은 학습(learning)을 통한 공업화, 즉 외국기술을 차입하여 공업화를 추진해야 했기 때문에 정부의 적극적인 개입이 필요하다는 것이다. 다음에 지적할 수 있는 것은 후발국에 수출했던 선발국과 달리, 선발국에 수출해

40) Alice H. Amsden, *Asia's Next Giant: South Korea and Late Industrialization* (New York: Oxford University Press, 1989). 이에 대한 번역본은 암스덴 저, 이근달 역, 『아시아의 다음 거인: 한국의 후발공업화』, 시사영어사, 1990.

야 했던 후발공업국은 훨씬 가혹한 시장 경쟁에 직면했다는 것이다.[41] 그녀에 따르면, 비용 이점을 갖고 있다고 인정되는 경공업제품의 수출은 물론 금융과 외자를 활용하여 특정 산업을 건설·육성하려는 산업정책에서도 정부의 적극적인 역할이 매우 중요하다고 주장하였다.[42] 이상의 관점에서 그녀는 박정희정부 시기에 공업화에 성공할 수 있었던 이유는 박정희정부의 적극적인 개입과 그러한 개입이 정부실패를 초래하지 않도록 한 규율(discipline)이 존재했기 때문이라고 주장하였다. 그녀가 강조한 규율은 상호주의 원칙에 입각하여 정부 보조금을 제공하는 대가로 민간기업에게 엄격한 실적 기준(performance standards)을 적용한 것이었다.[43]

암스덴은 1950년대 경제를 부정적으로 평가하였다. 그녀는 '1961년 군사혁명이 일어나기 전까지 한국의 역사는 허약한 국가권력의 변천사'였다고 주장하였다.[44] 또한 이승만정부는 '원조자금을 정치헌금과 교환하여 할당했고, 귀속재산을 정치에 줄을 댄 사람에게 낮은 가격에 불하했다는 것'을 지적하면서 이승만정부 시기에는 정부의 규율이 존재하지 않았다는 것을 강조하였다.[45]

1950년대 경제에 대한 암스덴의 평가는 그 이후 많은 연구자에게 커다란 영향을 미쳤다. 조윤제는 1950년대에 정부개입에 의해 발생한 경제

41) 암스덴 저, 이근달 역, 『아시아의 다음 거인』, 24-25쪽.

42) 암스덴 저, 이근달 역, 『아시아의 다음 거인』, 제3장 참조.

43) 암스덴 저, 이근달 역, 『아시아의 다음 거인』, 20-21, 27쪽. 물론 그녀가 공업화 성공요인으로 정부의 역할만을 강조한 것은 아니다. 기업의 생산성 결정변수에는 양질의 풍부한 저임금 노동력의 존재, 일정 규모 이상의 생산 수준을 계속 유지할 수 있게 하는 기업 내부의 능력 등도 포함되었다.

44) 암스덴 저, 이근달 역, 『아시아의 다음 거인』, 38쪽.

45) 암스덴 저, 이근달 역, 『아시아의 다음 거인』, 49쪽.

적 지대(economic rent)가 '정치적 고려'에 의해 배분되었다고 주장했고,[46] 정부개입으로 발생한 지대규모를 추계한 김낙년은 1950년대의 경제성과가 1960년대의 그것보다 낮은 이유를 수출 실적에 근거하여 지대가 배분된 1960년대와 달리, 1950년대에는 수입대체 활동에 근거하여 배분되었기 때문이라고 주장하였다.[47] 이상철은 1950년대에 전개된 수입대체공업화의 성과를 인정했지만, 다른 한편으로 수입대체를 추진했던 이 시기의 대기업들은 작업장 수준에서의 학습, 그리고 점진적인 혁신을 이루어 내고 또 이를 통해 선진국을 추격하는 학습자로서의 역할을 충분히 수행할 수 없었다고 평가하였다.[48]

많은 연구자들이 인정하고 있듯이, 발전주의 견해에 근거하여 한국경제의 성장과정을 분석하는 것이 현실 설명력이 높다고 할 수 있다. 앞에서 지적한 바와 같이 발전주의 견해에서도 1950년대 경제를 부정적으로 평가하고 있는데, 이들의 평가는 다음의 두 문제를 갖고 있다고 생각한다. 첫째, 규율의 부재, 다시 말하면 '정실'에 근거하여 경제적 지대가 배분되었다는 주장이 충분히 실증되지 않았다는 점이다. 최근 밝혀진 사실에 따르면, 이 시기의 경제적 지대는 대부분 실수요자(수입대체 생산에 종사하는 제조업자)에게 배분되었음이 확인되었는데,[49] 실수요자에게 배분된 것과 정실에 근거한 배분이 어떻게 연결될 수 있는지가 거의 설명되지 않았다.

---

46) 趙潤濟,「韓國の政府介入, レント配分と經濟發展」, 青木昌彦·金瀅基·奥野正寬 편,『東アジアの經濟發展と政府の役割』, 日本經濟新聞社, 1997, 235쪽.

47) 김낙년,「1950년대 외환배정과 경제적 지대」,『경제사학』33, 2002, 119쪽.

48) 이상철,「1950년대의 산업정책과 경제발전」, 문정인·김세중 편,『1950년대 한국사의 재조명』, 선인, 2004, 197쪽.

49) 김낙년,「1950년대 외환배정과 경제적 지대」, 117-118쪽.

둘째, 시장주의 견해와 마찬가지로, 발전주의 견해에서도 단계론적 관점이 부재하다는 것이다. 예를 들어 김낙년과 이상철은 경제적 지대가 수출 실적이 아니라 수입대체 활동에 근거하여 배분되었던 것이 낮은 경제성과의 원인이 되고, 또한 기업의 생산성 향상 노력을 강제한 규율이 작용하지 않은 증거로 제시되고 있다. 앞에서 지적한 바와 같이, 1950년대는 수입대체공업화 시기였는데, 규율의 존재 여부를 수출 실적 기준에 근거하여 파악하는 이상한 상황이 연출되게 된다. 1960년대 경제에 적용된 규율을 1950년대 경제에 그대로 적용할 경우 1950년대 경제는 언제나 부정적으로 평가될 것이다. 따라서 이 시기의 평가기준은, 1960년대에 적용되었던 것과 같이, 경제적 지대가 수출실적 혹은 수입대체 활동에 배분되었는가 하는 것이 아니라, 경제적 지대배분이 수입대체공업화에 얼마나 기여했는가에 근거하여 분석해야 정확한 평가가 이루어진다고 할 수 있다.

1950년대 대표적인 원조라고 할 수 있는 ICA 원조자금의 배분을 연구한 최상오에 따르면,[50] 1954~1958년간의 총 원조자금 중에서 49.7%는 정부소비물자로 도입되었고, 나머지 50.3%가 민간소비물자로 도입되었다. 경제적 유인과 관련하여 중요한 것은 민간소비물자가 누구에게 어떤 환율로 판매되었는가가 중요한데, 그의 연구에 따르면 민간소비물자는 대부분 실수요자에게 시장환율보다 훨씬 낮은 환율로 판매되었다. 그는 이승만정부의 저환율정책은 당시 수입대체공업화에 크게 기여하였다고 평가하였다.

50) 최상오, 「이승만 대통령의 경제개발정책」, 314-319쪽.

Ⅳ. 연속 대 단절

1960년대 이후의 고도성장을 가능하게 했던 요소는 언제, 어떤 계기를 통해 형성된 것일까? 아직 이에 대해 충분한 답변이 제시되지 않았다. 혹자는 1950년대를 박정희정부 하에서 폭발한 고도성장을 준비한 전사(前史)로서 파악하지만, 1950년대에 무엇을 준비해서 1960년대 경제와 어떻게 연결되는지를 분명하게 설명하지 않았다.[51] 일부의 학자는 고도성장의 역사적 기원을 식민지 시기에서 찾고 있고 1950년대는 역사의 공백으로 처리하고 있다. 연속과 단절의 문제는 이런 문제에 해답을 제공하기 위한 시도이다. 여기에서는 식민지 시기와의 관련성보다는 1960년대의 전사라고 할 수 있는 1950년대 후반과의 관련성에 초점을 맞춘 연구를 검토할 것이다.[52] 또한 논의를 구체화하기 위해 고도성장의 중요 요소에 해당하는 경제개발계획, 경제개발전략, 수출지향 공업화정책의 형성과정에 초점을 맞춘 연구에 한정하여, 먼저 단절의 입장을 소개하고, 다음에 연속의 입장을 소개할 것이다.

---

51) 이대근, 『해방 후 1950년대의 경제: 공업화의 사적 배경 연구』, 삼성경제연구소, 2002.

52) 연속과 단절의 문제는 해방을 전후한 시기에도 적용할 수 있지만, 여기에서의 관심은 1960년을 전후한 시기의 연속과 단절의 문제이다. 해방을 전후한 시기의 연속과 단절의 문제를 다룬 대표적인 연구는 Mitsuhiko Kimura, "From Facism to Communism: Continuity and Development of Collectivist Economic Policy in North Korea," *Economic History Review*, Second Series LII (1999). 키무라는 경제체제의 관점에서 북한경제가 해방 전후 연속성을 보이고 있음을 보였다.

1. 단절의 입장

지금까지 1950년대와 1960년대의 변화를 연속의 관점보다 단절의 관점에서 연구한 것이 지배적이었다. 단절의 입장은 다시 두 가지로 구분된다. 첫째, 제3절에서 설명했던 시장주의 견해나 발전주의 견해는 단절의 입장에서 두 시기를 연구하는 대표적인 사례에 해당한다. 시장주의 견해는 1960년대 이후의 고도성장 시기에 사용된 정책이 '올바른' 정책이라는 것을 보여주기 위해 1950년대의 시장 왜곡의 경제정책과 비교하고 있고, 발전주의 견해는 박정희정부 시기의 규율을 강조하기 위해 이승만정부의 재량적 정책 운영과 비교하고 있다. 이를 통해 두 시기 사이의 경제성과의 차이를 공업화정책, 경제정책과 정부의 개입방식의 차이로 설명함으로써 두 시기를 극적으로 대비시켰다.

둘째, 박정희정부의 경제성장체제의 형성과정을 연구하는데 대상 시기를 군사정부 등장 이후에 한정해서만 분석하는 것이다. 이들은 박정희정부 하에서 작성된 경제개발계획의 변화와 그 속에서 발견되는 경제개발전략과 공업화정책의 변화에 관심을 두고 그 요인을 분석하였다. 보다 구체적으로 말하면, 이들은 수출지향 공업화정책의 형성 및 전환과정에서 미국의 역할, 즉 외부 요인을 강조하였다. 이 문제에 대한 최초의 본격적인 연구는 키미야에 의해 시도되었는데,[53] 그는 군사정부에 의해 처음 수립된 제1차 경제계획은 내포적공업화전략을 지향했지만 미국의 반대에 부딪혀 초기 공업화전략을 수정하지 않을 수 없었다고 주장하였다. 그러나 그는 미국이 내포적공업화전략을 반대함과 동시에 그에 대한 대안을 제시한 것이 아니었기 때문에 수출지향공업화전략으로의 전환은 군사정부의 '잔여적 선택지'였다고 주장하였다.[54] 공업화전략의 관점이 아

---

53) 키미야 다다시(木宮正史), 「한국의 내포적 공업화전략의 좌절」, 고려대 박사학위논문, 1991.

니라 '한국형 발전모델(경제 시스템)'의 관점에서 이 문제를 분석한 이병천도 '지도받는 자본주의 모델'이 '시장 순응적 지도받는 자본주의 모델'로 전환한 주요 계기가 미국의 반대 때문이라고 주장하여 외부요인을 강조했다.[55] 물론 그는 제1차 경제계획이 갖는 '내재적 결함,' 특히 미국이 지원하지 않아 외환부족 상태가 더욱 악화되고 있는 상황에서, 군사정부가 초기 경제계획을 '시장 순응적'으로 수정할 내적 유인이 존재했다는 것을 강조했지만, 그는 그것을 구체적으로 설명하지는 않았다.[56] 사실 이들 연구는 분석 대상 시기를 군사정부 등장 이후 시기만을 고려하고 있어, 명시적으로 표현하지 않았지만, 그 이전 시기와의 단절적인 입장을 택하고 있다고 할 수 있다. 이들은 군사정부 하에서 작성된 제1차 경제계획이 보완계획으로 수정되는 때를 전환의 시기로 파악하고 있다.

물론 두 시기 간에는 분명한 차이가 존재한다. 가장 두드러진 차이는 정부의 개발의지와 그것을 반영하여 작성한 경제계획의 실천의지일 것이다. 두 시기의 경제성과의 차이는 경제정책의 차이보다 실천의지의 차이를 통해 더 많이 설명할 수 있을지 모른다. 그러나 이 두 시기를 완전히 단절의 관점에서 파악하게 되면, 1950년대 후반에 나타난 중요한 경제적 변화를 정확히 평가할 수 없는 문제가 발생하게 된다. 연속의 관점에서 이 두 시기를 설명하려는 시도는 바로 이러한 문제의식 하에서 진행되고

---

54) 키미야 다다시, 「한국의 내포적 공업화전략의 좌절」, 32쪽.

55) 이병천, 「박정희 정권과 발전국가 모형의 형성－1960년대 초·중엽의 정책전환을 중심으로」, 『경제발전연구』, 한국경제발전학회, 1999.

56) 이병천, 「박정희정권과 발전국가 모형의 형성」, 154쪽. 이완범은 내부요인을 강조하는 연구자 중의 한 사람이다. 그는 미국이 반대만 했지 구체적인 대안을 제시한 것이 아니기 때문에 수출지향공업화전략으로의 전환은 '박정희의 독자적인 결정'이었다고 주장하지만, 그것을 구체적으로 설명하지는 않았다. 이완범, 『박정희와 한강의 기적: 1차 5개년계획과 무역입국』, 선인, 2006, 162-163쪽.

있는 것이다.

2. 연속의 입장

최근에 1960년대 경제개발체제의 형성과정을 분석하는데 있어 중요한 변화가 일어났다. 위에서 지적한 바와 같이, 선행연구에서는 1950년대는 고려하지 않고, 군사정부 출범 이후에 나타난 변화만을 대상으로 분석했지만, 최근에는 개발체제의 형성과정 시기를 1950년대 후반까지 연장하여 분석하고 있다.

박태균은 이에 해당하는 대표적인 연구자이다.[57] 그가 1950년대 후반까지 개발체제의 형성과정을 확장하는 이유는 두 가지이다. 하나는 1950년대 중반이 넘어서면서 정부는 물론 사회에서 경제개발에 대한 관심이 높아지기 시작하였다는 것이다. 이러한 것을 배경으로 하여 정부와 사회에서 경제개발계획을 작성해야 할 필요성을 깨닫게 되었고, 경제개발 3개년계획(이하 3개년계획)이 1958년부터 작성된 것은 이런 사회적 분위기를 반영한 것이었다. 다른 하나는 군사정부 하에서 작성된 제1차 경제개발계획(이하 제1차 계획)에 나타난 경제개발전략이 군사정부 하에서 갑자기 안출된 것이 아니라 1950년대 후반에 작성된 3개년계획의 그것과 유사하다는 점이다.

그러나 1950년대 후반과 1960년대 초기의 변화를 연속의 관점에서 연구하려는 시도에서도 견해의 차이가 존재한다. 박태균은 3개년계획과 제1차 계획은 농업개발을 강조하고, 기간산업에서의 수입대체 공업화정책을 계획하고 있다는 점에서 균형 성장전략을 채택하고 있다고 평가한 반면, 제1차 계획을 수정한 보완계획(이하 보완계획)에서 수출지향 공업화

57) 박태균, 『1956~1964년 한국 경제개발계획의 성립과정』, 서울대 박사학위논문, 2000; 박태균, 『원형과 변용: 한국 경제개발계획의 기원』, 서울대 출판부, 2007.

정책이 부각되어 불균형 성장전략으로 전환되었다고 주장하고 있다. 다시 말하면, 그는 제1차 계획이 보완계획으로 수정되면서 경제개발체계가 확립되었다고 평가하고, 이러한 전환과정에 영향을 미친 것은 미국의 역할이 중요했다고 주장하였다.[58] 정진아는 이승만정권의 개발전략을 중화학공업 중심의 국가주도 산업화정책과 경제개발계획이라고 평가하고, 이것은 이후 박정희정권이 추진한 경제개발계획으로 계승되었으나 1964년 미국의 압력으로 대폭 수정되어 초기의 개발전략이 크게 변용되었다고 주장하였다.[59] 이들은 1950년대 후반에 개발에 대한 관심이 고조되고 그에 근거하여 다양한 개발전략이 논의되었다는 점에서 1960년대와의 연속성을 강조하면서도, 수출지향 공업화정책은 미국의 영향으로 1964년을 전후한 시기에 채택되었다는 것을 주장하여 그 이전 시기와의 단절성을 강조하기도 한다.

최근 수출지향 공업화정책의 형성과정을 연구한 최상오는 1950년대 후반의 변화의 중요성을 강조하면서도 미국의 영향에 의해 공업화정책이 전환되었다는 상기 주장과 다른 견해를 갖고 있다.[60] 다시 말하면, 수출지향 공업화정책으로의 전환을 외부요인만으로 설명할 경우, 1960년대 초기부터 나타났던 급속한 수출성장을 충분히 설명할 수 없게 된다. 왜냐하면 미국의 영향에 의해 수출지향 공업화정책으로 전환했다고 해서 수출성장이 당연히 보장되는 것은 아니기 때문이다. 따라서 1960년대 초 이후 나타난 급속한 수출성장은 수출증가에 대한 내부적 필요성과 노력을 전제하지 않고서는 설명할 수 없게 된다. 최상오는 이러한 문제의식 하에서 수출이 중요한 정책변수로 등장하는 시기에 주목하고 있다. 그는

58) 박태균, 『1956~1964년 한국 경제개발계획의 성립과정』 참조.

59) 정진아, 『제1공화국기(1948~1960) 이승만정권의 경제정책론 연구』.

60) 최상오, 「한국에서 수출지향공업화정책의 형성과정」, 『경영사학』, 한국경영사학회, 2010.

미국의 원조정책이 감소하는 1950년대 후반에 수출은 중요한 정책변수로 등장했고, 이승만정부도 수출을 증가시키기 위한 다양한 정책적 노력을 강구하고 있음을 주장하였다. 그에 따르면, 수출에 대한 강조는 각 정부의 성장지향성에 크게 규정되기 때문에 성장제일주의를 채택했던 박정희정부 하에서 수출제일주의가 채택되었던 것은 당연한 정책적 귀결이었다고 평가한다. 또한 제1차 계획을 보완계획으로 수정한 것은 지나치게 의욕적인 목표 성장률의 실현 가능성에 의문을 가졌던 미국의 영향이 중요했지만, 그렇다고 공산품 수출비중을 높게 책정한 것은 미국의 요구라기보다는 성장제일주의를 채택한 박정희정부의 외환 공급 확대 요구가 더 중요했다고 평가하였다.

Ⅴ. 맺음말: 요약과 평가

이 논문은 1950년대 경제를 부정적으로 평가한 연구 관점과 이론적 쟁점을 검토하여 그 내용과 그것의 문제점을 검토하고, 아울러 그러한 문제점을 극복하기 위해 최근에 제출된 연구 성과를 소개하기 위해 작성되었다. 이와 관련하여 중요한 주제는 자립경제론과 국제적 계기, 공업화정책과 정부의 역할, 연속과 단절이라는 세 주제였는데, 그 내용을 요약하면 다음과 같다.

첫째, 1950년대 경제에 관한 연구를 주도했던 것은 자립적 민족경제론에 근거한 연구였다. 이들 연구에서는 자립경제(=자급자족 경제)를 '바람직한' 혹은 '정상적인' 발전모델로 상정하고, 그것의 달성 여부에 근거하여 평가하였다. 이들이 말하는 자립경제란 대외무역을 최소화하고, 국내에서 자기완결적인 산업구조를 갖추는 것이었다. 이런 입장에 근거하여 이들은 식량, 공업원료와 소비재 중심으로 도입된 원조는 국내 농공간의 분업관련을 해체시키고, 생산재산업의 발달을 담보하지 않은 채 소비재 산업의 발달만 촉진한, 기형적인 산업구조를 고착시켜 자립경제체제의 확립에 부정적인 영향을 미쳤다고 평가하였다. 자립적 민족경제론의 관점은 한국의 공업화가 국제적으로 인정되고, 그것이 이론적으로 확산되면서 1980년대 후반에 점차 극복되기 시작하였다. 1989년 발표된 안병직 교수의 「중진자본주의로서 한국경제」는 국제적 계기가 공업화를 저해하는 요소가 아니라 기여하는 요소라는 인식을 국내에 확산시키는 계기였다고 평가된다. 이후 원조에 대한 분석은 그것의 부정적인 측면만이 아니라 경제부흥에 기여하는 발전적 측면도 동시에 고려하는, 보다 실증적인 연구들이 많이 산출되었다.

둘째, 1950년대 경제를 부정적으로 평가한 또 다른 주장은 경제학 이론에 근거한 연구에서 제출되었다. 하나는 시장주의 관점으로 한국의 성장요인을 자유화정책과 수출지향 공업화정책에서 찾고자 하는 것이다. 이들은 한국경제의 성공은 정부가 시장을 적극 활용하는 정책을 채택한 결과라고 평가한다. 이런 입장에서 저환율정책과 수입대체 공업화정책을 채택한 이승만정부를 부정적으로 평가했던 것이다. 다른 하나는 정부의 적극적인 개입이 한국경제의 성공을 가능하게 했다고 보는 발전주의 견해이다. 이들에게 중요한 것은 정부개입으로 초래될 수 있는 비효율적인 자원배분을 최소화할 수 있는 정부-기업 사이의 규율장치의 존재 여부였다. 박정희정부 하에서는 수출 실적이라는 분명한 규율 장치가 있었지만, 이승만정부 하에서는 그러한 규율이 존재하지 않았다고 평가하였다. 물론 이상의 주장은 논리적으로 맞는 애기이지만, 구체적인 역사현실에 그대로 적용할 수 있을지는 의문이었다. 우선 1950년대는 수출지향공업화나 수입대체공업화를 선택할 수 있는 문제가 아니었고, 전쟁으로부터 파괴된 산업시설을 재건해야 하는 수입대체공업화 시기였다. 원조에 의존하여 수입대체공업화를 추진하기 위해서는 경제이론에서 주장하는 것처럼 시장 환율에 근거한 것보다는 저환율정책이 더 합리적이었다고 할 수 있다. 발전주의 견해에 근거한 주장도 동일하게 평가할 수 있다. 이들은 규율장치로서 수출 실적을 강조했지만, 1950년대는 수입대체공업화 시기였기 때문에 1960년대에 적용된 논리를 그대로 적용할 수 없다는 점을 간과하고 있었다. 따라서 수입대체 활동에 근거하여 경제적 지대를 배분한 것은 정실에 근거한 자원배분의 증표라기보다는 1950년대에 적합한 지대배분원리였던 것이다.

셋째, 1950년대 연구와 관련하여 최근에 제기된 쟁점은 연속과 단절의 문제이다. 초기 연구는 단절의 관점에서 두 시기를 연구했고, 시장주의 견해와 발전주의 견해가 여기에 해당하는 대표적인 연구였다. 경제정책과 규율의 관점에서 두 시기를 분석한 이들 두 견해와 달리, 경제개발체제가 군사정부 등장 이후에 출현했다는 전제 위에서 분석하는 연구도 있다. 물론 군사정부와 그 이전 정부 사이에 발견되는 분명한 차이가 존재하는 것은 사실이지만, 그렇다고 두 시기가 완전히 단절되는 것은 아니었다. 최근의 연구는 1950년대 후반의 변화에 주목하고, 이런 입장에서 두 시기 사이의 연속성을 발견하고자 한다. 이 두 시기 사이에서 발견되는 공통의 요소는 1950년대 후반부터 사회 전체적으로 경제개발에 대한 관심이 고조되었다는 점과, 그것을 바탕으로 경제개발계획이 작성되었다는 점이다. 물론 목표 성장률, 실천의지, 민간기업의 발달 정도 등에 따라 개발전략에 다소간의 차이가 확인되지만, 장기 성장에 필요한 기본전략은 1950년대 후반에 이미 개발되었다고 평가할 수 있었다.

6·25전쟁시 이승만 대통령의 피란과 한강교 폭파 문제

남 정 옥*

〈목 차〉

Ⅰ. 머리말

6·25전쟁은 제1·2차 세계대전과 더불어 20세기에 벌어진 4대 전쟁의 하나로 대표되는 국제전쟁(international war)이었다. 이승만(李承晩, 1875~1965) 대통령은 대한민국을 적화하기 위해 전쟁을 주도한 북한과 이를 지원한 소련 및 중공의 국제공산주의 침략에 맞서 이를 저지하고 대한민국을 수호하는데 국가원수 및 통수권자로서의 주도적 역할을 했다.

이승만은 대통령으로 취임한 이래 미비한 국가현실에도 불구하고 국가건설에 역점을 두면서, 다른 한편으로는 전쟁에 대비한 국가안보에 최선을 다하고자 노력했다. 그가 대통령으로 취임할 당시 대한민국은 정치

* 국방부 군사편찬연구소 책임연구원

적·경제적·군사적·사회적으로 반신불수(半身不隨)나 마찬가지였다. 비록 어렵게 건국에는 성공했지만 국토는 38도선으로 분단된 상태였고, '남농북공(南農北工)' 또는 남한의 경공업과 북한의 풍부한 지하자원(석탄 등) 및 중공업(수력발전과 비료생산시설)이라는 산업구조로 인해 이승만의 입장으로는 국가경제의 체계적이고 균형된 발전을 기대하기에는 처음부터 난망(難望)한 일이었다. 특히 1948년 5월 14일부터 북한의 남한에 대한 전기 단전으로 인해 남한에서는 전력난이 심화되어 공장의 가동과 시민들의 생활에까지 커다란 영향을 끼쳤다. 더욱이 남남갈등(좌우대립, 정치세력의 분열, 국가기관에 대한 공산세력 침투, 친일파 처리문제 등) 등은 언제 터질 듯 모르는 국론 분열의 휴화산 같은 것이었다. 또한 신생 한국을 이끌고 갈 능력과 경험을 겸비한 인재의 절대부족, 국민들의 높은 문맹율과 민주주의에 대한 이해부족, 문명부강한 나라를 만들기 위에 필요한 경제발전 여건의 미비, 곳곳에 암적인 요소로 스며있는 일제의 잔재, 이념과 체제를 달리하는 공산정권을 북한에 두고 있는 국가안보의 불확실성 등이 그에게 떠맡겨진 대한민국의 총체적 현실이었다.[1)]

한국의 이러한 상황은 결코 호전될 기미가 보이지 않았다. 건국 직후 국내외에서 전개되고 있는 새로운 상황들이 대한민국을 더욱 어렵게 만들었다. 당시 한반도를 둘러싼 국내외 정세는 이승만으로 하여금 국가건설 또는 민주 한국을 위한 국가초석보다도 국가안보가 그 어느 때보다도 중요하다는 것을 절감시켜 주었다. 국내적으로는 정부수립 이후 2개월 만에 터진 여수 제14연대 반란사건, 38도선에서의 끊임없는 북한 도발, 북한 인민유격대의 남파 및 사회혼란 야기, 남로당 세력의 지하활동 등

---

1) 로버트 올리버 지음, 황정일 역, 『신화에 가린 인물 이승만』, 건국대 출판부, 2002, 286-287쪽; 남정옥, 「이승만 대통령의 전시지도자 역할」, 『이승만과 6·25전쟁』, 연세대 현대한국학연구소 학술회의 발표논문, 2010.11, 90-91쪽.

이 있었다. 국제적으로는 주한미군 철수, 소련의 원폭실험 성공, 중국대륙의 공산화 및 공산정권 수립, 한국을 제외시킨 미국의 태평양방위선 발표, 중소동맹조약 체결, 북한 김일성(金日成)의 남침지원을 위한 소련과 중공 방문, 소련의 북한군에 대한 현대식 무기지원(전차·전투기·자주포), 중공군내 한인병사의 북한군 편입(북한군 제5·6·7사단) 등은 이승만에게는 실로 감내하기 어려운 국가적 시련이었으나, 북한의 김일성에게는 이제 남침을 해도 좋다는 '청신호(blue light)'로 받아들이기에 충분한 것들이었다.[2)]

이승만은 이러한 상황에 그저 수수방관(袖手傍觀)만 하지 않았다. 그는 이를 타개하기 위해 개인의 역량은 물론이고 국가차원의 모든 노력을 경주했다. 그는 한국의 굳건한 안보를 유지하기 위해 미국의 군사적 지원과 동맹관계를 체결하고자 노력했다. 그는 먼저 태평양지역의 반공국가인 자유중국과 필리핀 그리고 한국을 묶는 태평양동맹 결성의 주장, 전쟁억지세력으로서 주한미군 주둔과 한미상호방위조약 체결, 북한의 남침시 미국에 대한 침략으로 간주하겠다는 미국정부의 공식발표 요청, 진해의 해군기지 제공, 국군에 대한 전차 및 항공기 지원 등을 수차례 요청을 하였으나 모두 거절당했다.[3)] 이승만에게는 실로 내우외환(內憂外患)이 한꺼번에 겹친 꼴이었다. 어느 것 하나 순조롭게 풀려나가지 않은 국내외 상황에서 이승만은 그 모든 것을 해결해 나가지 않으면 안 될 악

2) 이에 대한 참고 문헌은 다음과 같다. 국방부, 『한국전쟁사: 북괴의 남침과 서전기』 1, 전사편찬위원회, 1977; 이호재, 『한국외교정책의 이상과 현실』, 법문사, 1983; 장준익, 『북한인민군대사』, 서문당, 1991; 김중생,『조선의용군의 밀입북과 6·25전쟁』, 명지출판사, 2000; A. V. 토르쿠노프 저, 구종서 역, 『한국전쟁의 진실과 수수께끼: 김일성-스탈린-모택동 기밀문서』, 에디터, 2003; 국방부 군사편찬연구소 편, 『북한의 전면남침과 초기방어전투』 2, 군사편찬연구소, 2005; 남정옥, 『이승만 대통령과 6·25전쟁』, 이담 북스, 2010.

3) 남정옥, 「이승만 대통령의 전시지도자 역할」, 85-88쪽.

순환의 연속선상에 있었다.

이승만은 이에 실망하지 않고 자구책 강구에 진력했다. 그는 계속해서 미국의 지원 및 군사적 동맹 등을 요구하는 한편, 제14연대 반란사건에 따른 반공체제를 강화하면서 예비전력 확보에 노력했다. 이를 위해 국가보안법을 제정하여 군과 사회에서 암약하고 있는 공산세력 척결을 위해 숙군(肅軍)을 단행함으로써 대한민국을 반공국가로 만들었고, 과거 공산주의 활동에 가담했던 사람들을 전향시켜 국민보도연맹을 결성하여 지도해 나갔는가 하면, 유사시 부족한 군사력을 보완하기 위해 청년 및 학생들에 대한 군사적 조직(대한청년단 250만, 청년방위대 20만, 학도호국단 45만)화를 확대해 나갔다.[4] 이승만에게는 건국 이후 실로 눈코 뜰 새 없는 바쁜 나날이었다. 6·25 이전 이승만정부가 짧은 기간에 그만한 일을 한 것은 놀라운 일이 아닐 수 없다. 결국 이러한 노력들이 이승만정부에게 가장 힘들고 견디기 어려운 시기였던 지연전과 낙동강전선을 극복할 수 있는 계기가 됐다.

6·25전쟁은 대한민국에게 안보 면에서 가장 좋지 않은 최악의 상황에서 북한군의 기습남침으로 일어났다. 6·25는 마치 화산이 폭발하듯 전차를 앞세운 북한군이 서울을 향해 해일(海溢)처럼 대한민국을 덮쳤다. 북한군은 소련군사고문단이 작성한 남침공격계획에 의해 전쟁 개시 2일 만에 서울을 점령하고, 5일 만에 수원 이남에서 국군의 주력을 격멸한다는 것이었다. 특히 그들은 서울 한강에 있는 교량을 기동력이 강한 전차를 앞세워 조기에 점령함으로써 국군 퇴로를 차단하여 한강 이북에서 섬멸한다는 치밀한 계산을 하고 있었다.[5] 이러한 북한군에 맞서 전차와 전

4) 이에 대한 참고문헌은 다음과 같다. 국방부, 『국방부사』 1, 1954; 육군본부, 『육군발전사』 상, 육본군사연구실, 1970; 건국기념사업회 편, 『대한민국 건국 10년지』, 1950; 남정옥, 『6·25전쟁시 예비전력과 국민방위군』, 한국학술정보, 2010; 선우종원, 『격랑 80년』, 삼화출판사, 1998.

투기 한 대도 없이 절대 열세인 화력 및 병력을 가지고 어떻게 효과적으로 대처할 수 있었을 것인가.

그럼에도 불구하고 6·25전쟁시 이승만 대통령의 전시조치 및 행위에 대해 폄하하며 그 비판의 강도가 준엄하기 이를 데 없다. 이승만을 비판하는 자들은 6·25때 미국이 주한미국인에 대한 철수계획을 수립한 것처럼 왜 이승만이 '서울시민철수계획이나 피난계획'을 수립하지 않았으며, 전쟁 초기에는 왜 혼자 피란을 갔으며, 한강교를 조기에 폭파하여 서울시민을 공산치하에서 죽음으로 몰아넣었고, 전쟁 중에는 권력욕에 사로잡혀 장기집권을 위한 부산정치파동을 일으켰는가 라며 비난의 화살을 퍼붓는 것을 당연시하고 있다. 한마디로 이승만 대통령과 정부를 미국만 쳐다보고 전쟁에 대비(정부의 대피계획, 국민 보호계획 등)하지 못한 무능한 국가지도자이자 정부이며, 혼자만 살겠다고 도망친 무책임하면서도 무능한 국가지도자 및 정부로 '매도'하고 있다.[6]

이 연구는 6·25전쟁 초기 이승만 대통령과 정부의 전시조치와 통치행위를 사실 그대로 밝힘으로써 이에 대한 올바른 이해를 구하는데 있다. 그 가운데 특히 수도 서울이 적에게 점령되기 직전 '이승만 대통령의 피란과 한강교 폭파'가 어떠한 상황에서 어떻게 이루어졌는지를 살펴보고자 한다. 이에 따라 논지의 흐름도 자연스럽게 이 두 가지 상황과 관련된 사실에 중점을 두고 전개하고자 한다.

첫째는 이승만 대통령 피란과 관련하여 이대통령과 정부는 북한의 남침 이후 어떻게 대처했고, 대통령은 어떠한 상황에서 피란을 하게 됐는

---

5) 국방부 군사편찬연구소 편, 『북한의 전면남침과 초기방어전투』 2, 3-14쪽; 국방부 군사편찬연구소 역, 『소련군사고문단장 라주바예프의 6·25전쟁보고서』 1, 군사편찬연구소, 2001, 135-184쪽.

6) 김동춘, 『전쟁과 사회: 우리에게 한국전쟁은 무엇이었나』, 돌베개, 2009, 119-202쪽.

지, 그리고 피란 시기가 타당했는지를 북한의 남침공격계획과 서울 공격상황 그리고 이에 따른 당시 서울의 방위태세 및 경무대(景武臺) 상황 등을 비교 검토해 봄으로써 이의 객관성과 함께 이해의 폭을 넓히고자 노력했다.

둘째는 한강교 폭파와 관련해서 좀 더 다른 시각, 즉 전쟁의 전반적인 맥락 또는 군사적인 관점에서 살펴보고자 시도했다. 한강교 폭파가 조기였느냐, 아니었느냐의 단순한 논란보다는 조기폭파의 기준을 무엇으로 할 것인가 하는 문제부터 다른 각도에서 접근해 보고자 했다. 그러한 토대 위에서 기존의 조기폭파로 인해 발생했다고 하는 인적·물적 피해를 합리성에 기초를 두고 분석 및 검증하고자 했다. 또한 다른 부분은 다 차지하고라도 한강교 폭파가 전쟁 전반 또는 차후 작전에 어떠한 영향을 미쳤는가를 분석해 봄으로써 한강교 폭파가 갖은 의미를 새롭게 분석해 보고자 노력했다. 이를 위해 북한군은 남침공격계획 작성시 한강교에 대한 전략적 중요성을 알고 이를 조기에 점령한다는 계획을 수립했으면서도 왜 이를 실천해 옮기지 못했는지를 객관성 제고라는 측면에서 소련자료를 통해 분석하여 보았다.

Ⅱ. 북한의 기습남침과 서울 방위태세 및 경무대 상황

1. 북한의 남침공격계획과 서울 점령계획

북한의 남침공격계획(원명 선제타격계획)은 김일성이 스탈린으로부터 남침 승인과 모택동(毛澤東)의 동의를 받은 직후인 1950년 5월 29일 소련군사고문단에 의해 작성됐다.[7] 이 계획은 6월 16일 북한주재 소련대

7) 「주중 소련대사 로신 보고」(1950.5.15), 외교부 편, 『소련외교문서』 2, 26쪽.

사 스티코프(T. F. Shtikov)를 통해 스탈린(Joseph V. Stalin)의 동의를 받은 후 김일성에 의해 6월 25일을 공격일자로 최종 결정됐다.[8] 김일성이 6월 25일을 남침공격 일자로 결정한 것은 북한의 전쟁준비에 대한 정보가 남쪽에 누설되는 것을 사전에 차단하고, 7월에는 장마로 인해 부대기동에 제한을 받으며, 6월 25일은 일요일로 남한의 경계가 소홀할 것이기 때문에 최대한의 기습효과를 노릴 수 있다는 계산이 깔려 있었다.[9]

남침공격계획에 나타난 북한의 전략은 전쟁 초기에 서울을 점령하고 국군의 주력을 격멸하며, 서울 점령 후에는 남한 내 남로당 20만 명에 의한 '인민봉기'를 유발시켜 한국정부를 전복한다는 것이었다. 즉, 북한은 전쟁 개시 2일차에 신속히 서울을 점령하고, '인민봉기'를 유발하여 한국정부를 전복함으로써 한반도에 공산정권을 수립하려 하였다. 그 과정에서 북한군은 신속히 남해안까지 전개하여 미 증원군의 한반도 상륙을 막아 1개월 내에 전쟁을 종결시킨다는 것이었다.[10] 소련은 미국 본토의 미군 1개 사단이 한반도에 상륙하는데 1~2개월이 소요될 것으로 판단하고 있었다. 즉, 미국 항구에 병력과 장비를 집결하는데 12일, 함정에 승선시키는데 7일, 미국 본토에서 한반도까지의 해상 수송에 18일, 한반도 도착 이후 하선 및 정리에 7일 등 약 45일이 걸릴 것으로 판단했다.[11] 소련은 그 정도로 북한의 남침에 대해 세밀하게 분석했다.

---

8) 「스티코프가 스탈린에게」(1950.6.21), 외교부 편, 『소련외교문서』 2, 29쪽; 볼코고노프 저, 전략문제연구소 역, 『스탈린』, 세경사, 1993, 372-373쪽.

9) 국방군사연구소 편, 『한국전쟁』 상, 1995, 75쪽.

10) 국방부 군사편찬연구소 역, 『소련군사고문단장 라주바예프의 6·25전쟁 보고서』 1, 2001, 135-137쪽; 러시아 국방부, 김종국 역, 『러시아가 본 한국전쟁』, 육군교육사령부, 2002, 31쪽.

11) 국방부 군사편찬연구소 역, 『소련군사고문단장 라주바예프의 6·25전쟁 보고서』 2, 2001, 258-259쪽.

북한군은 서울 점령 및 한강 이북 지역에서 국군 주력의 격멸을 위해 보병 4개 사단(제1·3·4·6사단)과 고속기동부대인 제105전차여단을 투입하여 서울을 조기에 점령한다는 계획이었다. 또한 북한군은 서울이북 지역에 투입된 국군 주력의 퇴로를 차단함과 동시에 후방의 국군 3개 사단(제2·3·5사단)의 한강 이북으로의 증원을 차단하기 위해 인제-홍천 축선에서 고속기동부대인 제603모터사이클연대를 투입하여 한강 이남의 수원을 점령하여 이곳에서 국군 주력을 차단·격멸하고자 기도했다.[12)]

〈표-1〉 북한군의 서울공격부대 임무[13)]

<table>
<tr><th rowspan="2">구분</th><th colspan="5">북한군 제1군단</th><th colspan="2">북한군 제2군단</th></tr>
<tr><th>제1
사단</th><th>제4
사단</th><th>제3
사단</th><th>제105
전차여단</th><th>제6
사단</th><th>제2
사단</th><th>모터사이클
연대</th></tr>
<tr><td>공격
방향</td><td>문산-
서울
서쪽
(수색)</td><td>동두천-
서울
북쪽
(수유리)</td><td>포천-
서울
동쪽
(상봉동)</td><td>1·43·
47번 도로</td><td>개성-
김포
(영등포)</td><td>춘천-
한강
이남
(하남)</td><td>홍천-수원</td></tr>
<tr><td>목표</td><td>서울
서쪽
점령</td><td>서울
북쪽 점령</td><td>서울
동쪽 점령</td><td>한강교
점령</td><td colspan="2">한강이남 포위</td><td>수원이남
포위</td></tr>
<tr><td>비고</td><td colspan="3">1차 포위
(한강 이북)</td><td>1차 퇴로
차단
(한강 이북)</td><td colspan="2">2차 포위
(한강 이남)</td><td>2차 퇴로 차단
(수원 이북)</td></tr>
</table>

즉, 북한군은 남침 당일 서울의 서쪽·동쪽·북쪽에서 차례로 제1·제4·제3사단과 이를 지원하는 제105전차여단을 투입하여 한강 이북에서 1차

12) 국방부 군사편찬연구소 역, 『소련군사고문단장 라주바예프의 6·25전쟁 보고서』 1, 135-177쪽.

13) 국방부 군사편찬연구소 편, 『북한의 전면남침과 초기방어전투』 2, 군사편찬연구소, 2005, 13쪽.

로 국군을 포위한 다음, 2차로 개성-김포로 진출하는 제6사단과 춘천-가평-하남으로 진출하는 제2사단이 한강 이남에서 국군을 포위 격멸한다는 것이었다.

이때 서울 동쪽으로부터 공격해 들어오는 제105전차여단이 한강교를 신속히 점령하여 국군의 퇴로를 완전히 차단하고, 이와 동시에 홍천-수원으로 진출하는 제603모터사이클연대가 경부선 철도와 1번 국도가 통과하는 교통의 요지인 수원 이남 지역을 점령하여 국군의 퇴로를 2중으로 차단한다는 것이었다. 그렇게 함으로써 국군 후방사단의 증원을 차단하여 국군을 한강 이남과 이북으로 각각 분리시켜 섬멸시킨다는 계획이었다.

이처럼 북한의 남침공격계획의 핵심은 신속한 서울 점령과 국군주력의 격멸에 두었고, 이어 남로당 20만에 의한 인민봉기를 통해 한국정부를 전복시킴으로써 미군이 개입할 시간적 여유를 주지 않고 전쟁을 종결시킨다는 것이었다.

2. 북한의 남침과 수도 서울의 방위태세

북한군은 소련의 막강한 현대식 전차와 항공기 그리고 중공 내전에서 단련된 한인의용군(5만명)을 지원받은 상태에서 1950년 6월 25일 새벽 4시를 전후하여 전 전선에 걸쳐 포격을 개시했고, 동해안에서는 특수훈련을 받은 게릴라부대를 강릉일대와 부산지역으로 기습적으로 상륙시켜 대한민국을 일거에 마비시켜 공산화시키고자 했다.[14] 또한 북한 공군은 전쟁 당일 정오부터 서울 상공에 전투기를 출격시켜 김포와 여의도 공군기지, 그리고 주요시설과 건물에 대한 공격을 퍼붓기 시작했다. 여기에는 중앙청 및 경무대도 포함됐다. 이때 대통령은 적기의 공습을 피해 경무대 내의 방공호로 피신했다.[15]

14) 국방부 군사편찬연구소 편, 『북한의 전면남침과 초기방어전투』 2, 55쪽.

15) 합동참모본부 편, 『한국전사』, 합동참모본부 군사연구실, 1984, 787쪽.

북한군은 수도 서울을 전쟁 개시 2일 만에 점령하고 국군 주력의 퇴로를 한강 이남에서 차단하여 섬멸한다는 남침공격계획에 따라 병력을 운용했다. 이를 위해 북한군은 T-34전차(시속 55km, 승무원 5명)를 앞세워 국군의 방어진지를 무너뜨리고 서울을 향해 돌입해 들어왔다. 그 결과 전쟁 당일 수도 서울의 주요 접근로인 개성·동두천·포천이 그날 오전에 함락된데 이어 남침 다음날인 26일 13시에는 서울에서 불과 17km 떨어진 의정부가 적에게 함락됐다.

그렇다면 전쟁 초기 국군은 왜 이렇게 북한군에 속수무책이었는가? 국군이 이렇게 북한군에게 무너질 수밖에 없었던 것은 극심한 전력상의 차이 때문이었다. 북한군은 전차 242대, 항공기 211대, 자주포 176문을 포함하여 야포 728문 등 현대식 무기 및 장비에 전투 병력도 181,280명으로 국군에 비해 무기 및 병력면에서 몇 배나 우세한 전력 차이를 보였다. 이에 반해 국군은 지상군 전투병력 68,582명에 전차는 없고 장갑차 27대와 야포 91문, 그리고 연락기 및 연습기 22대가 전부였다. 야포 사거리도 북한군이 10km 이상인데 비해 국군의 105밀리 야포는 그 절반에 해당하는 6,525미터에 불과했다.[16] 이승만정부는 이러한 상황을 예측하고 전쟁 이전에 미국에 전차(100대) 및 항공기(189대)의 지원을 요청했으나, 미국은 "전차는 한국의 지형과 도로 조건에 맞지 않는다"며 거절했다.[17] 전쟁 초기 국군에게 북한군 전차는 그것이 지닌 위력보다 더 무서웠던 것은 그 전차에 대해 전혀 알지 못했다는 것이 더 무서운 일이었다. 전차에 대해 알지 못하니 대책이 있을 리 만무했다.

수도 서울의 관문인 의정부-포천 축선상의 전력 차이는 병력면에서

---

16) 합동참모본부 편, 『한국전사』, 324-327쪽.

17) 박실, 『한국외교비사』, 95-96쪽; 국방부 편, 『국방사』 1, 325쪽; Roy E. Appleman, *South to the Naktong, North to the Yalu,* Washington D.C.,: GPO, 1961, p. 16.

북한군이 32,000명인데 비해 제7사단은 7,211명으로 4.4 대 1(개전 당시 외출병력 고려하면 7 대 1)의 격차를 보였고, 전차와 포병 화력면에서는 그 정도가 더욱 심했다.[18] 그럼에도 불구하고 국군은 잘 버텨냈다. 때로는 육탄공격으로 때로는 화염병으로 적 전차를 공격했고, 그도 어려우면 비록 후퇴를 할지언정 결코 적에게 투항하지 않는 불퇴전(不退轉)의 군인정신을 발휘했다. 그렇기 때문에 제1방어선이 무너지면 후퇴했다가 다시 제2방어선에서 적을 저지하는 식의 전투를 전개했던 것이다. 이것이 전쟁 초기 국군이 월등한 무기와 화력을 지닌 북한군의 진격 속도를 늦추는 역할을 했던 것이다.

그렇지만 국군도 버티는데 한계가 있었다. 국군이 비록 남로당 세포들이 주도한 제14연대 반란사건 이후 단행된 숙군을 통해 반공정신으로 무장됐다고는 하나 북한군에 비해 절대 열세인 무기체계 하에서 군인정신만으로 적의 전차와 전투기를 막아 낸다는 것은 현실적으로 불가능한 일이었다. 그렇기 때문에 막강한 군대인 미군도 한국전에 개입하였지만 북한군 전차에 밀려 어쩔 수 없이 낙동강까지 밀려나지 않았던가. 이승만 대통령도 "제갈량(諸葛亮)이가 국무총리가 되었더라도 공산군의 장총대포와 전차를 무엇으로 막았을 것이냐?"며 당시 국군의 어려웠던 상황을 설명했다.[19]

한편 북한군이 6월 26일 의정부를 점령하고 창동방어선을 공격하지 않은 것은 의정부를 점령한 북한군 지휘부가 교통통제를 제대로 하지 못하면서 의정부를 점령한 적 전차 1개 여단과 보병 2개 사단의 전차·자주포·차량들이 1개 도로로 몰려 서로 엉킴으로써 더 이상 기동을 하지 못했기 때문이다.[20] 이때 북한군이 이러한 혼란이 없이 그들의 남침계획

18) 국방군사연구소 편, 『한국전쟁』 상, 101쪽.

19) 남정옥, 『이승만대통령과 6·25전쟁』, 268쪽.

20) 국방부 군사편찬연구소 역, 『소련군사고문단장 라주바예프의 6·25전쟁 보고

대로 서울로 밀고 들어와 2일 만에 서울을 점령했다면 대한민국의 운명은 과연 어떻게 되었을까?

또한 북한군이 이러한 상황을 조기에 수습하고 26일 야간공격을 하여 국군의 최후방어선인 창동방어선과 미아리방어선을 돌파했다면 상황은 걷잡을 수 없게 되었을 것이다. 그렇게 되었을 경우 한강교는 국군에 의해 폭파되기 전에 적에게 먼저 점령당했을 것이고, 이승만 대통령의 안전도 보장받지 못했을 것이다. 특히 북한군은 6월 25일부터 27일 낮까지 이틀 동안 여명과 함께 공격을 하고 밤이 되면 진격을 중지함으로써 야간을 활용하지 않는 '작전상의 우(愚)'를 범했다.[21] 북한군의 이러한 행동은 국군에게 재편성 및 정비할 시간적 여유를 주게 됨으로써 그들의 최초 공격계획에 차질을 빚게 만들었다.

6·25직전 작성된 국군방어계획(1950년 3월 25일 작성)의 핵심은 어떻게 해서든지 38도선을 고수하는 것이었다. 이에 따라 서울에 주둔하고 있던 수도경비사령부(사령관 대령 이종찬)를 비롯하여 후방의 예비사단들은 유사시 38도선을 고수하기 위해 전방으로 추진 배치한다는 계획이었다. 물론 국군방어계획에는 수도권 방어를 위한 책임부대로 수도경비사령부 등 재경(在京) 부대들을 명시해 놓았으나, 이것은 강제사항이 아니라 필요시 바뀔 수 있는 것이었다. 국군방어계획에 나타난 수도권 방어에 대한 책임부대로는 수도경비사령부, 독립기갑연대(연대장 대령 유흥수), 포병학교 교도연대 등이 있었다. 수도경비사령부는 김포-인천지역을 포함한 수도권지역의 방어를 준비하면서, 필요시 전방의 제1사단과 제7사단을 증원하는 것이었다. 또 독립기갑연대는 경원선의 철원 이남지역에 중점을 두고 수색준비를 하면서 서울 동남 반경 32㎞ 지역에 대한

서』 1, 302쪽.

21) 국방부 군사편찬연구소 역, 『소련군사고문단장 라주바예프의 6·25전쟁 보고서』 1, 158-165쪽.

수색을 하도록 되어 있었다. 포병학교 교도연대는 수도방위를 하도록 되어 있었으나 필요에 따라 의정부에 위치한 제7사단과 문산 지역에 위치한 제1사단에 대한 화력지원 임무가 부여됐다. 이외에도 제1공병단은 수도방어에 협력하는 동시에 필요에 따라 제1·7사단을 지원하도록 임무가 부여되어 있었다.[22] 그런 탓으로 실제 북한군이 서울 시내로 들어올 경우에 대비한 대책은 전혀 강구되어 있지 않았다.

〈표-2〉 서울 주둔 군 및 경찰부대 전방 전개[23]

서울 주둔 부대		피지원부대	지원 일시	도착 일시(지역)
수도경비 사령부	제3연대	제7사단	6·25, 11:00	6·25, 20:00(의정부)
	제8연대	제6사단	6·25, 오후	6·25, 저녁(가평)
	제18연대	제7사단	6·25, 19:00	6·25, 21:00(의정부)
독립기갑연대 제1장갑대대		제1·7·6·8사단	6·25, 15:00	6·25, 오후-26.오전
육군 포병학교	제1교도 대대	제1·7·6 사단	6·25, 16:00	6·25, 오후 (각 부대)
	제2교도 대대	제7사단	6·25, 01:00	6·25, 아침(의정부)
서울경찰국 경찰기동대대		제7사단	6·25, 16:00	6·25, 19:00(내촌)

실제로 6·25가 발발하자 수도경비사령부 예하연대들은 전쟁 당일 동두천-포천 축선이 적에게 피탈되자 육군본부 작전명령에 의해 제7사단

22) 국방군사연구소 편, 『한국전쟁』 상, 97쪽.

23) 국방군사연구소 편, 『한국전쟁』 상, 121쪽.

과 제6사단의 측방지원을 위해 출동했고, 독립기갑연대도 의정부 전선을 포함한 문산·춘천·강릉 방면의 전방 사단의 지원을 위해 출동했다. 포병학교 57밀리 대전차포대대와 105밀리 포병대대도 의정부 전선이 붕괴되자 이를 저지하기 위해 출동했다.[24]

이에 따라 수도 서울 및 경무대에 대한 치안과 방호책임은 서울경찰국이 맡을 수밖에 없었다. 당시 서울경찰국 산하에는 서대문·종로·동대문·성북·영등포·마포·용산·중부·성동·경무대경찰서 등 10개 경찰서가 있었다.[25] 전쟁 당시 서울경찰국은 병력 7,105명, 소화기 7,890정, 차량 132대를 보유하고 있었으나, 경찰들은 관내 치안 유지를 비롯하여 정보수집을 위해 전방으로 파견되거나 군과 함께 전투를 실시하고 있었다.[26] 따라서 수도서울의 핵심시설을 방호할 경찰력은 상대적으로 미약할 수밖에 없었다.

따라서 이러한 상황에서 적의 오열(五列), 게릴라부대, 편의대, 기존의 남로당 지하세력들이 대통령 관저인 경무대를 비롯하여 중앙청 등 정부의 주요시설에 대해 위해(危害)를 가할 경우 속수무책으로 당할 수밖에 없는 위급한 상황이었다. 그런데도 이에 대한 대비책이 마련되어 있지 않았다.

특히 경무대 인근에 위치한 서대문형무소에 수감된 수천 명의 공산분자들의 탈출에 대한 대비책이 전혀 마련되어 있지 않았다. 6·25당시 전국 각지에는 22개의 형무소에 22,000여 명의 죄수가 수감되어 있었다. 그 가운데 서울 지역에는 서대문형무소·마포형무소·영등포형무소가 있었고, 이곳에는 다수의 좌익사범과 여순 10·19사건 관련자 약 12,000여

24) 국방군사연구소 편,『한국전쟁』상, 120-122쪽.

25) 내무부 치안국 편,『한국경찰사 1948.8~1961.5』, 한국경찰사편찬위원회, 1973, 77쪽.

26) 내무부 치안국 편,『한국경찰사 1948.8~1961.5』, 258쪽.

명의 재소자가 수감되어 있었다. 그 당시 형무소별 수감자를 보면, 서대문형무소에 7,000여명, 마포형무소에 3,500명, 영등포형무소에 1,300여명이 수감되어 있었다.[27] 실제로 북한군은 6월 28일 서울에 들어왔을 때 마포형무소(1,000명)와 서대무형무소(7,000명)의 철문을 부수고 이들 좌익죄수들을 구출했다.[28] 이들 죄수들은 우익인사들을 개인적으로 처단하거나 북한군에게 밀고하여 처형시켰다.

또한 국군방어계획에 의하면 적의 공중공격에 대해 공군이 책임을 지도록 했으나, 당시 공군에게는 대공화기가 없었기 때문에 적기의 공습에 대비하여 경무대를 비롯한 수도권의 방공대책이 있을 리가 만무했다.

한편 북한군이 남침했을 때 김일성과 북한 지도부가 가장 믿었던 것 중의 하나가 남한지역에서의 남로당에 의한 '인민봉기'였다. 그들은 "일단 서울을 점령하면 남한 전역에 잠복해 있는 20만 남로당 당원이 봉기하여 남한정권을 전복시킬 것이라는 박헌영(朴憲永)의 호언장담을 철석같이 믿고 있었다."[29] 그러나 그러한 일은 남한에서 결코 일어나지 않았다. 이에 김일성은 훗날 박헌영을 숙청할 때, "미국 놈의 고정간첩 박헌영은 남조선에 지하당원이 20만 명이나 되고 서울에만 6만 명이 있다고 떠벌였는데, 20만 명은 고사하고 우리가 낙동강 계선에 진출할 때까지 단 한 건의 폭동도 없었다. 만일 부산에서 노동자들이 단 몇 천 명이라도 일어났더라면 우리는 반드시 부산까지 해방시켰을 것이고 미국 놈들

27) 국방부 군사편찬연구소 편, 『한강선방어와 초기지연작전』 3, 군사편찬연구소, 2006, 24-26쪽.

28) 사회과학원 력사연구소 편, 『조선전사 25: 현대편 조국해방전사』 1, 평양: 과학백과사전출판사, 1981, 125쪽.

29) 유성철, 「나의 증언 ②·⑩」, 『한국일보』, 1990.6.18, 11.13; 박갑동, 『한국전쟁과 김일성』, 바람과 물결, 1990, 80-84쪽; 김창순, 『북한 15년사』, 지문각, 1961, 145쪽.

은 상륙하지 못했을 것이다"라고 박헌영을 비판했다.30)

여기에는 그럴만한 이유가 있었다. 이승만정부는 과거 공산당이나 남로당에 가입했다가 전향한 사람들을 보호 및 선도하기 위해 1949년 1월 국민보도연맹을 결성하여 그들로 하여금 탈당성명서를 내게 하고 국민보도연맹에 자발적으로 들어오게 했다. 국민보도연맹은 전국 시·도별로 그 조직이 결성됨으로써 그 수가 무려 33만 명에 달했고, 이들에 대한 관리는 각 검찰청의 공안담당 검사들과 경찰서 대공요원들이 맡아 수행했다.31) 그리고 실제로 전쟁이 났을 때 국민보도연맹을 지도하고 관리했던 공안검사들이 보도연맹원을 집합시켜 그들을 장악하고 있었기 때문에 김일성이나 박헌영이 호언장담했던 남한에서의 '인민봉기'는 일어날 수 가 없었던 것이다.32) 김일성의 말대로 서울이 적에게 점령당한 후 남한지역에서 공산폭동이 일어났다면 미군이 참전할 수도 없었을 것이고, 그렇게 되었으면 대한민국도 지금 존재할 수 없었을 것이다. 이러한 것이 바로 북한의 남침에 대한 전쟁대비가 아니고 무엇이겠는가. 일부에서는 이승만정부가 서울시민 철수 및 피란계획을 수립하지 않았다며 비판하고 있는데, 이는 인력과 수송수단 등이 충분히 뒷받침되지 못한 당시 대한민국이 처한 상황으로 볼 때 이는 시간적으로나 물리적으로 도저히 할 수 없는 능력 밖의 일이었다.

---

30) 유성철, 「나의 증언 ⑩」, 『한국일보』, 1990.11.13; 국방부 편, 『한국전쟁사』 1, 전사편찬위원회, 1977, 145쪽; 육군본부 편, 『북괴 6·25남침분석』, 1970, 318쪽.

31) 선우종원, 『사상검사 선우종원의 격랑 90년: 나의 조국 대한민국』, BGI, 2010, 172-179쪽.

32) 국방부 군사편찬연구소 편, 『한강선방어와 초기지연작전』 3, 29쪽.

3. 경무대의 경비책임 및 전시상황

북한의 기습남침 당시 대한민국 심장부인 대통령 집무실 겸 관저인 경무대에 대한 경비는 1949년 2월 23일 창설된 경무대경찰서가 맡고 있었다. 경무대경찰서는 대통령령 제59호에 의해 1949년 2월 23일 국가원수와 중앙청 경호경비를 위해 특별히 설치되었으나 경호장비 및 무기는 일반경찰서와 별로 다르지 않았던 것으로 파악된다. 경무대경찰서의 책임지역은 서울시 종로구 세종로 1번지에 위치한 중앙청과 경무대였다[33)]

경무대경찰서의 경비책임지역으로 중앙청이 포함된 것은 중앙청에 대통령실이 있었기 때문이다. 이승만 대통령은 정부 수립 이후부터 6·25전쟁 발발 때까지 경무대에서 중앙청의 대통령실로 출근하여 국무(國務)를 보았고, 점심식사도 경무대에서 가져온 음식으로 해결했다. 대통령실은 중앙청 2층의 제일 큰 방이었다. 대통령은 국무위원이나 외부인사와는 중앙청의 대통령실에서 면담했으나, 특별한 인사(주로 외국인사)와의 요담은 경무대에서 했다.[34)]

경무대의 구조를 보면, 현관 입구의 오른쪽 구석방이 비서실이었고, 그 옆에 큰 응접실과 작은 응접실이 붙어 있었다. 2층에는 대통령 사무실 겸 거실이 있었고, 그 옆에 침실과 욕실이 있었다. 대통령의 사무실 겸 거실에는 양서와 한서가 수십 권이나 꽂혀 있는 서가가 있었고, 방 한 가운데에 테이블이 있었다. 테이블에는 프란체스카 여사의 처녀시절 사진과 영문 타자기가 놓여 있고, 주변에는 허술한 의자 서너 개와 한두 폭의 그림이 벽에 걸려 있었다. 대통령의 사무실 겸 거실은 검소하기가 이를 데 없었기 때문에 외국 국가원수의 거실처럼 장중하다거나 화려한 맛이라곤 찾아볼 수 없었다.[35)]

---

33) 내무부 치안국 편, 『한국경찰사 1948.8~1961.5』, 79-80쪽.

34) 박용만, 『제1공화국 경무대비화』, 내외신서, 1986, 76-77쪽.

6·25 당시 대통령 경호실장 겸 경무대 경비대장 역할은 경무대경찰서장이 맡았다. 경무대경찰서장은 1949년 3월 23일 임명된 김장흥(金長興) 총경이었다. 그는 1951년 7월 9일까지 그 자리에 있었다. 이후 경무대경찰서장에는 이기영(李起榮, 1951.8.27~1952.2.13) 총경, 이정석(李丁錫, 1952.2.13~1952.10.11) 총경, 서정학(徐廷學, 1952.10.11~1954.7.21) 총경 등이 차례로 맡았다.[36)]

전쟁이 발발했을 때 경무대에는 경무대경찰서 병력만이 경비임무를 수행하다가 6월 25일 뒤늦게야 독립기갑연대 장갑대대 소속의 장갑차 1개 소대를 투입했으나, 그것도 얼마 지속되지 못했던 것으로 전해지고 있다. 6·25전쟁 당시 육군본부 정보국 차장이었던 김점곤(金點坤) 중령은 6월 25일 밤 9시 30분 내지 10시경 채병덕 총참모장이 불러서 총장실로 갔는데, 채총장은 김중령에게 "국장한테도 얘기하지 말고 지금 기갑부대(독립기갑연대 지칭)로 장갑차 1개 소대를 동원시켜 놨으니까 당신이 그것을 직접 데리고 가서 경무대에 배치하라"고 하면서, "당신이 전투경험이 많으니까 알아서 잘 배치하라"고 했다는 것이다.[37)]

한편 육군본부에서는 6월 25일 한남동에 주둔하고 있던 독립기갑연대(연대장 유흥수 대령)에 경무대에 배치할 장갑차 출동을 지시했고, 이에 따라 독립기갑연대에서는 6월 25일 오후에 제1장갑대대(대대장 박무열 소령) 제2장갑중대(중대장 박도경 대위)에 경무대에 장갑차를 배치하라는 지시를 받고 김정운(金貞雲) 소위가 지휘하는 장갑소대를 출동시켰다.[38)] 장갑차는 37밀리 포와 통달거리 75~100마일(서울에서 강릉까지

35) 박용만, 『제1공화국 경무대비화』, 98쪽.

36) 내무부 치안국 편, 『한국경찰사 1948.8~1961.5』, 1345쪽.

37) 육군본부 편, 『6·25전쟁 참전자 증언록』 Ⅱ, 2004, 육군본부 군사연구실, 488쪽.

38) 한남전우회 편, 『번개부대의 6·25혈전기: 육군독립기갑연대사』, 도서출판 한

통신 가능)인 SCR-506무전기가 장착되어 있어 전쟁 초기 지휘통신용으로 활용되기도 했다. 6·25 발발 당시 독립기갑연대는 이들 장갑차를 27대 보유하고 있었고, 본부 및 3개 장갑중대로 편성된 장갑대대의 각 중대는 통상 12대의 장갑차를 보유하고 있었다.[39]

채병덕(蔡秉德) 총참모장의 지시를 받고 난 김점곤 중령은 중앙청 부근에서 대기하고 있던 장갑차를 인솔하여 경무대 입구인 효자동 전차종점까지 끌고 간 후, 그곳에서 장갑차를 일단 정지시켜 놓고 장교들을 집합해 그 일대에 대한 지형정찰을 시켰다.[40] 그리고서 그는 경무대경찰서와 협조하기 경무대로 갔다. 김점곤 중령에 의하면 당시 경무대에는 미국 백악관처럼 형식적으로 설치해 놓은 나지막한 철문과 경비초소 이외에는 별다른 경비시설물이 없었다. 더군다나 경비병의 근무도 전시에 대비한 근무자세가 아니고 엉성했다. 김중령은 "자신이 경무대 철문 쪽으로 다가가니까 경비병이 중령 계급장만 보고 신분 확인도 안하고 문을 열어주어 깜짝 놀랐다"고 했다. 김중령은 "그 당시 중령 계급은 지금의 소장이나 중장에 해당하는 희소가치가 있었기 때문으로 경비병이 그런 행동을 한 것 같다"고 회고했다.[41] 일국의 대통령이 거주하고 있는 경무대의 경비가 전시임에도 불구하고 이렇게 허술하기 그지없었다는 데에 그저 놀라울 뿐이다.

김점곤 중령은 경비병에게 장교가 왔다고 해서 이렇게 신분 확인도 안 하고 문을 열어주면 어떻게 하느냐며 주의를 주었다. 당시 경무대는 전쟁 중임에도 정적이 흐르고 사람 그림자도 찾아볼 수 없었다. 김중령이 경무대 경비책임자를 나오라고 했더니 경무대경찰서장이 나왔다. 김중령

컴, 1997, 93쪽.

39) 한남전우회 편, 『번개부대의 6·25혈전기: 육군독립기갑연대사』, 38-40쪽.

40) 육군본부 편, 『6·25전쟁 참전자 증언록』 Ⅱ, 489쪽.

41) 육군본부 편, 『6·25전쟁 참전자 증언록』 Ⅱ, 489쪽.

은 그에게 "경무대 내부는 경찰에서 책임지시오. 대신 경무대 밖의 경비는 장갑차를 배치할 테니 따라오시오"하고, 경찰간부들을 데리고 가서 경무대 주변에 장갑차를 배치했다.[42)]

경무대에 장갑차를 배치한 후 육군본부로 복귀한 김점곤 중령은 작전상황실에 장갑차 배치 상황을 알려 주었다. 왜냐하면 나중에 누군가가 철수를 지시해야 되기 때문에 그러한 조치를 취했던 것이다. 김중령은 후일 경무대에 배치된 장갑차가 이승만 대통령이 피란을 간 후 철수했다는 것을 확인할 수 있었다.[43)] 경무대에서 철수한 제3장갑중대의 장갑차 소대는 김포방면으로 진격해 들어오는 북한군을 저지하기 위해 김포로 출동했고, 그곳에서 경무대에 출동했던 소대장 김정운 소위는 전사했다.[44)]

이처럼 전쟁 발발 이후 대통령 관저인 경무대 경비는 평상시와 전혀 다름이 없었다. 6월 25일 밤 뒤늦게야 채병덕 총참모장의 지시로 독립기갑연대 장갑차 1개 소대가 경무대 주변에 배치된 것 이외에는 경무대에 대한 경비대책이 전혀 마련되지 못하고 있었다. 또한 북악산과 인왕산으로 둘러싸여 있어 적의 산악침투가 용이하면서 경비하기에 어려운 경무대에 대해 군이나 경찰로부터의 추가병력 지원이 이루어지지 않았다. 특히 경무대는 적기의 공습에 대비한 방공대책이 전혀 없었을 뿐만 아니라 적의 게릴라, 편의대, 그리고 남한 내 남로당 세력의 조직적인 침투나 공격에 매우 취약한 상태로 노출되어 있었다. 이러한 점에서 전쟁 발발 후 이승만 대통령이 적에게 포로가 되지 않거나 적기의 공습으로 피해를 입지 않은 것은 거의 기적에 가까운 행운이었다.

---

42) 육군본부 편, 『6·25전쟁 참전자 증언록』 Ⅱ, 489-490쪽.

43) 육군본부 편, 『6·25전쟁 참전자 증언록』 Ⅱ, 490쪽.

44) 한남전우회 편, 『번개부대의 6·25혈전기: 육군독립기갑연대사』, 119, 126-127쪽.

Ⅲ. 정부의 전시 조치와 서울 철수 결정 그리고 대통령 피란

1. 정부의 남침 상황 보고와 전파

1950년 6월 25일 여명에 북한군의 기습남침을 받은 육군본부 상황실은 전선의 예하부대로부터 적의 공격 상황을 접수하고 육군총참모장 채병덕 소장에게 이를 보고했다. 채총장은 지난 토요일 밤 육군회관 낙성식에 참가하고 이날 02시경 총장공관으로 돌아와 취침 중 05시경 당직사령으로부터 상황보고를 받은 뒤, "전군에 비상을 발령하고 각 국장을 소집하라"고 명령했다.[45]

그리고 채병덕은 신성모(申性模) 국무총리서리 겸 국방부장관에게 전화를 걸었으나 받지 않자, 공관인 마포장으로 달려가 07시경 신성모에게 보고한 후 육군본부로 복귀했다.[46] 이때를 전후하여 해군본부와 공군본부도 전쟁 상황을 알게 됐다. 이에 따라 각 군 본부도 비상경계조치 및 전투준비태세를 발령했다. 경찰도 자신들의 정보망을 통해 북한의 남침 상황을 입수하고 이에 대한 조치를 취했다. 경찰은 05시경 치안국장이 내무부장관에게 남침상황을 보고하자, 내무장관은 06시 30분에 전국 경찰에 비상경계령을 하달하여 전투태세에 돌입하도록 지시했다.[47] 이에 따라 중앙부처도 이때부터 전시 조치를 취했다.

한편 주한미군사고문단(KMAG)은 전방에 배치된 미 군사고문관에 의해 05시 30분경에 남침에 대한 최초 보고를 받고, 이를 미 대사관과 극동군사령부에 보고했다.[48] 미 군사고문단은 대사관에 07시경에 보고했

---

45) 국방군사연구소 편, 『한국전쟁』 상, 108쪽.

46) 국방부 편, 『한국전쟁사』 1, 576-577쪽.

47) 국방부 정훈국 편, 『한국전란1년지』, 1951, C48쪽.

는데, 주한미국대사인 무쵸(John J. Muccio)가 드럼라이트(Everett F. Drumright) 참사관으로부터 보고를 받은 시간은 08시경이었다. 무쵸 대사는 전황을 좀 더 파악한 후 10시경에 국무부에 '북한의 남침상황'을 긴급 타전했다.[49] 이는 이승만 대통령보다 2시간이나 빠른 것이었다. 맥아더의 극동군사령부가 미 군사고문단으로부터 보고받은 시간은 09시 25분이었다.[50] 이처럼 보고시간이 늦어진 것은 중간 단계에서 전황을 좀 더 자세히 파악하여 보고하는 과정에서 비롯된 결과였다.

이승만 대통령이 신성모 국무총리서리 겸 국방장관으로부터 공식 남침 보고를 받은 것은 신성모 장관이 채병덕 육군총장으로부터 보고를 받은 지 3시간 30분이 지난 10시 30분경이었다. 신성모가 경무대로 달려가 대통령에게 전쟁 상황을 보고했을 때는 경무대 경찰서장 김장흥 총경이 보고한 뒤였다.[51] 프란체스카 여사에 의하면 당시 이승만 대통령은 10시경 창덕궁의 비원(秘苑) 반도지에서 낚시를 하다가 경무대경찰서장 김장흥 총경으로부터 '북한의 대거남침' 상황을 보고받고 경무대로 돌아왔다.[52] 이때가 10시 30분경으로 신성모 장관이 대통령에게 보고할 무렵이었다. 대통령은 전쟁 발발 6시간 뒤에야 남침사실을 알게 됐다.[53] 신 장관의 보고지연에 대해서는 아직 밝혀진 것이 없었으나, 대통령에게 좀 더 자세하고 정확한 보고를 위해 전황을 파악하는 과정에서 늦어진 것

48) 그렌 페이지 저, 한배호 역, 『미국의 한국참전결정』, 범문사, 1968, 114쪽.

49) 그렌 페이지 저, 한배호 역, 『미국의 한국참전결정』, 110-114, 119쪽; 해롤드 노블 저, 박실 역, 『戰火속의 대사관』, 한섬사, 1980, 22쪽.

50) Appleman, *South to the Naktong, North to the Yalu,* p. 36.

51) 국방부 편, 『한국전쟁사』 1, 610-611쪽.

52) 프란체스카 도너 리, 『프란체스카의 난중일기』, 22쪽; 국방부 편, 『한국전쟁사』 1, 610쪽.

53) 국방부 편, 『한국전쟁사』 1, 610쪽.

같다.

이렇듯 6월 25일에 일어난 북한의 남침에 대한 전파는 통수권자인 대통령이 미국대사나 미 극동군사령부보다 늦게 알게 되는 상황이 벌어졌다. 이는 신성모 장관이 북한의 남침 상황을 과거 38도선에서 일어난 소규모의 군사적 충돌 또는 어느 한 지점에 대한 국지도발 정도로 판단하고 이를 정확히 파악한 다음 대통령에게 보고하려고 하는 데서 비롯됐다. 무쵸 대사도 일찍 보고를 받고도 이를 좀 더 자세히 파악하기 위해 국무부에는 늦게 보고했다. 신성모와 무쵸는 개성 · 동두천 · 포천이 함락된 뒤에 적의 남침이 전면전이라는 확인하고 이승만 대통령과 국무부에 보고한 것으로 판단된다.

2. 정부의 전시조치와 서울 철수 결정

북한군의 남침으로 정부가 그 대책을 논의하기 위해 비상국무회의를 소집한 것은 6월 25일 11시였다. 이때 회의는 이승만 대통령의 지시에 의해 국무총리서리 겸 국방부장관인 신성모가 주재했다.[54] 이 회의에서 신성모가 전황을 설명했으나 전황파악에 별로 도움이 되지 않아 의정부 전선에 나가 있는 채병덕 총장이 복귀하면 보고를 받기로 하고 12시에 산회했다. 이때 대통령은 무쵸 주한미국대사를 접견하고 전쟁 사태에 대해 논의하고 있었다.

그날 14시에 재개된 국무회의는 경무대에서 대통령이 주재했다. 이 자리에서 채병덕 총참모장은 "38도선 전역에 걸쳐 4~5만 명의 북한군이

54) 국방부, 『한국전쟁사』 1, 611쪽. 이때 국무회의에 출석한 국무위원들은 국무총리서리 겸 국방부장관 신성모, 외무부장관 이병직, 내무부장관 백성욱, 재무부장관 최순주, 법무부장관 이우익, 문교부장관 백영준, 농림부장관 윤영선, 상공부장관 김 훈, 보건부장관 구영숙, 사회부장관 이윤영, 교통부장관 김석관, 체신부장관 장기영이었다.

94대의 전차를 앞세우고 불법남침을 개시했다. 그러나 각 지역의 국군부대는 대전차포로 적 전차를 격퇴하면서 적절하게 작전을 전개 중에 있다. 이러한 북한의 침공은 그간에 그들이 벌여온 위장 평화공세가 별다른 반응이 없으므로 조급하게 자행한 그들의 상투적인 수단으로 보며 후방사단을 진출시켜 역습을 감행하면 능히 격퇴할 수 있을 것으로 본다" 고 보고했다.[55]

이에 국무위원들은 적의 야간공습에 대비한 등화관제 이외에는 이렇다 할 결의사항도 없이 15시 30분에 산회하고 말았다. 그러나 대통령은 이를 심상치 않게 여기고 대통령령 제377호(비상사태하의 법령공포의 특례에 관한 건)를 공포했다. 이어 「긴급명령」 제1호(비상사태하의 범죄처단에 관한 특별조치령)를 하달하여 반민족적이고 비인도적인 범죄자를 엄중 처단하도록 했다.[56]

이에 따라 내무부는 대통령 「긴급명령」 제1호(비상사태하의 특별범죄에 관한 특별조치령)에 의거한 특별범죄자를 집중 단속하게 했다.[57] 또한 시민들의 동요와 불순분자들의 만행을 방지하고 적기의 공습에 대비하기 위하여 치안명령 제26호를 각 시·도에 긴급히 시달하여 통행금지시간 연장과 등화관제를 실시토록 하고 주요기관과 산업시설의 경비를 강화하게 했다.[58] 그렇지만 경무대의 경비를 위한 추가 경찰병력 파견과 같은 조치는 하지 않았다.

법무부도 오제도 부장검사의 지휘 하에 보도연맹의 지도에 나섰다. 즉, 법무부는 그들로 하여금 반공활동에 앞장서도록 함으로써 시국을 틈탄 일탈이나 재전향을 막고자 했다.[59] 보도연맹은 1949년 1월 19일에

55) 국방부 편, 『한국전쟁사』 1, 611쪽.

56) 국방부 편, 『한국전쟁사』 1, 611, 634-635쪽.

57) 국방부 정훈국 편, 『한국전란1년지』, C48쪽.

58) 국방부 편, 『한국전쟁사』 1, 631쪽.

제14연대 반란사건 이후 제정된 국가보안법에 따라 공산주의자들의 활동을 봉쇄하는 과정에서 신원이 노정되거나 자의로 전향한 자 중에서 그 전과가 가볍고 개전의 정이 뚜렷한 자들을 선도하고 사회에 적응하도록 보장하기 위해 조직된 단체였다. 그 조직은 전국의 각 시·도를 포함해 구·군까지 조직됐고, 각 지방검찰청의 정보담당 검사가 이를 전담했다. 그런데 전황이 급박해지고 서울 철수가 불가피하게 되자 검찰청에서는 각 지검에 보도연맹의 조직점검과 함께 이탈을 방지하도록 지시했다. 그러나 법무부는 가장 중요한 서울 등 경인지역의 형무소에 수감 중인 국가보안사범과 일반 죄수들에 대한 조치를 취하지 못했다.[60] 결국 이들은 북한군이 들어온 후 우익인사들의 숙청에 앞장섰다.

교통부는 전쟁이 발발하자 경의선·경원선·경춘선의 정기열차 운행을 전면 중지하고 전시체제로 전환했다. 이에 따라 전시수송본부를 설치하고 임시열차를 증편하여 병력 및 군량미 수송 작전에 만전을 기했다.[61] 또한 전시수송본부는 선로와 구내경비를 강화하는 한편, 기관차 · 화차 · 객차를 회송할 수 있도록 대기시켰다. 이외에도 국방부와 중앙청에 연락관을 파견하여 군의 수송요청에 즉각 대응할 수 있도록 조치했다.[62]

한편 정부는 의정부가 함락된 26일 밤 11시경 중앙청에서 신성모 국무총리서리 주재로 비상국무회의를 개최했다.[63] 이 자리에는 대통령의 특별지시를 받고 전 국무총리 겸 국방장관을 지낸 이범석(李範奭) 장군

---

59) 중앙일보사 편, 『한국전쟁 실록: 민족의 증언』 1, 을유문화사, 1972, 55쪽.

60) 그 결과 6월 30일에 인천형무소에서 경비 소홀을 틈타 탈옥사건이 일어나 폭동의 효시가 되었고, 뒤이어 다음날에는 대전형무소에서 탈옥 직전에 죄수가 검거됐다. 국방부 편, 『한국전쟁사』 1, 630-631쪽.

61) 국방부 정훈국 편, 『한국전란1년지』, D19-D20쪽.

62) 국방부 편, 『한국전쟁사』 1, 628-629쪽.

63) 해롤드 노블 저, 박실 역, 『戰火속의 대사관』, 40쪽.

도 참석했다. 그는 "지금의 전황으로 보아 서울사수가 어렵다면 철수문제로 좁혀야 할 것이며, 시민에 대한 조치와 한강교폭파 문제가 선결되어야 한다"고 발언했다. 이어서 장기영 체신부장관도 "한 알의 밀알이 땅에 떨어져 썩어야 새싹이 움튼다. 우리는 오늘 이 자리에서 꼼짝없이 남아서 죽는 한이 있더라도 서울을 지켜야 한다"고 말했다.[64]

회의에 참석한 국무위원들은 이를 놓고 찬반 논쟁을 했다. 그러나 의견은 서울 철수 쪽으로 기울어져 결국 정부의 수원 이동이 결정됐다.[65] 이에 따라 신성모 장관은 그 즉시 경무대로 가서 대통령에게 보고했고, 각 부처는 27일 아침부터 정오 무렵까지 한강을 건너 수원으로 이동하게 됐다.

3. 대통령의 피란 배경과 경위

6·25전쟁은 건국한지 불과 22개월 밖에 안 된 신생 한국호를 이끌고 있던 이승만 대통령에게 커다란 시련이자 암초로 다가왔다. 건국 후 국내외적으로 숱한 난관을 극복하며 간신히 국가의 기틀을 마련해 나가고 있는 상황에서 불어닥친 전쟁의 화마는 이제까지의 노력은 물론이고, 자칫 잘못하다가는 대한민국 자체가 전화(戰火)로 인해 송두리째 날아갈 상황이었다. 이때 그가 순간적으로 판단한 것은 한국의 힘만으로는 이 사태를 수습할 수 없고 오직 미국의 힘을 빌려 이를 해결할 수 있을 것으로 보았다. 그는 이를 위해 대미(對美) 외교에 힘을 기울이게 됐다.

이승만 대통령은 6월 25일 남침상황을 보고 받고 난 직후인 11시 35분에 무쵸 미국대사의 방문을 받고 이에 대한 의견을 교환했다. 대통령은 이 자리에서 "국군에게 시급히 필요한 소총과 탄약을 미국에게 요청하면서 서울에 계엄령을 선포하고 국민들에게 돌멩이라도 들고 싸울 수

64) 국방부 편, 『한국전쟁사』 1, 612쪽.

65) 국방부 편, 『한국전쟁사』 1, 612쪽.

있도록 총력전 태세로 지도하겠다"고 말했다.[66] 이어 장면 주미대사에게 전화를 미국의 원조를 요청하라고 지시한 후 14시에는 비상국무회의를 주재하는 등 전시에 필요한 조치를 취해 나갔다.[67]

그 후 전선 상황이 계속 악화되는 데도 불구하고 미국으로부터 별다른 소식이 없자 이승만은 25일 22시에 무쵸 미국대사를 경무대로 불러 '정부의 대전 천도' 의사를 밝혔다. 이에 무쵸 대사는 "천도를 반대한다면서 자신은 서울에 남을 것"이라고 말했다.[68] 이는 대통령이 '서울 천도'를 내세워 미국의 속내를 확인함과 동시에 미국의 지원을 이끌어내기 위한 이승만식의 고도의 '심리전략'이었다. 즉, 이것은 이제까지 한국지원에 대한 공식적인 입장을 표명하지 않자 미국에 경각심을 줌과 동시에 심리적 압박을 가하기 위한 '외교전략'이었다.[69]

이승만은 이에 그치지 않고 25일 밤을 지새우면서 미국의 원조를 얻기 위해 노력했다. 그는 26일 03시에 맥아더 장군에게 전화를 걸어 한국에서의 전쟁 사태에 대한 미국의 책임을 묻는 전화를 했고,[70] 새벽 4시

---

66) 무쵸 미국대사는 이승만과의 대화 내용을 25일 14시에 워싱턴의 국무장관에게 보고했다. The Ambassador in Korea(Muccio) to the Secretary of State(1950.6·25), *FRUS 1950*, Vol. Ⅶ, pp. 129-131. 또한 무쵸 대사는 이승만을 경무대로 방문하기 전인 25일 10시에 "한국에 대한 북한의 전면공격"을 알리는 전문을 국무장관에게 보고했다. The Ambassador in Korea (Muccio) to the Secretary of State(1950.6 · 25), *FRUS 1950*, Vol. Ⅶ, pp. 125-126.

67) 부산일보사 편, 『임시수도 천일』 상, 부산일보사, 1985, 20쪽.

68) The Ambassador in Korea(Muccio) to the Secretary of State(1950.6.26), *FRUS 1950*, Vol. Ⅶ, pp. 141-143.

69) 중앙일보사 편, 『한국전쟁 실록: 민족의 증언』 1, 127쪽; 온창일, 「전쟁지도자로서 이승만 대통령」, 『이승만 대통령 재평가』, 연세대 출판부, 2006, 215쪽.

70) 프란체스카 도너 리, 『프란체스카의 난중일기』, 23쪽.

30분에는 무쵸 대사에게 전화를 걸어 "극동군사령관과 참모장에게 한국군에게 필요한 전투기와 탄약 등을 요청하려고 전화했는데 받지 않는다"며 미국의 지원을 다시한번 요청했다. 이에 무쵸 대사는 05시에 이승만과의 통화내용을 애치슨(Dean Acheson) 국무장관과 극동군사령관 맥아더 원수에게 알리고 미국의 신속한 군사지원을 다시 요청했다.[71] 그 결과 맥아더(Douglas MacArthur) 원수는 워커(Walton H. Walker) 미 제8군사령관에게 이를 신속히 지원하도록 지시했다.

또한 이승만은 전쟁에 필요한 조치와 함께 전황을 파악하기 위해 노력했다. 그는 26일 아침에 치안국을 방문해 경찰계통으로 들어온 전황을 확인한데 이어,[72] 14시에 또 다시 육군본부와 치안국 상황실을 방문하고 전황을 점검했다.[73] 그는 대통령으로서 국군통수권자로서 할 수 있는 일을 충실히 다하고 있었다.

그렇지만 이때는 의정부가 적에게 피탈되고 서울 상공에는 적의 야크기가 맴돌고 있을 뿐만 아니라 26일 밤부터는 경무대까지 적기가 공습을 가해왔다. 그때마다 대통령과 프란체스카(Francesca Donner Rhee) 여사는 방공호로 피신해야 했다.[74] 이처럼 당시 적의 공습에 대한 경무대의 방공대책은 단순히 방공호로 대피하는 것 이외에는 별다른 대책이 없었다.

그럼에도 대통령의 안전을 위한 대피문제는 거론되지 않고 있었다. 한 나라가 6·25와 같은 외침을 받아 수도가 함락 직전에 놓였을 때 국가의

---

71) Muccio to the Secretary of State, June 26, 1950, *FRUS 1950*, Vol. Ⅶ, pp. 147-148.

72) 국방부 군사편찬연구소 편, 『북한의 전면남침과 초기 방어전투』 2, 81쪽.

73) 프란체스카 도너 리, 『프란체스카의 난중일기』, 24쪽.

74) 프란체스카 도너 리, 『프란체스카의 난중일기』, 24쪽; 중앙일보사 편, 『민족의 증언』 1, 129쪽; 해롤드 노블 저, 박실 역, 『戰火속의 대사관』, 27쪽.

상징이자 구심점인 대통령에 대한 안전대책은 국가의 중대한 일이 아닐 수 없다. 대통령은 헌법기관으로서 국민을 대표하여 국가를 수호할 책임을 지고 있는 것이다. 그래서 대통령은 전시나 국가위기 시에는 신변의 안전을 보장받는 곳에서 대통령직을 수행해야 한다. 그러나 6·25 때 이승만은 그렇지를 못했다.

6·25전쟁 당일부터 북한의 전투기가 서울 상공에 출현하여 서울역을 비롯한 주요시설을 공격했다. 또한 적의 게릴라를 비롯하여 남로당 세력에 대한 대비, 그리고 적 전차의 공격에 대한 대비책이 전혀 없었다. 특히 대한민국의 심장부이자 상징으로 대통령이 있는 경무대는 전시임에도 불구하고 여전히 평상시와 다름없는 경비태세를 유지하고 있었다. 다행히 그때까지 대통령에게 아무런 일이 일어나지 않은 것이 그나마 다행스러울 뿐이었다.

대통령의 신변에 위험을 느끼고 피란을 고려했던 것은 의정부가 함락되고 난지 한 참 지난 이후였다. 의정부는 6월 26일 13시에 적에게 함락됐다. 시속 55km를 질주하는 적의 전차가 서울에서 불과 17km 떨어진 곳까지 진출했는데도 대통령에 대한 안전대책은 여전히 강구되지 않고 있었다. 이 거리는 적 전차가 빠르면 30분 늦어도 1시간 정도이면 충분히 경무대와 중앙청이 있는 서울 도심까지 당도할 수 있는 거리였다.

그런데도 여전히 대통령은 경무대에서 전쟁에 필요한 조치들을 하고 있었다. 이때의 상황을 당시 김태선(金泰善) 서울시경국장은 다음과 같이 증언하고 있다.

> 26일 저녁 9시쯤 경무대로 올라가서 응접실에서 대통령을 뵈었습니다. 한 두 사람의 비서가 있을 뿐 평소와 다름없이 보였고 후퇴할 생각은 전연 없으신 것 같아요. 그래서 내가 대뜸 "각하께서 이러고 계십니까? 전쟁입니다. 북한은 남침무력통일을 하려고 합니다"라고 여쭈었더니 "그래" 하고만

> 계셔요. 그래서 좀 당돌하지만, "서대문형무소에는 수천 명의 공산당 놈들이 갇혀 있습니다. 그들은 인왕산을 넘어 제일 먼저 여기 옵니다. 각하께서 일시 피난해서 이 전쟁을 수행해야 합니다. 장관과는 다릅니다. 잘못되면 나라 망합니다"라고 말씀드렸습니다.[75]

이처럼 대통령은 적이 서울 코앞까지 당도했는데도 여전히 경무대에서 집무를 보고 있었고, 각료나 비서관 등 어느 누구도 대통령의 피란에 대해 말하지 않았다. 그런 가운데 대통령의 전시조치는 계속됐다. 대통령은 27일 새벽 1시에 주미대사관에 전화를 걸어 트루먼(Harry S. Truman) 대통령에게 군사원조의 시급함을 알리고 지원요청을 하라고 지시했다.[76] 그로부터 얼마 지나지 않은 새벽 2시경 중앙청에서 비상국무회의를 주재하고 정부의 수원 이동을 결정하고 온 신성모 장관을 비롯하여 조병옥(趙炳玉) 박사와 서울시장 이기붕(李起鵬)이 들어와서 "각하, 사태가 여간 급박하지 않습니다. 빨리 피하셔야겠습니다"라고 말했다. 이에 대통령은 "날보고 서울을 버리고 떠나란 말인가? 서울시민은 어떻게 하란 말인가?"라고 반문했다.[77] 그는 이 위기의 순간에도 자신의 안위보다는 서울시민의 안전을 더 걱정하고 있었다.

조병옥 박사는 프란체스카 여사와 비서들에게 "각하의 고집을 꺾어야 합니다. 빨리 서둘러 피난을 보내셔야 합니다"라고 말했다.[78] 이때 적 전차가 청량리까지 들어왔다는 경찰 보고[79]에 이승만도 할 수 없이 서울

---

75) 중앙일보사 편, 『민족의 증언』 1, 126쪽.

76) 한표욱, 『한미외교 요람기』, 중앙일보사, 1984, 86쪽.

77) 부산일보사 편, 『임시수도 천일』 상, 24쪽; 국방부 편, 『한국전쟁사』 1, 617쪽.

78) 부산일보사 편, 『임시수도 천일』 상, 24쪽; 국방부 편, 『한국전쟁사』 1, 617쪽.

79) 프란체스카 도너 리, 『프란체스카의 난중일기』, 25쪽.

역으로 가서 기차를 탔다.[80] 대통령 일행이 탄 기차는 기관사를 찾느라 지체하다가 새벽 4시에야 비로소 서울역을 출발했다. 대통령은 의정부가 함락된 지 14시간, 경무대에 대한 적의 직접적인 공중공격이 있은 지 한참 뒤에야 비로소 경무대를 떠났던 것이다.

당시 절망적인 전황과 대통령의 피란 상황에 대해서는 무쵸 대사의 전문에 그대로 나타나고 있다. 무쵸 대사는 국무부에 보낸 보고전문에서, "27일 아침 7시에 신성모 국무총리서리 겸 국방장관이 자신을 찾아와서 대통령은 오전 3시에 진해로 떠났다. 오늘 오후쯤에는 전투가 끝날 것이다. 무엇이든 구하려는 희망을 모두 버렸다. 대통령과 각료가 망명정부로서 일본으로 이동할 수 있는 가능성을 물었다. 본인은 아무런 약속도 하지 않았다"고 보고했다.[81] 아마 당시 상황은 신성모 장관이 '망명정부'를 고려할 만큼 상황이 나빴던 것으로 판단할 수 있다. 그런 차원에서 신성모 장관은 정부의 수원 철수를 결정한 후 곧장 경무대로 달려와 대통령의 피란을 강권했던 것 같다.

그렇지만 대통령은 "[내가] 일생일대의 실수를 저질렀어"라며 대구에서 열차를 돌려 수원으로 올라오려고 했으나,[82] 각료들의 반대와 미 대사관의 드럼라이트 참사관의 권유로 대전에서 대통령의 직무를 수행하게 됐다.[83] 이때부터 대통령은 7월 1일 다시 부산으로 이동할 때까지 이곳 대

80) 부산일보사 편, 『임시수도 천일』 상, 26쪽.

81) Muccio to the Secretary of State, June 26, 1950, *FRUS 1950*, Vol. Ⅶ, p. 176.

82) 국방부 편, 『한국전쟁사』 1, 618쪽; 존 톨랜드 지음, 김익희 옮김, 『존 톨랜드의 6·25전쟁』 1, 바움, 2010, 58쪽.

83) 국방부 편, 『한국전쟁사』 1, 610쪽. 이때 드럼라이트 참사관은 이승만 대통령에게 유엔안보리에서 소련이 거부권을 행사하지 못한 경위와 그 결과로 얻어진 유엔의 결의, 그리고 미국의 공식적인 태도를 밝히면서 "이제는 각하의 전쟁이 아니라 우리들의 전쟁입니다"라고 말하며 설득했다.

전에서 전쟁을 지도했다.

이승만 대통령은 전쟁 발발 이후부터 피란을 하기까지 75세의 고령에도 불구하고 적의 공격으로부터 안전하지 않은 경무대에서, 그것도 적이 서울의 지근거리까지 다가온 상태에서 불철주야(不撤晝夜) 전시에 필요한 조치를 취했다. 이러한 상황에서 대통령의 피란에 대해 무책임하다고 비난만 할 수 있을 것인가. 당시 이승만이 처한 상황은 최악이었음에도 이에 대한 언급은 전혀 없다. 적의 남침공격계획에 나타난 2일만의 서울 점령계획, 수도서울의 무방비 상태, 경무대의 경비능력, 의정부까지 진출하여 서울을 넘보고 있는 적 전차 앞에서 대통령은 과연 어떻게 행동해야 할 것인가. 국군 장병과 끝까지 싸워야 되는 것인지 아니면 수도 서울과 운명을 같이 해야 되는 것인지. 결과론적으로 이승만의 판단은 옳았다. 그의 피란은 '일생의 실수'가 아니라 국가와 민족을 살리는 일이 되었기 때문이다.

Ⅳ. 북한의 한강교 점령계획과 국군의 한강교 폭파

1. 북한군의 한강교 점령계획과 실패

북한군의 남침공격계획에는 그들의 제105전차여단으로 하여금 "한강교를 신속히 점령하여 적[국군]의 퇴로를 차단하라"는 임무가 부여되어 있었다. 즉, "전쟁 개시 둘째 날 아침부터 의정부, 양지리(의정부 동남방 14 km) 지역의 돌파에 투입되어 맹렬한 공격을 전개, 동쪽으로부터 서울에 진입하여 한강교를 점령"하라는 것이었다. 이는 그들의 작전목표인 한강 이남에서 국군 주력의 퇴로를 차단하여 섬멸한다는 것을 의미했다.[84)]

---

84) 국방부 군사편찬연구소 역, 『소련군사고문단장 라주바예프의 6·25전쟁 보고

그러나 서울 점령을 목전에 둔 6월 27일 김일성은 북한군 총참모장 강건(姜健)에게 남한의 중앙청·서대문형무소·방송국 등 주요 건물들을 먼저 점령하라고 지시했다. 이 목표들은 모두 이승만정권이 통치력을 상실하였음을 시민들에게 홍보하는 효과가 있었다. 서대문형무소를 개방하여 정치범을 석방함으로써 북한정권 지지자들이 시민들 사이에 공산당의 지지와 이승만정권 타도운동에 앞장서기를 기대했다. 이는 남침모의 단계에서 김일성과 박헌영에 의해 누차 강조되었던 남로당의 인민봉기와 그 맥을 같이한다고 할 수 있다. 방송국 점령은 북한정권의 정당성 호소와 이승만정권의 비난을 위한 선전 효과를 위해 매우 중요했기 때문이다. 그 결과 북한은 전략목표인 한강교 점령에 실패하게 됐다.[85]

소련군사고문단은 서울작전의 분석을 통해 이에 대한 실패를 비판하고 있다. 소련군사고문단은 "서울을 점령한 후 [북한군] 각 부대가 행한 극단적으로 완만한 행동과 개별부대 지휘관들의 임무 유기로 인하여, 적[국군]은 한강을 도하하고 교량을 파괴했으며, 남쪽 강변에 방어선을 조직하여 '조선인민군'의 진격을 늦출 수 있었다"며 북한군 지도부를 비판했다.[86] 만일 북한군이 소련군사고문단의 지적대로 하지 않았다면 국군의 주력은 한강 이북에서 차단되어 격멸되고, 한강방어선도 미군의 참전도 있을 수 없는 일이 되었을 것이다. 또한 북한군은 광진교를 점령할 기회도 상실했다. 이에 대한 소련군사고문단의 비판은 계속된다. "한강교 점령의 임무를 부여받은 전차는 교량으로 가는 경로를 알지 못한 채 오랜 시간 동안 시가지를 배회했으며 겨우 교량에 진출했을 때는 이미 교량에

서』 1, 138쪽.

85) 김광수, 『한국전쟁 중 북한군의 기갑운용 연구』, 육군사관학교 화랑대연구소, 2004, 29-30쪽.

86) 국방부 군사편찬연구소 역, 『소련군사고문단장 라주바예프의 6·25전쟁 보고서』 1, 183-184쪽.

폭약이 설치된 후였다. 전차장은 교량을 건널 결심을 하지 못했다. 교량은 6월 28일 아침에 적에 의해 파괴됐다.[87] 이는 한국에게는 행운이지만 북한에게는 돌이킬 수 없는 최대의 실책이자 과오로 밖에 볼 수 없을 것이다."

또한 소련군사고문단은 "서울을 점령한 후 조선인민군이 3일간 그곳에 머물러 이승만 군대에 대한 승리를 자축할 뿐 적[국군]을 계속 추격하지 않았는데, 이로 인해 적은 한강 남쪽 강변을 따라 방어선을 구축하게 됐다"고 비판했다.[88] 결국 국군은 한강방어선을 6일간이나 방어함으로써 맥아더의 전선시찰과 미 지상군의 참전, 그리고 국군의 재편성 및 전선정리를 할 수 있었다. 이에 따라 한미연합군은 지연전에 이어 낙동강방어선을 구축할 수 있는 계기를 만들었던 것이다.

북한군 전차는 6월 28일 새벽 0시 30분경[89]에 서울로 돌입해 갔으며, 새벽 6시 무렵에는 5대의 전차가 사전에 부여된 임무에 따라 이승만정부의 중앙청·교도소·전신국 등을 우선적으로 점령했다.[90] 만일 이때 북한군 전차가 한강교를 점령하여 국군의 퇴로를 차단하면서 그대로 한강을 넘어 곧장 수원으로 진격했더라면 한국의 운명은 어떻게 되었을까.

---

87) 국방부 군사편찬연구소 역, 『소련군사고문단장 라주바예프의 6·25전쟁 보고서』 2, 16쪽.

88) 국방부 군사편찬연구소 역, 『소련군사고문단장 라주바예프의 6·25전쟁 보고서』 2, 16쪽.

89) 이 시간은 한국의 6·25전쟁 공간사에 기록되어 있는 시간보다 30분 빠르다. 한국의 6·25전쟁 공간사에는 적 전차가 28일 새벽 01시 서울시내에 진입한 것으로 기록되어 있다.

90) 국방부 군사편찬연구소 역, 『소련군사고문단장 라주바예프의 6·25전쟁 보고서』 2, 16쪽.

2. 국군의 한강교 폭파 배경과 경위

한강교 폭파에 대한 지시는 서울의 관문인 의정부가 적에게 점령되고 이어 서울의 최후 방어가 위협받는 상황에서 이루어졌다. 6월 27일 11시에 채병덕 총장은 육군본부 참모 및 재경부대장회의를 긴급히 열어 육군본부의 서울 철수와 함께 한강인도교 및 한강철교의 폭파계획을 발표했다.[91] 한강교 폭파 계획은 공병감 최창식(崔昌植) 대령이 총참모장의 지시를 받고 작성한 것으로서 폭파시간은 북한군이 서울에 진입한 2시간 뒤에 한강위에 가설된 모든 교량을 폭파한다는 것이었다.

회의 당시 폭파시간은 27일 14시쯤이면 북한군이 서울로 진출할 것이라고 판단하여 16시에 폭파할 계획이었다. 이때 회의에 참석한 수도경비사령관 이종찬(李鍾贊) 대령은 "서울 시민의 피난조치도 강구하지 않고 군부가 먼저 철수한다는 것은 있을 수 없는 일이며, 더욱이 시민과 서울 북쪽에서 전투중인 국군의 유일한 퇴로인 한강교를 조기에 폭파한다"는 것은 언어도단이라고 반대했다. 이에 대해 공병감은 임진강 철교를 파괴하지 못한 것을 예로 들면서 한강교는 어떠한 일이 있어도 반드시 폭파해야 된다는 것이 총참모장의 명령이라고 했다.[92] 이 문제와 관련해서 국무총리 겸 국방장관을 역임했던 이범석 장군은 26일 심야 국무회의에서 "정부가 강을 건넌 뒤 한강다리를 폭파해야 되는데 이는 적이 쉽게 도강할 수 없도록 할 뿐만 아니라 서울에 남아 있는 국군이 퇴각할 길이 차단됨으로써 보다 완강하게 싸울 수 있도록 해야 한다"[93]는 배수진(背

---

91) 국방부, 『한국전쟁사』 1, 537쪽. 6·25전쟁 당시 한강에는 이촌동-노량진 간에 한강교(인도교)와 경부선(복선), 경인상행선(단선), 경인하행선(단선)의 3개 철교 및 광나루에 있는 광진교(廣津橋) 등 5개의 교량이 있었다.

92) 국방부, 『한국전쟁사』 1, 537쪽.

93) 해롤드 노블 저, 박실 역, 『戰火속의 대사관』, 40쪽.

水陣) 발언을 했다. 이는 한강교 폭파에 대한 새로운 해석을 가능하게 한다는 점에서 여러 가지로 의미가 있는 발언이라 하겠다.

한강교 폭파는 최초 계획대로 진행됐다. 한강교 폭파명령을 받은 최창식 공병감은 공병학교장 엄홍섭(嚴鴻燮) 중령에게 한강교 폭파준비명령을 하달했다.[94] 이에 공병학교장은 남한강 파출소(노량진 한강교 입구에 위치)에 폭파지휘소를 설치하고, 공병학교 폭파교관 황원회 중위와 이창복 중위에게 폭파임무를 부여했다. 한강교 폭파는 황원회 중위, 경부선 철교(복선) 폭파는 이창복 중위, 경인선 철교(상·하행선) 폭파는 제1공병단 임홍순 중위에게 각각 부여했다. 폭파에 소요되는 폭약 7,000파운드를 수령한 이들 교량 폭파조는 27일 12시부터 15시 30분까지 3시간 30분간에 거쳐 한강교에 대한 폭약장치를 완료했다.

한강교 폭파조가 한강교에 폭약을 장치하기 시작할 무렵인 27일 12시경 육군본부는 시흥의 육군보병학교를 향해 출발했다. 그 뒤를 이어 미 군사고문단도 시흥으로 철수했다. 이때 미 군사고문단장대리 라이트(William H. S. Wright) 대령은 미 극동군사령관 맥아더 장군으로부터 "미 합참이 본관(맥아더 장군)에게 주한미군사고문단과 주한미군의 지휘권을 부여하였음으로 본관은 수원에 전방지휘 및 연락장교단(ADCOM)을 파견하여 설치한다. 곧 중대한 결정이 있을 것이니 서울로 복귀하라"는 명령을 받았다. 그는 이 내용을 육군본부에 알렸다.[95] 이에 육군본부는 16시경 다시 서울을 고수하기로 결정하고 한강교 폭파를 연기시킨 후 서울로 복귀하여 미아리-회기동 방어에 전력을 기울이게 됐다. 이때 한강교 폭파조도 교량에 장치한 폭발물의 일부를 제거하여 차량과 열차 통행에 지장이 없도록 조치했다.

---

94) 국방부, 『한국전쟁사』 1, 538쪽.

95) Appleman, *South to the Naktong, North to the Yalu*, p. 40.

그러나 적이 야음을 이용하여 미아리방어선을 공격할 무렵인 27일 23시 30분에 한강교 폭파조에 폭파준비명령이 다시 하달되자 이들은 제거했던 폭약을 다시 장전했다. 이로부터 얼마 후 채병덕 총참모장은 28일 01시 45분경 육본전방지휘소장 강문봉(姜文奉) 대령으로부터 돈암동에 북한군 전차가 진입했다는 보고를 받고 나서 공병감에게 한강교 폭파를 명령했다. 즉, 채총장은 "지금 적 전차가 시내와 들어와 돈암동을 지나서 동소문쪽으로 향하고 있으니 즉시 한강으로 가서 한강교를 폭파하라. 나는 이제 시흥을 경유하여 수원으로 간다. 곧 실시하라"고 공병감에게 지시했다.[96]

이에 공병감은 남한강 파출소에 대기 중인 공병학교장에게 "즉시 한강교를 폭파하라"고 명령했으나, 이때 한강다리 위에는 헌병들의 제지에도 불구하고 몰려든 피난 인파와 차량으로 대혼잡을 이루고 있었다. 이러한 상황에서 이시영(李始榮) 부통령이 한강교를 건너고 나서 얼마 지나지 않아 한강교가 폭파됐다.[97] 이때 시간이 6월 28일 02시 30분이었다. 그로부터 1시간 30분 뒤인 04시에 한강의 동쪽에 위치한 광진교도 폭파됐다.[98] 이로 인해 당시 한강교에 있던 5~800명의 피란민과 4~50대의 차량이 피해를 입었고,[99] 1,318대의 국군차량이 한강 이북에 유기됐고,[100]

---

96) 국방부, 『한국전쟁사』 1, 545쪽.

97) 이때 경인상행선 철교와 경부선 철교는 불발로 절단되지 않았다. 이에 이창복 중위가 위험을 무릅쓰고 경부선 철교 폭약장전 장소로 달려가서 뇌관을 갈아 끼우고 다시 점화시켰으나, 한 덩어리의 폭약만 폭발하여 철교 일부분만 손상되고 절단되지 않았다. 파괴되지 않은 철교는 다음날인 6월 29일 B-29전략폭격기가 출격하여 폭격했으나 별로 성과가 없었다. 국방부, 『한국전쟁사』 1, 546쪽.

98) 국방부 전사편찬위원회, 『38도선 초기전투 : 서부전선편』, 133쪽.

99) 국방부, 『한국전쟁사』 1, 54쪽; 국방군사연구소, 『한국전쟁』 상, 161쪽.

100) 육군본부, 「한강도하상황 통계표 : 부표 2」, 『戰史』 제7집, 육군본부 전사

150만의 서울시민 대부분이 피란하지 못해 공산치하에서 피해를 입었다고 한다.[101)]

그렇지만 당시 서울시민은 피란할 시간적 여유가 없었다. 피란할 수 있었다면 전쟁 당일인 25일은 전황이 제대로 파악되지 않아 후퇴할 시기가 아니었고 결국 피란할 시점은 의정부가 함락된 26일 오후부터인데 북한군의 서울 진입이 28일 새벽이라고 할 때 서울시민이 정상적으로 철수할 수 있는 시간은 만 하루 또는 하루 반 정도 밖에 되지 않는다. 과연 이 시간에 서울시민이 철수할 수 있을지는 의문이다. 6·25전쟁 초기 서울시민은 144만 6천여 명 중 40만 명 정도가 서울을 떠났고, 1951년 중공군 개입으로 인한 1·4후퇴 때는 126만 7천 명 정도가 서울을 떠났고 20만 명 정도가 잔류했다고 한다. 1·4후퇴 때는 미군의 도움을 받아 12월 10일부터 1월 초까지 약 20일 동안` 서울시민에 대한 피란을 지원했기 때문에 가능한 일이었다. 이때 미군은 서울시민의 피난을 돕기 위해 동빙고 · 마포 · 한강철교의 세 곳에 부교를 설치했다.[102)] 그런데 만일 전쟁 초기 이승만 대통령이 아무런 피난대책도 없이 6월 26일 무작정 서울시민을 피란시켰다면 어떤 결과를 초래했을까. 그렇게 되었을 경우 한강교 폭파가 지연되었을 것이고, 또 폭파되었더라도 남쪽으로 내려가는 모든 도로는 피란민들로 인해 군사작전이 제대로 이루어질 수 있었을 것인지.

감실, 1952, 28쪽.

101) 전상인, 「6·25전쟁의 사회사」, 『한국과 6·25전쟁』, 연세대 출판부, 2002, 184쪽;

102) 전상인, 「6·25전쟁의 사회사」, 184, 214쪽; 짐 하우스만·정일화 공저, 『한국대통령을 움직인 미군 대위』, 한국문원, 1995, 236쪽.

3. 한강교 폭파의 쟁점

6·25전쟁에서 한강교 폭파는 두 가지 면을 고려할 수 있을 것이다. 하나는 폭파로 인해 많은 인명피해가 발생했을 뿐만 아니라 국군의 주력과 장비 및 무기가 한강 이북에서 넘어오지 못했다는 부정적 측면이다. 다른 하나는 한강교 폭파가 가져온 결과로 인해 한강에서 적의 진격을 6일간 저지함으로써 미군의 참전과 국군의 재편성 및 정비를 할 수 있는 시간적 여유를 가져와 새로운 전기를 마련했다는 긍정적 측면이다.

한강교 폭파의 부정적 측면의 핵심은 조기폭파에 그 원인을 두고 있다. 한강교의 조기폭파로 인해 당시 5~800명의 인명과 4~50대의 차량이 피해를 입었다는 것과 조기폭파로 국군 주력의 퇴로가 차단당함으로써 장비 및 무기를 철수시키지 못했다는 것이다. 즉, 조기폭파로 한강을 철수한 병력은 6월 30일 기준으로 24,000명에 불과하다는 것이다.[103] 그런데 이 숫자는 6월 29일 한강전선을 시찰한 후 맥아더 장군이 워싱턴에 보고한 것에서 비롯되었다.[104] 이후 한강교 폭파로 인해 국군의 피해를 설명할 때 국군 전력은 개전 당시 98,000명에서 24,000명 수준으로 떨어졌으며 한강 이북에 있던 45문의 야포, 그리고 차량 1,318대가 철수하지 못했다고 한다.

여기에는 해석 및 기준설정에 있어서 몇 가지 오류가 있음을 확인할 수 있다. 첫째는 한강교 폭파에 따른 병력 피해의 기준 일자를 6월 30일로 정했다는 것이다. 그 결과 그 이후 철수한 병력에 대해서는 전혀 고려하지 않았다는 것이다. 국군 낙오병들의 한강도하는 한강방어 때는 물론이고 낙동강방어선 형성 때까지 계속 이어졌다. 실제로 제1사단의 경

103) 육군본부 역, 『낙동강에서 압록강까지』, 35쪽; 김동춘, 『전쟁과 사회』, 152쪽.

104) 육군본부 역, 『낙동강에서 압록강까지』, 43쪽.

우 낙오병들의 합류로 사단병력이 2천명 수준에서 4~5천명으로 늘어났다.[105] 미국 자료에서도 6월 30일 국군 병력은 22,000명이었으나 며칠 후 제6사단과 제8사단의 병력을 합쳐 국군병력은 54,000명으로 기록하고 있다.[106] 그런 점에서 볼 때 한강교 폭파로 인해 국군의 피해는 전쟁 초기 1주일간의 전투손실을 포함하여 2만 명 이내로 실제로 한강교 폭파로 인한 국군 피해는 이 보다 훨씬 적다는 것을 알 수 있다.

둘째는 한강교 조기폭파로 인한 피해 기준을 너무 포괄적으로 계산하고 있다는 것이다. 즉, 동원되지 않은 병력과 장비, 전투 간 손실된 병력과 장비, 한강교 폭파 이전 철수한 병력과 장비, 그리고 다른 지역의 병력과 장비까지도 모두 포함시키고 있다는 것이다. 즉, 개전 당시 국군은 8개 사단의 전투 병력(68,582명)과 이를 지원하는 전투근무 지원병력(27,558명) 중 한강 이북에 투입된 병력은 전투병력 뿐이었다.[107] 그럼에도 후방의 지원병력, 한강 이북에 투입된 전투 병력 가운데 실제로 투입되지 않은 병력, 투입되었더라도 휴가 등으로 미복귀한 병력, 개전 당일부터 6월 28일까지 전투 간 손실된 병력, 한강교 폭파 이전 철수한 병력, 후방지역의 공비토벌 병력, 다른 지역에 투입된 병력(제17연대), 심지어 제주도에 주둔하고 있는 해병대까지 한강교 조기폭파에 따른 인명손실에 포함시켰다는 것이다.

차량에 대해서도 1,318대가 철수하지 못했다고 했는데 6·25 당시 국군 보유 차량은 육해공군을 포함하여 총 1,566대였고, 그 중 정비를 위해 500대를 회수하여 정비공장에 입고시켰다.[108] 따라서 전쟁 당시 실제 차량 대수는 1,066대였다. 그런데 한강교 폭파로 인해 차량 피해에 후방

105) 백선엽, 『6·25한국전쟁 회고록: 군과 나』, 대륙연구소 출판부, 1989, 55쪽.

106) Appleman, *South to the Naktong, North to the Yalu*, p. 35.

107) 합동참모본부 편, 『한국전사』, 324쪽.

108) 합동참모본부 편, 『한국전사』, 326쪽.

지역의 지원 및 특과부대 차량, 수도권 방어에 투입되지 않은 제6사단과 제8사단 차량, 27일 한강 이남으로 철수한 해·공군 및 육군(독립기갑연대 등) 차량, 후방에서 동원되지 못한 차량, 전투 간 고장 및 파손된 차량을 모두 포함시켰던 것이다. 야포에 대해서도 한강 이북에서 45문의 대포 중 단 3문만 한강을 도강했다고 했는데, 한강교 폭파 이전 피해를 당한 포(제1 · 7사단, 육군포병학교 교도대대 포), 옹진반도에서 철수하지 못한 포(제17연대)까지를 한강교 조기폭파로 인한 피해에 포함시켰다.

셋째는 한강교 조기폭파의 기준에 관한 것이다. 조기폭파의 근거는 북한군 전차가 28일 8시경에 서울시내 삼각지로 들어왔고, 북한군 주력은 11시 30분에 들어왔기 때문에 최소한 5시 30분에서 9시간이나 빨리 폭파됐다는 것이다.[109] 하지만 이러한 주장은 두 가지 점에서 군사적으로 맞지 않는다. 전쟁은 불확실성이 지배하는 영역이다. 작전계획에서는 최악의 상황을 상정하여 이에 대한 대비책을 강구하는 것이 상례이다. 따라서 북한군 전차가 서울시내로 들어온 2시간 뒤에 폭파한다는 것도 어떻게 보면 늦었다는 것이다. 당시 북한군 전차는 85밀리 주포와 시속 55km의 성능을 갖고 있는 현대식 전차라는 고려할 때 적 전차가 서울외곽에 진출했다 하더라도 한강교까지는 30분에서 1시간이면 충분히 도달할 수 있는 거리이다. 이렇게 볼 때 최초 적 전차의 서울 진입 2시간 후에 폭파한다는 것도 매우 위험한 조치였다.

넷째는 국군의 철수 후에 한강교를 폭파해야 한다는 논리는 군사지식이나 당시의 전선 상황과 비교해 볼 때 맞지 않는다는 것이다. 당시 국군의 주력은 미아리지역에서 적과 대치하고 있었기 때문에 그대로 철수한다는 것은 불가능한 일이었다. 철수하기 위해서는 공군 또는 강력한 포병화력이 적이 추격하지 못하도록 차단사격을 해 주어야 하는데 당시

---

109) 국방군사연구소 편, 『한국전쟁』 상, 162-163쪽.

국군에게는 이러한 전력이 없었다. 따라서 국군이 적과 접적상태에서 철수할 경우 기동력이 뛰어난 북한군에게 오히려 국군이 추월당함으로써 그 피해가 훨씬 컸을 것이라는 점이다. 특히 당시 서울의 최후방어선인 미아리전선에 투입된 국군의 주력에 대한 통신체계는 마비된 상태였다. 그런 상태에서 일사불란한 철수를 이루어질 수 있었겠는가 하는 점이다.

아무튼 한강교 폭파는 폭파 당시 인명 및 장비피해가 있었지만 대국적인 차원에서 미군이 참전하지 않는 상황에서 국가적 위기를 타개할 수 있는 마지막 선택이었다. 전쟁 초기부터 국군이 적 보병과는 그런대로 전투를 했지만 적 전차만 나타나면 진지가 뚫리고 방어선이 무너지는 결과를 낳았다. 결국 개전 초기 국군은 전차 때문에 전투를 수행할 수 없었다. 이 점에 대해서는 미군도 마찬가지였다. 적 전차에 대한 위협은 한강교방어선 전투에서도 그대로 재현됐다. 적 전차가 출현하지 않은 상황에서 국군은 적의 한강 도하를 잘 방어했으나, 7월 3일 북한군이 끊겨진 한강철교를 복구하여 전차를 도하시켜 공격하자, 국군 방어진지는 적 전차의 공격 앞에 불과 2시간 만에 무너져 철수를 하게 됐다.110)

이렇게 볼 때 한강방어선의 최대 공로자는 폭파에 따른 한강교 절단에 있었다고 할 수 있다. 그런 점에서 한강교 폭파는 한강방어선을 6일간이나 지탱하게 해 주었고, 그 과정에서 6월 29일 맥아더 원수의 한강전선 시찰이 이루어졌으며, 뒤이어 7월 1일 미 지상군 참전이 이루어졌던 것이다. 미군 참전으로 국군은 낙동강방어선에 이어 인천상륙작전을 성공시킴으로써 전쟁의 주도권을 쥐게 됐다.

---

110) 국방군사연구소 편, 『한국전쟁』 상, 201쪽.

Ⅴ. 맺음말

고금동서의 전쟁사를 보면 일반적으로 국가가 침략을 당하는 데에는 크게 두 가지 이유가 있다. 첫 번째는 전쟁에 대비할 국가적 능력을 갖추고 있으면서도 지도자가 무능하여 전쟁에 대한 대비를 충실하게 하지 못한 경우이고, 두 번째는 국가지도자는 전쟁을 예측하고 이에 대비하고자 하였으나 국가의 능력이 이를 뒷받침해 주지 못해 결국 침략을 당했던 경우이다. 6·25전쟁 시 이승만정부는 이 두 가지 경우 중 어디에 해당될까? 두 번째에 해당된다고 할 것이다.

건국 이후 대한민국은 산업구조나 경제적 측면, 그리고 미국에 의존해야 되는 국가안보 등 취약한 국가구조를 지닌 분단 상태의 신생국가였다. 이에 이승만 대통령은 미국으로부터 지원과 도움을 받기 위해 태평양동맹을 비롯하여 한미상호방위조약, 주한미군 지원, 북한이 남침하면 좌시하지 않겠다는 트루먼 대통령의 선언, 적의 침략에 맞설 수 있는 전차와 항공기와 같은 무기지원을 요구했으나 미국의 거부로 결국 실현되지 못했다. 이에 이대통령은 당시 대한민국의 국력 범위 내에서 그가 할 수 있는 반공체제 확립, 국내 공산당 세력 척결, 예비전력 확보 등에 진력했다. 그러나 한국은 북한에 비해 전력상 현격한 차이가 있었기 때문에 남침을 저지하지 못했다.

이승만 대통령은 6·25 직전인 1950년 3월 이러한 남북한의 군사력 격차를 어쩔 수 없이 두고 보아야 하는 '힘없는 국가 지도자'의 비애를 다음과 같이 회고했다. 그는 "북쪽의 적이 아무 때고 우세한 전력을 동원해 남침을 감행할 수 있다는 사실을 알면서도 우리가 속수무책이라는 점을 한 번 생각해 본다면, 우리가 어떤 상황에 처해 있는지 조금은 알 수 있을 것이다. 우리는 현재 대공포나 항공기는 물론 탄약도 없다. 현재의 군사원조계획으로는 탄약과 부품, 그리고 현재 우리가 보유하고 있는 장

비 운영에 필요한 기타 자잘한 것들을 제공받을 수 있을 뿐이다"라며 우리의 안보현실을 개탄했다.111)

이때 이승만이 미국에게 원했던 것은 막강한 육군도, 막강도 해군도, 막강한 공군도 아니었다. 다만 북한의 남침을 저지할 수 있는 병력과 무기를 원했던 것인데 미국은 그렇게 지원해 주지 못했다. 이것은 누가 누구를 비난할 일이 아니라 일제강점기 하의 식민지 상태를 막 벗어나 새로 출범한 분단된 대한민국의 약한 국력을 탓할 일이다.

6·25는 이러한 상황에서 북한으로부터 기습을 당했던 것이다. 그럼에도 동족상잔을 일으킨 북한의 남침공격을 비판하지 않으며, 전쟁의 원흉인 김일성과 북한 공산주의자들의 만행과 양민학살에 대해서도 이를 도외시하거나 관대하게 넘어가는 경우가 대부분이다. 그러면서 최악의 상황과 조건에서 전쟁에 대비하고 전쟁수습을 위해 노력했던 이승만 대통령에 대해서는 '야박하기 그지없는 단호한 평가'를 내리고 있다. 이대통령의 잘한 부분에 대해서는 당연한 일이라도 된 듯 그냥 넘어가면서도 전쟁을 지도하는 과정에서 발생한 조그마한 과오나 실수에 대해서는 하나도 놓치지 않고 날카로운 송곳으로 찌르듯 비판하는 것을 주저하지 않는다.

이제는 이대통령과 이승만정부의 부정적인 역할론에만 머물지 말고 그 혼돈과 혼란의 와중에 대한민국이 어떻게 살아남을 수 있었는가에 대한 긍정적인 역할론에 대해서도 고심해야 될 것이다. 이는 마치 의사가 대수술을 통해 위급한 환자의 생명을 구하는 것이 중요한 것이지 수술과정에서 빚어진 실수를 필요 이상으로 중요시하거나 과대포장해서는 안된다는 것이다. 과정상의 실수에 대해서는 차후 발전적인 측면에서 그러한 일이 반복되지 않도록 보완해 나가면 될 일이다. 그런 점에서 이대통령

---

111) 로버트 올리버 지음, 황정일 역, 『신화에 가린 인물 이승만』, 317쪽.

과 이승만정부가 국가수호를 위해 노력했던 긍정적인 역할에 대한 학문적인 논의가 이루어질 때가 되지 않았나 싶다.

6·25전쟁 초기 이승만 대통령은 미군의 지원과 참전을 위해 노력했고, 남로당의 봉기를 사전에 차단했으며, 열악한 장비와 무기로 서울을 3일간 지켜내 적의 초기 공격 기도를 좌절시켰으며, 적의 도강을 저지하기 위해 한강교를 폭파하여 6일간 한강방어선을 지탱하였다. 이로써 맥아더 원수의 한강 시찰에 이어 미군의 참전을 불러오게 함으로써 자유민주주의국가 대한민국을 지켜내는데 결정적 역할을 했다. 세계 어느 국가의 지도자가 이러한 열악한 국내외 환경에서 이렇게 위기에 처한 국가를 이끌었던 사례가 있었는지를 자문해 보고 싶다. 이러함에도 불구하고 6·25전쟁 시 이대통령에 대한 평가는 전쟁 초기 '대통령의 피란과 한강교 조기폭파'에 무게 중심을 두고 여전히 비난일변도에 그치고 있는 실정이다.

이제는 6·25전쟁 시 이승만 대통령의 역할을 보다 객관적으로 그리고 종합적으로 분석하고 평가해야 되지 않나 싶다. 6·25에 대한 해석과 평가를 지엽적인 측면을 벗어나 전체적인 측면에서, 개인적이고 지역적인 차원을 벗어나 국가적인 차원에서, 전쟁에서 발생할 수 있는 개인적 피해보다는 국가수호라는 대국적 차원에서 고려하고 평가해야 되지 않을까 싶다. 그런 점에서 6·25 때 우리는 왜 대통령을 그렇게 대책 없이 방치했을까, 좀 더 빨리 안전하게 대피시키지 못했을까, 경무대의 경비에 우리는 좀 더 신경을 써야만 하지 않았을까, 대통령 피란 시 경호대책은 왜 그렇게 허술했을까, 대통령이 유고될 경우 대통령을 국회에서 선출해야 되는데 과연 전쟁의 혼란 속에서 제대로 대통령을 선출할 수 있었을 것인가 등에 대해 논의가 필요하다고 본다.

대통령은 개인이 아니라 국정을 총괄하고 전시 국가의 운명을 손에 쥐고 있는 국가의 원수이다. 전평시를 막론하고 아무리 대통령이라고 해서 개인적 감정과 판단에 따라 행동해서는 안 되며, 자신의 일이라고 해서 이를 함부로 결정하고 행동하는 것은 결국 국가에 커다란 누가 되고 피해를 주기 마련이다. 만일 대통령이 전쟁 초기 급박했던 전쟁 상황을 제대로 인식하지 못하고 개인적 감정과 자존심에 사로잡힌 나머지 피란을 가지 않고 사수를 고수하며, 마치 사마귀가 제 분수를 모르고 마차에 대항하는 식의 당랑거철(螳螂拒轍)의 무모함을 보이다가 적에게 포로가 되거나 살해되어 유고되었다면, 그 국가적 혼란을 어떻게 감당할 수 있었을까? 서울이 적에게 점령당하는 극한의 혼란 속에서 대통령의 유고는 전쟁 그 자체를 포기하게 하거나 적에게 스스로 승리를 갖다 바치는 국가적 자해행위나 마찬가지이다. 대통령의 유고는 걷잡을 수 없는 전쟁의 혼란에 혼란만을 더할 뿐 난국을 타개하는데 전혀 도움이 되지 않았을 것이다. 미국대사관이 전쟁 시작부터 끝까지 이승만 대통령의 행방을 추적하며 행동을 같이하려고 한 것도 결국 대한민국이 '죽고 사는 사활(死活)'의 중심에 대통령이 있다는 것을 알고 취한 행동이라는 것을 알 수 있었다.

결론적으로 6·25전쟁 시 대통령의 피란과 한강교 폭파는 당시 급박했던 전선 상황과 대통령의 안전 그리고 차후 작전에 미치는 여러 가지 상황 등을 고려해 보았을 때 최상은 아니었다 하더라도 전쟁 초기의 극심했던 혼란을 극복할 수 있게 하고, 자유민주주의체제를 지향했던 대한민국을 수호하게 하는데 중요한 역할을 했다는 점에서 그 의의를 찾을 수 있을 것이다.

6·25전쟁 초기의 어려운 상황에서 불가피하게 이루어진 대통령의 피란은 이후 전시외교 및 전쟁지도 측면에서 매우 중요했다. 자칫 잘못된 결정에 의해 발생할 수 있었던 대통령 유고는 전쟁의 파국을 막고, 국가적 위신과 혼란을 최소한으로 줄일 수 있었던 현명한 조치로 평가할 수 있다. 또한 한강교 폭파는 많은 인명피해가 있었지만 북한군 남침공격계

획에 결정적 타격을 주게 되었을 뿐만 아니라 스탈린이 전쟁모의 과정에서 가장 우려했던 미군이 참전할 시간적 여유를 제공함으로써 결국 대한민국을 수호하는데 결정적 역할을 했던 것으로 평가할 수 있다. 그런 점에서 한강교 폭파는 당시 긴박했던 전황 속에서 군 수뇌부가 어쩔 수 없이 마지막 카드로 선택하지 않으면 안 되었던 최선의 방안이 아니었는가 싶다.

전쟁, 국가건설, 권력위기:
부산정치파동의 공화주의적 소고

김 용 직*

〈목 차〉

Ⅰ. 머리말

1952년 5월 25일부터 7월 4일까지 약 40일간 파행을 치달았던 대한민국 헌정체제의 최대 위기인 이른바 부산정치파동은 한국헌정사에 큰 그림자를 드리웠던 사건이다. 그것은 전쟁 중의 부산-경남 일원에 비상계엄의 선포와 동시에 야당의원들의 체포, 구금 사태로 시작되었다. 무엇보다도 건국 초기 대통령과 국회의 충돌에 따른 대혼란과 대립의 정치였다. 우리는 건국 60년을 지난 시점에서 당시 사건을 건국과 전쟁이라는 혼란기에 한국의 신생정치체제가 직면한 위기적 사건이라고 간주한다.

한국의 국회는 국가위기의 시기에 국가안보를 담당하는 대통령의 통치

* 성신여자대학교 정치외교학과 교수

행위에 반대를 일삼고 전쟁이 진행 중인 상태에서 대통령을 교체하고 정치체제를 바꾸려는 무모한 시도를 하였다. 또 정부의 크고 작은 정책결정에 대하여 끊임없이 반대를 제기한 야당은 대통령이 국정의 근본문제에 대한 해결책을 제시하지 못하고 불안감과 혼란을 가중시키는 부적절한 주장만을 제기하고 있다고 비판했다. 이에 반해 대통령은 국회를 헌법적 기관으로서 권한을 가졌으나 주어진 역할을 제대로 수행하지 못하는 무능한 기구라고 간주했다. 이에 국회의원들은 대통령이 국회를 무시하고 국정을 제대로 이끌지 못한다고 비판했다. 나아가 대통령과 내각이 전쟁을 예방하거나 초기에 막지도 못하고 비겁하게 도망하였고 국정을 어렵게 만들었다고 비판했다. 대통령은 국회의원 중에도 적을 이롭게 하고 국익을 위태롭게 만드는 이적행위를 하는 불순한 사상을 가진 자들이 다수 있다고 보았다.[1] 과연 1951년 상반기에 대한민국의 국회와 대통령의 싸움에서 이러한 관점의 충돌을 어떻게 보아야 하는가?

일제시대까지 한국인들은 자유민주주의를 직접적으로 실시한 경험이 없었으며, 건국 후에는 미국식 민주공화제를 도입한 지 불과 2년 만에 전쟁을 맞아 아직 혼란한 상태라고 할 수 있다. 즉, 한국은 민주적 기반이 약하고 미국의 영향력이 절대적으로 강한 지역이었다. 이런 상황에서 이승만 대통령은 자신의 목적을 달성하기 위해 헌법의 규정을 위반하는 잘못을 저질렀다. 물론 그것은 자신의 권력유지를 위한 것이기도 하지만, 동시에 국가의 안보적 위기상황 아래에서 통치자의 위상을 강화하기 위한 것이었다. 그러면 우리는 이승만의 선택이나 결단을 단순히 위헌적이며 비민주적 조치를 취한 헌정의 파괴행위로 볼 것인가? 아니면 최고권력자가 대내외적인 도전과 위협을 극복하기 위해 불완전한 상황과 조건

1) 이승만 대통령은 재헌국회의 국회의원들 중 공산주의 지지자가 있으며 이들을 색출하여 내야 한다고 믿었다. 국회프락치 사건이 그 단적인 사례이다.

위에서 불가피하게 선택한 것으로 보아야 하나?

부산정치파동을 대내적 헌법개정의 문제로 살펴볼 경우에 단순히 비민주주의적 사건으로 해석되는 경우가 많았다. 그러나 부산정치파동의 복잡성을 인식한 이들은 이 사건이 결코 단순하지 않으며 국가의 대외정책적 측면의 성격이 매우 강한 안보적 사건이라고 간주하기도 한다.[2] 이 글 2장의 기존연구를 소개하는 데에서 이런 해석의 변천사가 소개될 것이다.

본 연구는 부산정치파동에 대한 제반 해석을 검토하고 현시점에서 새로운 관점에 입각하여 이를 재검토하려 한다. 여기서 필자는 부산정치파동에 대한 기존해석들을 공화주의적 관점에서 재고해 보아야 한다는 문제를 제기하려 한다. 공화주의적 관점의 적실성은 그것이 현대의 자유주의와 민주주의의 충돌을 중재할 수 있는 적절한 이론적 관점이라는 이유와 더불어 근대국가의 가장 보편적인 구성 원리 중 하나라는 점에서 설명될 수 있다.[3] 그럼 왜 그러한 공화주의적 관점이 이번 연구에서 필요

2) 이런 주장은 나종일(「1952년의 정치파동」, 『한국정치학회보』, 22-2호, 1988), 김일영(「부산정치파동의 정치사적 의미」, 『한국과 국제정치』, 9-1호, 1993), 이철순(「부산정치파동과 국가보안법파동에 대한 미국의 개입비교」, 『세계정치』, 28-2호, 2007) 등이 제기하였다.

3) 가장 중요한 공화주의 사상은 『로마사논고』에 나타난 마키아벨리의 사상과 『미국의 민주주의』에 나타난 알렉시스 토크빌의 공화주의 사상으로서 그 핵심적 원리는 군주정과 귀족정과 민주정의 원리를 혼합한 혼합정체론(mixed regime theory)이다. 이런 공화주의 사상의 흐름은 20세기 최고의 여류사상가 한나 아렌트로 이어졌고, 캠브리지학파의 포콕(John G. Pocock)이나 스키너(Quentin Skinner)가 현대적 시조라 할 수 있다. 최근에 국제적으로 정치사상분야에서의 공화주의 연구의 붐이 조성되고 이것이 한국에도 영향을 주고 있다. 서구의 중심적 이론가들로는 리처드 벨아미(Richard Bellamy)와 모리치오 비롤리(Maurizio Viroli)를 들 수 있다. 한국에는 김경희·곽준혁 등의 학자와 다수의 소장학자들이 공화주의에 대하여 활발히 연구를 진행하고 있다.

하다고 할 수 있나? 그것은 공화주의적 관점이 국가구성의 여러 원리가 서로 충돌하거나 갈등하는 경우에 이를 적절하게 분석하기에 매우 유용한 이론적 시각이기 때문이다. 특히 부산정치파동을 연구함에 있어서 이를 도입하게 된 데에는 다음과 같은 몇 가지 이유가 있다.

첫째, 부산정치파동은 좁은 의미의 헌법개정 문제나 권력투쟁 문제로 단순화하기 어려운 문제이다. 그것은 정치공동체의 외부로부터의 위협이 가해지는 전쟁과 이를 둘러싼 동맹국 간의 협상이 진행 중인 비상한 상황 아래서 발생한 사건이기 때문이다. 다시 말해 국가위난기인 6·25전쟁 중에 발생하였고, 또 미국과 남한정부가 종전협상을 놓고 상당한 의견 차이와 갈등양상을 보이고 있었던 시기에 발생한 사건이기 때문이다.

둘째, 대통령과 국회의 양 세력 중의 어느 쪽에만 모든 책임이 있다고 볼 수 없다는 것이다. 그렇게 보는 것은 정치권내 정치인의 입장과 전혀 구별되지 않는 것이라는 한계를 가지고 있는 것이며, 공화주의적 관점에서 본다면 더 큰 의미의 정치적 책임과 오류가 규명될 수 있다는 것이다. 양자는 국가와 정치공동체를 대표하는 통치권력의 수장인 대통령과 이를 기능적으로 보완하며 견제하는 장치인 입법부로 구분되는 세력이다. 인간의 불완전한 속성을 감안하며 정치를 바라보되 국가사회 전체의 관점에서 정치적 쟁점들을 살펴볼 필요가 있을 것이다.

셋째, 건국헌법은 한반도 최초의 대의제 민주주의의 수립이라는 역사적 의의를 가진 것임에도 불구하고 대통령제와 의원내각제라는 두 개의 이질적인 정치체제를 혼합하여 변형한 대통령제라는 문제점을 가지고 있다. 이는 보정하고 보완해야만 하는 개정작업이 요청되는 불완전하고 불안정한 정치체제를 의미하는 것이다. 따라서 정치체제의 기능과 안정성의 차원에서 헌법의 개정이 필요했는데 바로 이 사건에서 헌법개정이 제기되었고 이 점은 매우 중요한 문제로 다루어져야 한다.

이런 점들에서 볼 때에 부산정치파동은 단순히 일차적 관점에서 이승만 대통령의 장기집권욕에 의한 국회에 대한 비민주적 사건만으로 단순화하기 어려운 복잡한 현상임을 주목해야 한다. 과연 이대통령은 헌법과 국가체제를 수호하기 위해 적절한 행동을 취했다고 볼 수 있는지, 또 과연 국회는 건국과 전쟁이라는 특별하고도 위험스런 시기에 자신의 본질적 역할을 잘 수행했다고 볼 수 있는지를 살펴볼 것이다. 또한 이 두 국가권력기관의 충돌현상은 이들의 입장을 넘어서는 더 큰 맥락, 즉 국가형성기의 급변사태기(전쟁기)에 발생한 신생 공화정 국가의 위기 문제라는 점을 고려해야 할 것이다.

Ⅱ. 부산정치파동의 기존연구와 연구방법

먼저 그 동안 이 사건에 대한 국내학계의 연구 흐름과 동향을 일별하여 보고자 한다. 여기에는 가장 중요한 세 가지 접근 방식들에 따른 기존연구들에 대하여 검토할 것이다.

1. 법치주의적 해석: 이승만정부의 독재와 민주주의 탄압

김철수를 비롯한 헌법학자들은 부산정치파동을 헌법개정의 최초의 일탈적 사례로 간주한다. 당시의 헌법개정 과정이 헌법규정과 법원리를 어긴 위헌적 절차에 의해 진행된 것을 그 이유로 들고 있다. 이 사건은 "일사부재리(一事不再理)의 원칙에 위배되고, 공고되지 아니하였고, 토론의 자유가 보장되지 않았고, 의결이 강제되었다"고 평가된다.[4] 그래서 그것은 '무혈쿠데타에 의한 헌법개정'이라는 비판을 받았다.[5]

사실 이승만 대통령에 대한 본격적인 투쟁은 내각책임제 개헌안을 둘

4) 권영성, 『(개정판) 헌법학원론』, 법문사, 2010, 91쪽.

5) 김철수, 『한국헌법사』, 대학출판사, 1988, 79쪽,

러싸고 벌어졌다. 1950년 1월 28일 한민당 의원을 중심으로 하는 서상일 의원 외 78명의 의원들이 내각책임제 개헌안을 제출했다. 이는 재석 179석 중 찬성 79, 반대 33, 기권 66으로 부결되었다. 그러나 이를 통해 야당이 임시수도 부산에 와서도 정치체제 변혁을 위한 시도를 계속 이어가려 했음을 알 수 있다.

부산정치파동은 이승만 대통령이 정부의 대통령직선제 개헌안에 대한 협조를 강요하며 국회에 갖은 압력을 가한 사건이다. 그는 자신의 재임을 반대하고 헌법을 내각책임제로 바꾸려는 야당이 주도하는 개헌안이 전쟁 중의 국회에 제출된 정국에 있어서 당시 임시수도 부산지역 일대에 계엄령을 선포한 상태에서 개헌을 주도하던 국회의원들을 국제공산당 관련 혐의로 체포, 구금하였다.

정치공동체의 정치과정에 있어서 헌법에 규정된 원칙은 중요한 것이다. 정상적인 민주체제의 정치과정이라면 그 기준인 헌법의 규정에 따르지 않을 수 없는 것은 자명하다. 형식적으로 보면 야당의 행위는 헌법에 주어진 자신들의 권한으로 국회 내의 다수의석을 점한 지위를 이용하여 합법적인 절차를 거쳐 헌법개정을 하려한 '정당한' 행위이다. 공산주의자들이든지 또는 다른 누구든지 간에 대한민국의 헌법을 정면으로 부인하는 행위는 용납될 수 없는 것이며, 이것은 사회구성원 누구에게든지 동일하게 적용되어야 한다. 대통령의 경우에도 예외가 될 수 없고 그에게는 헌법수호의 책임이 있다.

그런데 정치가들은 어떤 국면에서는 전략적 문제를 인식해야 한다. 전쟁 수행 중에 국가건설의 책무와 이익갈등의 배분이라는 국내정치적 게임 중 주종관계에 대한 인식은 분명하게 할 수 있어야 한다. 당시 상황이 전쟁 중이라는 점에서 볼 때에 국가건설의 과제는 국내정치적 이익갈등에 비해 압도적으로 더 중요하며 우선순위가 주어져야 하는 것이다.

그러나 당시 야당이 주도한 국회는 이러한 국가공동체 전체가 처한 대국적 문제에 대한 고민의 흔적을 별로 보여주지 못했다. 야당 국회의원들이 국민들의 지지를 받지 못한 데에는 전쟁 중의 대다수 국민들의 염원이 민주화보다는 국가체제의 수호와 안정화에 있다는 점을 파악하지 못한 것이 큰 원인이라고 보인다. 어쨌든 야당인 민국당은 이 사건을 '한국민주주의를 압살한 사건'이었고 '의회정치가 말살된 사건,' '민주주의도 조종을 울리고야 말았던 사건'이라고 크게 반발했다.[6)]

대통령에게는 헌법에 주어진 권한 가운데 전시에 국가긴급권의 행사를 통해 국가체제를 수호할 책무가 있다. 이승만 대통령은 국가의 체제유지와 국민의 안전보장을 최우선적 과제로 인식하였고, 위기가 닥치자 순순히 물러나라는 야당의 요구를 거부하고 자신이 가진 모든 수단-합법과 비합법 차원을 망라한-을 동원하여 권력을 강화했다. 그 결과 이대통령의 일인지배체제가 강화된 것도 사실이다.[7)]

2. 단극적 정치체제론: 정치문화적 해석

미국의 외교관이며 저명한 한국전문가인 정치학자 그레고리 헨더슨은 본 사건을 의회정치의 초창기에 발생한 사건으로서 전근대시기부터 내려오는 독특한 한국적 전통에서 반복적으로 나타나는 일련의 정치현상의 하나로 해석했다. 구체적으로 그것은 국가사회의 전통에서 권력의 축이 하나만 존재하였던 단극사회에서 나타나는 특이한 원자적 성원들 사이의 폭력적 경쟁의 현상, 즉 소용돌이처럼 권력의 중심부를 향하여 구성원들이 흡인되어 돌진하는 특이한 현상으로 설명하였다. 그는 조선왕조의 권력체계가 중앙집권화 되어가는 상황에서 지방양반층이 중앙으로 진출하

---

6) 조병옥, 『나의 회고록』, 어문각, 1959, 346-347쪽.

7) 이 사건은 이를 비판하는 많은 이들에게는 수년 전에 발생한 유사한 사건인 국회프락치사건과 같이 의회주의에 큰 타격을 가한 반(反)헌정적 사건으로 평가되었다. 김정기, 『국회프락치사건의 재발견』 1, 한울, 2008, 62쪽.

려 하면서 정부에 대해 원자적이며 상향적인 대중적 권력추구 행위를 하기 때문에 이러한 특이한 현생이 발생한다고 보았다.[8)]

윤천주에 의하면, 이러한 전근대적인 독특한 유교문화적 정치전통은 근대시기에 들어와서도 이어졌고, 국가 이외에 권력축이 발견되는 서구의 경우와는 확연히 구분된 현상이 나타났다. 국가가 수도권 서울 이외에는 어떠한 구심점도 가지지 않는 사회, 즉 단극적 사회를 이루었다는 것이다.[9)] 원내세력과 원외세력이 상호 경쟁하는 경우에도 대통령이라는 정치의 중심은 다른 어떤 요인에 의해서도 견제 받지 않는 막강한 위력을 가지는 것이었다.

헨더슨은 조선왕조 이전부터 한반도에 지속적으로 전수된 평의회(Council) 정치전통과 파벌주의가 중앙정부의 권력에 집중적으로 대항·간섭하였고 국가권력을 약화시키는 측면이 강했다고 설명한다. 이러한 조선왕조의 독특한 전통이 해방 후 근대적 의회에서 다시 부활하여 작용하는 부정적 측면에 대하여 그는 비판했다. 특히 국회는 개원하자마자 반민특위를 구성하여 행정부의 통치에 심각한 기능적 차질과 교란을 초래하였고, 이에 대하여 대통령은 이런 국회의 활동을 강력하게 규제하려 하였다는 것이다.

의회정치의 제도는 만들어졌으나 여러 가지 요인들 때문에 아직 중요 정치세력의 체제내 진입이 다 이루어지지 못하였다. 그렇기에 체제내적 요인들과 체제외적 요인들이 상호 공존하는 시대에 있어서 권력은 계속적으로 권력을 향해 돌진하는 개인들에게 배분되어져야 했다. 제1공화국 초기에 이승만은 여권내 파벌적 조직의 등장가능성을 경계하여 여당의 조직에 반대하기도 하였다. 그리하여 정치는 의회내 세력에 못지않게 의

8) Gregory Henderson, *Korea, the Politics of the Vortex,* Harvard Univer- sity Press, 1968, pp. 45-47.

9) 윤천주, 『(개정판) 한국정치체계』, 서울대 출판부, 1987.

회 밖의 세력 또한 무시할 수 없는 힘을 가지고 있었다. 헨더슨은 이런 상태를 가리켜 이원적 국가(dual state)라고 부르기도 했다.[10)]

한배호는 이 시대에 있어서 한국의 정치체제는 민주적 성격을 지녔으나 지배형태는 권위주의적이었다고 꼬집는다. "정권과 지배 사이에 격심한 일탈이 있었다"는 것이다. 보수적 성향의 과두지배 엘리트에 의해 통제된 권위주의이며 미숙한 권위주의였다.[11)] 그는 이승만체제가 분단국가의 특수성을 반영하여 초기부터 변질하였고, 특히 부산정치파동을 거치면서 민간인 정치인들이 중심이 된 파벌과 도당의 연합체로서 여야 정당 사이의 관계가 자유경쟁체제가 아니라 제한된 경쟁관계를 바탕으로 한 '준경쟁적 권위주의 정권'으로 전개되게 되었다고 설명한다.[12)] 일종의 발생기 권위주의적 현상으로 간주하였던 것이다.

3. 역사사회학적 해석

부산정치파동에 대한 역사사회학적 해석은 이를 농지개혁과 연결하여 해석한 전 성균관대 김일영 교수가 제기하였다.[13)] 그는 해방 직후 한국 사회의 계급적 미분화상태에 있어서 서구적 계급모델을 전제로 한 보나파르티즘 개념의 도입에 대한 학계의 비판을 수용하여 자신의 논의를 역사사회학적 관점에서 전개하였다. 그는 이승만의 양대 정책을 농지개혁에 의한 산업화기반 조성정책과 정치세력간의 균형을 추구한 분할지배정책으로 파악하였다.

---

10) 김정기, 『국회프락치사건의 재발견』, 92쪽.

11) 한배호 편, 『한국현대정치론』 1, 나남, 1990, 27쪽.

12) 한배호 편, 『한국정치변동론』, 법문사, 1994, 69-70쪽.

13) 김일영, 「전쟁과 정치」, 유영익·이채진 편, 『한국과 6·25전쟁』, 연세대 출판부, 2002; 김일영, 「이승만대통령과 근대 국민국가의 건설」, 전상인 외, 『한국현대사: 진실과 해석』, 나남, 2005.

김일영은 한국전쟁 직전인 1950년 초에 시행된 농지개혁을 통해 남한에서 농업사회적 기반을 바꾸어 산업화를 위한 체제로 개편되는 변화가 시작되었다고 평가했다. 그는 19세기 중반기에 나폴레옹으로부터 토지를 분배받은 프랑스의 농민들이 열렬한 나폴레옹 지지자가 되고 후에 그의 조카로서 집권한 보나파르트(Louis Napoleon Bonaparte)의 지지자가 된 것과 같은 현상이 한국에도 일어났다고 주장했다.[14] 농민에게 토지를 분배하는 과정에서 이승만은 전통적 지주계급의 정치적 기반과 농업지배계급을 해체시켰다. 지주계급 정당의 성격이 강한 한민당이나 그 후신인 민국당 세력은 이에 강하게 반발했고, 이대통령의 권력을 아예 영구히 약화시키기 위한 체제의 도입, 즉 내각책임제로의 전환을 시도하려 한 것이다. 김교수는 이러한 국회의 행위는 이해갈등 정치의 관점에서 제기되는 의회정치게임에 해당한다고 규정하고, 반면에 대통령의 관점은 이를 초월하는 또 다른 게임인 체제선택의 게임, 즉 국가건설게임의 관점에서 이 사건에 임하고 있음을 지적했다.[15]

부산정치파동은 이승만이 자신의 권력을 강화시키기 위해 헌정질서를 왜곡한 쿠데타적 사건이었다. 그런데 이 사건은 대통령이 국회와의 권력투쟁에서 계속 불리한 위치에 놓이게 되는 상황을 근본적으로 타개하기 위해 대통령직선제 개헌안을 통과시킨 사건, 즉 헌법의 개정사례이다. 이 사건 이후 이대통령은 후속 선거에서 승리했는데 그 이유는 국회의 대통령 선출권을 박탈하여 강력한 야당의 존재가 현저하게 위축되었기 때문이다. 이 사건은 국가경제정책의 추진에서 전통농업세력인 야당을 약화시켜 이후 산업화를 추진하기 위한 유리한 사회적 조건을 형성했다는 의미가 있다.

---

14) 김일영, 「전쟁과 정치」, 25쪽.

15) 김일영, 「이승만대통령과 근대 국민국가의 건설」; 김일영, 『건국과 부국』, 기파랑, 2010.

김일영은 부산정치파동이 전쟁 중의 국가형성 과정에 발생한 사건이라는 점을 중시하고 이승만집권의 장기체제의 안정적 기반을 가져다 준 사건으로 간주했다.[16] 이승만은 부산정치파동을 겪으면서 특유의 정치적 분할통치 수법을 활용하여 제반 정치세력간 힘의 상호대립을 이용하여 순차적으로 도전적 세력을 약화시켰고 대통령제를 강화함으로써 '보나파르트체제'를 성립시켰다는 것이다.[17] 이런 주장의 근거로서 그는 5·30선거에 대한 새로운 분석을 제시하였다. 즉, 한국전 직전 치러진 국회의원 총선거에서 이승만정권은 위기를 맞은 것이 아니라 오히려 점차 안정화되고 있었다는 것이다. 당시 당선된 무소속의 성향을 분석할 때에 친이승만세력은 이승만 지지성향의 정당세력 57석과 합할 때에 100석 이상이 되며, 야당 민국당세력은 약 45석 정도로 분석했다는 것이다.[18] 그 이유는 전쟁 직전 추진되던 농지개혁과 농민에게의 토지 배분으로 인해 농민들의 정치적 성향이 변화하여 정권지지로 돌아섰다는 해석이다. 즉, 당시에 농민들의 정치성향에서 중요한 변화인 보수적 전환이 이루어졌다는 것이다.[19]

그러나 해방 직후 계급적 분화가 두드러지지 않았던 정치문화와 정치상황으로 보아서 지나치게 계급결정론적 성향이 주도하는 마르크스적 분석은 적실성이 없다는 한배호의 반론 또한 제기되었다.[20] 즉, 한국적 권

---

16) 김일영, 「이승만대통령과 근대 국민국가의 건설」 참조.

17) 김일영은 초기에는 보나파르트지배를 계급적 균형으로 설명하려 하였다. (조건: 1. 계급간 힘의 균형, 교착상태; 2. 국가가 사회내 계급으로부터 자율성 획득; 3. 소농을 지지기반으로 함; 4. 부르주아의 경제이익을 위한 정책 시행).

18) 김일영, 「전쟁과 정치」, 11-12쪽.

19) 김일영, 「농지개혁을 둘러싼 신화의 해체」, 박지향·김일영 외, 『해방전후사의 재인식』, 책세상, 2006.

20) 한배호, 『한국정치변동론』, 43쪽.

위주의체제의 등장은 마르크스적 계급분석만으로는 설명할 수 없으며, 이보다는 오히려 전쟁을 둘러싼 분단적 상황이라는 국제정치적 상황이 한국적 권위주의체제의 등장에 더 큰 영향을 미쳤다는 지적들이 제기되었다.[21]

김일영의 연구는 역사사회학적 관점에서 부산정치파동을 바라보는 새로운 관점과 새로운 문제제기를 하였다. 김교수의 연구는 그 동안 이 사건을 자유주의적 관점에서만 바라보던 국내학계의 연구성향에 큰 충격을 주었다고 할 수 있다. 그는 상대적으로 진보적 관점에서 이승만 대통령의 헌정질서 교란행위를 강력 비판한 의견이 다수를 차지했던 정치학계의 연구성향에 대해 선을 긋고 신보수적 해석을 내놓았다. 즉, 이대통령의 오류를 인정함과 동시에 전근대적 지주계급세력을 약화시킨 정치적 선택으로 대통령직선제를 도입한 의미를 부각시켰던 것이다. 이대통령이 민주주의에 대한 과오에도 불구하고 산업화의 기반조건을 조성해 준 공로를 인정하지 않을 수 없음을 지적한 것이다.

Ⅲ. 부산정치파동의 공화주의적 분석 —전쟁 중 국내 권력 위기의 전개

1. 국가형성기의 정치과정

부산정치파동은 보기에 따라서 단순한 사건으로도 해석될 수 있다. 가장 단순한 방식은 민주주의의 규범적인 측면에서 바라보는 것이다. 그러나 당시에 민주주의 규범이 미처 뿌리를 내리지 못한 상태였다는 점과 헌정체제 자체가 위기에 처한 전쟁 시기라는 점을 고려한다면, 이 사건

21) 김영명, 『한국현대정치사』, 을유문화사, 1992.

은 더 넓은 관점에서 보아야 그 의미가 제대로 드러날 수 있다고 생각된다. 당시의 사건을 한국의 정치제도적 과정, 즉 정치체제의 틀 안에서의 경쟁으로 볼 것이 아니라 그 체제의 형성 자체를 대상으로 하는 정치적 경쟁 과정으로 볼 필요가 있다. 이렇게 본다면 초창기 이승만정부는 아직 국가형성의 정치를 종결한 것이 아니라 그 과정 중에 있는 것이라고 볼 수 있다. 그런 관점에서 대통령과 국회의 대립과 갈등을 바라본다면, 좀 더 역동적인 측면에서 문제의 또 다른 쟁점들이 제기된다고 생각된다. 이 글은 공화주의적 관점에서 당시의 정치체제가 이질적인 구성원리들 사이의 충돌 때문에 상당한 불안정성을 배태하였고, 특히 국회와 대통령의 권력경쟁이 치열하게 전개되었다고 본다.[22)]

부산정치파동은 다른 어떤 시기의 정치보다 복잡한 구도에서 접근할 필요가 있다. 세 가지의 접근법에서 보듯이 다차원적인 문제가 제기될 수 있는데, 이에 한 가지 더 추가해야 할 사항이 있다. 그것은 미국의 역할인데 이것은 국가건설기의 동맹정치(alliance politics)라는 차원에서 바라볼 필요가 있는 요인이다.[23)] 해방 후 한국 국내정치에 있어서 미국의 영향력과 역할은 동맹국과 지원국가로서의 여러 가지 원조와 지원활동에 기반하여 정치, 경제, 문화, 사회, 과학기술 등의 분야와 영역에서 매우 다양한 양상을 띤다. 미국은 자국의 영향권 내에 있는 국가들의 체제 안정성과 민주적 정당성이 상호 갈등하는 상황에서 어떠한 입장을 취

---

22) 일반적으로 국가건설기 내지 국가형성기에는 전쟁이나 혁명과 같은 매우 격동적 사건들이 발발하는 경우가 종종 있다. 미국의 건국기 독립전쟁과 남북전쟁, 프랑스의 대혁명과 7월혁명 및 2월혁명, 중국과 러시아의 혁명 등이 그 단적인 예라 할 수 있다.

23) 이 점에서 대해서 나종일·김일영·이철순·김정기 등 여러 학자들은 공통적으로 이 사건에서 미국의 역할에 대해 주목할 필요가 있다고 지적하고 있다.

하였나? 다른 시기 한국의 국내정치 사건과는 달리 이 시기는 전쟁 중의 국내정치의 위기라는 점에서 전쟁을 수행하는 당사자로서의 미국정부의 입장은 압도적으로 한국정부와의 협력이 다른 어떤 시기보다 더 강력하게 요청되는 상황이라고 할 수 있다. 또 이 시기 미국의 대한정책은 한국전쟁의 제3기인 휴전협상기로 접어들었고, 유엔군과 미군은 1951년 7월 초부터 공산 측과 정전협상을 시작한 상태였다.

2. 미국의 미묘한 입장과 역할

미국은 1945년 해방 후 한반도에 진주한 미 군사정부를 중심으로 남한에서 군사·정치적 권력기반을 구축하고 이에 기초하여 강력한 영향력을 행사해 왔다. 한국에서 미국의 힘은 군사적 영향력과 정치·외교적 영향력뿐만 아니라 경제적 원조를 통한 영향력과 교육, 문화부문에 대한 영향력 등 다차원적이며 지배적인 양상으로 나타났다고 할 수 있다. 당시 미국의 힘은 미국대사관뿐만 아니라 미8군사령부, UN민사처(UNCAC), 유엔통일위원단(UNCURK)까지 다양한 채널을 소유하고 있었다. 해방 이후 한국에서 후견인으로서 미국의 역할이 중요하며 한국정치체제의 위기 시에는 통제적 역할을 수행한 측면이 있다. 자유주의국가로서 미국내 국가기관 간의 의견대립이 종종 발견된다. 주한미군과 미대사관의 입장이 대조적인 경우도 있다.

돌이켜보면, 미국은 해방 직후 일제로부터 남한에 대한 행정권을 이양받았을 당시만 해도 충분한 사전준비가 되지 않은 상태에서 군정정부를 수립하여 통치를 실시하였다. 미군정은 한국 상황에 대한 전문지식도 부족했고, 정세 판단에 대한 정확한 정보도 가지지 못하여 미숙한 정책판단을 할 수밖에 없었다. 또한 미군정은 경제정책 분야, 특히 미곡정책에 있어서 물가를 통제하고 미곡을 안정적으로 공급하는 데에 실패하였다.

미군정의 통치권을 지휘한 하지 중장은 남한의 이념적 좌우 대립과 충돌 구도에서 보수파인 이승만과 김구를 선택하지 않고 중도파인 김규식과 여운형 등을 육성하려 하였다. 그러나 2년간의 미소공동위원회 노력은 결국 미소의 동구라파에서의 갈등과 대립으로 인해 진척되지 못하였다. 또 1947년에는 미국의 트루먼 대통령의 봉쇄정책과 소련의 대항정책의 교착상태로 인해 진전을 보지 못하고 실패로 돌아갔다. 이런 미소 관계의 전세계적 대립과 갈등의 악화는 이미 냉전의 초기적 현상이라고 할 수 있는 것이다. 이러한 양상은 한반도에도 영향을 미치게 되었고 하지의 국내 중도파 육성계획인 좌우합작운동은 큰 효과를 보지 못하고 포기해야만 했다.

부산정치파동 시기 미국의 역할은 피상적으로 관찰할 때에는 두드러지게 나타나지 않는다. 또한 미국의 정치적 입장은 관련 당사자들이 다양한 관점을 보여 일관된 것이라고 보기 어려운 측면이 다분히 있다. 이 점에 대해서 한배호는 "부산정치파동은 이 네 개의 권력중심부가 서로 제각기 다른 견해와 입장을 가지고 대응하는 양상을 보여주기도 했다"고 말한다.[24] 국무성의 입장을 충실하게 대변하는 미국대사관은 당시 주한미대리대사 라이트너를 중심으로 이승만정부에 강력히 개입하여 이승만을 굴복시킬 노력을 기울여야 한다는 강경한 입장을 보이기도 했다. 그러나 미 군부의 견해는 라이트너와 달랐다. 유엔군 사령관 클라크나 미8군사령관 밴플리트와 같은 미 군부지도자들은 이승만을 자극하여 오히려 미국의 전쟁수행 능력에 차질이 생길 것을 심각하게 우려하였다.[25]

이승만 대통령은 전쟁 이전처럼 휴전협상기에도 미국에 대한 절대적 신뢰를 하지 않았고 미중 강대국 간의 타협의 위험성에 대하여 늘 우려

24) 한배호, 『한국정치변동사』, 83쪽.

25) 김용직 편, 『사료로 본 한국의 정치와 외교, 1945~1979』, 성신여대 출판부, 2005; 이철순, 「부산정치파동과 국가보안법파동에 대한 미국의 개입비교」, 『세계정치』, 28-2호, 2007.

하였다. 미국의 의도인 조속한 휴전협상에 대하여 안보가 담보되지 않은 휴전을 반대했다. 그는 또한 대한민국의 안보와 통일을 위하여 야당의 내각제개헌 정치공세에 양보할 수 없으며, 자신의 재선만이 불안한 정국을 잠재우고 대통령제를 안정화하며 국가발전의 초석을 놓을 수 있을 것이라 생각했다. 이대통령은 자신의 재임을 반대하는 미국에게 한국 국내정치에서 자신이 국가건설과 정국주도에 필요한 물리적 자원동원능력이 있다는 사실을 부산정치파동을 통해 유감없이 보여주었다고 할 수 있다.

3. 야당과 국회, 그리고 여론 지지문제

한국의 대통령과 국회는 건국국회 초창기부터 대립했다. 1950년 5월 구성된 제2대 국회는 전쟁 시기에도 불구하고 대통령에 대해 강력한 비판과 적개심을 표출했다. 특히 1951년부터 여야는 개헌안을 둘러싸고 격한 대립을 보였고, 국회와 대통령은 대립과 충돌로 치달았다. 문제는 민국당이 주도하는 의회 내의 내각제개헌안 추진에 대한 여론의 동향이다. 당시 미대사관은 국회보다는 이승만 대통령에 대한 여론 지지도가 훨씬 높았음을 중시하고 있었다.[26] 미대사관은 1952년 2월에 치러진 보궐선거에서 한국의 지역유권자들이 대통령으로부터 권력을 탈취하려는 국회를 지지하지 않았다는 선거 자료를 중시하였다. 당시 이승만의 자유당세력은 8석 중 3석을 얻었으나 민국당 등은 후보자를 내지도 못했다.[27] 국회는 과두적 세력으로 대중적 지지를 얻지 못한 한계를 가지고 있었던 것이다.

---

26) Donald S. Macdonald, *US-Korean Relationsfrom Liberation to Self-Reliance: The Twenty-Year Record*, Boulder: Westview Press, 1992, p. 189

27) Gregory Henderson, *Korea, the Politics of the Vortex,* Harvard University Press, 1968, p. 260.

이승만 대통령의 반국회적 태도에 대해 정치적 반대파로 돌아선 한민당을 비롯한 야당들은 강력한 반정부적 성향을 드러냈다. 제헌국회 시기부터 국회는 주요 정책 의제에서 이대통령의 정책을 강력하게 반대하고 나섰다. 반민특위법 제정과 반민특위 활동이 건국국회 초기부터 국회 활동의 중심축이었다. 자기 파벌세력에 대한 배려를 기대했으나 이를 거부한 이대통령의 총리 및 각료 인선에 대해 강력히 반발하던 한민당을 중심으로 하는 세력이 배후 세력으로 작용한 것이다.

건국 초기에 대통령의 권력은 어느 정도가 적정한 것이며, 당시 이승만 대통령이 행사한 권력은 과연 가장 큰 문제였다고 볼 수 있나? 헨더슨의 지적대로 한국은 이미 조선조부터 통치하기 대단히 힘든 전통, 즉 소용돌이의 정치문화를 가지고 있었다. 해방 후에는 그 위에 38선을 경계로 강력한 소련과 북한공산주의의 압박이 가해지고 있었다. 그것이 국내적으로 좌익세력과 연계하여 미군정 활동에 체계적으로 투쟁·저항하였고, 정부수립기에도 여러 가지 폭력적 사건들을 통해 정부전복을 시도하는 상황이었다. 이런 국내외적 상황에서 한국의 대통령에게 강력한 권력이 필요하다는 주장도 상당히 일리가 있다고 볼 수 있다.

헨더슨의 지적처럼, 당시 국회가 민주주의를 주장하지만 상당 부분은 전통적 평의회-파벌주의 활동을 재개하여 행정부의 권한에 간섭하고 통제하려는 성향을 드러냈고, 그것은 근대적인 민주적 전통이 아니라 별도의 조선조의 정치문화적 전통과 경향성에서 비롯되었다는 분석은 상당히 날카로운 직관력이라고 보인다.[28] 행정부의 기능을 강화하여 대통령의 권한을 안정화하는 것이 초기 건국 직후의 객관적 상황에서 요청되는 것임은 자명하다. 반면에 대통령이 국정의 중심으로서 정국 운영 통제력을 가진 것에 대해 불만을 가지고 이를 내각제로 바꾸려하였던 국회의 입장

---

28) Gregory Henderson, *Korea, the Politics of the Vortex*, p. 260.

은 지나치게 정파적인 것으로 보인다. 결국 미국무성의 입장은 한국적 상황에 대한 종합적 판단에 따라 이 사건을 보자는 쪽으로 기울었고, 이는 당시 대중 여론의 흐름과 무관한 것이 아니라고 판단된다.

4. 국회와 대통령의 충돌 – 두 가지 개헌안의 충돌

1951년 11월 정부여당은 대통령직선제 및 양원제 개헌안을 제출했으나 야당이 다수석을 점하고 있는 국회는 이를 부결시켰다. 1952년 1월 국회는 총 재적위원 163석 중에서 가 19표, 부 143표, 기권 1표로 정부여당의 개헌안을 제지하였다.

그러나 이승만 대통령은 이와는 무관하게 개헌안 통과 기반을 조성하기 위해 신당운동을 전개했다. 1951년 12월에 이대통령은 국민회, 조선민족청년단, 대한청년단, 노동총연맹, 농민총연맹, 대한부인회 등 반공단체를 모아서 최초의 여당으로 자유당(원외)을 창당한 것이다. 물론 이것은 자신을 지지하던 원내자유당이 내각제개헌의 지지자로 변하는 것을 목도한 후에 이대통령이 내린 결정에 기초한 것이었다.

4월 중순에 야당은 내각제개헌안을 다시 국회에 제출했다. 당시 야당의 의원내각제 개헌안이 장면을 대통령으로 추대하려는 움직임과 곧바로 연관되어 있다는 사실은 공개되지 않은 진실이다. 이승만 대통령의 임기말 퇴직이 바로 코앞으로 다가왔고 야당의 개헌안이 5월초에 공지되자, 정부 여당은 일주일 후인 5월 14일 자신들의 직선제 개헌안을 국회에 다시 제출하였다.

잘 알려진 바와 같이 1951년 5월 25일 자정에 부산 일대 경남지역에 계엄령이 선포되었다. 이튿날인 26일에는 정헌주·장홍염·이석기·양병일·곽상훈 등의 국회의원들이 국제공산당원이라는 혐의로 체포되었다. 국회의원들은 야당의원들의 출근버스를 제지한 헌병대에 의해 경찰서로 연행되었고, 임흥순·서범석·김의준·이용설 의원들 또한 같은 혐의로 구속되었다. 내각책임제개헌을 추진하던 핵심적 야당의원들 10명이 구속된 것이다.

행정부의 합법, 비합법적 권력을 총동원하여 헌법개정을 강요할 수 있는 이승만 대통령의 위세에 대해 야당은 특별히 대항할 수단을 가지지 못하였고, 다만 의회내 의석수에만 기대어 목표를 달성하여 하였다. 이대통령은 계엄령 선포라는 강경수단을 동원하여 입법부에 대한 강력한 견제조치를 취하는 한편, 관제데모와 원외세력의 지지를 모아 산하 단체들을 총동원하여 국회를 압박하였다. 정부여당의 이 같은 강력한 조치에 야당의 압도적 반대는 변화를 맞게 되었다. 다수의 중심부가 흔들리기 시작했고 내각제 개헌에 대한 지지세력의 수가 줄어들기 시작했다.

5. 동맹 간의 갈등: 미국과 이승만

미국은 이승만정부가 민주적 절차를 위반함에도 불구하고 이를 지원할 경우 민주주의체제를 지원하지 않는다는 인상을 아시아 신생국들에게 줄 것을 우려했다[29] 주한미대사 무쵸는 반이승만 운동을 펴는 야당과 이를 강력하게 응징하는 이대통령 사이에서 중립적인 노선을 추구할 것을 미정부에 요청했다. 물론 이것은 미국이 영향력을 행사하지 않는다는 의미는 아니며 '간접적 개입'이라는 신중한 선택을 주문한 것이라고 할 수 있다.[30]

1952년 이승만 대통령과 국회내 야당 간의 정치투쟁은 두 가지 개헌안의 충돌 양상으로 전개되었다. 이것은 김일영 교수가 지적했듯이 단순한 이익정치 차원이 아니라 체제선택 게임의 성격을 띤 것이었다. 즉, 헌

---

29) US Separtment of State ed., *Foreign Relations of the United States-Korea(FRUS), 1952~1954,* Vol. 15, Part 1, Washington DC: US Government Prointing Office, 1984, p. 264.

30) 김정기, 『국회프락치사건의 재발견』 1, 292쪽.

법내의 문제가 아니라 헌법 자체의 선택을 포함한 국가건설 차원의 문제가 제기되는 상황이라는 것이다. 미국으로서는 휴전을 미국의 의도대로 달성하려는 의도에서 한국의 대통령선거에서 초기에는 야당을 지지하려 하였다. 그러나 적과의 전쟁이 아직 그 끝이 요원한 상황에서 이승만이 까다롭고 때로는 미국에 대하여 도전적이기는 하지만 그보다 더 나은 지도자를 찾기는 힘든 실정이었다. 그렇기 때문에 미국은 체제 불안정을 피하기 위한 차선책으로 이승만의 재집권을 불가피한 선택으로 받아들이지 않을 수 없었을 것이다.

이승만은 무쵸가 야당을 지지한다는 인상을 강하게 가지고 있었다. 그는 미국이 제한전 전략목표를 추구하기 위해 한국의 대통령선거에서 반이승만 후보를 지지하려 한다고 보았다.[31] 이승만의 강력한 야당 및 국회에 대한 탄압조치에는 미국에 대한 강한 반발과 견제의 의미가 포함되어 있다는 것을 미국 또한 의식하고 있었다. 즉, 피상적 관찰로는 파악하기 힘들지만, 그 심층의 측면에서 볼 때에 이승만의 헌정정치 압박의 강한 드라이브는 강대국에 대한 약소국 지도자 특유의 저항 의미도 있었던 것이다. 이 점에서 이승만은 두 개의 게임을 수행해 나가야 한다. 국내게임과 동맹게임인 것이다.

이승만이 현실주의자이면서 민주주의자인 것은 자신의 선택이라기보다는 구조적 상황에 대한 불가피한 대치방식에서 자연스럽게 주어진 것이라는 측면이 강하다. 사실 이승만은 미국의 협력이 절대적으로 필요했지만 특단의 조치를 취하지 않으면 미국이 결코 손쉽게 자신의 요구대로

31) 약소국의 민족주의 지도자로서의 이승만의 입장은 올리버의 책에 가장 잘 나타난다. 올리버는 이승만의 개인일지(1952.5.4.일자 기록)를 인용하여 무쵸가 조병옥의 사표수리에 항의했고, 이것은 대통령선거에서 장면을 지지할 의향을 나타낸 것임을 지적했다. Robert Oliver, *Syngman Rhee and American Involvement in Korea: 1942~1960* (Panmun Book Co., 1978)

움직이지 않는다는 점을 태평양전쟁기부터 대한독립운동을 위한 대미협력활동을 전개하는 과정에서 여러 번 경험하였다.

미국은 결국 애치슨 국무장관이 군부와 국무성의 견해를 중재하고 나섰다. 1952년 6월 4일 주한미대사관에 보낸 친서에서 애치슨 장관은 대통령 직선제 개헌안을 지지하는 미국정부의 입장을 확인해 주었다[32] 이승만이 무력으로 국회를 해산하려고 시도하는 것에 대해 미국은 재재를 가하여 막았다. 그러나 미국과 이승만정부는 휴전문제를 두고 대립하고 있었기 때문에 국내정치에 대한 미국의 영향력에는 한계가 있었다.[33] 미국은 한반도에서 전쟁 수행 중에 있었고, 강력한 동맹국 지도자로서 이승만을 필요로 하고 있었고, 아직 그를 대체할 마땅한 지도자가 없다고 판단하고 있었다.

이승만은 자신의 정치적 목적을 달성하기 위해 여러 가지를 시도했고, 특히 헌법개정을 통하여 이를 성취하였다, 아슬아슬한 순간이었다. 탈법적 과정으로 전개될 수 있었던 한국의 1952년 헌정위기는 여야 개정안을 발췌, 절충한 발췌개헌으로 일단락되었다.

미국정부가 부산정치파동 시기에 한국에서 가장 중시한 정책목표는 한국전쟁의 휴전협상 진행이었다. 한국의 정치문제는 적략적 목표인 휴전문제보다는 우선순위에 있어 후순위를 차지하는 것이었다. 미국은 전략적으로 휴전협상에서 공산측이 남한의 국내정세를 악용하여 국제적 안보와 군사분야에서 선전전에 임할 것을 두려워하고 있었다. 또한 미국은 안보문제와 경제문제에 관해 이대통령과 의견이 달랐기 때문에 더욱 국내문제에서 영향력을 행사하기 어려웠다고 미국측 외교관들은 말하고 있다.[34] 이외에도 미국의 군지휘관들이 이승만의 반공주의노선을 지지했고

---

32) 김일영, 「전쟁과 정치」, 39쪽; *FRUS, 1952~1954,* Vol. 15, Part 1, p. 303.

33) Donald S. Macdonald, *US-Korean Relationsfrom Liberation to Self-Reliance*, p. 186; 한배호, 『한국정치변동론』, 83쪽.

정치문제에 미국이 개입하는 것에 반대입장을 보였던 점도 미국의 영향력 감소에 미친 중요 요인 중의 하나라고 할 수 있다.

6. 부산정치파동의 종결

야당의원들은 국민들과 유리된 과두적 엘리트로서의 한계를 벗어나지 못하였기에 대통령과 행정부에 대하여 효과적으로 저항할 수 없었다. 미국은 이들 야당의원들을 효과적으로 회유하였다. 당시의 사회는 식민지배체제의 해체로 인해 원자화된 개인들로 구성되어 있었고, 정치단체들도 시민사회와 효율적인 연계나 기반을 가지지 못하였고, 시민사회는 아직 발달하지 못한 상태였다.

1952년 7월 4일 장택상 총리가 주도하는 원내친목단체 신라회가 중심이 된 그 동안의 노력은 여당과 야당의 개헌안을 절충한 새로운 헌법개정안, 즉 발췌개헌안으로 최종 결정되어 국회에 제출되었다. 총 166명 참석의원들의 투표를 거쳐 가 163표와 기권 3표로 여야간에 절충의 산물인 발췌개헌안이 통과되었다. 이로써 부산정치파동은 종지부를 고했다. 얼마 후 이승만정부는 구속했던 의원들을 석방하고 기소를 중지하였다.

발췌개헌안의 통과로 나타난 정치적 결과는 의회내 도전세력인 민국당과 무소속의 궤멸을 의미한다. 제헌헌법에 부여된 국회의 대통령에 대한 우월한 지위가 역전된 것이다. 미국은 의회민주주의 원칙을 수호하기보다는 한반도에서 자본주의체제 및 강력한 반공국가의 지속에 따른 한미간의 협력안보체제의 안정성을 더 중요시했다. 또한 이를 위해 이승만 대통령을 계속 지지하는 방법 이외에는 다른 선택의 여지가 없다는 정치적 판단을 내리고 있었다.

한국의 헌정적 위기가 극적으로 극복된 이후, 이승만은 다음 달인 1952

---

34) Donald S. Macdonald, *US-Korean Relationsfrom Liberation to Self-Reliance*, p. 190.

년 8월 5일 개정헌법 하에 치러진 선거에서 쉽게 2대 대통령으로 당선되었다. 이후 국회는 대통령 선출권을 상실하고 급속히 약화되었고, 국회 의석 배분은 여대 야소의 국면으로 바뀌었으며, 입법부에 대한 행정부의 우위체제가 만들어졌다. 이승만정부의 안정성은 높아졌고 1950년대 말까지 이승만체제에 결정적인 도전을 제기할 수 있는 정치지도자는 더 이상 존재하지 않게 되었다.[35] 이후 정부권력을 향한 정치지도자들의 도전과 진출은 제도권 바깥으로부터 이루어질 수 없는 체제로 바뀌었으며, 여당인 자유당체제의 지배력은 1950년대 후반까지 강력하게 작동했다고 할 수 있다.

Ⅳ. 맺음말

대한민국 국가형성기에 헌법과 정치체제를 근본적으로 바꾸려던 이승만 대통령은 자신에게 도전하는 야당이 주도한 국회에 대해 초강력 대응을 하였다. 그는 직선제 개헌안을 추진하다가 부산에서 큰 정치파동을 불러왔다. 이것은 결국 여당과 야당의 개헌안이 절충한 발췌개헌안으로 타결되었다. 이 사건으로 인해 이승만 대통령은 권력쟁취를 위해서는 수단과 방법을 가리지 않는 비민주적 지도자라는 비판을 받게 되었다.

그러나 부산정치파동을 달리 바라볼 여지도 있다. 이승만 대통령은 자신이 속한 정치집단이나 파벌의 이익을 넘어서서 궁극적이며 상위의 목표로 공동체 전체의 안전과 복지를 고려했던 공화주의적 정치사상을 이해하였던 지도자가 아니었을까? 우리는 이 사건을 통해 한국의 대통령제는 원형 대통령제로 접근하고 안정기로 접어들 수 있었다는 점을 간과해

35) Gregory Henderson, *Korea, the Politics of the Vortex,* p. 168.

서는 안 된다. 당시 한국의 헌법체제는 대통령제이면서도 내각제적 요소가 과도할 정도로 많이 혼합된 변형된 형태였다. 특히 의회의 대통령 선출권은 옥상옥의 성격으로 대통령제를 근원적으로 불안정하게 만드는 기형적 요소였다.

6·25전쟁을 치르고 있던 대한민국은 전시에 강력한 지도자를 중심으로 확고한 국가안보체제의 확립과 지속이 요구되고 있었다. 그런데도 야당은 헌법개정을 통한 내각제로의 전환이 초래하는 결과에 대한 위기의식이나 책임의식을 심각히 결여하고 있었다. 양당은 전시의 통치체제를 동요시키거나 안보적 위기상황을 초래하여 국민적 불안감을 조성한다는 비판을 무시하려 하였다. 또 자신들의 이해관계에 장애가 되는 대통령의 존재를 아예 영구히 약화시키기 위해 헌법을 근본적으로 바꾸려 하였다. 이들이 방기한 것은 그 과정에서 대통령 권력을 약화시킬 뿐만 아니라 전시 중 지도자의 지위를 약화시키고 국가 체제를 근본적으로 위태롭게 만들 수 있다는 국내외 여론과 국민들의 위기의식이었다.

이승만 대통령은 한말 입헌군주제와 공화주의운동을 위해 대중 투쟁을 하고 감옥에까지 들어간 적이 있는 정치인이다. 공산주의 측의 공세에 대해 이승만은 결코 수세적 입장을 취하려 하지 않았다. 그는 오히려 강력하게 맞대응하여 북한의 남한전복시도에 대항해 북진통일론을 주장하였다. 그리고 남한 체제에 대한 온갖 비방을 일삼는 이들에게는 공산주의에 동조한다는 식으로 공세를 퍼부었다. 이승만은 건국기 정치과정, 즉 정부수립과 집권과정에서 온갖 도전과 고초를 겪었다. 특히, 1948년 4월에 제주도와 같은 해 10월에 여수-순천에서 정부수립에 반기를 드는 폭력적 대중동원과 반란사건이라는 초유의 사건에 직면하여 정치권력과 정치체제가 크게 흔들리는 체제위기를 맞았다. 이승만은 유약하기 이를 데 없는 민주주의체제를 유지·방어하기 위해 국가보안법 제정과 경찰·군사력 보완 등 필요한 여러 가지 대응조치들을 마련하며 강력히 대응하였다.

당시 국회를 장악한 야당은 자신들의 합법적인 권리와 이익을 위하여 대통령과 권력투쟁을 벌였다. 어떤 점에서 보면 이들이 큰 잘못을 한 것은 아니라는 지적도 일리가 있다. 하지만 이들이 자신을 뽑아준 다수 국민의 안전과 복리를 가장 우선시해야 하는 국민의 대표인 국회의원으로서의 근본적인 정치적 책임을 방기했다는 점은 큰 문제였다. 야당은 전쟁과 정치가 무관하며 계엄령이 근거가 없다고 애써 외면하려 하였다. 그러나 야당은 자신들의 주장을 관철하기 위해 대통령과 전쟁을 치를 준비가 부족한 상태였다. 그들은 체제 유지를 위한 민주주의게임, 즉 국가안보를 위해 대중의 지지를 획득하는 중요성을 이해하는 데에 미숙했다고 보인다. 정치적 단견과 파벌주의로 인해 그들은 미국의 지지를 얻지 못했다. 파벌정치를 민주주의에 대한 가장 큰 해악으로 간주하는 입장은 이승만과 매디슨의 공통성이다. 야당이 전쟁 중에 대통령에 대해 일련의 공세정책을 취한 것은 국가위기를 심각한 요인으로 고려하지 않은 때문이었다. 이런 점은 헨더슨이 지적했듯이 정치적 미숙성이나 조선조의 정치문화적 잔재로 간주될 수 있다. 논리적으로 민주주의 원칙에 입각해 있었다는 점에서 야당의 반대는 타당성이 있다. 그러나 그들의 반대가 장기화되면서 결국 전시의 통치력을 약화시키고 체제의 명분 기반을 교란하는 악영향을 초래했다는 점을 미국도 심각히 받아들였다.

부산정치파동은 이승만으로 하여금 대통령의 권력을 강화하면서 권위주의화의 길을 걷게 했다는 평가와 산업화에 필수적인 조건을 형성해 주었다는 평가가 공존하고 있다. 이 사건에서 이승만이라는 초대대통령의 역할은 단순 논리로 설명하기 어려운 복합적 측면이 있었음을 알 수 있다. 즉, 전시의 국가를 대표하여 전쟁을 수행하고 휴전협상에 대처해야 하면서도, 의회내 반대세력의 도전에 대해 민주주의체제의 한계 내에서 대응해야 하는 대통령의 한계를 이해해야 한다. 또 다른 한편에서는 전쟁의 후원자이면서도 한국정치에 간섭하고 통제력을 행사하려는 까다롭고 어려운 동맹국 미국의 대내적 영향력에 대응하여 나가야 하는 것이다.

교과서의 이승만 서술과 그 보완 방향

이 주 영*

〈목 차〉

Ⅰ. 머리말

이 글은 현재 고등학교에서 사용되고 있는 한국사 교과서에 이승만이 어떤 모습으로 그려져 있는지를 분석함으로써 지금의 이승만 연구가 우선적으로 힘을 기울여 규명해야 할 문제들이 무엇인지를 찾아보려는 데 있다. 국민교육 수단인 교과서는 국가 안위에 미치는 영향력이 너무나 크기 때문에 이승만 연구는 무엇보다도 교과서의 틀린 내용을 바로잡는 데 역점을 두어야 한다는 생각이다.

현재 고등학교에서 교재로 사용되고 있는 한국사 교과서에는 두 종류가 있다. 하나는 2011년에 채택되어 2012년부터는 필수과목이 될 것으

* 건국대 명예교수

로 알려진 『한국사』 6종이다.[1] 또 다른 하나는 2003년부터 선택과목으로 채택되어 사용되고 있는 『한국근현대사』 6종이지만,[2] 곧 사라질 예정이다. 두 교과서는 모두 19세기 조선왕국의 개항 전후부터 현재까지의 역사를 다루고 있기 때문에 내용상 차이는 별로 없다. 두 종류의 교과서들은 내용상 차이가 있지만, 여기서는 『한국사』만 다루려고 한다. 그리고 이들 교과서들의 좌편향 문제로 논란에 휘말렸지만,[3] 여기서는 그 문제와는 상관없이 이승만 관련 서술 부분에 대해서만 다루고자 한다.

90년의 긴 세월에 걸친 이승만(1875~1965)의 생애는 한국 근현대사의 시간과 대체로 겹친다. 따라서 그의 이름은 어느 누구의 그것보다도 교과서에 많이 등장할 가능성이 있다. 실제로 그의 긴 생애에는 역사적 인물 4명의 그것에 해당하는 다양한 활동이 나타나고 있다. 청년기에 이

---

1) 『한국사』 교과서의 간행 출판사와 집필진은 다음과 같다. 〈지학사〉 정재정(서울시립대, 동북아역사재단) 및 4명의 고교 교사; 〈삼화출판사〉 6명 전원 고교 교사; 〈법문사〉 5명 전원 고교 교사; 〈비상교육〉 도면회(대전대) 및 6명의 고교 교사; 〈미래엔컬처그룹〉 한철호(동국대), 김기승(순천향대) 및 4명의 고교 교사; 〈천재교육〉 주진오(상명대), 박찬승(한양대), 임성모(연세대), 나인호(대구대) 및 3명의 고교 교사.

2) 『한국근현대사』 교과서의 간행 출판사와 집필진은 다음과 같다. 〈두산〉 유영렬(숭실대), 신재홍(국사편찬위원회) 및 3명의 고교 교사; 〈천재교육〉 김흥수(춘천교육대), 최창희(한림대), 박태균(서울대), 한시준(단국대) 및 2명의 고교 교사; 〈중앙교육진흥연구소〉 주진오(상명대) 및 4명의 고교 교사; 〈법문사〉 4명 전원 고교 교사; 〈대한교과서〉 한철호(동국대), 김기승(순천향대) 및 4명의 고교 교사; 〈금성출판사〉 김한종(한국교원대), 홍순권(동아대), 김태웅(서울대) 및 3명의 고교 교사.

3) 『한국사』 교과서 6종이 정도의 차이는 있지만 좌편향되었다고 비판한 글들을 모은 책은 다음과 같다. 조갑제닷컴 편, 『고등학교 한국사 교과서의 거짓과 왜곡 바로잡기』, 2011; 국가정상화추진위원회·자유민주연구학회 편, 『좌편향화된 한국사 이대로 방치할 것인가』, 2011.

승만은 독립협회에 속한 개화파 지식인으로서 만민공동회를 이끌고 『매일신문』과 『제국신문』을 발행하면서 국민을 계도하고 사회를 개혁하려는 애국계몽운동가로 활동했는데, 그것만으로도 그는 교과서에 오르기에 충분했다. 또한 일제시대에 이승만은 대한민국임시정부의 임시대통령, 구미위원부 위원장, 임시정부의 주미외교위원부 위원장으로서 외교를 통한 독립운동을 벌였는데, 그것만으로도 그는 역사 교과서에 오를 만했다. 또한 1945년의 해방 직후에는 독립촉성국민회의, 민주의원, 민족통일총본부, 한국민족대표자대회를 이끌면서 건국운동을 주도했는데, 그것만으로도 그는 역사적 인물로 교과서에 오르기에 충분했다. 그리고 1948년부터 1960년에 이르는 12년간에 이승만은 6·25전쟁을 이끌고 신생국의 생존 기반을 확립해 놓은 건국대통령으로서 활약했는데, 그것만으로도 역사에 남기에 충분한 경력이었다.

이처럼 다양한 활동을 벌인 이승만은 평가자의 입장에 따라 "영웅"으로 나타날 수도 있고 "악인"으로 나타날 수도 있을 것이다. 그러나 한 가지 분명한 것은 어느 쪽이든 간에 그가 한국근현대사에서 아주 중요한, 어떤 의미에서는 가장 중요한 위치를 차지하고 있다는 데 대해서는 부정하지 못할 것이다.

Ⅱ. 애국계몽운동가로서의 이승만

이승만이 독립협회의 선봉으로서[4] 만민공동회를 주도해 러시아와 프랑스를 비롯한 열강의 이권 침탈을 막고, 「헌의6조」를 채택케 하고, 23세에 중추원 의관이 되어 조선왕국을 개혁하려는 투쟁에 앞장섰던 인물

4) 이정식, 『이승만의 구한말 개혁운동』, 배재대 출판부, 2005, 70쪽.

이라는 것은 웬만한 사람이라면 다 아는 사실이다. 그런데도 그러한 사실은 어느 교과서에도 나타나지 않는다.

그것은 만민공동회에 대해 비교적 자세하게 설명한 교과서들에서도 마찬가지다. "백정 박성춘, 민민 공동회에 서다"(법문사 200쪽), "관민공동회에서 백정 출신 박성춘이 연설"(천재교육 171쪽), "농민, 나무꾼, 기생, 어린이까지 참석"(비상교육 182쪽), "어린이도 연단에 올라"(미래엔컬쳐 168쪽) 등의 제목을 붙여 만민공동회를 설명하면서도, 막상 그 모임을 조직하고 이끈 윤치호와 이승만의 이름은 나오지 않는다. "신식 교육을 받은 젊은이들이 성장하여 독립협회가 주최했던 만민공동회에서 연사로 나서기도 하였다"고 씀으로써 그 젊은 연사가 이승만임을 암시하고 있으면서도, 끝까지 그의 이름은 드러내지 않고 있다. 이승만이란 이름을 의식적으로 피하고 있다는 인상을 주는 대목인 것이다.

그러한 현상은 중추원을 설명하는 부분에서도 보인다. 중추원에 대해 언급한 교과서는 하나뿐이다. 그러나 그 교과서마저도, "중추원이 독립협회의 압력으로 의회적 기능이 도입되고 관선 의관 50명에 덧붙여 민선 의관 50명이 임명되는 등의 중대한 변화를 겪은 사실"이라고 쓰면서도 (삼화 179쪽), 끝내 중추원 부의장인 윤치호와 젊은 의관인 이승만의 이름은 언급하지 않는다.

이승만의 이름이 나와야 할 곳에 나오지 않는 것은 한말의 언론 기관에 대한 설명에서도 마찬가지다. 여러 교과서들(삼화 199쪽, 법문사 202쪽, 천재교육 175쪽)이 근대 언론의 등장을 중요하게 취급하면서 간단한 말로 신문의 성격까지 소개하기도 한다. "최초의 신문"으로서의 『한성순보』, "최초의 민간 신문"으로서의 『독립신문』, "여성과 하층민의 신문"으로서의 『제국신문』, "개신유학자 등의 지식인을 위한 신문"으로서의 『황성신문』과 『대한매일신보』가 그것이다. 천도교 기관지인 『만세보』, 심지어는 일진회 기관지인 『국민신보』까지도 소개하고 있다. 그럼에도 불구하고 이승만이 창간한 "최초의 일간지" 『매일신문』[5]을 언급한 교과서는 하나도 없다. 이승만은 그 신문의 주필 겸 사장직을 맡음으로써 우리나라에서 일간지 시대를 열었던 선각자였던 것이다.[6] 그리고 『제국신문』의 창건자인 이종일에 대해서는 언급하면서도 그의 사업 파트너인 이승만에 대해서는 전혀 언급이 없다. 협성회에 대해 언급한 교과서도 있기는 하지만(미래엔컬처 168쪽), 그것도 이승만과 관련이 있다는 사실은 나타내지 않고 있다.

특히 이승만의 정치평론집인 『독립정신』은 당시 개화파들의 정치사상을 대변한 것으로서, 교과서에서 실릴 가치가 충분한 것이었다. 그 책이 한일병합 직후인 1910년에 미국 로스엔젤레스에서 출간되어 망국 전에 대중에게 직접 영향을 주지 못했다는 비판도 있을 수 있지만, 그 내용의 상당 부분은 이미 1900년 전후에 『신학월보』나 『제국신문』과 같은 곳에 실렸던 것들이기 때문에 사회적으로 영향을 미쳤던 것이었다. 그런데도 그 책을 언급한 교과서는 하나도 없다.[7]

또한 교과서들은 예외 없이 한말의 신소설, 신체시, 번안소설에 대해서 소개하고 있으면서도, 이승만이 "최초의 신체시"로서 쓴 「고목가」(일명 딱작새)[8]에 대해서는 전혀 언급하지 않고 있다. 그것은 조선왕국의

5) 『매일신문』에 대해서는 로버트 올리버 저, 황정일 옮김, 『이승만 : 신화에 가린 인물』, 건국대 출판부, 2002, 35쪽; 정진석, 『한국언론사연구』 中, 일조각, 1983, 375-399쪽(『언론인으로서의 이승만』).

6) 손세일, 「이승만과 김구」 (8), 『월간조선』, 2003년 3월호, 554쪽.

7) 『독립정신』을 비롯한 이승만의 정치사상 관련 저작들을 소개한 책으로는 다음과 같은 것이 있다. 송복 외, 『저서를 통해 본 이승만의 정치사상과 현실인식』, 연세대 출판부, 2011.

8) 오영섭, 「이승만 대통령의 문인적 면모」, 유영익 편, 『이승만 대통령 재평가』, 연세대 출판부, 2006, 454쪽 각주) 54; 이승만 지음, 이수웅 옮김, 『이승만 한시선』, 배재대 출판부, 2007; 이정식, 『이승의 구한말 개혁운동』, 54쪽.

멸망 과정을 사실적으로 묘사해 국민에게 경각심을 일깨우려 했다는 점에서 당시의 어떤 문학 작품보다도 역사적으로 의미 있었던 것이었다.

Ⅲ. 독립운동가로서의 이승만

교과서에서 독립운동 관련 부분은 유난히 많은 페이지를 차지하고 있다. 다른 사건들에 비해 너무 지나치다고 할 정도로 많은 분량이다. 그런데도 이승만의 독립운동에 대한 서술은 별로 나타나지 않는다. 독립운동가로서 사실상 인정을 못받고 있는 인상이다. 독립운동을 주로 무장투쟁으로 본다면, 외교독립론자인 이승만이 홀대를 받을 수도 있다. 그러나 이승만과 노선이 비슷했던 실력양성론자 안창호에 대한 언급이 그렇게 인색하지 않았다는 사실에 비추어 보면, 이승만이 홀대를 받고 있음을 알 수 있다.

교과서 가운데는 고종황제가 을사조약의 무효화를 위해 미국에 지원을 호소한 사실을 언급한 것이 있고(미래엔컬쳐 176쪽), 좀 더 자세하게는 고종이 헐버트를 미국에 보내 조미수호통상조약의 거중조정(居中調停) 조항에 따른 미국의 개입을 요구했다고 기술한 것도 있다(법문사 143쪽). 그러나 그러한 경우에도 거중조정 조항과 가장 깊은 관련을 가진 이승만에 대한 언급은 전혀 없다. 이승만은 그 조항을 근거로 한국의 멸망에 대한 미국의 책임을 계속 추궁한 유일한 한국인이었던 것이다. 그리고 이승만이 1905년 2월에 미 국무장관 존 헤이를 만나 한국의 독립보전을 호소한 일, 특히 1905년 8월 4일에 포츠머스조약에서 한국의 독립보전이 이루어지도록 호소하기 위해 윤병구 목사와 함께 시오도 루즈벨트 대통령과 면담했던 유명한 사실도 전혀 나타나지 않고 있다.

그러나 특이하게도 한 교과서만은 고종이 특사로 이승만과 헐버트 등을 미국에 보내 도움을 요청한 사실(천재교육 189쪽), 또한 헐버트가 미국에서 이승만 등과 독립운동에 헌신한 사실, 그리고 건국 다음해인 1949년에 이승만 대통령의 초청으로 한국에 왔다가 사망한 사실을 헐버트의 사진과 함께 싣고 있다(천재교육 197쪽).

이승만과 3·1운동과의 관계에 대해서도 교과서들은 일절 언급하지 않고 있다. 대부분의 교과서들이 그 운동의 발발에 영향을 미친 윌슨 대통령과 그의 민족자결주의에 대해서는 언급하면서도 프린스턴대학 시절의 제자로서 그의 가족과 계속 긴밀한 관계를 유지함으로써 피압박 민족의 불우한 처지를 이해시킨 이승만에 대한 언급은 전혀 없는 것이다. 따라서 윌슨 대통령의 민족자결주의의 자극을 받아 1919년 봄에 열린 뉴욕 약소민족대회에 참가하기도 했던 사실에 관한 언급이 있을 리가 없는 것이다. 그리고 선천의 미동병원 원장인 의료선교사 알프레드 샤록스가 안식년을 맞이하여 미국에 갔다가 1918년 10월 하와이에 들렀을 때 이승만이 한국인의 독립의지를 세계에 알릴 대대적인 시위가 필요함을 양전백을 비롯한 국내 기독교계 인사들에게 부탁한 사실, 그리고 그러한 이승만의 의사를 전달받은 한국의 기독교 지도자들이 3·1운동의 중심세력으로 움직이게 된 사실[9]에 대해서도 교과서들이 언급할 리가 없는 것이다.

그나마 다행스러운 것은 교과서들이 3·1운동의 미주판인 필라델피아 한인자유대회에 대해서는 언급하고 있다는 사실이다. 그러나 "재미교포들은 서재필의 주선으로 4월 14일부터 16일까지 필라델피아에 집결하여 한인자유대회를 열어 독립 선언식과 시가행진을 가졌다"(천재교육 236쪽)는 표현에서 보다시피 행사의 주역인 서재필을 떠올린 교과서도 있지만, 그와 꼭 같이 중요한 역할을 했던 이승만과 정한경을 언급한 교과서는 없다.

---

9) 유영익, 『이승만의 삶과 꿈 : 대통령이 되기까지』, 중앙일보사, 1996, 134쪽.

그처럼 묻혀 있던 이승만이 독립운동 서술 부분에서 본격적으로 등장하는 것은 임시정부 성립과 관련해서다. 몇 개의 교과서는 3·1운동 후에 이승만이 한성임시정부에 의해 집정관 총재로 선출되었다가 뒤이어 상해의 통합 임시정부의 임시대통령으로 선임되었다는 내용을 기술하고 있다. 그러면서도 이승만이 1919년 6월에 대한공화국의 대통령 명의로 미국, 영국, 프랑스, 이탈리아 등 열강의 수반들에게 독립선언을 알리고 외교 관계의 개설을 요구하는 공한을 보낸 일, 그리고 파리평화회의 의장 클레망소와 일본 왕에게도 독립을 통고하고, 특히 일본에게는 한국에서의 군대 철수를 요구한 일을 언급한 교과서는 하나도 없다. 또한 그의 절친한 친구인 변호사 프레데릭 돌프로 하여금 미 의회에 독립탄원서를 제출해 의사록에 게재하게 한 일도 전혀 나타나지 않는다. 한국의 독립선언을 파리평화회의에 알리기 위한 한문으로 된 유학자들의 「파리장서」가 교과서에 실리면서도, 위와 같은 이승만의 활동이 전혀 언급되지 않는 것은 형평성을 잃은 서술인 듯이 보인다.

더욱 더 이상한 것은 모든 교과서들이 약속이나 한 듯이 임시정부를 설명하는 부분에서 임시대통령인 이승만의 사진을 전혀 싣지 않고 있다는 사실이다.[10] 이승만보다 비중이 훨씬 적은 인물들의 독사진이 여러 군데 나오고 있다는 사실에 비추어 볼 때, 그것은 형평성을 잃고 있다고 생각된다. 이승만의 얼굴이 나타나는 곳은 임시정부 요인들의 1921년 신년축하 기념 단체사진인데, 사진 설명에서도 임시대통령이라는 표기가 전혀 없다. 이름의 순서도 김구를 첫 번째로 하여 7번째로 밀려나 있다

10) 이승만의 사진들을 설명과 함께 실은 책들은 다음과 같다. 안병훈 엮음, 『사진과 함께 읽는 대통령 이승만』, 기파랑, 2011; 유영익, 『이승만의 삶과 꿈 : 대통령이 되기까지』; 조선일보사, 『이승만과 나라세우기』, 1995. 이승만과 임시정부에 관한 연구서로서는 다음과 같은 것이 있다. 유영익 편, 『이승만과 대한민국임시정부』, 연세대 출판부, 2009.

(천재교육 236쪽).

이승만이 상해를 떠나 미국으로 돌아온 다음부터 다시 이승만은 교과서에서 사라지고 있다. 단지 한 교과서만이 서재필과 함께 워싱턴군축회의를 상대로 한국의 독립을 호소한 사실을, "1921년에 열린 워싱턴회의에는 이승만 등이 독립요구서를 제출했으나 받아들여지지 않았다"(천재교육 236)는 식으로 짧게 표현하고 있을 뿐이다. 그가 회의장 밖에서 영국의 H. G. 웰스를 포함한 세계 언론인들을 상대로 한국독립 문제를 설득시키고 신문에 보도케 한 사실은 전혀 언급되지 않고 있다. 그처럼 잊혀져 있던 임시대통령 이승만이 다시 갑자기 교과서에 나타나게 되는 것은 탄핵과 면직의 문제 때문이다. 그 문제는 독립운동의 맥락에 비추어 볼 때 그리 중요하지 않은 것임에도 불구하고 크게 다루어지고 있다. 탄핵의 이유를 설명하기 위해 인용된 문구들은 이승만에게 적대적인 인물들의 발언인데, 예를 들면, "미국정부에 일본 대신 국제연맹이 우리나라를 위임통치해 줄 것을 청원한 이승만은 대통령으로서의 자격이 없다"는 신채호의 비판(미래엔컬쳐 241쪽)이다. 그리고는, "현임 임시대통령 이승만이 대미 외교사업을 빙자하고, 미주에서 동포가 정부에 상납하는 재정을 모아서 마음대로 사용하였고 (중략) 헛된 선전으로 동포를 유혹하며 외교비 모집을 계속하여서 그 재정으로 자기의 지지자를 매수하고 있다"는 임시의정원의 불신임 주문안이 제시되고 있다(비상교육 240쪽). 그리고는 "이에 임시정부는 미주 지역의 독립자금을 독점하면서 대통령의 직무를 다하지 않는다는 이유로 이승만을 탄핵하고, 헌법을 고쳐 국무령 중심의 집단지도체제로 전환하였다"(미래엔컬쳐 240쪽)는 등의 혹독한 비판뿐이다.

이처럼 이승만이 대한민국 임시의정원에 의해 탄핵, 면직된 데는 임시대통령으로서의 직무를 잘 수행하지 못한 때문이기도 하지만, 임시의정원이 그에게 적대적인 사회주의 계열과 흥사단 계열에 의해 좌우되고 있었던 사실[11]에도 있었다는 것이 전혀 고려되지 않고 있는 것이다. 겨우 한 교과서만이, "독립운동의 방법론을 둘러싸고 정부내 지도자들 사이에 대립이 나타났다"(법문사 232쪽)고 탄핵 사태의 배경을 우회적으로 표현하고 있을 뿐이다.

위임통치 문제는 제기 자체가 공정하지 못한 경우다. 이승만이 정한경의 제안으로 한국을 국제연맹의 위임통치 대상으로 삼아 달라고 백악관에 제출한 것이 1919년 3월 3일이었는데, 그 때는 3·1운동 소식도 듣지 못하고 미국정부의 여권 발급 거부로 파리평화회의 참석이 불가능해진 절망적 상태였다는 것을 감안한 필요가 있다. 그리고 위임통치안은 파리에서 김규식에 의해서도 제출되었다.[12] 그런데도 불구하고, 비난이 김규식에게는 없고 오로지 이승만에게 쏟아지는 것은 불공정한 평가이다.

1925년에 탄핵, 면직되면서, 이승만은 임시정부와의 관계가 끊어졌다. 그에 따라 교과서에서 독립운동가로서의 이승만도 거의 완전히 사라지고 있다. 그런 가운데서도 1933년 이승만이 제네바 국제연맹 회의에서 독립을 호소한 사실을 싣고, 1942년에 발간된 이승만의 『일본 내막기(일본, 그 가면의 실체)』를 사진으로 제시한 교과서가 있는 것(법문사 283쪽)은 신기하게 생각될 정도다.

이승만의 이름이 나와야 할 곳에 나오지 않는 경우는 수없이 많다. 한 교과서는 특이하게도 태평양전쟁 발발 후 미주 한인의 재산과 생명을 보호하기 위해 한인을 일본인과 구별하도록 발급된, 다시 말해 독립 신분을 인정한 한인 신분증에 관해 기술하고 있는데, 그러면서도 그것이 미 법무장관에게 탄원서를 내는 등 백방으로 노력한 이승만의 공로였음을 언급하지 않은 것이 아쉬움으로 남는다. 또한 한국독립안이 아일랜드 독

11) 유영익 편, 『이승만 대통령 재평가』, 499쪽.

12) 오영섭, 「대한민국임시정부 초기 위임통치 청원논쟁」, 『한국독립운동사연구』, 41, 2012.4.

립안과 함께 미 의회에 제출될 수 있었던 것도,[13] 1923년의 일본 관동대지진에서 한인들의 학살 사진을 임영신으로부터 전달받아 미국인들에게 알린 일도 이승만의 공로인데, 그것들에 대해 언급한 교과서는 하나도 없다.

재미교포들의 독립운동을 서술하는 부분에서도 이승만의 역할은 대부분 빠져 있다. 예를 들면, 한 교과서는, "재미한족연합위원회가 임시정부와 협의하여 워싱턴에 외교위원회를 설치하고, 임시정부에 대한 미국의 승인을 받아내려는 외교활동도 전개하였다"(미래엔컬쳐 309쪽)고 쓰고 맹호군(한인국방경위대)에 대한 사진까지 게재하면서도, 그 중심에 있었던 임시정부 외교위원회 위원장 이승만의 이름은 넣지 않고 있다. 또 다른 교과서는, "미군 OSS (미 육군 전략처)가 임시정부와 협의하여 선발한 50명의 대원을 중국의 시안에서 첩보훈련을 시킨 다음 한반도 진공작전을 추진하려 한 사실을 언급하고, 그 작전과 관련된 OSS 관계자 사진, 지청천과 이범석의 이름을 들고 있으면서도(법문사 282쪽), 정작 이 계획의 입안자인 이승만에 대한 언급은 없다. 이승만은 절친한 프레스턴 굿펠로우 대령을 움직여 그와 같은 계획을 세우게 하고, 직접 장석윤을 비롯한 수십 명의 한인 청년들을 미군 당국에 추천함으로써 그 계획의 수행에 결정적으로 중요하게 기여했던 것이다. 그리고 진주만사건 직후 중경의 임시정부가 일본에 대해 선전포고를 하도록 유도한 것도 이승만의 강력한 권유 때문이었는데 그에 대한 언급도 전혀 없다.

오히려 교과서들은 미국에서의 독립운동의 주역이 이승만보다는 대조선국민군단의 박용만과 흥사단의 안창호인 것처럼 보이게 한다. "미주지역에서 전개된 독립운동"이란 제목 밑에서 독립운동 부분을 서술한 교

13) 두 개의 독립안은 1920년 3월 17일에 상원 본회의에 상정되었으나, 아일랜드 독립안만 38대 36으로 가결되고 한국독립안은 34대 46으로 부결되었다.

과서를 보면(미래엔컬처 232쪽), 안창호의 사진이 따른 대한인국민회 소개, 스티븐스를 사살한 장인환과 전명운, 그리고 하와이를 중심으로 활동한 무장투쟁론자 박용만의 이름과 사진이 실려 있는데도, 이승만은 전혀 나타나지 않는다. 또 다른 교과서는 이승만의 교육사업을 언급하면서도 한인기독교회와 한인기독학원이란 정식 명칭을 사용하지 않고,[14] "한인교회와 학교"라든가(법문사 236쪽) "이승만의 한인 교회와 학교"라는 식으로 얼버무리고 있다(천재교육 293쪽). 한인기독학원은 주미대사를 지낸 양유찬을 비롯한 고급 인재들을 양성하는 성과를 거두었기 때문에,[15] 상해의 인성학교와 삼일중학을 거명할 정도라면(법문사 231쪽), 당연히 언급되어야 할 내용인 것이다.

이승만의 외교활동 조직인 구미위원부에[16] 대해 교과서들이 거의 언급하지 않은 것도 공정치 못한 서술이다. 그것은 미국과 멕시코 등지에 최소한 42개의 지부를 가졌던 큰 조직이었다. 또한 이승만의 독립운동을 도왔던 미국인들의 단체인 한국친우회(League of the Friends of Korea), 기독교친한회, 한미협의회(Korean-American Council)에 대해서 언급한 교과서가 전혀 없다.[17] 이승만은 이들 단체의 저명인사들을 움직여 미국회에 한국독립안을 제출하고, 루즈벨트 대통령, 코델 헐 국무장관, 헨리 스팀슨 국방장관에게 서한을 보내고, 루즈벨트 대통령 부인 엘리노어 여사를 만나기도 했던 것이다.

---

14) 이 부분에 대한 연구서로서는 다음과 같은 것이 있다. 이덕희, 『한인기독교회·한인기독학원·대한인동지회』, 한국기독교역사연구소, 2008.

15) 최영호, 「이승만의 하와이에서의 초기 활동」, 유영익 편, 『이승만 연구』, 연세대 출판부, 2000, 95쪽.

16) 고정휴, 「이승만과 구미위원부」, 『이승만 연구』, 139쪽.

17) 이 부분에 대한 연구서로서는 다음과 같은 것이 있다. 고정휴, 『이승만과 한국독립운동』, 연세대 출판부, 2004.

그럼에도 불구하고 흥업구락부사건과 관련하여 이승만과 동지회를 언급한 교과서가 있는 것이 흥미롭다. 비록 본문이 아닌 보조자료로 처리한 것이긴 하지만, "(흥업구락부가) 1925년 신흥우 등 기독교 청년회 계열의 민족주의자들이 조직한 단체로 미주에 있던 이승만의 동지회와 연결이 있었다"고(천재교육 272쪽) 기술함으로써 이승만이 국내 독립운동 세력과 연결되어 있음을 쓰고 있는 것이다.

Ⅳ. 건국운동가로서의 이승만

해방 후 건국 과정에서 이승만만큼 중요한 역할을 했던 인물이 없었음에도 불구하고[18] 그 시기의 이승만의 활동에 대해 교과서들은 아주 간략하게 언급하고 있을 뿐이다. 기껏해야 이승만의 민족통합 기구인 독립촉성중앙협의회가 간간히 나타날 정도다(미래엔컬처 326쪽, 천재교육 308쪽). 반대로 "통일정부 수립을 위한 노력"이란 제목 밑에 대한민국의 건국과는 직접 관계가 없거나 또는 그것에 방해가 된 미소공동회의, 좌우합작운동, 남북협상 등에는 많은 지면을 할애하고 있는 형편이다.

그러다가 이승만을 크게 부각시키는 것은 흔히 남한 단독정부 수립 제안 발언으로 알려진 1946년 6월 3일의 이른바 정읍발언에 이르러서인데, 그것은 분단의 주된 책임이 이승만에게 있는 것처럼 몰고간다는 인상을 준다. 그의 정읍발언을 설명하는 부분에는 5·10선거 반대를 반대함으로써 통일정부를 수립하자는 김구의 "삼천만 동포에게 읍고함"을 나란히 배치하고 있는 데, 그것은 "통일론자"로서의 김구, "분단론자"로서의

18) 이 부분에 관한 연구서로서는 다음과 같은 것이 있다. 최상오·홍선표 외, 『이승만과 대한민국 건국』, 연세대 출판부, 2010; 이한우, 『우남 이승만, 대한민국을 세우다』, 해냄, 2008.

이승만을 더욱 더 뚜렷이 대비시키려는 것 같다.

해방 당시 한반도에 통일국가가 세워지느냐 아니면 남북 분단국가가 세워지느냐 하는 문제는 이승만이나 김구 같은 한국인 지도자들의 의지에 달렸던 것은 아니었다. 그것은 미국과 소련이란 초강대국들에 의해 결정될 국제적인 문제였다. 그러므로 이승만에게 분단의 책임을 뒤집어씌우는 것은 현실적으로 의미가 없는 일이다. 이승만의 정읍발언이 나오기 8개월 전인 1945년 9월 20일의 스탈린 전문[19]은 북한의 소련군 지휘관들에게 북한 단독정부를 세우도록 지시하고 있었고, 그 사실은 12월 25일자 슈킨 보고서[20]에 확인되고 있다. 그와 같은 소련의 북한 단독정부 수립 지시에 따라 "사실상의 정부"인 북조선임시인민위원회가 세워지고 '민주개혁'이란 이름으로 공산화가 진행되어 북한의 체제는 남한의 그것과 완전히 달라지게 된 것이다. 그리고 그와 같은 체제의 이질화 때문에 남북통일 국가의 건설은 애당초 불가능하게 되었던 것이다. 따라서 남북 통일정부 수립의 방법을 찾으려 했다는 미소공동위원회나 남북협상은 아무 가치가 없는 것이 될 운명이었다. 그것들은 남한에서의 건국을 늦추기 위한 구실이거나 아니면 그러한 목적에 이용된 수단이었을 뿐이다.

모든 교과서들은 이와 같은 배경을 전혀 고려하지 않고 있는 듯한 인상이다. 그런데도 그러한 소련군과 북한의 의도를 우회적으로나마 표현하고 있는 교과서가 있다. "북한은 분단의 책임을 남한에 전가하기 위해 형식적으로 국회와 정부의 수립 시기를 남한보다 조금씩 늦추는 방법을 택했다"(지학사 274쪽)고 쓴 것이 그것이다.

해방정국에 대한 객관적인 이해를 가로막는 가장 큰 원인의 하나는 이

19) 이정식, 「건국대통령으로서의 이승만」, 유영익 편, 『이승만 대통령 재평가』, 42쪽.

20) 이지수, 「제2차세계대전과 소련의 한반도 정책」, 이인호 편, 『대한민국 건국의 재인식』, 기파랑, 2009, 89-92쪽.

승만이 미국의 허수아비였다는 선입견이다. 실제로 이승만은 미국과 상당한 갈등 관계에 있었고, 심지어는 미국에 의해 적대세력으로 취급되기도 했다. 해방 당시 미국의 한반도 정책은 소련이 주역으로 참여하는 국제신탁통치를 통해 좌우합작의 연립정부를 세우려는 것이었기 때문에, 열렬한 반소주의자이며 반공주의자인 이승만은 고려대상이 아니었던 것이다. 그 때문에 이승만은 해방 직후 미국에서 한국으로 돌아오려 했을 때 미 국무부에 의해 심하게 귀국 방해를 받았던 것이다.[21] 그런데도 교과서들은 이러한 배경을 전혀 고려하지 않고 있고, 그 결과로 이승만을 건국과정의 중심에서 빼놓게 되었다.

이승만이 빠지다 보니, 그를 따르던 서북청년회, 전국학생총연합과 같은 건국 세력의 존재도 사라지게 되었다. 그 결과로 대한민국이 1948년에 건국되었다는 사실이 희미해지거나 심지어는 사실상 부정당하는 경우가 나타나게 되었다. 그 때문에 대한민국이란 나라는 1919년에 상해에서 건국되었고 1948년에는 단지 정부 수립만 있었다는 이른바 '1919년 건국설'이 끼어들 틈이 생기게 된 것이다.

이른바 "1919년 건국설"은 아직 교과서에는 적극적으로 반영되지는 않고 있다. 그러나 그 위험성은 나타나기 시작하고 있다. 한 교과서는 1919년 상해 임시정부의 출범을 설명하는 부분에서, "황제의 나라에서 국민의 나라로"(미래엔컬처 238쪽), "대한제국에서 대한민국으로"(미래엔컬처 239쪽) 같은 소제목을 사용하고 있는 것이 그 증거인 것 같다. 그러한 표현은 대한민국이 1948년 이전인 1919년에 이미 건국되었음을 암시하는 것으로도 생각될 수 있기 때문이다. 또 그 교과서는 현행 대한민국의 헌법(1987년의 9차개정 헌법) 전문이 1960년의 4·19 "민주이념"도 계승하고

---

21) 미 국무부의 이승만 귀국 방해 과정에 대해서는 다음을 참조하기 바람. 이주영, 『이승만과 그의 시대』, 기파랑, 2011, 99-100, 123쪽.

있음(미래엔컬처 362, 373쪽)을 덧붙이는 어색함도 보이고 있다.

나머지 교과서들은 그처럼 앞서 나가지는 않지만, 1919년의 임시정부를 설명하는 부분에 1987년의 개정 헌법 전문(前文)의 일부를 참고 자료로 제시함으로써 1919년 건국설을 간접적으로 지원하고 있다. 1919년 사건을 설명하는 곳에서 1987년 사건이 언급되고 있다는 것 자체가 나름대로 영향을 줄 수밖에 없는 것이다. 그것은 현행 헌법인 1987년의 9차 개정헌법의 전문 가운데서 대한민국은 "임시정부 법통"을 계승해 건립되었다는 부분인데(미래엔컬처 238쪽, 지학사 201쪽), 원래 1948년의 건국헌법 전문에서는 대한민국이 "위대한 독립정신"을 계승해 건립된 것으로 되어 있었다. 대한민국의 건국이 "위대한 독립정신" 계승에서 "임시정부 법통" 계승으로 바뀐 것은 대한민국의 정체성의 변화와 관련하여 중대한 의미를 가진다. 왜냐하면 임시정부는 1942년에 좌우합작 정부로 바뀌었기 때문에 그것을 계승한 지금의 대한민국도 좌우합작 국가라고 주장됨으로써 공산주의를 금지한 국가보안법이 폐지되어야 한다고 주장될 수도 있기 때문이다.

대부분의 교과서들은 아직 '1919년 건국설'에 동의하지는 않고 있는 것 같아 보이지만, 그럼에도 불구하고 '건국'이란 단어 대신 '정부 수립'이란 단어만을 사용하고 있는 것은 눈여겨보아야 할 문제다. 고구려, 신라, 백제, 고려, 조선의 창건에는 건국이란 단어를 사용하면서도 유독 대한민국에 대해서는 사용하지 않는 것은 1948년의 건국을 인정하지 않으려는 의도에서 나온 것이 아닌가 하는 의구심을 갖게 하는 것이다. '대한민국의 수립'(천재교육 305쪽)이란 표현이 나오게 된 것도 그와 같은 속사정과 관련이 있는 것이 아닌가 하는 생각을 갖게 된다.

몇몇 교과서는 1948년 대한민국의 국호 제정 과정을 언급함으로써 대한민국이 1919년의 대한민국임시정부의 직접적인 연장이 아님을 명확히 드러내주고 있다(법문사 315쪽, 비상교육 317쪽, 천재교육 318쪽). 그러면서도 그 교과서들은 대한민국이 어떤 형태로든 임시정부와 연관이 있음을 애써 강조하고 있다. "대한민국이라는 국호는 대한제국과 대한민국 임시정부를 발전적으로 계승하겠다는 의지를 천명한 것이다"(지학사 268쪽)라든가, 또는 "대한민국이 대한민국 임시정부의 역사적 법통을 계승한 민주 공화국임을 밝혔다"(미래엔컬쳐 335쪽)라든가 하는 표현이 그것이다.

건국 과정과 관련하여 무시되고 있는 또 하나의 중요한 사실은 해방은 일본에 대한 미국의 승리로부터 오고 건국은 유엔의 개입으로 이루어졌다는 것이다. 따라서 대한민국의 건국을 유엔 감시 하의 총선거를 통해 하도록 결정한 1948년 11월 14일의 유엔총회 결의 및 그렇게 건국된 대한민국을 승인한 12월 12일의 유엔총회 결의가 부각되어야 하는 것이다. 그러한 의미에서 건국의 주역인 이승만이 1949년 3·1절 기념사에서 "대한민국이 탄생한 것, 바로 말하자면 대한민국이 다시 탄생한 것은 연합국에게 우리가 빚을 진 것이요, 특별히 미국에 빚을 진 것입니다"라고 말했던 사실에 유념할 필요가 있다. 교과서 가운데는 이승만 취임사의 한 부분을 인용하고 있는 것도 있다(미래엔컬쳐 335쪽).

그러한 의미에서 대한민국이 유엔에 의해 한반도의 "유일한" 합법 정부로 인정된 나라라는 것을 명시한 교과서가 있다는 것은 반가운 일이다. "이승만정부는 정부 수립 직후 대한민국이 한반도의 유일한 합법 정부임을 내세우며 유엔 감시 하에 남한 지역만의 선거 실시를 주장하였다."(지학사 324쪽)고 쓴 것이 그것이다. 그것은, 오늘날 역사학계 일각에서 "유일한"이란 단어를 빼야한다는 주장이 일고 있는 현실에 비추어 볼 때, 사실에 충실하려는 시도로 생각된다.

Ⅴ. 대통령으로서의 이승만

(1) 내치의 문제

건국 직후의 친일파 문제를 다루는 부분에 있어서는 거의 모든 교과서가 이승만의 처신을 부정적으로 묘사하고 있다. 비교적 온건한 입장을 보이는 교과서조차도 "이승만정부는 공산주의 세력을 제압한다는 명분 아래 친일파 처단을 늦추고 반민특위의 활동을 방해하였다"(지학사 271쪽)고 쓸 정도다.

또한 대부분의 교과서들은 이승만의 농지개혁에 대해서도 대체로 부정적인 평가를 내리고 있다. "(남한의) 농지개혁은 농민들의 토지소유 욕구를 어느 정도 만족시켜 주었다. 그러나 법이 시행되기 전에 지주가 미리 땅을 팔아치운 경우도 있어 농지개혁 대상 토지가 줄기도 하였다"(비상교육 318-319쪽)는 표현이든가, "농지개혁의 결과 지주중심의 토지소유가 폐지되었으며, 농민들은 소작농에서 벗어나 자기 농토를 가지게 되었다. 그러나 분배받은 토지의 가격은 농민들이 농사를 지어 갚기에는 부담스러운 것이었다. 결국 이를 감당하기 어려운 농민들이 분배받은 농지를 다시 팔고 소작을 하는 경우도 있었다"(법문사 317-318쪽)고 서술함으로써 농지개혁의 한계성을 드러내고자 한다. 이러한 비판은 대체로 북한의 토지개혁을 긍정적으로 보는 태도와 관련이 있다. 북한은 토지를 농민에게 무상으로 분배했는데, 남한에서는 유상 분배를 선택함으로써 농민의 부담을 가중시켰다는 것이다.

그 가운데서도 한 교과서가 북한의 토지개혁을 사실대로 묘사한 것이 다행스럽다. 북한의 토지개혁은 농민에게 소유권이 아닌 경작권만 준 것에 지나지 않는다는, 따라서 나중에 집단농장을 만들기 위해 몰수될 수밖에 없는 불완전한 개혁이었음을 지적한 것이다. 북한에서 "분배된 토지는 매매, 대차, 저당이 금지되었기 때문에 농민은 경작권만 갖는 셈이었다. (중략) 농민이 국가의 땅을 경작하는 셈이었기 때문에 근로 의욕의 감퇴를 가져 왔다"(지학사 272쪽)고 그것은 쓰고 있다.

따라서 이승만의 농지개혁에 대해서는 1951년에 농지개혁이 대체로 완료되었을 때 전체 농민 가운데서 자작농은 80.7%를 차지하게 되어 농촌사회가 자영농 사회로 바뀌게 되었다는 사실, 그 결과로 농민들이 정치적으로 보수화하여 선거에서 이승만정부를 계속 지지할 정도로 농민의 마음을 사는데 성공했다는 사실이 고려되어야 한다. 농민들 속에서 이승만 덕에 쌀밥을 먹게 되었다는 말이 나오게 된 배경에 대한 고려가 있어야만 한다. 그리고 지주에 대한 보상으로 지급된 지가증권이 증권거래를 가능케 함으로써 자본주의 발전에 기여하게 되었다는 것을 고려해야 한다.[22]

그리고 모든 교과서가 정도의 차이는 있지만 한결같이 이승만정부의 성격을 일방적으로 '독재'라고 규정하고 있는 것도 문제이다. 이승만정부의 정책이 기본적으로는 자유주의적이었다는 것을 인정한 교과서도 있기는 하지만, 그것조차도 이승만정부가 궁극적으로는 '독재'로 빠지게 되었다고 본다. "이승만정부는 정부 수립 이후 민주주의와 자유시장 경제를 건국의 기초 이념으로 내세웠으나, 이후 장기 집권과 독재화로 치달아 국민의 지지를 잃게 되었다"(법문사 342쪽)라든가, 또는 "독재 권력은 기업가들에게 특혜를 주고"(미래엔컬쳐 345쪽)라는 것이 바로 그러한 경우다.

한 교과서만이 이승만정부가 자유경제를 확립하기 위해 노력했음을 인

22) 김동노, 「1950년대 국가의 농업정책과 농촌 계급구조의 재구성」, 문정인·김세중 편, 『1950년대 한국사의 재조명』, 선인, 2004. 453쪽. 농지개혁의 긍정적인 결과를 실증적으로 입증한 연구서로서는 다음과 같은 것이 있다. 김성호, 「농지개혁의 제 성과」, 『농지개혁사 연구』, 한국농촌경제연구원, 1989, 994-1066쪽.

정하고 있다. "이승만정부는 미군정의 정책을 이어받아 일제 말기의 통제경제를 철폐하고 자유경제를 확립해 나갔다. (중략) 가능한 한 개인의 자유로운 경제활동을 보장하고 지원하는 방침을 택하였다"는 것이다. 그리고 나서 그 교과서는 "자유시장경제의 확립"이란 작은 제목에서 "가능한 한 개인의 자유로운 경제활동을 보장하고 지원하는 방침을 택하였다"고 쓰고 있다(지학사 272쪽). 그러나 국가적 통제의 내용을 크게 완화함으로써 기업의 자유를 확장하려는 1954년의 개헌에 대해 언급한 교과서는 하나도 없다.

또한 6·25전쟁 후의 전후 복구 사업과 산업화에 대한 이승만정부의 공로에 대해서도 대부분의 교과서들은 제대로 기술하지 않고 있다.[23] "1950년대 후반에 접어들면서 미국의 지원이 원조에서 차관 방식으로 바뀜에 따라 원조액이 줄어들었다. 이에 1959년 경제성장률이 2.1%로 급락하였다. 이러한 경제적 위기에 이승만정부는 효과적으로 대처하지 못하였다"(미래엔컬쳐 346쪽)는 식으로 전후 이승만정부의 경제안정정책이 실패로 돌아갔다고 쓰고 있다.

그럼에도 불구하고 한 교과서만은 이승만정부의 전후 복구에 대해 긍정적으로 쓰고 있다. "이승만정부의 경제정책은 서서히 효과를 발휘하여 1950년 초에는 면방직공업이 일제 말기의 생산 수준을 넘어 섰고, 물가도 안정되어 갔다"(지학사 273쪽)는 것이 그것이다. 그것을 보완하는 의미에서 3백산업(三白産業)과 산업개발위원회를 언급한 교과서도 있었다

23) 미국의 경제원조와 전후 복구사업에 관해 긍정적으로 본 책으로는 다음과 같은 것이 있다. 전국경제인연합회 편, 『고등학교 한국사교과서 참고자료 : 한국 경제발전 과정을 중심으로』, 2011; 이주영·이대근·이동복 외, 『한국현대사 이해』, 경덕출판사, 2008; 교과서포럼 편, 『대안교과서 한국 근현대사』, 기파랑, 2008; 교과서포럼 편, 『한국현대사』, 기파랑, 2008; 대한민국사편찬위원회 편, 『대한민국사』, 탐구당, 1988.

(법문사 327, 350쪽). 그것은 자립경제를 구축하기 위해 수입품을 국산품으로 바꾸려는 수입대체산업이라는 민족주의적인 경제정책으로 이끌었음을 보여주고 있다. 그것은 1950년대가 1960년대와 마찬가지로 수입대체공업화=자립경제 지향성을 가지고 있었다는 것을 보여주고 있다.[24)]

미국원조에 대해서는 대부분의 교과서들이 잘못 기술하고 있다. 예를 들면, 한 교과서는, "미공법 480호(미국의 농산물 무역촉진 원조법)에 의해 농산물이 원조의 중심이며 그것을 판 대충자금의 절반 정도가 미군의 유지비와 무기 구입 자금으로 쓰였다"(미래엔컬쳐 346쪽)고 쓰고 있다. 그러나 그것은 원조액 가운데서 농산물은 17% 정도에 지나지 않는다는 것, 국군의 무기는 경제원조와는 다른 경로인 군사원조를 통해 제공된 것이었다는 사실은 전혀 고려되지 않은 것이다. 또한 그것은 잉여농산물의 판매대금은 85%가 한국정부에 이양되었다는 사실을[25)] 고려하지 않은 것이다. 물론 그 가운데 상당 부분이 군사비로 사용되었고 미국의 원조는 긴급한 생활필수품 생산의 확대에 중점을 두었지만, 수입대체공업화에 소요되는 재원의 대부분을 공급하면서 당시의 경제성장에 크게 기여했던 것이다.[26)]

이승만정부의 문맹퇴치와 교육혁명에 대한 설명도 아주 부족하다. "이러한 높은 교육열은 1950년 6월 초등 교육에 의무 교육제도가 도입되면서 뒷받침되었고, 이는 이후 세계 최저의 문맹률이라는 성과로 이어졌다"는 식으로 밋밋하게 표현하고 있을 뿐이다(천재교육 335쪽). 그것은 해방 당시 80%에 이르렀던 문맹률이 1959년에 22.1%에 이를 정도로 빠른 속도로 줄어들었고, 그 과정에서 '교육대통령'으로서의 이승만의 의지가

---

24) 김낙년, 「1950년대의 외환정책과 한국경제」, 『1950년대 한국사의 재조명』, 449쪽.

25) 위의 책, 442쪽.

26) 최상호, 「이승만 대통령의 경제개발 정책」, 『이승만 대통령 재평가』, 328쪽.

중요하게 작용한 사실을 정확하게 묘사하는 데는 부적합하다.

특히 이승만정부가 고급 인력의 양성에 노력한 사실, 즉 휴전 이후의 이승만 집권기간인 1953~1960년 기간에 4,884명의 유학생이 선진국으로 떠나고 1만 명에 가까운 군인이 첨단 무기에 관한 기술을 습득하기 위해 미국에 파견된 놀라운 사실은[27] 전혀 언급되지 않고 있다. 그러한 고급 인력은 1960년대에 들어가 대한민국이 빠른 속도로 근대화하기 시작하는 데 기여할 귀중한 인력이었다.

(2) 국방과 남북관계의 문제

다행히도 『한국사』 교과서들은 6·25가 남침인가 북침인가 하는 문제에 대해서는 종전의 교과서들과는 달리 얼버무리지 않고 있다. "북한은 표면적으로 평화통일의 구호를 내걸었지만, 군사력을 강화하고 소련과 중국의 지원을 요구하였다. 북한이 내건 평화통일은 이승만정권의 붕괴를 전제로 한 것이었다"(천재교육 325쪽)는 식으로 북한의 남침 사실을 분명히 인정하고 있다.

그럼에도 불구하고 6·25남침의 국가 비상시에 그것에 대처하기 위해 이승만 대통령과 그 정부가 어떤 역할을 했는지에 대한 설명은 없다. "3일만에 서울이 함락되고 이승만 대통령은 수원, 대전을 거쳐 부산까지 피난길에 올라야 했다"(천재교육 326쪽)는 식으로 이승만정부는 단지 후퇴만 하는 무능한 정부였다는 인상을 주고 있을 뿐이다. 그리고 국군과 유엔군의 역할에 관한 내용도 거의 없다.[28]

당시 국제사회를 놀라게 한 엄청난 사건인 반공포로 석방에 대해서도

27) 위의 책, 555쪽.

28) 이 부분에 관한 참고서적으로는 다음과 같은 것이 있다. 프란체스카 도너 리, 『6·25와 이승만』, 기파랑, 2010; 남정옥, 『이승만 대통령과 6·25전쟁』, 이담, 2010.

대부분 교과서들은 이승만의 공로를 언급함이 없이 사실만을 간략히 제시하고 있을 뿐이다. "한국정부가 반공포로를 석방하자 [휴전회담이] 잠시 위기를 맞기도 하였으나 마침내 1953년 7월 휴전협정이 체결되었다"(삼화 319쪽)고 하는 식의 밋밋한 표현만이 있을 뿐이다. 단지 한 교과서만이 그 문제에 대한 이승만의 긍정적 역할을 인정하고 있는 데, 비록 본문이 아닌 날개주이기는 하지만, "이승만은 임의로 반공포로를 석방하여 휴전협상을 하고 있던 미국을 압박하였다"(천재교육 327쪽)고 쓰고 있는 것이다.

이승만 대통령의 가장 중요 업적인 한미상호방위조약은[29] 대부분의 교과서에서 언급되지 않고 있다. 언급했다 하더라도 1줄에 불과한 짧은 것이었다(천재교육 330쪽, 법문사 324쪽). 그러한 경우라 할지라도 그것을 추진한 주체가 이승만이 아닌 미국인 것처럼 잘못 서술하고 있었다. "6·25전쟁 후 미국은 한미상호방위조약을 체결하여 미군을 한국에 주둔시켰다"(미래엔컬처 344쪽)라든가, 또는 "남측은 한미상호방위조약을 체결하는 등 미국과의 동맹을 강화하여"(천재교육 330쪽)라는 표현이 바로 그것이다.

따라서 앞으로의 교과서는 한미동맹은 미국이 흔쾌히 동의하지 않는데도 불구하고 이승만의 적극적인 역할에 의해 체결되었다는 사실이 명시되어야 한다. 조선왕국의 멸망이 동맹국이 없었기 때문임을 직접 경험한 이승만은 영토적 야심이 없는 미국을 동맹국으로 삼으려 하였다. 미국이 그것을 거부하자 반공포로를 석방하는 극단적인 "벼랑끝 전술"을 사용하여 공산측과의 휴전을 방해함으로써 수락케 만든 것이었다. 왜냐하면 이승만에게 미국이야말로 "영토적 야심이 없는" 국가일 뿐만 아니

29) 차상철, 「이승만과 한미상호방위조약」, 유영익·이채진 편, 『한국과 6·25전쟁』, 연세대 출판부, 2002.

라,[30] "한국이 도움을 요청할 수 있는 유일한 국가"이었기 때문이다.[31] 그리고 이승만이 구상한 한미동맹은 단순히 공산주의 국가들의 침략을 막기 위한 것만이 아니라 일본의 침략을 막기 위한 이중적인 의도를 갖고 있는 것이었기 때문에[32] 더욱 더 이승만, 즉 한국의 주도권이 강조되는 것이다.

'이승만라인', 즉 '인접해양주권에 대한 대통령 선언'에 대해서는 3개의 교과서만이 언급하고 있다. 그렇지만 그 경우에도 이승만의 이름이 나오는 곳은 두 교과서뿐이고(천재교육 359쪽, 비상교육 388쪽). 다른 한 교과서에는 이승만의 이름이 전혀 없다(지학사 329쪽).

대한민국의 존폐 문제가 심각하게 논의된 1954년의 제네바 정치회의에[33] 관해서는 겨우 한 교과서만이 언급하고 있을 뿐이다(천재교육 330쪽). 이 경우에도 이승만은 전혀 언급되지 않고 있다. 제네바 정치회의에서 대한민국은 존폐의 기로에 선 큰 위기를 맞았다는 점에서 일반적으로 생각되고 있는 것보다는 훨씬 더 중요했다. 왜냐하면 미국을 비롯한 참전 16개국이 공산권과의 원만한 타협을 위해 유엔 감시하의 남북한 총선거를 결의하고 한국정부의 수락을 압박했기 때문이다. 그것의 실천은 대한민국의 해체를 전제로 한 것이었다. 그 때문에 이승만은 맹렬히 반대

30) 예를 들면, 1955년 3·1절 기념사에서 이승만은 "미국은 식민주의를 가진 적이 없는 것입니다. 미국이 비율빈과 한국에 올 적에 해방과 원조를 목적한 것이지 침략을 뜻하지 않았던 것입니다"라고 말했다. 김광섭 편, 『대통령이승만박사담화집』 2, 공보처, 1956, 67쪽. 김한교, 「이승만 대통령의 정치사상」, 『이승만 대통령 재평가』, 133쪽 각주) 12에서 재인용.

31) 차상철, 「외교가로서의 이승만 대통령」, 『이승만 대통령 재평가』, 164쪽.

32) 차상철, 「이승만과 1950년대의 한미동맹」, 『1950년대 한국사의 재조명』, 352, 354-355쪽.

33) 이 문제에 관해서는 다음을 참조하기 바란다. 이주영, 『이승만과 그의 시대』, 183-185쪽.

했던 것이다. 유엔 감시하의 선거를 해야 한다면 대한민국은 이미 그것을 거쳐 건국되었기 때문에 북한만 하라는 식으로 고집을 부림으로써 참전 16개국의 의지를 꺾었다. 그 결과로 대한민국 해체안은 사라졌다. 그런데도 교과서들은 이와 같은 중요한 사실에 대해 전혀 언급하지 않고 있다.

이승만의 북진통일론도 아예 언급조차 되지 않거나 그 취지가 왜곡되어 있는 것이 보통이다. 한 교과서만이 그것의 의미를 정확하게 기술하고 있다. "이승만정부는 북한의 적화통일론에 맞서 북진통일론을 내세웠다." "남한에서 말하는 통일은 북한 주민을 공산주의의 지배로부터 해방, 구출하는 것을 의미했다."(지학사 324쪽)는 것이 바로 그것이다.

(3) 민주주의·독재 대립구도의 문제점

교과서들은 공통적으로 이승만을 독재자, 그 정부를 독재정권으로 단정하고 있다. "(이승만정부가) 냉전과 독재의 함정에 빠지다"(천재교육 330쪽), "반공 독재의 강화," "독재 정권 타도를 외치는 학생과 시민의 행진"(천재교육 330, 332, 356쪽), 그리고 "이승만의 장기집권 시도" (지학사 279쪽). "이승만, 장기집권을 꾀하다"(삼화 324쪽)와 같은 작은 제목들이 그것을 잘 보여주고 있다.

독재자로 규정되다 보니 이승만은 김일성과 동급의 지위에 놓이게 되고 남북한이 차이가 없어지게 되었다. "남북의 두 지도자인 이승만과 김일성은 이를 부추겨 자신들의 장기 독재 체제를 강화하였다"(미래엔컬쳐 391쪽)는 표현이 바로 그것이다. 그에 따라 대통령 선거를 국회 간접선거로부터 국민 직접선거로 바꾸려는 1952년 7월의 발췌개헌은 단지 "정권 연장을 위한 개헌"으로만 묘사될 수밖에 없었던 것이다(천재교육 331쪽). 그러나 이러한 서술은 민주주의의 핵심인 자유선거가 이루어지고 있는 대한민국과 자유선거가 전혀 없는 북한을 꼭 같은 위치에 놓고 보는 태도로써 공정한 서술이 되지 못한다. 그러한 의미에서 발췌개헌의 과정을 독재의 표현으로만 보는 태도에는 문제가 있다. 당시 이승만 대통령이 야당 국회의원들에 의해 장악된 국회를 무시한 것은 사실이지만, 그 국회가 국민 다수의 정서와는 유리되어 있었다는 사실을 고려해야 할 것이다.[34]

한 교과서만은 이승만이 대통령 직선제와 지방자치제의 도입에 공로가 있음을 인정하고 있다. "이승만정부 시기에 지방자치를 위한 제도가 마련되었지만, 정부와 자유당은 지방자치의 올바른 실현에 큰 관심을 기울이지 않았다"(지학사 309쪽)고 그의 한계를 지적하면서도, 그것은 이승만 정부가 지방자치제를 도입했다는 사실은 인정했다. 그리고 발췌개헌을 가리켜 "대통령 직선제의 도입"(지학사 279쪽)이라고 표현했다.

4·19와 이승만과의 관계에 대해서도 모든 교과서가 하나같이 부정적으로 기술하고 있다. 비교적 덜 비판적인 것으로 판단되는 교과서조차도, "민주당의 대통령 후보인 조병옥이 갑자기 사망한 가운데 이승만정부는 이기붕을 부통령에 당선시키기 위해 부정선거를 자행하였다"(지학사 301쪽)고 부정선거에만 초점을 맞추고 있을 정도다. 어떤 교과서는 3월 15일의 마산 시위에 관한 설명에서, "한 달 후인 4월 11일, 시위 도중 경찰에 의해 사망한 김주열의 시신이 마산 앞바다에 떠올랐다"(법문사 348쪽)고 함으로써 김주열 학생의 죽음이 경찰에 의해 이루어진 것으로 단정하기도 한다. 사실 경찰이 쏜 최루탄이 사람의 눈에 맞았다고 하더라도 그 속에 박힌다는 것은 상상하기 쉽지 않은 일이라는 것이 전혀 고려되지 않는 서술인 것이다.[35]

---

34) 김용직, 「전쟁, 국가건설, 권력위기 : 부산정치파동의 공화주의적 소고」, 『이승만 연구의 흐름과 쟁점』, 연세대 이승만연구원 제1차 우남학술회의 자료집, 2011.9.30, 163쪽.

35) 이주천, 「3·15부정선거, 4·19학생의거, 그리고 이승만의 선택」, 『이승만 연

이러한 혁명 지지자들의 일방적인 주장으로부터 벗어나 이승만정부의 입장을 약간이나 배려한 교과서도 있다. "4월 13일, 정부는 마산 시위의 배후에 공산당 개입 의혹이 있다고 발표하였다"(지학사 301쪽)는 것이 그것이다. 또 다른 교과서는 대학교수단의 시국선언문을 소개하면서 학생들에게 공산주의자들을 경계하라고 경고하는 항목을 게재하고 있는데(삼화 347쪽), 이것은 지금까지 다른 교과서들에서는 전혀 나타나지 않았던 새로운 내용이다.

또 하나 특이한 점은 모든 교과서에 국가보안법이 전혀 언급되지 않고 있다는 것이다. 그것에 대한 부정적인 입장은 조봉암에 대한 동정적인 표현을 통해 간접적으로 나타나고 있는 것 같다. "1956년의 대통령 선거에서 무소속의 조봉암이 216만여 표를 얻어 돌풍을 일으켰다"(천재교육 332쪽)든가, "야당 대통령 후보 신익희의 갑작스런 죽음에도 불구하고 진보 성향의 조봉암 후보의 돌풍으로 힘들게 대통령에 당선되었다"(미래엔컬쳐 359쪽)든가, 또는 "(조봉암은) 이승만 독재 하에서 진보 혁신 정당을 결성하여 평화통일을 주장한 것이 죄라면 죄였다"(천재교육 332쪽)는 등의 표현들이 바로 그러한 것들이다. 그러나 이러한 서술에는 조봉암이 미국대사관의 비호를 받고 미국이 그의 처형을 막기 위해 이승만정부에 강한 압력을 행사했다는 사실을 고려해야 할 것이다.[36)]

끝으로 이승만의 생애에 대해 언급한 교과서가 보이기 시작한 것도 고무적인 현상이다. 한 교과서는 〈인물 탐구〉라는 보조자료에서 "이승만과 한국 근현대사"라는 제목으로 이승만의 생애를 간단히 다루고(삼화 326쪽), 관련 자료를 찾기 위한 대한민국사랑회의 주소(http:www.love rokorea.org)를 밝히고 있다.

구의 흐름과 쟁점』, 174쪽.

36) 이철순, 「1950년대 후반 미국의 대한정책」, 『1950년대 한국사의 재조명』, 307-308쪽.

Ⅵ. 맺음말

오늘날 우리 역사학계는 외세에 저항하는 민족주의의 명분, 그리고 그 민족주의를 중국 중심의 대륙문명권에 대한 집착과 결부시켜 생각하는 '위정척사론' 유형의 지적 풍토의 강한 영향을 받고 있다. 이와 같은 풍토에서 이승만과 같은 개화파 전통의 자유주의자가 제대로 평가받을 수 없는 것은 물론이다. 이승만이 재평가되는 날이 있다면, 그것은 대한민국이 미국 중심의 해양문명권에 새로이 편입되는 '문명사적 대전환'을 겪은 자유주의국가라는 사실을 역사학계의 주류 세력이 인정하게 될 때인 것이다. 바꾸어 말하면, 오늘날 역사학계를 휩쓸고 있는 민족주의사학이나 민중주의사학 대신에 대한민국의 국가주의와 국민주의를 표현하는 자유주의 사학이 전면에 나서게 될 때나 가능한 일이다.[37)]

그러므로 지금의 이승만 연구는 왜곡된 그의 전체 이미지를 바꾸는 데 노력하기 보다는 우선 급한 대로 몇 가지 문제를 골라 규명하는 데 집중해야 한다. 그러한 과제를 몇 가지 소개하면 다음과 같다.

첫째로, 한국의 독립을 국제사회가 처음 약속한 1943년의 '카이로선언'과 이승만의 관계가 정확히 밝혀져야 한다. 지금 역사학계에는 카이로선언의 발표에서 김구와 임시정부의 역할을 강조하는 주장이 우세지만 검토해 볼 점이 있다. 중국의 장개석이 '카이로선언'을 주도했다면 중국 측이 그 문안을 작성하고 미국 측과 영국 측에게 받아들이도록 촉구했어야 하는 것이 상식이다. 그렇지만 최근의 한 연구에 따르면,[38)] 선언문 초안을 작성하고 수락을 촉구한 사람은 프랭클린 루즈벨트 대통령의 오른팔

---

37) 이와 같은 역사 인식 전환의 필요성을 다룬 글로서는 다음과 같은 것이 있다. 이주영, 「좌파사관과 한국사 왜곡」, 『국가전략연구 글로벌어페어즈』, 세종대 세종연구원, 2011 가을, 242-253쪽.

38) 정일화, 『카이로 선언 : 대한민국 독립의 문』, 선한약속, 2010.

로서 독실한 감리교도이며 사회사업가인 해리 홉킨스였다. 그런데 이승만은 상원 원목 프레데릭 브라운 해리스 같은 미국 감리교, 장로교 지도자들과 아주 긴밀한 관계를 유지하고 있었던 것이다. 특히 사회사업에 적극적이었던 루즈벨트 대통령 부인 엘리노어 루즈벨트와도 친분이 있었다. 따라서 한국인들의 독립 의지를 국제사회에 알리는 데는 이승만이 이끄는 구미위원부의 역할이 중요하지 않았겠는가 하는 추측을 낳게 한다. 특히 이승만과 절친한 선교사인 제임스 게일이 루즈벨트를 만나 태프트-가쓰라 협약을 거론하면서 한국의 독립 필요성을 역설하고 그에 대해 루즈벨트가 후회한 사실[39]을 고려할 때, 이승만의 역할이 있었을 가능성이 더욱 더 커 보이는 것이다. 그리고 카이로에서 루즈벨트가 그의 참모들에게 중국이 만주와 한국을 다시 손아귀에 넣으려고 하는 데 대해 경고하고 있음을[40] 고려할 때, 중국이 과연 진정으로 한국의 독립을 원했는지에 대해 의심을 갖게 하는 것이다. 따라서 이러한 것들의 사실 여부를 확인하는 작업이 필요한 것이다.

둘째로, 1945년에서 1948년에 이르는 3년간의 건국운동 과정에서 있었던 이승만의 역할이 밝혀져야 한다. 그래야만 이른바 '1919년 건국설'에 의해 1948년의 건국이 부정되거나 훼손당하는 분위기를 바로잡을 수 있을 것이기 때문이다. 실제로 '1919년 건국설'의 위력은 상당히 크다. 건국60주년을 맞았던 2008년의 8·15 경축 행사에 민주당, 민노당을 비롯한 야당 국회의원 74명, 그리고 광복회를 비롯한 시민단체들이 참석을 거부하고, 별도로 효창공원의 백범김구기념관에서 건국89주년을 기념하게 하고, 정부의 건국60주년기념행사가 헌법에 위반된다고 헌법재판소에 헌법소원을 낼 정도로 그것의 영향력은 막강했던 것이다. 공산주의자들

---

39) 한배호, 『한국정치사』, 일조각, 2008, 65쪽.

40) 국제역사학회의 한국위원회 편, 『한미수교100년사』, 1982, 381쪽.

도 포함된 독립운동가들과 임시정부 인사들에게는 건국공로 훈장이 주어지면서도 막상 해방 직후에 좌익들에 대항해 싸우면서 대한민국 건국운동에 헌신했던 서북청년회, 전국학련 같은 건국세력의 공로가 전혀 인정되지 않고 있는 현실이 옳은 것인지를 판별하기 위해서도 그러한 연구는 필요하다.

상황을 이렇게 만든 것은, 앞에서도 지적한 바와 같이, 1987년의 9차 개정헌법 전문(前文)이었다. 대한민국의 건국이 "위대한 독립정신"을 계승해 이루어졌다고 한 것이 "임시정부 법통"을 계승해 이루어졌다고 바뀌게 됨으로써 1945~1948년 기간에 활동했던 건국세력의 존재를 부정하게 된 것이다. 1987년의 헌법 전문 개정은 4·19유공자들에게도 건국공로 훈장을 주게 되는 기이한 현상도 가져오게 되었다. 왜냐하면 1987년의 헌법 전문에는 대한민국이 "임시정부 법통" 뿐만아니라 "4·19민주이념"도 계승한 것으로 명시했기 때문이다.[41]

따라서 이와 같이 혼란을 확실하게 정리하기 위해서는 이승만을 중심으로 한 건국 당시의 건국세력의 활동, 그리고 국호(國號) 결정을 포함한 헌법 제정 과정, 및 건국에 대한 임시정부의 태도 등에 대한 보다 깊은 연구가 요구되는 것이다.

셋째로, 대한민국의 건국과 유엔의 관계, 그리고 그것과 관련된 이승만의 역할이다. 그것은 1948년의 건국이 직접적으로는 유엔 총회의 결의

---

41) 손진, 「대한민국은 왜 건국을 기념하지 않는가?」, 이주영 엮음, 『대한민국은 왜 건국을 기념하지 않는가』, 뉴데일리, 2011, 273쪽. 이처럼 대한민국의 정체성에 혼란을 가져오게 한 헌법전문의 개정 과정에서 책임 있는 위치에 있었던 인사들 가운데는 1987년 9차 헌법개정 과정에서 헌법개정위원회 위원장을 맡았던 노태우 민정당 대표, 그리고 여당측 대표위원이었던 이종찬 의원, 야당측 대표위원이었던 이중재 의원이 있었다. 그리고 그들 정치인을 이론적으로 설득시킨 인물은 전 고려대 교수 김준엽 총장이었다. 김준엽, 『석린 민필호전』, 나남출판, 1995, 39쪽.

에 의해 이루어졌다는 사실에 주목하는 일로부터 시작되어야 한다. 그리고 그것을 가능하게 한 한국인들의 노력이 자세하게 밝혀져야 한다. 그리고 나아가 6·25전쟁 당시 공산 측을 달래 휴전을 하기 위해 대한민국을 없었던 것으로 해체할 계획을 세웠던 1951년의 유엔휴전3인위원회의 보고서 작성 과정, 및 "대한민국 해체 악몽"이 되살아났던 1954년의 제네바 정치회의 등에 대한 연구가 시급히 이루어져야 한다.

넷째로, 이승만 시대의 대통령 직선제의 도입과 운영에 대한 것이다. 요즈음 우리 사회에서는 한국 민주주의가 4·19로부터 시작되었다든가, 아니면 1987년의 6·29선언으로부터 시작되었다든가 하는 이른바 "혁명파"의 주장이 우세하다. 그러나 민주주의의 가장 핵심적인 요소가 대통령을 비롯한 권력자들을 국민이 직접 투표를 통해 선출하는 자유선거 제도라고 본다면, 민주주의는 1948년의 5·10선거나 대통령 직선제가 시행된 1952년에서 시작되었다고 보아야 하는 것이다. 그러므로 1987년의 대통령 직선제 도입은 1972년의 10월유신으로 사라졌던 대통령 직선제를 부활시킨 '민주 회복'의 의미만을 가지고 있는 것이다. 그러한 의미에서 1952년의 이른바 발췌개헌을 통한 대통령 직선제의 도입과 그 이후의 정착 과정, 그리고 그것에 대한 이승만의 공과가 밝혀지는 것이 중요하다.[42] 그 문제의 규명은 요즈음 중고등학교 교과서 집필기준의 확정 문제와 관련하여 '민주주의가 옳은가? 자유민주주의가 옳은가?' 하는 문제를 놓고 벌어지는 논쟁을 종결시키기 위해서도 시급함을 느끼는 것이다.

42) 이 부분에 대한 개괄적인 정리로서는 필자의 다음과 같은 글이 있다. 이주영, 「이승만 시대의 보수세력과 민주제도」, 안병직 편, 『한국 민주주의의 기원과 미래』, 시대정신, 2011, 15-40쪽.

찾아보기

ㄱ

ㄴ

‖ ㄷ ‖

ㅂ

필자소개(집필순)

▎오영섭(吳瑛燮)▎

서강대 사학과(학사), 한림대 사학과(석사·박사)

현 연세대 이승만연구원 연구교수

논 저: 『한국 근현대사를 수놓은 인물들 1』; 「해공 신익희 일대기」(공저); 「이승만의 대한민국임시정부 통치구상」; 「이승만과 한글파동」; 「이승만의 『태평양잡지』 간행활동과 독립사상」; 「이승만의 『청일전기』 번역·간행과 자주독립론」; 「이승만 대통령의 문인적 면모」; 「상해임정내 이승만 통신원들의 활동」; 「대한민국임시정부 대통령 이승만의 상해 체류 활동」; 「대한민국 건국의 일등공신 윤치영」; 「해방 후 평주 이승복의 신국가 건설운동」; 「대한민국임시정부 요인들의 단군인식」 외 다수

▎김광동(金光東)▎

고려대 정치외교학과(학사·석사·박사)

현 나라정책연구원 원장

논 저: 『전략산업에 대한 국가 정책과 역할의 변화』; 『반미운동이 한국사회에 미친 영향』; 『반FTA인가, 반미인가』; 『한국현대사 이해』(공저); 『한국현대사』(공저); 『박정희시대의 재조명』(공저); 『노무현과 포퓰리즘 시대』(공저); 『6·25전쟁의 재인식』(공저); 『북한자유선언』(공저); 『억지와 위선』(공저); 『21세기 한국』(공저); 『한국경제의 돌파구는 자유주의』(공저); 『북한정치론』(공저); 『고당 정신과 나라의 앞날』(공저); 『국회 정책 · 입법 시스템구축방안』(공저); 「한국 민주주의의 기원과 혁명」 외 다수

▌양동안(梁東安)▐

서울대 정치학과(학사), 중앙대 정치외교학과(석사)

현 한국학중앙연구원 명예교수

논 저: 『사상과 언어』; 『민주적 코포라티즘』; 『대한민국 건국사』; 『한국의 정치현실』; 『근현대 한국정치사상사 연구』; 『남북정치경제와 사회문화 교류전망』; 「대한민국은 언제 건국되었나?」; 「1948년의 남북협상에 관한 연구」; 「이승만과 대한민국 건국」; 「한반도 분단의 정확한 원인 규명」; 「이승만과 대한민국 건국」; 「여운형의 민족통일노선」; 「1945~48년에 있어서 이승만의 정치활동에 관한 연구」; 「소설 태백산맥 속의 대한민국」; 「국가개혁 지도이념의 모색」 외 다수

▌김승욱(金昇郁)▐

중앙대 경제학과(학사), 미 Georgia대 경제학과 박사

현 중앙대 경제학부 교수

논 저: 『자유민주주의와 시장경제』; 『자유주의: 시장과 정치』; 『기업이란 무엇인가』; 『경제교과서 무엇이 문제인가』; 『공동체자유주의: 이념과 정책』(공저); 『한국의 자유주의』(공저); 『알짬 시장경제』(공저); 「이승만정부의 농지개혁에 대한 기독교적 평가」; 「한국의 재물관 논쟁에 대한 비판적 고찰」; 「기독교가 한국경제성장에 미친 역할」; 「한국 기독경제학의 유형과 발전 방향」; 「세계화 시대에 돌아보는 세계경제사」; 「재산권의 경제성장－노스의 이론을 중심으로」 외 다수

▌최상오(崔相伍)▐

성균관대 경영학과(학사), 동 대학원 경제학과(석사·박사)

현 서울대 경제학부 WCU사업단 연구교수

논 저: 『한국 고도성장기의 정책결정체계－경제기획원과 정책추진기구』; 『대한민국기업사』; 『한국의 유가증권 100년사』; 「1950년대 계획기구의 설립과 개편－조직과 기능 변화를 중심으로」; 「대기업의 성장과 정부-기업관계: 역사적 조망」; 「이승만 대통령의 경제개발정책－이승만정부의 수입대체공업화정책을 중심으로」; 「이승만정부의 경제정책과 공업화 전략」; 「이승만의

경제구상」; "Evolution of Aid-depending Economy and Search for Self-sustaining Economy" 외 다수

‖ 남정옥(南廷屋) ‖
육군3사관학교 안보학과(학사), 충남대 사학과(석사), 단국대 사학과(박사)
현 국방부 군사편찬연구소 책임연구원
논 저: 『6·25전쟁과 이승만 대통령』; 『미국은 왜 한국전쟁에서 휴전할 수밖에 없었을까?』; 『6·25전쟁시 예비전력과 국민방위군』; 『미국의 마셜계획과 유럽통합정책』; 「6·25전쟁시 이승만 대통령의 전쟁지도」; 「6·25전쟁시 이승만 대통령의 국가수호노력」; 「태평양전쟁시 이승만 박사의 군사외교노선과 활동」; 「이승만의 독립운동기 군사외교 활동」; 「이승만의 독립외교노선의 특징」; 「한국전쟁시 미국 합동참모본부의 역할」; 「6·25전쟁 초기 미국의 정책과 전략 그리고 전쟁지도」 외 다수

‖ 김용직(金容稙) ‖
서울대 정치외교학과(학사), 동 대학원(석사), 미 North California대(박사)
현 성신여대 정치외교학과 교수
논 저: 『사료로 본 한국의 정치와 외교, 1945～1975』(편저); 『대안교과서 한국 근현대사』(공저); 『대한민국 건국의 재인식』(공저); 『한국정치사상사: 단군에서 해방까지』(공저); 「이승만의 『독립정신』과 후기 개화기 정치담론」; 「식민지시대 한국의 자유주의 연구—식민지 자유주의론 서설」; 「근대 한국의 민주주의 개념」; 「동아시아 문명과 한국의 전략쟁점과 과제」; 「노태우 대통령의 북방정책과 신외교정책」; 「당대 한국의 정치문화적 복합성」; 「3·1운동의 정치사상」 외 다수

‖ 이주영(李柱郢) ‖
서울대 사학과(학사·석사), Univ. of Hawaii at Manoa 사학과(석사), 서강대 사학과(박사)
현 건국대 명예교수, 뉴데일리 이승만연구소 공동대표
논 저: 『이승만과 그의 시대』; 『미국의 좌파와 우파』; 『미국사』; 『미국현대사의 흐

름』; 『서양문명의 역사』; 『빼앗긴 우리역사 되찾기』(공저); 『한국현대사의 이해』(공저); 『대한민국은 왜 건국을 기념하지 않는가』(엮음); 「한국근·현대사 교과서의 역사인식: 식민통치와 독립운동의 시대를 중심으로」; 「현대사 인식의 왜곡과 정치·사회적 영향」; 「서독총리 아데나워와 이승만 비교 연구」; 「이승만의 건국활동과 좌우합작론의 극복」; 「이승만 시대의 보수세력과 민주제도」 외 다수

이승만연구원 학술총서 3

이승만 연구의 흐름과 쟁점

저 자 오영섭 김광동 양동안 김승욱
최상오 남정옥 김용직 이주영

발 행 **연세대학교 대학출판문화원**
주 소 서울시 서대문구 연세로 50
전 화 2123-3380~2
팩 스 2123-8673
http://www.yonsei.ac.kr/press
e-mail ysup@yonsei.ac.kr
등 록 1955년 10월 13일 제9-60호
인 쇄 (주) 태화북스

2012년 10월 31일 1판 1쇄
ISBN 978-89-97578-52-8 (93910)

정가 30,000원